ΟΓЄΡΙΟC ΡΗΞ
ΙC

GERSTENBERG VERLAG

# 50 Klassiker

# HERRSCHER

## DES MITTELALTERS

*Von Karl dem Großen bis Isabella von Kastilien
dargestellt von David FRAESDORFF*

4

# Überall ist Mittelalter

Haben Sie schon einmal Tapas gegessen, die kleinen Appetithäppchen des spanischen Königs Alfons des Weisen? Wussten Sie, dass auf der italienischen 1-Cent-Münze mit dem Castel del Monte das berühmteste Bauwerk Kaiser Friedrichs II. abgebildet ist? Kennen Sie Richard Wagners Oper *Rienzi*, die das Leben des humanistischen Senators Cola di Rienzo behandelt? Das Mittelalter hat überall seine Spuren hinterlassen. Das gilt nicht nur für die Herrscher als herausragende Persönlichkeiten, sondern im Mittelalter wurde in vielerlei Hinsicht das Fundament für unsere heutige Welt gelegt.

Freilich ist diese Epoche im Lauf der Jahrhunderte unterschiedlich bewertet worden, was sich bereits in dem Begriff »Mittelalter« andeutet. Damit bezeichneten Gelehrte seit dem 17. Jahrhundert die angeblich kulturlose und barbarische Zeit zwischen der weitentwickelten Antike und ihrer »Wiedergeburt«, der Renaissance, also in etwa das Jahrtausend von 500 bis 1500. Auch heute gilt vielen das Mittelalter als finstere Epoche, was ihm jedoch keineswegs gerecht wird. Zweifellos herrschten damals bisweilen raue Sitten, doch ist auch die Welt von heute nicht frei von Völkermord und Barbarei. Zudem darf nicht vergessen werden, dass im Mittelalter die europäische Basis der lateinisch-christlichen Kultur geschaffen wurde. Institutionen wie das Papsttum bestehen fort, und Latein als die Lingua Franca des Mittelalters, die wichtigste Sprache der damals bekannten Welt, bildet die Grundlage der romanischen Sprachen sowie zahlreicher Fremdwörter im Englischen oder Deutschen.

Eine derart lange Epoche vom Ende des antiken Römischen Reiches bis zur Entdeckung Amerikas durch Kolumbus hat unzählige Veränderungen erlebt. Daher ist es üblich geworden, das Mittelalter in Unterepochen zu gliedern. Im Zentrum des Frühmittelalters (6.–10. Jahrhundert) steht Karl der Große als Personifizierung des entstehenden mitteleuropäischen Großreiches der Franken und zugleich als berühmtester Vertreter der karolingischen Herrschaftsdynastie.

■ Ludwig der Heilige. Gemälde, um 1590, von El Greco (1541–1614). Paris, Louvre

Das Hochmittelalter (10.–13. Jahrhundert) ist stark geprägt von der endgültigen Trennung des Fränkischen Reiches in einen von den Kapetingern beherrschten Westteil, das spätere Frankreich, und einen von Ottonen, Saliern und Staufern beherrschten Ostteil, das spätere Deutschland. Die Geschicke dieses Reiches, das man »Römisches Reich« nannte und das als »Heiliges Römisches Reich Deutscher Nation« noch bis ins 19. Jahrhundert hinein fortbestand, wurden vom Kaiser und damit vom mächtigsten abendländischen Herrscher gelenkt. Sein bedeutendster Gegenspieler war jahrhundertelang der Papst, und das nicht nur bei dem legendären Gang Heinrichs IV. nach Canossa im Jahre 1077. Schließlich bildeten die unruhigen Zeiten des Spätmittelalters (13.–15. Jahrhundert) den Übergang zur Neuzeit: Die Pest, der Hundertjährige Krieg zwischen England und Frankreich und die Spaltung der katholischen Kirche im Großen Schisma waren prägende Ereignisse dieser Phase, in der Dynastien wie die Luxemburger und die Habsburger das politische Geschehen bestimmten.

■ König Heinrich II. von England und Thomas Becket, sein Kanzler und Erzbischof von Canterbury. Buchmalerei, 14. Jahrhundert. London, British Library

Bei allen Unterschieden innerhalb dieser langen Epoche zog sich die Form mittelalterlicher Politik wie ein roter Faden durch die Jahrhunderte. Meist war es ein rücksichtsloser Kampf um die Durchsetzung der eigenen Interessen mit den immer gleichen Mitteln: Diplomatie, vor allem Waffengewalt und schließlich Heiratspolitik, um für Erben zu sorgen, den Aufstieg der Dynastie zu gewährleisten oder das Herrschaftsgebiet zu erweitern. Das gilt in gewisser Weise für alle Herrscher des Mittelalters, doch will dieses Buch nicht nur 50 Herrscher vorstellen, sondern auch Schlaglichter auf 50 verschiedene Menschen werfen, darunter Ritter und Abenteurer wie Richard Löwenherz, Könige mit maßloser Selbstüberschätzung wie Knut der Große und Herrscher voller Demut und Enthaltsamkeit wie Ludwig der Heilige. Sie alle geben uns einen kleinen Einblick in die fremde Welt des Mittelalters, und ihre Geschichten können dazu beitragen, die moderne Welt, die aus der Politik der Päpste und Kaiser, Könige und Fürsten des Mittelalters hervorgegangen ist, besser zu verstehen.

Der Vater Europas
# Karl der Große
748–814

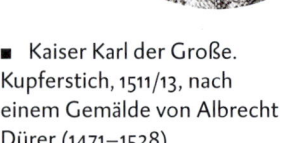

■ Kaiser Karl der Große. Kupferstich, 1511/13, nach einem Gemälde von Albrecht Dürer (1471–1528)

Die Grube hinter dem Hauptaltar der Kirche St. Germain bei Paris war schon ausgehoben, damit der ehemalige Pariser Bischof, der heilige Germanus, hier endlich seine letzte Ruhestätte finden konnte. Doch bevor die feierliche Umbettung stattfand, ließ es sich der herumtollende siebenjährige Karl nicht nehmen, das künftige Grab des Heiligen persönlich in Augenschein zu nehmen – und sprang hinein. Der kleine Karl verlor bei dieser übermütigen Aktion seinen ersten Zahn, und seine Eltern, Pippin und Bertrada, werden sicher nicht begeistert reagiert haben. Karl selbst hingegen erzählte noch viele Jahre später lachend von diesem Zwischenfall aus dem Jahre 755.

Über Karls Kindheit wissen wir ansonsten leider wenig, aber die Unbeschwertheit dürfte er spätestens mit 20 Jahren verloren haben, als sein Vater Pippin III. starb. Der König der Franken hinterließ seinen Söhnen Karl und Karlmann ein mächtiges Reich inmitten Europas, das fast das gesamte heutige Frankreich, die Niederlande, Belgien, die Schweiz und in weiten Teilen den Westen Deutschlands umfasste. Gleichwohl war es nur eines der christlichen Reiche im Westen Europas. Dieses Reich wurde nun zwischen den beiden Brüdern geteilt, wie es seit Jahrhunderten fränkischer Brauch gewesen war. Doch ebenso alt wie diese Tradition der Reichsteilung unter den erbberechtigten Söhnen war die der darauf folgenden Auseinandersetzungen. Auch zwischen Karl und seinem drei Jahre jüngeren Bruder Karlmann war die familiäre Harmonie alsbald dahin, und es wäre wohl zu einem blutigen Brüderkrieg gekommen – wäre Karlmann nicht drei Jahre später bereits gestorben.

Im Alter von 23 Jahren wurde Karl somit unerwartet früh Alleinherrscher über das Frankenreich, und er war fest entschlossen, das Reich im Herzen Europas noch größer und mächtiger zu machen. Erstmals zeigte sich diese Entschlossenheit auf seinem Feldzug gegen die Langobarden. Die »Langbärte«, die der Legende nach aus Südschweden stammten und in römischer Zeit am

PIPPIN III.

Pippin III. (714–768) war der Vater Karls des Großen. Als sogenannter Hausmeister (Maior domus) stand er ab 741 dem fränkischen Adel vor. In dieser Funktion betraute Pippin den Missionar
Bonifatius mit der Reform der fränkischen Kirche, die auf die
fundamentalen Grundlagen christlichen Lebens zielt wie etwa
ein standesgemäßes Verhalten des Klerus oder die Abkehr von
heidnischen Praktiken. Ab 751 König der Franken, eroberte Pippin
im Südwesten des Reiches Septimanien sowie Aquitanien und
verteidigte die Pyrenäengrenze.

Unterlauf der Elbe gelebt hatten, waren seit dem 6. Jahrhundert
stolze Könige auf der italienischen Halbinsel. Das Zentrum ihres Reiches war das norditalienische Pavia, doch ihre Herrschaft
reichte bis zum Golf von Tarent. Für Karl, der sich anschickte,
das römische Kaisertum zu erneuern, war diese Herrschaft über
Italien das große Ziel – und er erreichte es sehr schnell. In nur
wenigen Monaten besiegte er die Langobarden und erlangte die
Macht über die nördliche Hälfte des italienischen Reiches; allein
das im Süden gelegene Benevent wurde zum
eigenständigen Herzogtum.

Der frischgebackene langobardische König
Karl wollte sein Reich nun auch im Norden
vergrößern, und das bedeutete, dass er die
Sachsen besiegen musste, die in Westfalen, im
heutigen Niedersachsen und im westlichen
Holstein wohnten. Anders als zuvor in Itali-
en stieß Karl hier jedoch auf einen doppelten
Widerstand, denn er wollte die Sachsen nicht
nur politisch in sein Reich eingliedern, sondern musste sie zugleich christianisieren, da
das eine ohne das andere für ihn nicht denk-
bar war. Doch wollten die Sachsen weder
zu Karls europäischem Reich gehören noch
ihren heidnischen Gottheiten abschwören.
Was sollte das für ein Gott der Christen sein,
der es nicht einmal schaffte, seinen eigenen
Sohn vor der Hinrichtung durch die Römer
zu bewahren? Da die heidnischen Germa-
nen also mit religiösen Argumenten nicht zu
überzeugen waren, setzte Karl seinen Willen

■ Karl der Große als Schutzherr des Glaubens bekommt
von einem Bischof das Modell
einer Kirche überreicht.
Buchmalerei, aus den *Grandes
Chroniques de France*, um
1335/40, Paris, Bibliothèque
Nationale

■ Hochzeit Kaiser Karls des Großen mit der Langobardin Ermengard, die er bald darauf wieder verstoßen sollte. Szenenphoto aus dem Kostümfilm *Karl der Große* von 1993, mit Christian Brendel in der Rolle Kaiser Karls des Großen und Simona Cavallari als Ermengard

»mit eiserner Zunge« durch, wie ein mittelalterlicher Chronist es nannte: Karls Argument war das Schwert, und damit war er erfolgreich. Trauriger Höhepunkt dieses Krieges gegen die Sachsen war das berühmt gewordene »Blutbad von Verden«, bei dem im Jahr 782 an nur einem Tag 4500 Sachsen enthauptet worden sein sollen. Nach mehr als drei Jahrzehnten hatte Karl sein Ziel endlich erreicht: Sein nunmehr weite Teile Mitteleuropas umfassendes Reich grenzte im Norden an die dänischen und slawischen Siedlungsgebiete.

Nachdem Karl sein Reich im Süden und im Norden ausgebaut und parallel dazu auch Bayern eingegliedert hatte, verfügte er in Mitteleuropa über eine ebenso unübersehbare wie unvergleich-

ALKUIN

Der angelsächsische Gelehrte Alkuin (730–804) wurde 781 von Karl dem Großen aus York nach Aachen berufen, wo er Leiter der Hofschule und einflussreicher Berater Karls in kirchlichen Fragen wurde. Er förderte die Wissenschaften, schrieb Heiligenviten und trug erheblich zur Vereinheitlichung der Schrift im ganzen Frankenreich bei. Später wurde Alkuin Abt in Tours, wo er auch starb.

liche Machtfülle. Damit war er nun auch politisch Karl »der Große«; obwohl er schon aufgrund seiner Körpergröße diesen Beinamen verdient gehabt hätte – wie man erst am Ende des 20. Jahrhunderts anhand des in Aachen erhaltenen Skeletts feststellen konnte, maß Karl stolze 1,90 Meter. In den Augen von Karls Hofgelehrten ragte der Herrscher jedoch nicht nur körperlich heraus, sondern hatte auch eine ebenso herausragende Machtposition, die ihm schon bald den Beinamen »Haupt der Welt« (Caput orbis) eintrug, wie sein späterer Biograph Notker Balbulus (»der Stammler«) berichtet. Für die Zeitgenossen gab es längst keinen Zweifel mehr daran, dass dem eigentlich mächtigsten Herrscher Europas, nämlich dem byzantinischen Kaiser, in dem Karolingerkönig starke Konkurrenz erwachsen war. In seinem Reich wurde Karl als Herrscher Europas angesehen, der dem Kaiser in Ostrom ebenbürtig war.

■ Diese Reiterstatuette aus dem 9. Jahrhundert zeigt Karl den Großen wie einen römischen Kaiser mit einer Toga als Mantel.

Das berühmteste Weihnachtsfest des europäischen Mittelalters ließ das westliche Kaisertum dann endgültig von Neuem erstehen. Am 25. Dezember des Jahres 800 wurde Karl in St. Peter zu Rom während der Weihnachtsmesse von Papst Leo III. gekrönt, und die Römer akklamierten ihm feierlich. Oberflächlich betrachtet war es somit eine Erneuerung des alten römischen Kaisertums, doch Karl machte alsbald unmissverständlich klar, wie er sein Kaisertum verstanden wissen wollte: Er sei nicht vom Volk, sondern »von Gott gekrönt« worden (a Deo coronatus) – Karl begriff sein Kaisertum in erster Linie als christliches Kaisertum.

Nach gut drei Jahrzehnten hatte Karl den Gipfel der Macht erreicht, doch hatte sein Leben bis dahin keineswegs nur aus Politik bestanden. Insgesamt führte Karl fünf rechtmäßige Ehen, hatte überdies zahlreiche Konkubinen, und es sind nicht weniger als 18 Kinder von ihm bekannt. Nach einer kurzen ersten Ehe folgte Karl dem Wunsch seiner Mutter und heiratete 770 die namentlich nicht bekannte Tochter des Langobardenkönigs Desiderius. Doch schon ein gutes Jahr später verstieß er sie, um einerseits das Reich seines Schwiegervaters in Italien zu übernehmen (den er bei dieser Gelegenheit in lebenslange Klosterhaft schickte) und andererseits die schöne 13-jährige Alemannin Hildegard zu ehelichen. In zwölf Jahren Ehe schenkte sie ihm sechs Kinder, darunter die drei zur Königsnachfolge bestimmten Söhne Karl, Pippin und Ludwig (s. S. 22). Später führte Karl noch eine zehnjährige Ehe mit

■ Karl der Große zerstört die Irminsäule. Fresko, 1879–1897, von Hermann Wislicenus (1825–1899). Goslar, Kaiserpfalz

der Ostfränkin Fastrada sowie eine kurze Ehe mit der Alemannin Liutgard. Während er selbst also das Leben mit verschiedenen Frauen genoss, verbot er seinen Töchtern, zu heiraten oder von ihm fortzugehen – »obwohl sie sehr schön waren und er sie über alles liebte«, wie Karls Hofgelehrter und Biograph Einhard schreibt. Dennoch führten sie heimliche Liebschaften – Karl erfuhr zwar davon, ließ es sich aber nicht anmerken.

Karls Gesundheit war ausgezeichnet, was angesichts seiner umfangreichen politischen Geschäfte, Reisen und Kriegszüge nicht selbstverständlich war. Lediglich in seinen letzten vier Lebensjahren litt er an Fieber und Gicht, weshalb seine Ärzte ihm nachdrücklich dazu rieten, auf das von ihm so geliebte Bratenfleisch zu

EGINHARD UND EMMA

In der humorvollen Geschichte *Eginhard* (Einhard) *und Emma* von Wilhelm Busch lieben sich Einhard und Karls Tochter Emma. Nach einer heimlichen Liebesnacht trägt Emma ihren Geliebten durch den Schnee, damit Einhard keine verräterischen Fußspuren hinterlässt, doch Karl sieht die beiden vom Fenster aus. Zornig lässt er das Liebespaar zu sich bringen, wird dann aber doch weich und gibt der Liaison seinen Segen. Diese Volkssage entspricht allerdings nicht der historischen Wahrheit, denn Karl hatte keine Tochter namens Emma.

verzichten und nur noch gekochtes Fleisch zu essen, doch diesen Genuss wollte Karl sich nicht verbieten lassen. Neben dem Essen war ihm auch das Schwimmen eine Herzensangelegenheit. Karl liebte die Dämpfe heißer Naturquellen, schwamm sehr viel und außerordentlich gut.

So war es kein Zufall, dass er sich als ständige Residenz Aachen auswählte, dessen heiße Quellen schon die Römer veranlasst hatten, dort eine Thermenanlage zu bauen. Ab 794 war Aachen Karls Residenz, und im Zentrum der Königspfalz (»Pfalz« kommt vom lateinischen »palatium«, was Palast bedeutet) stand die nach dem Vorbild von San Vitale in Ravenna errichtete Pfalzkapelle, die 805 geweiht wurde. Ein derartiger Hauptsitz war für einen mittelalterlichen Herrscher mehr als ungewöhnlich, denn zu jener Zeit war es üblich, dass ein König sich reisend durch sein Herrschaftsgebiet bewegte und sich mal hier, mal dort aufhielt. Karl der Große hingegen schuf feste Strukturen in seiner Aachener Pfalz und berief zahlreiche Gelehrte an seinen Hof, da ihm Wissenschaften und Bildung sehr am Herzen lagen. Wie Einhard berichtet, übte Karl sich stets im Schreiben, und unter seinem Kopfkissen hatte er Schreibtafeln und Blätter, um sich in schlaflosen Nächten in dieser Kunst noch verbessern zu können. Auch im Kreis seiner gelehrten Freunde, darunter Alkuin, Paulus Diaconus und Petrus von Pisa, wirkte Karl eifrig mit: Wenn sie sich in geselliger Runde

■ Krönung Karls des Großen. Zeichnung, 19. Jahrhundert, von Alfred Rethel (1816–1859)

anspruchsvollen Gesprächen, Rätseln oder Gedichten widmeten, gaben sie sich alttestamentliche Namen – Karl selbst nannte sich David, wie der israelitische König, der ein Großreich geschaffen hatte …

Das europäische Großreich, das Karl regierte, war in seiner Machtfülle nicht zuletzt davon abhängig, dass die oströmischen Kaiser das neue Franken als zweites Kaisertum neben Byzanz anerkannten. Danach strebte Karl jahrelang, und nach langwierigen Verhandlungen kam es im Jahre 812 tatsächlich zu einer gegenseitigen Anerkennung des westlichen und des östlichen Kaisertums. Diese Bestätigung von Karls Größe machte den Frankenherrscher endgültig zum Pater Europae, wie er schon zu Lebzeiten genannt wurde. Und in der Tat war Karl der Vater eines Reiches, auf das zahlreiche kulturelle Gemeinsamkeiten der Völker West- und Mitteleuropas zurückgehen, der Vater nahezu der gesamten lateinischen Christenheit – eben der Vater Europas.

■ Ansicht der zwischen 768 und 805 erbauten Pfalzkapelle. Im Zentrum der Kuppelbau Karls des Großen

# KARL DER GROSSE

 BIOGRAPHIE

 WISSENSWERTES

Das Geburtsjahr Karls ist ungewiss. Man geht heute davon aus, dass er 748 (wohl am 2. April) das Licht der Welt erblickte. Im Jahr 768 wurde Karl fränkischer König, und ab 771 beherrschte er das Reich allein. Im Jahr 774 eroberte er das langobardische Pavia und ernannte sich selbst zum König der Langobarden. Als Schutzherr der Römer (Patricius Romanorum) übernahm er zudem den Schutz des Kirchenstaates. Im Südwesten seines Reiches kämpfte er gegen die Omaijaden im muslimischen Spanien. Im Norden beschäftigten Karl von 772 bis 804 die sogenannten Sachsenkriege, im Südosten kämpfte er erfolgreich gegen die Awaren. Am Weihnachtstag des Jahres 800 wurde er in der Peterskirche zu Rom von Papst Leo III. zum Kaiser gekrönt. Im Inneren einte er das große Reich durch verschiedene Reformen; so führte er eine einheitliche Währung ein (Denar), reformierte die Liturgie, das Heereswesen und die Ausbildung der Geistlichen und förderte die Wissenschaften. Seine zahlreichen Maßnahmen zur Reform der Bildung werden als karolingische Renaissance zusammengefasst. Unter Karl wurde die Liturgie vereinheitlicht, es entstand eine reichsweit verwendete Schrift (die karolingische Minuskel), das verrohte Spätlatein wurde wieder auf klassisches Sprachniveau geführt, und an Karls Hof entstanden zahlreiche wissenschaftliche Abhandlungen. Seit 795 residierte er in seiner Pfalz in Aachen und ließ dort die Marienkirche errichten.

Nachdem er 813 seinen einzigen verbliebenen Sohn Ludwig zum Mitkaiser hatte krönen lassen, starb Karl der Große am 28. Januar 814 und wurde noch am selben Tag in der Marienkirche beigesetzt. Kaiser Friedrich I. Barbarossa ließ ihn 1165 heiligsprechen.

## Verwandtschaft

Karl der Große ist der wichtigste Vertreter der Karolinger, die auf die Urahnen Arnulf von Metz und Pippin I. (beide 640 gestorben) zurückgehen und nach Karls Großvater Karl Martell (688–741) benannt sind. Im 8. Jahrhundert war es ihnen gelungen, den regierenden Merowingern die Macht zu entreißen. Nach Karl dem Großen stellten die Karolinger noch bis 911 die Könige in Ostfranken und bis 987 in Westfranken.

## Quellen

Die bedeutendste Lebensbeschreibung Karls des Großen stammt aus der Feder des an Karls Hof ausgebildeten Einhard (770–840). Nach dem Vorbild der antiken Kaiserviten Suetons schuf er die berühmte *Vita Karoli Magni*, in der er Karl mit Bewunderung und Liebe zum Detail in lebendiger Schilderung darstellt. Ein halbes Jahrhundert später schuf Notker Balbulus (»der Stammler«, 840–912) die *Gesta Karoli Magni*, in denen Karl weniger authentisch, sondern eher idealisierend als vorbildlicher christlich-fränkischer König gezeichnet wird.

### Der Dom zu Aachen

Der achtseitige Zentralbau des Doms zu Aachen stellt auch heute noch ein eindrucksvolles Zeugnis der Bautätigkeit von Karls Hof dar. Zudem gibt der aus Marmor gefertigte Kaiserthron im Westjoch des Obergeschosses einen Eindruck von der früh- und hochmittelalterlichen Herrscherinszenierung. Die rege Bautätigkeit späterer Jahrhunderte sowie die Bedeutung des Doms werden durch die gotischen Anbauten deutlich, und auch das Grabmal Kaiser Ottos III. befindet sich im Dom (heute zusammen mit dem Karlsschrein im gotischen Chorsaal).

 EMPFEHLUNGEN

**Lesenswert:**
Einhard: *Vita Karoli Magni. Das Leben Karls des Großen,* Stuttgart 2001

Dieter Hägermann: *Karl der Große. Herrscher des Abendlandes,* Berlin 2000

**Besuchenswert:**
Der Dom und die Domschatzkammer in Aachen

---

 AUF DEN PUNKT GEBRACHT

Karl der Große schuf ein Reich, das nahezu die gesamte lateinische Christenheit vereinigte. Zudem legte er durch seine Bildungsreformen die Grundlagen der europäischen Kultur. So wurde Karl zum politischen und kulturellen Vater Europas.

*Ein Kalif aus Tausendundeiner Nacht*

# Harun al-Raschid
766–809

»Was man im Palast des Befehlshabers der Gläubigen nicht alles aufgehängt hatte an Vorhängen aus Goldbrokat, verziert mit prachtvollen Goldstickereien, die Elefanten, Pferde, Kamele, Löwen und Vögel darstellten, und viele große Wandbehänge, einfarbig oder mit Mustern geschmückt. Und es gab 38 000 bestickte Vorhänge, darunter 12 500 Vorhänge aus Goldbrokat …« In diesem überwältigenden Reichtum, der in der berühmten Geschichtensammlung *Tausendundeine Nacht* vielfach in schillernden Farben beschrieben wird, lebte der Kalif Harun al-Raschid. Mit diesem Reichtum übertraf er die anderen Großreiche seiner Zeit: Byzanz, das freilich ebenfalls in großer Pracht stand, aber vor allem das Frankenreich; aus westeuropäischer Perspektive war Haruns Reichtum schlicht unvorstellbar.

■ Harun al-Raschid und der Barbier in einem türkischen Bad. Buchmalerei auf Pergament, 15. Jahrhundert, aus einer persischen Abschrift von Nizamis Versepos *Khamsa*. London, British Library

Das Leben in Haruns Palastanlage bot vielfältigen Stoff für Erzählungen. Der Herrscher umgab sich mit Männern und Frauen, die stets damit beschäftigt waren, für die Zerstreuung des Kalifen zu sorgen. Wenn es Harun einmal trotz der märchenhaften Umgebung nicht gut ging, »befahl er den Sklavinnen, die Fenster zu öffnen und mit seinen Tischgenossen Lieder zu singen, bis ihm die Brust weit ward und sein Kummer sich legte«. Berühmte Gelehrte unterhielten ihn mit verschiedenen Wissenschaften. Mit einigen Palastmitgliedern spielte er Schach, und bei anderen Spielen verwettete er bisweilen seine Kleidung, sodass er sich schon mal komplett entblößen musste. Was bei Gesellschaftsspielen eher ungeplant passierte, war in anderen Teilen des Palasts an der Tagesordnung, denn Harun besaß zudem noch einen Harem, in dem etwa 200 Frauen gelebt haben sollen. Der Palast war sowohl Mittelpunkt des offiziellen Lebens als auch Zentrum von Haruns Privatleben. Außer denjenigen, die dort wohnten oder arbeiteten, hatte niemand Zutritt, und so bekam Haruns Palast den Charakter einer abgeriegelten, nahezu unwirklichen Insel.

Bagdad und der am Tigris gelegene Palast, den Haruns Großvater Mansur (»der Städtebauer«) gegründet hatte, waren seit Haruns früher Kindheit das Zuhause der Herrscherfamilie. Wie lange dieser märchenhafte Palast Haruns Heimat bleiben sollte, war zunächst allerdings unklar, denn als sein Vater Mahdi im Jahr 785 starb, gab es zwei Anwärter auf die Nachfolge: Harun und seinen älteren Bruder Hadi. Dies war der Beginn von blutigen Palastintrigen, wie wir sie von vielen Geschichten aus *Tausendundeiner Nacht* kennen. Wäre es nach dem Willen des Vaters gegangen, hätte Harun direkt die Herrschaft übernehmen können, denn die brutale und selbstsüchtige Art seines älteren Sohnes Hadi hatte ihn schon Böses ahnen lassen. Und Hadi bestätigte diese Vorahnungen. Sofort nach dem Tod des Vaters riss Hadi die Macht an sich, wollte sogleich seine Mutter und seinen Bruder umbringen und so seinen eigenen Sohn zum Kronprinzen machen. Ein Jahr lang musste Harun ernsthaft um sein Leben fürchten. Als aber 786 sein Bruder starb, wurde der zuvor Gejagte im Alter von 20 Jahren als Harun al-Raschid (»der Rechtgeleitete«) zum neuen Kalifen des Abbasidenreiches.

■ Harun al-Raschid. Holzstich, 19. Jahrhundert

Das Wort »Kalif« kommt vom arabischen *halifa* und bedeutet »Stellvertreter«; so bezeichneten sich die Nachfolger – und Stellvertreter – Mohammeds nach dessen Tod. Die Kalifen waren aber nicht allein die religiösen, sondern auch die politischen Führer aller Muslime – sie waren die Herrscher der Gläubigen. Zu den religiösen Pflichten eines Kalifen gehörte beispielsweise der *Hadsch*, also die Wallfahrt nach Mekka, was Harun al-Raschid nicht weniger als neun Mal auf sich nahm. Auf der anderen Seite gab es die politischen Pflichten: die Kriegsführung und die Regierung des riesigen Reiches – von Nordafrika über den Nahen Osten, die arabische Halbinsel und Iran bis nach Indien und China. Die Größe dieses Reiches wurde Harun jedoch auch zum Verhängnis, denn indem er die Provinzverwaltungen an Minister delegierte, wagten

LIEBIG'S FLEISCH - EXTRACT.

Zur Geschichte der Weberei - 3.
Kaiser Karl empfängt von den Gesandten des Kalifen Harun-al-Raschid
Geschenke, bestehend in Geweben und Stickereien.

■ Da Karl der Große und Harun al-Raschid gemeinsame außenpolitische Interessen hatten, tauschten sie auch gegenseitig Geschenke aus. Werbekarte für Liebigs Fleischextrakt, 1909

immer mehr Teilvölker, sich von Bagdad weitgehend unabhängig zu machen.

Das Delegieren wichtiger Aufgaben hatte Harun von seinem Großvater und von seinem Vater gelernt, die sogar private Angelegenheiten in die Hände ihrer Berater und Mitarbeiter gaben, die ausnahmslos der einflussreichen Familie der Barmakiden entstammten. So war auch Haruns Vormund und Vertrauter Yahya ein Barmakide, und Harun hatte ein so enges Verhältnis zu ihm, dass er ihn »Vater« nannte. Als Harun an die Macht kam, er-

DAS HARUN-AL-RASCHID-PRINZIP
Der Kalif Harun al-Raschid soll sich jeden Abend als Kaufmann verkleidet unter das Volk gemischt haben, um so unerkannt den alltäglichen Gesprächen zu lauschen. Auf diese Weise erfuhr Harun zuverlässig von den Dingen, die seine Untertanen beschäftigten, was für Harun wertvoller war als die Informationen, die er von seinen Beratern erhielt. In der modernen Unternehmensführung wird das Ziel, die Sorgen und Nöte der Mitarbeiter zu erfahren, als Harun-al-Raschid-Prinzip bezeichnet.

nannte er Yahya zum Wesir, also zum Chef der Verwaltung. In *Tausendundeiner Nacht* ist immer wieder von Wesiren zu lesen, die den eigentlichen Herrscher in einem goldenen Käfig gefangen halten und danach trachten, den Thron für die eigenen Söhne zu erobern. Ähnlich erging es auch Harun: Während er in seinem Palast das Leben genoss und sich um religiöse Angelegenheiten kümmerte, regierte der Wesir Yahya das Reich, als wäre es sein eigenes. Mit der Zeit allerdings entwickelte der Kalif zunehmend das Bedürfnis, das Heft des politischen Handelns selbst in die Hand zu nehmen und sich dem machtvollen Einfluss der Barmakiden zu entziehen. Schließlich entschied Harun sich für einen blutigen Schlussstrich: Er ließ das gesamte Geschlecht der Barmakiden auslöschen, die den Abbasiden über Jahrzehnte hinweg so treu gedient hatten; seinen ehemaligen Vertrauten Yahya ließ er ins Gefängnis stecken, wo dieser bald darauf starb.

Zuvor hatte Harun sich bereits dazu entschlossen, Bagdad und das märchenhafte Ambiente seines geliebten Palastes zu verlassen und ins syrische Raqqa umzusiedeln. Dort widmete er sich weniger seinem sagenhaften Palastleben als vielmehr seinen hochgesteckten politischen Zielen. Gemeinsame außenpolitische Interessen mit dem Fränkischen Reich führten zu einer Kontaktaufnahme zwischen dem Kalifen und Karl dem Großen (s. S. 8). Beide Herrscher sahen die in Spanien lebenden Omaijaden als Feinde an. Das arabische Herrschergeschlecht war von den persischen Abbasiden, den Vorfahren Haruns, nahezu vollständig ausgelöscht worden. Einzig Abdarrahman ad-Dahil hatte sich durch eine abenteuerliche Flucht nach Spanien retten können, wo er das islamische Emirat von Cordoba gründete und sich vom abbasidischen Kalifat lossagte. Durch die Expansionsbewegungen der spanischen Omaijaden musste nun Karl der Große um die Südwestgrenze seines Reiches fürchten. Zudem war auch der byzantinische Kaiser Gegenspieler von Karl und Harun gleichermaßen: Solange Karl den Kaisertitel anstrebte beziehungsweise dieser nicht von Ostrom anerkannt war, stellte Byzanz die größte Konkurrenz für den Karolinger dar. Harun al-Raschid wiederum verfolgte unaufhörlich seinen Lebenstraum, Byzanz zu erobern, was ihm jedoch nie gelingen sollte.

Zur Abstimmung in den Fragen gemeinsamer Außenpolitik tauschten Karl und Harun mehrfach Gesandtschaften aus, und ein fränkischer Gesandter konnte ein aufsehenerregendes Souvenir von seiner Persienreise vorweisen: einen Elefanten namens

■ Diese reichverzierte Goldkanne war wahrscheinlich ein Geschenk Harun al-Raschids an Kaiser Karl den Großen. 8. Jahrhundert, von einem byzantinischen Künstler. St. Moritz, Abbaye de Saint-Maurice

■ Harun al-Raschid lauscht den Geschichten von Scheherazade. Titelblatt einer Ausgabe von *Die schönsten Märchen aus Tausend und Einer Nacht*. Farblithographie, um 1900

Abul Abbas. Im Juli 802 zog das mächtige Tier in Aachen ein, was die fränkische Bevölkerung zweifellos stark beeindruckt haben wird – welche Ehre für den Kaiser! Die Franken konnten freilich nicht ahnen, dass dieses Geschenk aus Sicht des Kalifen nichts Besonderes war. Der fränkische Kaiser hatte für die viel reicheren und mächtigeren Abbasiden keine große Bedeutung, was daran deutlich wird, dass Karl dort in keiner einzigen zeitgenössischen Quelle erwähnt wird.

Der unermessliche Reichtum war für Harun al-Raschid eben Normalität. Das Blutbad, das er unter den Barmakiden anrichtete, spricht vielmehr dafür, dass ihm Reichtum allein zu wenig war und er sich aus dem goldenen Käfig des Kalifen gewaltsam befreien musste, um seine politischen Ziele zu verwirklichen – und Macht auszuüben. Für das Abendland wird er dennoch immer der märchenhafte Kalif aus *Tausendundeiner Nacht* bleiben.

# HARUN AL-RASCHID

 BIOGRAPHIE

Harun al-Raschid wurde 766 in Ray nahe Teheran als zweiter Sohn des damaligen Kronprinzen Mahdi und seiner Frau Khaizuran geboren. Wie alle Kalifen legte Haruns Vater Wert auf eine gute Ausbildung seiner Söhne. So lernte Harun nicht nur Rechtswissenschaften, Philosophie und das politische Handwerk, sondern übte sich auch im Studium und in der Auslegung des Koran. Im Alter von 20 Jahren gelangte Harun 786 auf den Thron und wurde Kalif des Abbasidenreiches. Während der Zeit im Khuld-Palast zu Bagdad stellte die Familie der Barmakiden mit dem Wesir nicht nur den wichtigsten Verwaltungsbeamten, sondern kümmerte sich auch um die Finanzen, die Provinzregierungen und die Erziehung der Kalifensöhne. Ab 796 entzog Harun sich jedoch dem barmakidischen Einfluss, siedelte nach Raqqa (im nordwestlichen Mesopotamien) über und ließ 802/803 die gesamte Familie der Barmakiden auslöschen. Zugleich regelte er feierlich in Mekka die gemeinsame Thronfolge seiner drei Söhne. Von Raqqa aus tauschte Harun Gesandte mit Karl dem Großen aus, und neben diversen wertvollen Geschenken erhielt Karl die Erlaubnis, beim Heiligen Grab in Jerusalem eine lateinische Kirche sowie eine Pilgerherberge errichten zu lassen. Des Weiteren schickte Harun Gesandtschaften bis nach China; durch seine weitreichenden Kontakte gelang es ihm, ein großes Fernhandelsnetz aufzubauen, das Grundlage für den Reichtum wurde,

der sich in seinem Palast manifestierte. 805 eroberte er Zypern und besuchte zudem als erster Kalif den Iran, wo er sich um die östlichen Provinzen seines Reiches kümmerte. Ein Jahr später führte er persönlich einen Feldzug gegen die Byzantiner an und nahm die Grenzfestung Herakleia ein. Als Harun al-Raschid Unruhen im Ostiran beilegen wollte, starb er am 24. März 809 in Tus und wurde dort auch beigesetzt.

## Verwandtschaft

Harun war der 5. Kalif aus der Dynastie der Abbasiden. Ihre Herrschaft begann mit Haruns Großvater Mansur, der um 760 Bagdad gründete und es zum Regierungssitz machte. Angesichts der Verwandtschaft mit Abbas, einem Onkel des Propheten Mohammed, verfolgten die Abbasiden nachdrücklich das Ziel, von allen Muslimen anerkannt zu werden. Darauf legten neben Harun selbst auch schon sein Vater Mahdi (Kalif 775–785) sowie später sein Sohn Al-Mamun (Kalif 813–833) großen Wert.

## Quellen

Neben diversen arabischen Texten, die von Haruns Leben und Wirken zeugen, trugen im Okzident vor allem die Geschichten aus *Tausendundeiner Nacht* seit dem 18. Jahrhundert dazu bei, dass Harun Bekanntheit erlangte. In diesen Erzählungen spielte Haruns Palastleben natürlich eine größere Rolle als seine politischen Entscheidungen oder Feldzüge.

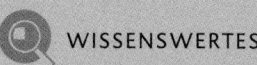

 AUF DEN PUNKT GEBRACHT

Der Kalif Harun al-Raschid lebte in märchenhaftem Reichtum, der im Abendland durch die Geschichten aus *Tausendundeiner Nacht* berühmt geworden ist. Das war ihm jedoch nicht genug, und er tötete seine Berater, um selbst Politik machen zu können.

## Des großen Kaisers kleiner Sohn
# Ludwig der Fromme
### 778–840

»Vater will es so«, dachte der junge Mann bei sich. Wie gern hätte er seine Existenz als aquitanischer König gegen ein klösterliches Leben eingetauscht. Hatte sein Großonkel Karlmann nicht dasselbe getan, weil er der Politik überdrüssig gewesen war? Hatte Karlmann sich nicht kurzerhand zum Kleriker machen lassen, um dann im ehrwürdigen Kloster Montecassino sein Leben zu verbringen? Das musste doch auch ihm möglich sein. Doch Ludwig schaffte es nicht, sich gegen seinen Vater, den mächtigen Frankenherrscher Karl (s. S. 8), durchzusetzen. So blieb er weiter in der Politik tätig, allerdings nannte man ihn schon zu Lebzeiten »den Mönch« und später »den Frommen«, weil ihm das geistliche Leben so sehr am Herzen lag.

Schon im zarten Alter von drei Jahren war Ludwig von seinem Vater Karl zum Unterkönig im südfranzösischen Aquitanien gemacht worden, wo er fortan aufwuchs und inmitten einer betont männlichen und kriegerischen Hofgesellschaft mit der Verantwortung vertraut gemacht wurde, die Karl für ihn vorgesehen hatte. Als junger Mann hatte Ludwig bereits zwei Kinder mit Konkubinen gezeugt, was Karl veranlasste, Ludwigs Privatleben durch die Suche einer standesgemäßen Frau in die gewünschten Bahnen zu lenken.

»Vater will es so«, dachte der 16-jährige Ludwig sich also einmal mehr und heiratete 794 die adlige Irmingard. In den folgenden Jahren schenkte diese dem aquitanischen König fünf Kinder, darunter die Söhne Lothar, Pippin und Ludwig. Nachdem Karl der Große zuvor zwei seiner drei legitimen Söhne verloren hatte, blieb nur noch Ludwig übrig, der mithin das gesamte Franken-

■ Ludwig der Fromme als Soldat Christi in einer idealisierten Darstellung, um 831, in einem Figurengedicht des Hrabanus Maurus (um 780–856). Rom, Biblioteca Apostolica Vaticana

reich erben sollte. Im Herbst 813 wurde er zum Mitkaiser erhoben; vier Monate später starb sein Vater Karl im Januar 814.

Ludwig trat noch am Todestag Karls in die vollen Rechte als fränkischer König und Kaiser ein. Im Alter von 35 Jahren beherrschte der neue Kaiser halb Europa von Rom bis Hamburg, vom Atlantik bis zum Plattensee. Das Fränkische Reich war in sich gefestigt, und Gefahren von außen gab es praktisch nicht. So konnte Ludwig sich den Reformen im Inneren widmen, und das tat er mit einem bemerkenswerten Elan. Er tauschte zahlreiche Berater aus, und schon an der Zahl der ausgestellten Urkunden lässt sich sein Regierungseifer ablesen: Die 20 Diplome, die uns aus Karls gesamter Regierungszeit überliefert sind, konnte Ludwig bereits im ersten Amtsjahr deutlich übertreffen. Mit seiner kirchlichen und weltlichen Reformgesetzgebung strebte Ludwig nach dem Amtsantritt nichts weniger als eine Erneuerung des Fränkischen Reiches (Renovatio imperii Francorum) an. Entsprechend seinen privaten Interessen waren ihm die kirchlichen Reformen besonders wichtig. Von zentraler Bedeutung für das abendländische Mönchtum war die Festlegung der Benediktsregel als verbindlicher Norm für das Leben im Kloster. Auf diese Weise regelte Ludwig den mönchischen Alltag neu, den er selbst nie leben konnte.

■ Karl der Große verkündet sein Testament (links) und krönt seinen Sohn Ludwig zum Kaiser (rechts). Brabanter Chronik, um 1340

Auf weltlichem Gebiet kümmerte sich Ludwig der Fromme auffallend früh um seine Nachfolge. Bereits 817 erließ er eine »Neuordnung des Reiches« (Ordinatio imperii), mit der er gegen alle Traditionen seines karolingischen Geschlechts verstieß. Seit Generationen war es üblich, dass die Herrschaft in gleicher Weise auf alle legitimen Söhne verteilt wurde. Indem Ludwig der Fromme nun seinem ältesten Sohn Lothar die alleinige Kaiserwürde und den Nachgeborenen nur den Königstitel übertrug, brach er mit diesem Prinzip – und griff damit gewissermaßen den Ottonen vor, die im 10. Jahrhundert beginnen sollten, den ältesten Sohn als Alleinerben einzusetzen. Ziel dieser bemerkenswerten Maßnahme war es, dass Ludwig entsprechend der Einheit der Reichskirche auch eine Einheit des Reiches herstellen wollte, weil geistliche

■ Öffentliche Buße Kaiser Ludwigs des Frommen in Attigny, 822. Holzstich, 1866, nach einer Zeichnung von Louis Eustache Lorsay (1822–1871)

und weltliche Reformen in seinen Augen Hand in Hand gehen mussten.

Im Jahr darauf, 818, starb Ludwigs Frau Irmingard, und nur vier Monate später verstarb auch sein einflussreichster Berater, der von ihm so geschätzte Klostergründer und Kirchenreformer Benedikt von Aniane. Ludwigs Biograph Astronomus berichtet von der Befürchtung im Umfeld des Kaisers, dass dieser sich nach den Schicksalsschlägen aus der Politik zurückziehen wollte. Deshalb organisierte man mit seiner Zustimmung eine großangelegte Brautschau, auf der man die schönsten Frauen des Fränkischen Reiches versammelte. Die Wahl des mittlerweile 41-jährigen Kai-

### LOTHRINGEN

Ludwigs erster Sohn Lothar (795–855) erhielt 843 das mittlere der drei Frankenreiche, das von Friesland über Aachen bis zur Provence und nach Rom reichte. Nach König Lothar erhielt der Reichsteil den Namen »Lotharingien«. Schon 870 wurde dieser Teil des Mittelreichs auf die beiden anderen Reiche aufgeteilt. Ab 959 bildeten sich das nördliche Niederlothringen (um Lüttich) und das südliche Oberlothringen (um Metz) heraus. Letzteres ist heute als Lothringen beziehungsweise Lorraine Teil Frankreichs.

sers fiel auf Judith, die dem sächsischen Hochadel entstammte und die er noch 819 heiratete.

In den folgenden Jahren konnte Ludwig sich weiter seinen politischen Zielen widmen. Er brachte zusammen mit dem Papst die christliche Mission bei den benachbarten Dänen auf den Weg, die für einige Jahre auch Erfolge zeitigen sollte; zudem sicherte er sich ein kaiserliches Kontrollrecht bei den Papstwahlen. Mit beiden Maßnahmen festigte er seine Stellung auch außerhalb des Fränkischen Reiches. Während Ludwig auf höchster Ebene unangefochten regieren konnte, verlor er gegenüber seiner neuen Gattin zunehmend die Kontrolle über die wichtigen Entscheidungen. Seitdem Judith dem Kaiser im Jahr 823 einen weiteren Sohn geschenkt hatte, gewann sie immer mehr Einfluss auf ihren Mann. Judith machte den 28-jährigen Halbbruder Lothar zum Taufpaten für ihren kleinen Sohn, der den Namen des Großvaters Karl erhielt. Ihr vorrangiges Ziel war es, dass auch ihr Sohn an dem politischen Erbe des Frankenreiches beteiligt würde.

»Judith will es so«, dachte Ludwig schließlich und gab 829 dem Drängen seiner Frau nach: Er revidierte die als unumstößlich gedachte Ordinatio imperii von 817 und sprach dem Nachzügler Karl, später »der Kahle« genannt, einige Reichsteile zu. Halbbruder und Taufpate Lothar opponierte als Benachteiligter gegen diese Entscheidung, wurde aber kurzerhand nach Italien verbannt. Der Streit zwischen Ludwig und seinen drei älteren Söhnen eskalierte daraufhin derart, dass er im Jahr 833 mit seinem Heer gegen sie zu Felde zog. Auf dem Rotfeld bei Colmar lief dieses Heer jedoch vollständig zu seinen Söhnen über (weshalb das Feld fortan »Lügenfeld« genannt wurde), von denen er schließlich gefangen genommen wurde. Anderthalb Jahre lang musste Ludwig das Büßergewand tragen, bevor er seine Waffen und königlichen Gewänder zurückerhielt und wieder in seine herrscherlichen Rechte eintreten konnte. Judith freilich ließ sich von Ludwigs

■ Im Vertrag von Verdun wurde das Karolingerreich 843 unter den drei Söhnen Ludwigs des Frommen aufgeteilt.

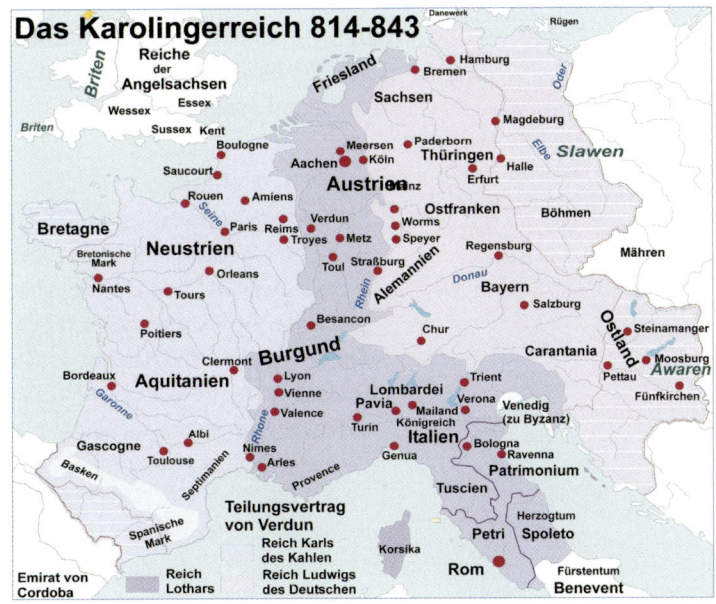

■ Karl der Kahle und seine Mutter Judith. Farbholzstich, um 1850.
Ludwigs jüngster Sohn Karl (823–877) wurde schon zu Lebzeiten »der Kahle« (Calvus) genannt. Die Deutung, sein Beiname rühre daher, dass er ohne Erbe, also gleichsam »kahl«, in ein schon aufgeteiltes Frankenreich hineingeboren wurde, erscheint fraglich, da er schon mit 20 Jahren König im Westteil des Reiches wurde. Sicher ist jedoch, dass Karl schon früh seine Haare verlor und als Mann in den besten Jahren eine Glatze hatte, also tatsächlich kahl war.

Söhnen nicht beeindrucken und erreichte, dass ihr Mann das territoriale Erbe ihres eigenen Sohnes, Karl, nach und nach vergrößerte. Als 839 unerwartet Ludwigs zweiter Sohn Pippin starb, konnte Ludwig endgültig Judiths Willen in die Tat umsetzen und Karl den gesamten Westen des Frankenreiches zusprechen.

Nachdem Ludwig sich zu Beginn seiner Amtszeit als energischer Verfechter der Reichseinheit gezeigt hatte, ist er durch seine zweite Frau Judith doch zum Vorkämpfer der Reichsteilung geworden, die drei Jahre nach Ludwigs Tod im berühmten Vertrag von Verdun (843) festgeschrieben wurde. »Des großen Kaisers kleiner Sohn« wird Ludwig oft genannt, doch betrachtet man seine Durchsetzungsschwäche in seiner zweiten Ehe, kann man ihn mit gleichem Recht »der starken Judith kleiner Kaiser« nennen. Die Nachfolgeregelungen, die ihm zu Lebzeiten so viel Kummer bereitet hatten, führten später zur Entstehung Frankreichs und Deutschlands. Ludwigs Gebeine wurden 1552 umgebettet und der Kaiser selbst als französischer König von der französischen Monarchie vereinnahmt. Diese Verehrung kostete ihn gleichwohl in der Französischen Revolution seine Totenruhe: Im Hass auf die Monarchie brachen die Pariser Ludwigs Grab auf, und seine Gebeine wurden in alle Himmelsrichtungen zerstreut.

BENEDIKTSREGEL
Die Benediktsregel (Regula Benedicti) war die bedeutendste Mönchsregel des europäischen Mittelalters. Benedikt von Nursia, der deshalb als »Vater des abendländischen Mönchtums« gilt, hatte die Klosterregel um 540 verfasst, und seit dem 9. Jahrhundert galt sie als Maßstab klösterlichen Lebens im Abendland. Ora et labora (bete und arbeite) gilt als Grundsatz der Benediktsregel, ist dort jedoch nicht in diesem Wortlaut überliefert. Papst Paul VI. erhob Benedikt 1964 zum Patron für ganz Europa.

# LUDWIG DER FROMME

 BIOGRAPHIE

Ludwig der Fromme wurde 778 in Chasseneuil bei Poitiers geboren. Früh zum Unterkönig in Aquitanien ernannt, wurde er 791 mündig und gestaltete fortan zunehmend die aquitanische Politik, wenngleich sein Vater weiterhin die wichtigen Entscheidungen mitbestimmte. In dieser Zeit baute er die kirchliche Organisation Aquitaniens aus und sicherte durch mehrere erfolgreiche Feldzüge die Südwestgrenze seines Reiches. Nach Karls Tod 814 übernahm Ludwig die kaiserlichen Regierungsgeschäfte. Bald darauf suchte er durch seine Nachfolgeregelung die Einheit des Fränkischen Reiches zu bewahren, indem er seinem Sohn Lothar die Kaiserwürde zusprach. Erst später änderte Ludwig die Nachfolgeregelung zugunsten seines nachgeborenen Sohnes Karl, was heftige Auseinandersetzungen mit seinen ersten Söhnen zur Folge hatte. Die Außengrenzen seines Reiches verteidigte Ludwig mehrfach gegen die Normannen im Norden und weiterhin gegen die Mauren und Basken im Südwesten. Insgesamt gelang es Ludwig, während seiner gesamten Regierungszeit den Umfang des von seinem Vater geerbten Reiches zu erhalten. Neben den Kirchenreformen im Inneren, die dazu dienten, die fränkischen Kirchen unter kaiserlichen Schutz zu stellen und so die Einheit der Kirche zu verwirklichen, kümmerte Ludwig sich auch um die Christianisierung der Skandinavier. Sein Berater, der Erzbischof Ebo von Reims, erwirkte beim Heiligen Stuhl einen Missionsauftrag bei den Dänen.

Nachdem Ludwig persönlich Taufpate des in den Thronwirren geflüchteten Dänenkönigs Harald geworden war, schickte er den später »Apostel des Nordens« genannten Ansgar zu Missionen nach Dänemark und Schweden. Dieser erfolgreiche Beginn der Christianisierung Skandinaviens wurde bald darauf vom Erzbistum Hamburg-Bremen fortgeführt, dessen erster Erzbischof Ansgar wurde. Am 20. Juni 840 starb Ludwig der Fromme nahe der Pfalz Ingelheim. Ludwigs modifizierte Nachfolgeregelung mündete letztlich in den Vertrag von Verdun (843), in dem das Fränkische Reich in ein West-, ein Mittel- und ein Ostreich geteilt wurde.

## Verwandtschaft

Durch seine zweite Ehe knüpfte Ludwig der Fromme familiäre Bande zu den sächsischen Welfen, denn Judith war die Tochter des Grafen Welf und der edlen Sächsin Heilwig. Mit dieser Ehe traten die Welfen, die bis ins späte Mittelalter eine herausragende Rolle in der Adelslandschaft des Fränkischen und später Deutschen Reiches spielen sollten, erstmals ins politische Rampenlicht.

## Quellen

Über Ludwig den Frommen sind drei biographische Texte geschrieben worden. Von Ermoldus Nigellus ist uns ein Epos über Ludwig erhalten, das um 827 entstanden ist. Thegan (vor 800 bis um 851) verfasste einen Tatenbericht, um Ludwig gegen seine Feinde zu verteidigen; da dieser Tatenbericht aber nur bis zum Jahr 835 geführt wurde, enthält er nicht die komplette Lebenszeit Ludwigs. Ein anonymer Geistlicher von Ludwigs Hof, der Astronomus genannt wird, brachte einige Jahre nach Ludwigs Tod die einzige vollständige Biographie über ihn zum Abschluss.

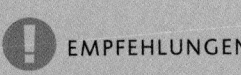 EMPFEHLUNGEN

**Lesenswert:**
Egon Boshof: *Ludwig der Fromme*, Darmstadt 1996

Pierre Riché: *Die Welt der Karolinger*, Stuttgart 1999

Thegan, Astronomus: *Die Taten Kaiser Ludwigs. Das Leben Kaiser Ludwigs*, hg. von Ernst Tremp, Hannover 1995

 AUF DEN PUNKT GEBRACHT

Erst folgte er dem Willen seines Vaters, Karls des Großen. Dann bewies er, dass er einen eigenen Willen hatte und effektiv regieren konnte. Am Ende scheiterte er am starken Willen seiner zweiten Frau.

## Die Geburt Englands durch Krieg und Kultur
# Alfred der Große
## um 848–899

■ Alfred der Große auf einer mittelalterlichen Handschrift, die ihn zum ersten König erklärt, der über ganz England regiert. Cambridge, Corpus Christi College

Das ganze Land der Angeln und Sachsen ist in dänischer Hand! Die Kunde von Alfreds Flucht vor dem dänischen Heer ging im Frühsommer des Jahres 878 wie ein Lauffeuer in den Königreichen der Angelsachsen um. Seit der Mitte des 5. Jahrhunderts hatten die aus Norddeutschland und Dänemark stammenden Angeln und Sachsen die Insel besiedelt, die keltischen Einwohner weit nach Westen verdrängt und sieben Königreiche begründet. England war noch nie eine politische Einheit gewesen, doch die Angelsachsen waren durch Sprache, Kultur und die gemeinsame christliche Religion verbunden. Der in Bedrängnis geratene Alfred von Wessex, König des letzten unabhängigen Königreiches der Angelsachsen, suchte nun auf einer kleinen Flussinsel im Südwesten Britanniens Zuflucht vor den Wikingern, die sich anschickten, die ganze Insel unter ihre Kontrolle zu bringen. Seit nunmehr 85 Jahren bedrängten die Nordmänner die Reiche der Angelsachsen, und in den letzten sieben Jahren hatten sie die Angriffe erheblich verstärkt. Das dänische Heer unter ihrem Anführer Guthrum hatte bereits Teile des südlich der Themse gelegenen Wessex besetzt. Wenn König Alfred die Dänen jetzt nicht besiegen würde, wären die Angelsachsen verloren. Deshalb versammelte der 30-jährige Monarch noch einmal alle seine Truppen und zwang Guthrum und seine Dänen im Sommer 878 bei Edington zu einer Entscheidungsschlacht. Alfreds Heer konnte die Schlacht für sich entscheiden: Wessex war gerettet.

Alfred lag nicht nur die Unabhängigkeit seines Königreiches am Herzen, sondern auch das Christentum, sodass er den unterlegenen Dänen zwei Versprechen abnahm: Zum einen sollten sie sich nach Ostanglien (nordöstlich von London) zurückziehen, und zum anderen sollten sie das heilige Sakrament der Taufe empfangen. Wenig später löste der Dänenführer Guthrum das Versprechen ein, ließ sich taufen und diente damit seinen zahlreichen Mitstreitern als Vorbild. Ob diese dem Vorbild in Massen gefolgt sind, muss aber fraglich bleiben, denn den meisten skandinavischen Kriegern war ein erfolgreiches Plündern allemal wichtiger als ein Bekenntnis zum christlichen Gott. Die meisten Nordmänner setzten daher bald ins Westfrankenreich über, wo sie in den nächsten Jahren ohne große Gegenwehr die erhoffte Beute machen konnten. Die auf der britischen Insel verbliebenen Dänen hingegen zogen sich schließlich im Frühjahr 880 endgültig in den äußersten Osten der Insel zurück.

Erstmals in seiner nun schon neun Jahre währenden Regierungszeit herrschte in Alfreds Königreich Ruhe vor äußeren Angriffen. Bereits beim Regierungsantritt 871 war Wessex das mächtigste der englischen Königreiche gewesen, doch das war Alfred nicht genug. Sein Ziel war es, die angelsächsischen Königreiche, die nicht unter dänischer Herrschaft standen, zu vereinigen. Angesichts der Erfahrungen mit den Wikingern in den vergangenen Jahrzehnten kann es nicht verwundern, dass Alfred in weiser Voraussicht zunächst einmal daranging, überall im Land Burgen und Befestigungen zu errichten, die eine Verteidigung im Falle erneuter Angriffe sichern sollten. Insgesamt ließ er innerhalb von zwölf Jahren 33 Burgen in gleichmäßigen Abständen von etwa 30 Kilometern erbauen.

Tatsächlich gab es schon 886 erneut Feindseligkeiten von Seiten Guthrums. Alfreds Reich war allerdings nicht in Gefahr – im Gegenteil: Es gelang den Angelsachsen sogar, das bislang von Guthrum besetzte London zu erobern. Darüber hinaus bestand Alfred auf einem Vertrag mit Guthrum, der sich einmal mehr widerspenstig gezeigt hatte. In diesem Vertrag von 886 wurde einerseits der Grenzverlauf zwischen den englisch und den dänisch beherrschten Gebieten der Insel festgelegt, und andererseits wurde Alfred offiziell als Führer aller Angelsachsen anerkannt –

**DIE WIKINGER**
Als Wikinger oder Normannen bezeichnet man die Dänen und Norweger, die ab 793 (Überfall auf das nordenglische Kloster Lindisfarne) mit ihren Schiffen Plünderungszüge in Mittel- und Westeuropa durchführten. Diese Zeit der Plünderungen dauerte bis ins 11. Jahrhundert. In vielen Gebieten, so auch auf der britischen Insel, in Westfrankreich (»Normandie«) oder auf Sizilien, ließen sie sich später nieder.

■ Wikingerlandung. Szenenphoto aus Clive Donners Film *Alfred der Große, Bezwinger der Wikinger* von 1968

■ Nach seiner Niederlage gegen König Alfred muss der Dänenführer Guthrum sich taufen lassen. Illustration, 1864, von James Doyle (1822–1892)

**BEFESTIGUNGSPOLITIK**
Zum Schutz gegen die Dänen ließ Alfred der Große viele Burgen und befestigte Anlagen, sogenannte »burhs«, errichten. Als Zentren des Widerstands gegen die Skandinavier ermöglichten sie den Engländern, sich zu behaupten. Aus vielen dieser Burgen gingen Städte hervor, deren Ursprung als »burh« sich an den Endungen der Städtenamen auf »-borough« ablesen lässt.

sein Ziel war erreicht: die Einheit Englands.

Doch auch diese politisch und militärisch herbeigeführte Vereinigung der Engländer stellte ihn nicht zufrieden. Schon in frühester Jugend war Alfred durch sein außerordentliches Interesse an literarischer Bildung aufgefallen, und seit 884 lernte er sogar Latein. Wenige Jahre später begann er, Gelehrte aus den englischen Reichen und dem Frankenreich zu sich zu rufen (darunter sein Biograph Asser und Grimbald von St. Bertin) und nach dem Vorbild der karolingischen Herrscher zahlreiche Klöster und Schulen zu gründen. Alfred wollte England nun auch durch Bildung einen. Unter seiner Ägide wurden bedeutende Werke der christlichen Literatur – teilweise sogar von Alfred selbst – aus dem Lateinischen ins Altenglische übersetzt. Die Texte von Augustinus, Boëthius, Gregor dem Großen, Orosius oder Beda Venerabilis wurden so auch den Engländern bekannt, die des Lateinischen nicht mächtig waren. Doch was für Alfred noch wichtiger war: Die angelsächsische Literatur war grundlegend für das Entstehen einer englischen Identität.

Nach Jahren der Ruhe und Konsolidierung wurde Wessex von erneuten Übergriffen der Wikingerheere erschüttert. Die Flotte, die Alfred hatte bauen lassen, konnte an der Südküste seines Reiches nur geringe Erfolge erzielen, aber letztlich schaffte es ein gemeinsames Heer der vereinten englischen Königreiche, vor allem der Reiche Mercia und Wessex, die Wikinger in die Flucht zu schlagen. Alfred konnte die Früchte seiner Vereinigungspolitik ernten: England hatte sich gegen die Nordmänner behauptet.

Im Jahr 899 starb Alfred im Alter von 51 Jahren. Bald nach seinem Tod sollte man ihn »den Großen« nennen und wie einen Heiligen verehren, obwohl er niemals heiliggesprochen wurde. Ohne den legendären Sieg bei Edington 878 wäre ein gewisser Alfred als letzter angelsächsischer König in die Geschichte eingegangen. Mit der Verteidigung und Vereinigung Englands hingegen hat er sich den ruhmreichen Beinamen »der Große« tatsächlich verdient.

# ALFRED DER GROSSE

## BIOGRAPHIE

Alfred der Große wurde um 848 in Wantage (Oxfordshire) als jüngster Sohn des Aethelwulf, König von Wessex 838–858, geboren. Nachdem drei seiner vier älteren Brüder nach dem Tod des Vaters die Königsnachfolge angetreten hatten und relativ bald verstorben waren, übernahm Alfred 871 das Königreich Wessex. Im selben Jahr intensivierten sich die Eroberungszüge der Wikinger, denen er in den ersten Jahren seiner Amtszeit Einhalt gebieten musste. Mit seinem Sieg gegen die Dänen und der anschließenden Taufe des Dänenführers Guthrum 878 legte Alfred den entscheidenden Grundstein für die politische Vereinigung der angelsächsischen Königreiche. Nach der Eroberung Londons 886 ließ Alfred sich als Führer aller Engländer bestätigen. Die Herrschaft über London indes übertrug er Aethelred, dem König des nördlich der Themse gelegenen Königreiches Mercia, aus dessen Königshaus auch Alfreds Frau stammte. Dieses familiäre Netzwerk der beiden mächtigsten englischen Königreiche festigte Alfred wenige Monate später noch, indem er seine älteste Tochter Aethelflaed dem König von Mercia zur Frau gab. Ab 892 gab es neue Wikingerangriffe, die er mit einem Heer der vereinigten englischen Königreiche niederschlagen konnte. Neben der politischen Vereinigung Englands sicherte Alfred der Große sich einen bleibenden Nachruhm durch seine Bildungspolitik und seine Übersetzungen lateinischer Schriften ins Altenglische. Zudem erließ Alfred ein umfassendes Gesetzbuch, das die bis dahin bedeutendsten Rechtstexte der Könige Aethelberht von Kent und Ine von Wessex aus dem 7. Jahrhundert ablöste. Es trat noch in Alfreds Regierungszeit in Kraft und bildete für über ein Jahrhundert die rechtliche Norm der Engländer. Erst unter Knut dem Großen um 1020 sollten die englischen Gesetze wieder eine derart weitreichende Erneuerung erfahren. Alfred der Große starb am 26. Oktober 899.

### Verwandtschaft

Alfreds Familie herrschte schon seit Generationen über das Königreich Wessex. Sein Großvater Egbert regierte 802–838, Alfreds Vater die nächsten 20 Jahre, und 858–899 herrschten Alfred und seine Brüder. Alfreds Sohn Edward der Ältere schließlich war 899–924 König von Wessex. Dessen Töchter heirateten in die fränkischen Königshäuser ein: Eadgifu wurde Gattin des westfränkischen Königs Karl des Einfältigen, und Eadgyth (Edith) wurde als Gemahlin Ottos des Großen deutsche Königin.

### Quellen

Es sind verschiedene Quellen über Alfreds Leben überliefert. Die »Angelsächsische Chronik«, die in Annalenform die Ereignisse in England verzeichnete und möglicherweise auf Alfreds Veranlassung begonnen wurde, ist von zeitgenössischen Schreibern verfasst und jeweils fortgeführt worden. Asser, der Bischof von Sherborne und zugleich Gelehrter an Alfreds Hof, schrieb bereits 893, sechs Jahre vor dem Tod des Königs, eine Lebensbeschreibung mit dem Titel *De rebus gestis Alfredi*. Schließlich enthalten auch Alfreds altenglische Übersetzungen zum Teil autobiographische Informationen.

## EMPFEHLUNGEN

**Lesenswert:**
Jürgen Sarnowsky: *England im Mittelalter*, Darmstadt 2002

**Sehenswert:**
*Alfred der Große – Bezwinger der Wikinger*. Regie: Clive Donner; mit David Hemmings, Ian McKellen. GB 1968

## AUF DEN PUNKT GEBRACHT

Alfred der Große vereinte die Königreiche der Engländer gleich auf zweierlei Weise: Zum einen besiegte er die Wikinger, zum anderen schuf er mit Literatur in altenglischer Sprache eine gemeinsame Bildungsidentität.

*Der ehrgeizige Nachahmer Karls des Großen*

# Otto der Große

912–973

■ Die Dichterin Roswitha von Gandersheim (um 930–980) überreicht Otto I. ihr Werk. Holzschnitt von Albrecht Dürer, 1501, (1471–1528)

Alleinherrscher? Otto soll alles erben, obwohl er drei Brüder hat? Das hat das Fränkische Reich noch nicht erlebt – ist es doch seit Jahrhunderten gute fränkische Praxis, das väterliche Erbe unter den Söhnen aufzuteilen. So haben es die Merowinger und auch die Karolinger gehalten. Doch Heinrich aus dem Hause der Liudolfinger fühlt sich daran nicht gebunden, denn er ist Sachse. Und so bestimmt er seinen 17-jährigen Sohn Otto zu seinem alleinigen Nachfolger. Damals, im Jahr 929, mag Otto erstmals davon geträumt haben, nicht nur ostfränkischer König zu sein, sondern dereinst in einem Atemzug mit Karl dem Großen (s. S. 8) genannt zu werden: Von nun an will Otto das fränkische Kaisertum erneuern.

Vermutlich wird Otto aber zunächst niemandem von seinem Traum erzählt haben, denn wer den Thronfolger einmal gesehen hatte, konnte zumindest äußerlich keine Ähnlichkeit mit dem schlanken und sportlich-stattlichen Karl erkennen: Otto war klein, hatte breite Schultern und einen untersetzten gewaltigen Körper; sein Gesicht war gerötet, er trug einen völlig aus der Mode gekommenen langen roten Bart, und seine Schritte waren kurz und schnell, hatten nichts von der einem Kaiser anstehenden erhabenen Gemessenheit.

Sein Äußeres trug also eher dazu bei, dass der kommende König unterschätzt wurde, doch schadete dies seinem Selbstbewusstsein und Ehrgeiz keineswegs. Nur fünf Wochen nach dem Tod seines Vaters setzte Otto ein erstes unübersehbares Zeichen, in wessen Nachfolge er sein herrscherliches Amt führen wollte: Im August 936 ließ er sich in Aachen von den Großen des Reiches zum ostfränkischen König wählen. An dieser von Karl gleichsam als Hauptstadt angesehenen Stätte war es denn auch nur folgerichtig, dass Otto nach der Krönung umgehend auf dem marmornen Thron des großen Karl im westlichen Obergeschoss Platz nahm.

Nach diesem verheißungsvollen Beginn seiner Regentschaft war allerdings von der ersehnten Anerkennung als neuer Herrscher des Abendlandes überhaupt nichts zu spüren. Im Gegenteil: Viele Jahre lang kämpfte er mit den unangenehmen Folgen von Heinrichs Entscheidung, das Reich allein ihm zu vererben, denn zwei seiner drei Brüder trachteten voll Neid und Missgunst danach, sich die Teilhabe an der Macht gewaltsam zu verschaffen. Insbesondere sein Bruder Heinrich war sogar drauf und dran, ihn zu töten, doch erfuhr Otto rechtzeitig von dem geplanten Attentat und nahm seinen Bruder in Haft. An Weihnachten des Jahres 941 ließ Otto jedoch königliche Milde walten, verzieh seinem Bruder und machte ihn zum Herzog von Bayern. Heinrich dankte es ihm mit Treue bis zu seinem Tod im Jahr 955, und Otto hatte die lebensgefährlichen ersten Jahre überstanden.

Die schwierige Zeit hatte den König geprägt. Anders als Karl der Große, der seine Mitmenschen mit seinem fröhlichen Wesen erfreut hatte, war Otto wegen seiner Zornesausbrüche gefürchtet. Auch die geistige Betätigung seines großen Vorbilds lag dem Sachsen nicht – er beschäftigte sich lieber damit, zu reiten, zu jagen und zu kämpfen. Erst relativ spät, im Alter von 34 Jahren, erkannte er, nach dem Tod seiner Frau Edith, dass er das Lesen doch noch erlernen müsse, um die Regierungsgeschäfte effektiver und selbständiger ausüben zu können.

Nachdem Otto bereits 15 Jahre regiert hatte, erreichte ihn unerwartet ein schicksalhafter Hilferuf aus Italien, wo eine ihm unbekannte Königinwitwe namens Adelheid (s. S. 38) in den Thronwirren nach ihres Gatten Tod um ihr Leben fürchtete. In ihrer Not rief sie den ostfränkischen König gegen ihre Widersacher zu Hilfe – und Otto konnte sein Glück

**KÖNIGIN EDITH**

Eadgyth, die Enkeltochter Alfreds des Großen von England, wurde um 930 von König Heinrich I. als Gemahlin für seinen Sohn Otto auserwählt. Als deutsche Königin wurde sie fortan Edith genannt. Sie schenkte ihrem Gemahl einen Sohn und eine Tochter, Liudolf und Liudgard. Edith selbst erhielt Magdeburg als Morgengabe, und im dortigen Moritzkloster sowie im Servatiusstift zu Quedlinburg wurde ihr nach ihrem Tod 946 durch Messen und Gebete ein wahrhaft königliches Gedenken bewahrt.

■ Sitzstatue Ottos I. und seiner ersten Gemahlin Edith im von Otto begründeten Magdeburger Dom, 13. Jahrhundert

**DER DOM ZU MAGDEBURG**
Das Erzbistum Magdeburg wurde von Otto dem Großen gegründet, und im romanischen Dom fanden Edith (946) und Otto selbst (973) ihre Grablege. Nachdem dieser Dom abgebrannt war, wurde 1209 mit dem Bau des heutigen, gotischen Doms begonnen. Das Grab des Kaisers befindet sich noch immer im Domchor.

kaum fassen: Sofort kam ihm der Eroberungszug Karls nach Pavia in den Sinn, der ihn zum König der Langobarden und Herrn über Italien gemacht hatte. Und nun rief die verwitwete Königin von Italien ihn nach Pavia! Otto zögerte nicht lang. Umgehend folgte er ihrem Ruf, und nachdem er sie befreit hatte, heiratete er sie. Nun war auch Otto Herr über Italien – und seinem großen Ziel einen Schritt näher.

Doch kaum aus Pavia zurückgekehrt, hatte ihn der ostfränkische Alltag wieder, denn sein Sohn aus erster Ehe, Liudolf, fürchtete angesichts Ottos neuer Ehe um sein politisches Erbe und begann, seinen Vater zu bekämpfen. Die erneute Schwächung des Reiches durch diese innerfamiliären Streitigkeiten blieben selbst den Ungarn nicht verborgen, die seit Jahrzehnten Eroberungszüge ins Reich unternommen hatten. Die für sie günstige Lage wollten sie nun nutzen und starteten einen Großangriff. Trotz der zahlreichen Gegner unter seinen Verwandten und den Fürsten des Reiches gelang es Otto 955, ein gemeinsames Heer aus bayerischen, fränkischen und schwäbischen Truppen aufzubieten, mit dem er nahe Augsburg in der legendären Schlacht auf dem Lechfeld die heidnischen Ungarn vernichtend schlug – die Epoche der Ungarneinfälle war ein für allemal beendet.

Angesichts dieses Erfolges konnte Otto den Ungarneinfall als zweiten Glücksfall seiner Regierungszeit ansehen, da nun auch der innenpolitische Widerstand gebrochen war: Otto war schon für seine Zeitgenossen der Retter der Christenheit und wurde endlich als neuer »Imperator«, als Kaiser, verehrt. Der angestrebten Erneuerung des Kaisertums Karls des Großen stand nun nichts mehr im Wege. Mit dem Tod Berengars I. von Italien im Jahr 924 war das Kaisertum im westlichen Europa, über Jahrzehnte hinweg an die Herrschaft über Italien gebunden, erloschen. Da Otto nun auch ebendiese Herrschaft innehatte, gab es umso weniger Zweifel daran, dass der deutsche König der richtige Mann für die Kaiserkrone war. Im Februar 962 wurden Otto und Adelheid von Papst Johannes XII. in St. Peter zu Rom gekrönt.

Dem neuen Kaiser war jedoch sofort klar, dass eine langfristige Anerkennung des abendländischen Kaisertums nur dann zu

■ In der Schlacht auf dem Lechfeld errang Otto der Große den entscheidenden Sieg über die Ungarn. Buchmalerei, 1457, von Hektor Muelich (um 1415–um 1490). Illustration zu der *Meisterlinchronik*. Augsburg, Staatsbibliothek

erreichen war, wenn er sie auch aus Byzanz erhielte. Einmal mehr war Karl der Große sein Vorbild, denn auch der Karolinger hatte sich in den letzten Jahren seiner Regierung eindringlich – und letztlich erfolgreich – um die byzantinische Anerkennung als Kaiser bemüht. Otto hingegen wollte nicht einfach auf ein Zeichen aus Ostrom warten, sondern ging in die Offensive über. Nachdem Otto 967 seinen gleichnamigen Sohn entsprechend byzantinischer Tradition zum Mitkaiser und damit einzigen Nachfolger gekrönt hatte, setzte er in den folgenden Jahren alles daran, eine byzantinische Prinzessin als Gemahlin für den künftigen Kaiser zu gewinnen.

■ Otto der Große wird am 2. Februar 962 von Papst Johannes XII. in Rom zum Kaiser gekrönt. Farbdruck nach einem Aquarell, um 1958

## DIE REICHSKRONE

Die Krone der Könige und Kaiser des Heiligen Römischen Reiches stammt aus ottonischer Zeit; vermutlich hat bereits Otto der Große sie getragen. Die Krone repräsentierte den religiös legitimierten Führungsanspruch des Herrschers, indem sie die alttestamentlichen Könige David und Salomo sowie Jesus Christus mit zwei Engeln abbildete. Ihre Funktion als Symbol des Reiches verlor sie erst 1806, als Kaiser Franz II. die Krone niederlegte. Heute wird die Reichskrone in der Wiener Schatzkammer verwahrt.

■ Mit dieser Urkunde verlieh Otto I. dem Kloster Drübeck im Harz einen Besitz im mittelfränkischen Rednitzgau. Pergament, 960. Magdeburg, Kulturhistorisches Museum

Zwar sollte es dann keine Prinzessin, sondern »nur« Theophanu (s. S. 46), die Nichte des byzantinischen Kaisers, werden, doch hatte Otto sein Ziel erreicht. Das von ihm zurückeroberte Kaisertum hatte über seinen Tod hinaus Bestand und wurde auch von Byzanz nicht mehr in Frage gestellt. So blieb ihm auch die Anerkennung mittelalterlicher Chronisten nicht verwehrt. Sein Zeitgenosse Widukind von Corvey nannte ihn das »Haupt der Welt« (Caput orbis), und Otto von Freising sprach ihm im 12. Jahrhundert als Erster den ruhmreichen Beinamen seines großen Vorbilds Karl zu: Fortan war er Otto der Große.

Und in gewisser Hinsicht hat Otto der Große sein hehres Ziel, Karl nachzuahmen, nicht nur erreicht, sondern sogar übertroffen. Aachen, die Gründung Karls des Großen, etablierte sich nach Ottos eigener Krönung fest als Wahl- und Krönungsort deutscher Könige, wurde 1356 reichsrechtlich kodifiziert, und bis 1531 ließen sich 30 deutsche Könige in Aachen wählen und krönen. Das westeuropäische Kaisertum war seit Otto dem Großen sogar bis 1806 fest mit dem deutschen Königtum verbunden. Otto war also mehr als nur Karls Nachahmer: Er legte die Grundlagen für das Heilige Römische Reich und festigte endgültig das aus der Reichsteilung von 843, kurz nach dem Tod Ludwigs des Frommen (s. S. 22), hervorgegangene Ostfrankenreich – das man später Deutschland nennen sollte.

# OTTO DER GROSSE

 **BIOGRAPHIE**

Otto der Große wurde am 23. November 912 als ältester Sohn König Heinrichs I. und seiner Gattin Mathilde geboren. Nach dem Tod Heinrichs 936 wurde er in Aachen zum König gekrönt. Nahezu die erste Hälfte seiner Regierungszeit verbrachte er damit, seine Macht gegen seine Verwandten zu verteidigen. Ottos älterer Halbbruder Thangmar starb 938 bei einem Aufstand gegen den König. Ein Jahr später versuchte Ottos jüngerer Bruder Heinrich in einer Allianz mit einigen Fürsten, ihm die Macht streitig zu machen. In den Jahren 953/954 kam es zu einer Erhebung von Ottos erstem Sohn Liudolf, die erst unter dem Eindruck der Ungarneinfälle zum Erliegen kam. Nach dem Sieg über die Ungarn 955 beruhigte sich die innenpolitische Lage. In den knapp 20 Jahren bis zu diesem Sieg hatte Otto den geistlichen Amtsträgern seines Reichs immer mehr weltliche Machtbefugnisse verliehen, um sie so an sich zu binden, denn auf sein familiäres Umfeld konnte er sich erfahrungsgemäß nicht verlassen. So entstand aus der Not heraus eine sehr enge Verbindung zwischen Kirche und politischer Ordnung: das sogenannte Reichskirchensystem. Nachdem Otto an der nordöstlichen Reichsgrenze erfolgreich gegen die Slawen gekämpft hatte und durch die Hochzeit mit Adelheid Herr über Italien geworden war, ließ er sich 962 zum Kaiser krönen. Bis 965 war er mit der Sicherung der kaiserlichen Herrschaft in Italien beschäftigt, und schon 966 zog er wieder in den Süden. Nun verbrachte er sechs Jahre dort, ließ in Verona seinen Sohn Otto II. zum Mitkaiser krönen und organisierte dessen Hochzeit mit Theophanu 972. Unterdessen hatte er sich jedoch von Italien aus auch um die Missionierung der heidnischen Slawen gekümmert und 968 das Missionserzbistum Magdeburg gegründet. Nach seiner Rückkehr aus Italien 972 stand Otto der Große auf dem Höhepunkt seiner Macht. Bei einem österlichen Hoftag in Quedlinburg 973 nahm er die Ehrbezeugungen von Gesandten aus aller Welt entgegen. Er starb am 7. Mai 973 in Memleben.

**Verwandtschaft**
Ahnherr des ottonischen Geschlechts ist der thüringische Graf Liudolf (gestorben 866). Nach ihm werden die Ottonen auch Liudolfinger genannt. Sein Enkel Heinrich I. wurde 919 zum König des ostfränkisch-deutschen Reiches gewählt. Mit dem Tod Kaiser Heinrichs II. im Jahr 1024 erlosch das Geschlecht der Liudolfinger, das über ein Jahrhundert lang das Reich beherrscht hatte.

**Quellen**
Die wichtigste Quelle für das Leben und die Regierungszeit Ottos des Großen ist die Chronik des sächsischen Mönches Widukind von Corvey. Um 968 verfasste er die *Sachsengeschichte*, die er kurz nach dem Tod Ottos des Großen 973 noch bis zu diesem Ereignis fortsetzte. Sie besteht aus drei Büchern, von denen das erste die Frühgeschichte des sächsischen Stammes und die Zeit Heinrichs I. behandelt. Die anderen beiden thematisieren die Zeit Ottos des Großen.

 **WISSENSWERTES**

**Reichskirchensystem**
Als »Reichskirchensystem« wird die im 10. und 11. Jahrhundert praktizierte enge personelle, aber auch institutionelle Verknüpfung zwischen Königtum und kirchlichen Vertretern bezeichnet. So schufen sich die Könige häufig ein loyales Netzwerk, indem sie zur Besetzung freier Bischofsstellen auf Angehörige ihrer eigenen Hofkapelle zurückgriffen.

 **EMPFEHLUNGEN**

**Lesenswert:**
Johannes Laudage: *Otto der Große (912–973). Eine Biographie*, Regensburg 2001

Helmut Beumann: *Die Ottonen*, Stuttgart 2000

Widukind von Corvey: *Die Sachsengeschichte*, lat.-dt., Ditzingen 1981

**Hörenswert:**
Georg Friedrich Händel: *Otto und Theophanu*. Oper 1723

**Besuchenswert:**
Der Dom zu Magdeburg (Grabstätte)

 **AUF DEN PUNKT GEBRACHT**

Otto der Große verfolgte das ehrgeizige Ziel, die Erfolge Karls des Großen zu wiederholen. Das scheinbar Unmögliche gelang: Nach dem Sieg gegen die Ungarn legte er mit der Erneuerung des Kaisertums die Grundlagen für das Heilige Römische Reich – und damit für Deutschland.

## Selbstbewusst und doch bescheiden
# Adelheid
## um 931–999

Nein, das ging zu weit. Eine burgundische Königstochter und italienische Königin wie Adelheid ließ sich nicht einfach so gefangen halten. Über drei Monate saß sie nun schon in der Burg am Gardasee fest, als sie mit ihren beiden Begleitern, dem Priester Warin und einer Magd, ihr Schicksal selbst in die Hand nahm. Die drei begannen, einen Tunnel zu graben, und nach genau vier Monaten Gefangenschaft gelang ihnen tatsächlich die Flucht.

Dass es der erst 20 Jahre alten, bereits verwitweten Königin Adelheid nicht an Selbstbewusstsein mangelte und sie ihren eigenen Weg zu gehen verstand, war dem italienischen Möchtegernkönig Berengar durchaus klar – das war schließlich auch der Grund, warum er sie eingesperrt hatte. Denn nach altem langobardischem Gewohnheitsrecht durfte die Königinwitwe durch die Wahl eines neuen Gatten entscheiden, wer die italienische Krone erhielt, und um das zu verhindern, wollte Berengar sie so lange ruhigstellen, bis seine Herrschaft anerkannt war. Doch vier Monate reichten ihm nicht aus. Nach Adelheids Flucht wurde sie von den zu Hilfe gekommenen Rittern Ottos des Großen (s. S. 32) in Sicherheit gebracht, und als Otto durch die Hochzeit mit Adelheid die Krone Italiens erlangt hatte, waren Berengars Pläne endgültig durchkreuzt.

Adelheid war schon in jungen Jahren in die höchsten Sphären der Macht gelangt, wurde mit 16 italienische Königin, mit 20 ostfränkisch-deutsche Königin, und an Ottos Seite sollte sie ein gutes Jahrzehnt später gar Kaiserin des mächtigsten europäischen Reiches werden. Große Wertschätzung erfuhr sie bereits von ihrem ersten Ehemann Lothar, der sie nicht nur vielfach als »liebenswerte Gattin« und »teure Gemahlin« bezeichnete, sondern zudem als Consors regni, als »Teilhaberin an der Königsherrschaft«. Schon in jungen Jahren verfügte sie über politischen Einfluss, und auch an der Seite des Kaisers Otto war Adelheid selbstbewusst genug, sich regelmäßig in politische Entscheidungen einzumischen, wenn sie es für richtig hielt. Nach Ottos Tod 973 begann allerdings

■ Diese Stifterfigur der Kaiserin Adelheid im Meißener Dom wird dem Naumburger Meister zugeschrieben. Skulptur, 13. Jahrhundert

ein bewegtes Vierteljahrhundert in der politischen Geschichte Mitteleuropas – und damit auch für Adelheid, die schließlich über verwandtschaftliche Verbindungen im werdenden Frankreich, in Burgund, Italien und dem deutschen Regnum verfügte. Das nun beginnende Auf und Ab in Adelheids Leben spiegelt den zentralen Wesenszug dieser »Mutter der Königreiche«, wie der spätere Papst Silvester II. sie einmal nannte. Sie wusste, wann sie ihre langjährige politische Erfahrung und ihre guten Verbindungen in die Waagschale werfen musste, aber sie wusste auch, wann es an der Zeit war, sich herauszuhalten: Adelheid war ihrem Sohn Otto II. einige Jahre lang eine wichtige politische Beraterin, zog sich jedoch später in ihre burgundische Heimat zurück, die sie in den ersten 16 Jahren ihres Lebens liebgewonnen hatte. Auch nach der erfolgreichen Verteidigung der Kaiserkrone für ihren erst dreijährigen Enkel Otto III. (s. S. 58) und der gemeinsamen Regentschaft mit Theophanu (s. S. 46) wählte Adelheid 985 erneut den Rückzug auf ihre Güter – diesmal nach Pavia. Durch Adelheids Einsatz für ihre Tochter Emma, die verwitwete westfränkische Königin, wurde das Verhältnis zu Theophanu noch angespannter, sodass die griechische Kaiserin 991 zähneknirschend über ihre allzu mächtige Schwiegermutter verlauten ließ: »Wenn ich noch ein halbes Jahr lebe, soll Adelheid von der ganzen Erde nicht mehr regieren, als man mit einer Hand umspannen kann!« Wenige Wochen später starb Theophanu – die mittlerweile 60-jährige Kaiserin hatte wieder einmal den längeren Atem. Da der elfjährige Kaiser Otto III.

■ Otto II. und seine Frau Adelheid werden im Jahr 962 in Rom zu Kaiser und Kaiserin gekrönt. Illustration von Ludovico Pogliaghi, 1890

SCHWERTLEITE
Durch die sogenannte Schwertleite wurden junge Männer mit dem Schwert ausgestattet und zum Ritter erhoben. Der früheste Zeitpunkt dafür war der 14. Geburtstag, der die Volljährigkeit bedeutete. Bei dieser festlichen Zeremonie waren neben Fürsten oft auch kirchliche Amtsträger anwesend, um den Schwertsegen zu erteilen und den Ritter auf seine Pflicht hinzuweisen, Kirche und Bevölkerung zu beschützen.

## CLUNY

Vom 10. bis zum 12. Jahrhundert ging von der Abtei Cluny (nördlich von Lyon) die bedeutendste Klosterreform des Hochmittelalters aus. Neben einer strengen Beachtung der Benediktinerregel, die den Tagesablauf der Mönche und Nonnen minutiös festlegte, stand die Befreiung der Klöster aus der Gewalt der Bischöfe und eine engere Anlehnung an das Papsttum im Mittelpunkt. Im 11. Jahrhundert richtete sich die Reform vor allem gegen den üblichen Ämterkauf und das eheähnliche Leben der Kleriker.

noch immer nicht volljährig war, erfüllte Adelheid ihre verantwortungsvolle Pflicht und regierte das Reich im Namen ihres Enkels. Mit der Schwertleite Ottos 994 konnte Adelheid sich endgültig aus dem politischen Leben zurückziehen.

Bei allem Selbstbewusstsein, das Adelheid auszeichnete, blieb sie jedoch erstaunlich bescheiden. Sie strebte nicht nach Reichtümern und weltlichen Genüssen, verlangte keine extravaganten Mahlzeiten, trug schlichte Kleidung und wollte nicht gelobt werden. Für ihr zurückhaltendes Auftreten, aber auch für ihre Schönheit, Klugheit und Sittenstrenge wurde Adelheid zeit ihres Lebens geschätzt. Dazu kamen eine ausgeprägte Frömmigkeit und christliche Demut. Sie schrieb selbst, dass sie von Gott lediglich »für eine gewisse Zeit mit der Herrschaft über das christliche Volk betraut« worden sei. Und als diese Zeit mit der Volljährigkeit ihres Enkels abgelaufen war, grollte sie keineswegs über die verlorene Macht, sondern zog sich in das Klosterleben zurück. Dies hatte ihr schon immer besonders am Herzen gelegen, und die ihr verliehene Herrschaft über das christliche Volk nutzte sie, um Klöster in Italien und am Rhein zu gründen und die monastische Reformbewegung von Cluny zu unterstützen. Ihre liebste eigene Klostergründung stand ganz im Zeichen dieser Reform: das Benediktiner-Doppelkloster im elsässischen Selz. Dort beschloss Adelheid ihr langes Leben, nachdem sie nicht nur ihre beiden Ehemänner, sondern am Ende auch all ihre fünf Kinder überlebt hatte.

In den Jahren, in denen Adelheid nicht mit Regierungsgeschäften betraut war, tat sie alles, um ihr Seelenheil und das ihrer Familienangehörigen zu sichern. Sie unternahm Pilgerfahrten, übte sich in Buße und Mildtätigkeit. Ihre Frömmigkeit wurde von allen Seiten bewundert, und schon zu ihren Lebzeiten wurden ihr Wundertaten und Visionen zugesprochen. Die Quellen lassen uns wissen, dass sie eine Verehrung als Heilige in ihrer Bescheidenheit immer abgelehnt hat. Ein knappes Jahrhundert nach ihrem Tod wurde sie dennoch als erste mittelalterliche Herrscherin heiliggesprochen.

■ Modell der mittelalterlichen Klosteranlage Cluny. Photopostkarte, um 1900

# ADELHEID

## BIOGRAPHIE

Adelheid wurde um 931 als Tochter Rudolfs II. von Hochburgund (912–937) geboren. Sie wurde 937 mit König Lothar von Italien (927–950) verlobt; die Hochzeit fand 947 statt. Nach Lothars Tod geriet Adelheid in die Gefangenschaft Berengars von Ivrea, konnte sich jedoch befreien und wurde dann von Otto dem Großen geehelicht. An der Seite ihres Gemahls wurde sie 962 Kaiserin und begleitete ihn auf seinen beiden Italienzügen (961–965 sowie 966–972). Nach Ottos Tod 973 war sie einflussreiche Beraterin ihres Sohnes Otto II., doch nach dem Streit um die Verbannung Heinrichs des Zänkers verließ sie 978 den Hof. Als es um die Sicherung der Herrschaft für ihren Enkel Otto III. ging, kehrte sie zurück, überließ ab 985 aber ihrer Schwiegertochter Theophanu die Regierungsarbeit. Ein Jahr später verstarb der westfränkische König Lothar, was Adelheids Tochter Emma zur Witwe machte. Emma wandte sich hilfesuchend an ihre Mutter, die versuchte, bei Theophanu ihren Einfluss geltend zu machen, jedoch nur mit mäßigem Erfolg. Nachdem Theophanu 991 gestorben war, führte Adelheid für drei Jahre die Regentschaft für Otto III., unterstützt von ihrer Tochter Mathilde, der Äbtissin von Quedlinburg. Angesichts der schwierigen politischen Lage gelang es der Kaiserin jedoch nicht, nennenswerte Akzente in der Reichspolitik zu setzen. Zudem verließ sie zwischenzeitlich für längere Zeit den Hof, um den jungen Thronfolger an die Übernahme der Herrschaft heranzuführen. Den größten Einsatz leistete Adelheid in der Förderung der Kirchen und Klöster. Aus ihrer burgundischen Heimat war sie mit der Reformbewegung von Cluny vertraut und stand auch mit den langjährigen Äbten Maiolus (954–994) und Odilo (994–1049) in persönlichem Kontakt. Auf der cluniazensischen Reform fußend gründete Adelheid schließlich in Selz 991 ein benediktinisches Kloster, in dem sie sich nach dem endgültigen Rückzug aus der Politik 994 niederließ. Dort verstarb sie am 16. oder 17. Dezember 999. Ihre in Selz bestatteten Gebeine wurden bald nach ihrem Tod verehrt und nach Adelheids Heiligsprechung 1097 bis ins 14. Jahrhundert hinein von Pilgern aufgesucht. 1307 zerstörte ein Rhein-Hochwasser das Kloster und damit auch die letzte Ruhestätte der heiligen Adelheid.

### Verwandtschaft

Adelheid war mit einer Vielzahl von Herzögen, Königen und Kaisern verwandt. Sie war die Tochter des Königs von Hochburgund und die Enkelin des Herzogs von Schwaben. Ihre Tochter aus erster Ehe, Emma, wurde 966 Königin von Westfranken. Durch Adelheids zweite Ehe mit Otto dem Großen wurde sie Teil des ottonischen Herrscherhauses. Sie war nicht nur selbst Kaiserin, sondern zudem die Mutter und Großmutter der beiden folgenden Kaiser und schließlich sogar die Urgroßtante Kaiser Heinrichs II. (1002–1024).

### Quellen

Als Kaiserin taucht Adelheid naturgemäß in zahlreichen Chroniken, Tatenberichten und Urkunden des 10. Jahrhunderts auf. Als Lebensbeschreibungen sind zwei Quellen jedoch besonders wichtig. Wenige Jahre nach Adelheids Tod verfasste Abt Odilo von Cluny, der mit ihr in Verbindung gestanden hatte, eine Biographie (*Epitaphium domne Adalheide auguste*). In den 1050er Jahren entstand im Elsass ein Bericht über Leben und Wundertaten der Kaiserin (*Miracula domine Adelheidis*), der ihre Heiligsprechung begünstigen sollte.

## EMPFEHLUNGEN

**Lesenswert:**
Bruno Keiser: *Bevor das Jahr Tausend anbrach: Adelheid. Königin, Kaiserin, Heilige. Ein Leben in bewegter Zeit*, Düsseldorf 1995

Gerald Beyreuther/Barbara Pätzold/Erika Uitz: *Herrscherinnen und Nonnen. Frauengestalten von der Ottonenzeit bis zu den Staufern*, Berlin 1990

**Hörenswert:**
Giuseppe Maria Orlandini: *Adelaide*. Oper 1729

Gioacchino Rossini: *Adelaide di Borgogna*. Oper 1817

Ignaz von Seyfried: *Adelheid von Italien*. Oper 1823

### AUF DEN PUNKT GEBRACHT

Schon als junge Frau ging Kaiserin Adelheid selbstbewusst ihren Weg und bestimmte über Jahrzehnte die europäische Politik. Dennoch trat sie bescheiden auf und führte ein frommes Leben – und wurde so die erste heilige Herrscherin des Mittelalters.

Im Westen was Neues
# Hugo Capet
um 940–996

Ein lauter Schrei. Äste krachen. Ludwigs Begleiter sehen nur noch sein Pferd davongaloppieren. Der 20-jährige König indes liegt regungslos im Unterholz; jede Hilfe kommt zu spät.

Für einen mittelalterlichen Adligen war das Jagen sowohl Vergnügen als auch Training für den Kampf – für Ludwig V. war es tödlich. Und dieser Jagdunfall war auch mehr als nur der tragische Tod eines jungen Regenten, denn der kinderlose Ludwig war der letzte karolingische König, den die Welt gesehen hat. Die ruhmreiche Epoche der Herrscher aus dem Geschlecht Karls des Großen (s. S. 8) endete glanzlos im frühlingshaften Dickicht nahe dem nordfranzösischen Compiègne. Im Westfrankenreich des Jahres 987 musste nun eine neue Zeit beginnen.

Wer an Ludwigs Stelle treten sollte, war für die mächtigen Fürsten des westfränkischen Königreiches überhaupt keine Frage. Es musste der einflussreiche Berater des jungen Königs sein, denn er war der Mächtigste unter ihnen: Hugo aus der Familie der Robertiner, der Herzog von Franzien, das im ausgehenden 10. Jahrhundert ein relativ überschaubares Gebiet von Orléans im Süden über Paris und St. Denis bis nach Senlis im Norden umfasste. Die Robertiner gehörten bereits seit anderthalb Jahrhunderten zum Hochadel und hatten auch schon vor Hugo zwei westfränkische Könige gestellt, was den Fürsten die Königswahl Hugos im Mai 987 sicher erleichterte.

Ein paar hundert Kilometer nordöstlich von Franzien gab es allerdings jemanden, der über die Nachfolge ganz anders dachte und die Nachricht vom Tod des jungen Königs mit großem Interesse aufnahm. Jemand, der die karolingischen Herrscher bei weitem noch nicht als ausgestorben ansah, denn er, der Herzog von Niederlothringen, war als Onkel Ludwigs V. selbst Karolinger und trug sogar den programmatischen Namen Karl. Dadurch, dass er zu einem früheren Zeitpunkt aus der Reihe der Thronfolger ausgeschlossen worden

■ Der französische König Hugo Capet beim Rat mit den Großen seines Reiches. Die Lilie, die seinen Mantel schmückt, wurde zum Emblem des französischen Königtums. Buchmalerei, 14. Jahrhundert

war, hatte er nun jedoch keinen rechtlichen Anspruch mehr auf den Königsthron. Darüber hinaus besaß Karl eine für die westfränkischen Fürsten allzu enge Verbindung zu den ostfränkischen Ottonen, die ihm erst zu seinem Herzogsamt verholfen hatten; die Westfranken aber wollten sich von dem mächtigen Nachbarn abgrenzen, um ihr eigenes Königtum zu stärken.

Für dieses Vorhaben war der Robertiner Hugo genau der Richtige, deshalb machte er am Ende das Rennen, obwohl auch er mit den Ottonen verwandt war – sogar in genau dem gleichen Grad wie Karl. Doch entscheidend war, dass Hugo den Schwerpunkt auf eine eigenständige Politik im Sinne des Westfrankenreichs legte und nicht auf seine gesamtfränkische Herkunft. Eine radikale Zäsur war dieser Regierungswechsel von 987 dennoch nicht. Wie seine Vorgänger nannte sich Hugo »König der Franken« (Rex Francorum), und auch seine Urkunden standen sowohl inhaltlich als

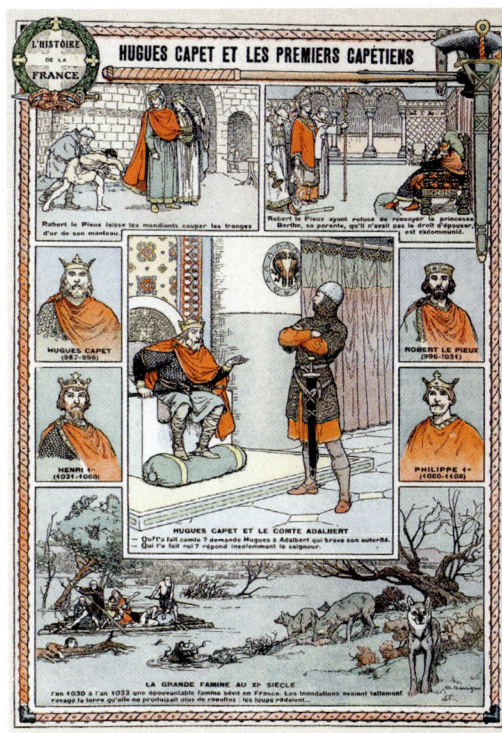

auch äußerlich ganz in der Tradition der karolingischen Könige. Dennoch machte er unmissverständlich klar, dass er um jeden Preis einen Konflikt mit dem Ostfrankenreich vermeiden wollte. So war eine seiner ersten Handlungen nach der Königswahl die Räumung Verduns, das im ostfränkischen Machtbereich lag.

Doch westfränkische Politik hin oder her – dem neuen König war die historische Chance durchaus bewusst, seine Familie an der Spitze des Reiches etablieren zu können. Nur wenige Monate nach Regierungsantritt wollte er seinem Sohn Robert die neu gewonnene Macht sichern, indem die Fürsten ihn zu seinem

■ Hugo Capet und die ersten Kapetinger: Der Sohn Hugo Capets, Robert II., lässt Bettler Fransen seines Mantels abschneiden (oben links), Exkommunikation Roberts II. (oben rechts), Hugo Capet und Graf Adalbert (Mitte), Hungersnot infolge von Überschwemmungen (unten). Farbdruck, um 1920

### KARL VON NIEDERLOTHRINGEN

Der westfränkische Karolinger Karl (953–991) wurde bereits als Einjähriger von der königlichen Thronfolge ausgeschlossen, versuchte aber später verschiedentlich, die Macht im Westfrankenreich zu erlangen. Schließlich setzte ihn sein kaiserlicher Vetter Otto II. 977 als Herzog ein. Von 987 an kämpfte Karl mit Hugo Capet um die Macht. Dieser ließ ihn schließlich 991 gefangen nehmen, wo er kurz darauf verstarb.

■ Bildnis Hugo Capets in der Kirche St. Denis, Glasmalerei, 19. Jahrhundert.
Die Grabstätte des heiligen Bischofs Dionysius (französisch Denis) bei Paris war im 9. Jahrhundert Begräbnisort einiger Karolingerkönige. Nachdem die Abtei in den Besitz der Robertiner gelangt war, ließen die Karolinger sich in Reims bestatten. Hugo Capet fand in St. Denis seine letzte Ruhe; damit wurde die frühere karolingische Tradition erneuert und eine neue begründet: St. Denis wurde für Jahrhunderte die Grablege der französischen Könige.

Mitkönig – und damit automatischen Nachfolger – wählen sollten. Dabei kam ihm ein Hilferuf der Aquitanier, er solle ihnen im Kampf gegen die spanischen Omaijaden beistehen, gerade recht: Unter Hinweis auf die Gefährlichkeit eines solchen Feldzugs gegen die »muslimischen Heiden« überzeugte er die Fürsten von der Wichtigkeit dieser Wahl. Das Vorhaben glückte. Der Feldzug gegen die Omaijaden war dann allerdings so gefährlich, dass nicht einmal Hugo selbst daran teilnehmen wollte …

Hugos Onkel, Kaiser Otto der Große (s. S. 32), war ihm bei einem weiteren Versuch, die robertinische Macht dauerhaft zu stärken, ein Vorbild. Ebenso wie Otto für seinen gleichnamigen Sohn versuchte nun auch Hugo, seinem Spross eine byzantinische Gattin zu verschaffen. Der König hatte den Brief an den oströmischen Kaiser bereits fertig, schickte ihn dann aber doch nicht ab. So wurde es nichts mit der byzantinischen Schwiegertochter, und das war nicht Hugos einziges Problem. Neben dem jahrelangen Kampf gegen die Karolinger und Ostfranken und der Niederschlagung mehrerer Aufstände musste Hugo sogar innerhalb des Westfrankenreichs um seine Macht fürchten. Die Herrschaft über Franzien mag ihn als Herzog stark gemacht haben, doch für einen König war diese Basis etwas dünn. Obwohl ihn die anderen Fürsten zum König gewählt hatten, bekam er in seinem Amt kaum Unterstützung. Das lag zwar nicht an ihm, sondern an dem Geltungsbedürfnis der Fürsten, unter dem alle westfränkischen Könige dieser Zeit zu leiden hatten, aber es engte Hugo dennoch sehr ein. Sein Aktionsradius war auf die nordfranzösischen Gebiete beschränkt, und er selbst hat die südfranzösischen Landschaften jenseits der Loire nie gesehen. Dort, im Süden des Reiches, erzählte man sich immer wieder schmunzelnd, wie Hugo den widerspenstigen aquitanischen Grafen Aldebert anfuhr: »Wer hat dich denn zum Grafen gemacht?« Aldebert entgegnete nur kühl: »Und wer hat dich zum König gemacht?«

Hugo, der seit dem 12. Jahrhundert mit dem Beinamen »Capet« bezeichnet wird, ist wegen der zahlreichen innen- wie außenpolitischen Probleme oft kritisch beurteilt worden. Zweifelos ist es ihm aber in schwieriger Zeit gelungen, sich zu behaupten und vor allem seinem Sohn die Macht zu sichern – und damit seiner Familie. Die nach Hugo Capet nur noch als Kapetinger bezeichnete Familie beherrschte seit 987 in direkter Linie bis ins 14. Jahrhundert das Westfrankenreich, das alsbald zum mächtigen Frankreich werden sollte. Die Basis für diese neue Epoche hatte Hugo Capet in seiner neunjährigen Regierungszeit gelegt.

# HUGO CAPET

## BIOGRAPHIE

Hugo Capet wurde um 940 als Sohn Herzog Hugos des Großen und Hadwigs, der Schwester Ottos des Großen, geboren. Sein Vater starb 956, und vier Jahre später folgte Hugo ihm im Amt des Herzogs von Franzien nach. Im Alter von 30 Jahren heiratete er Adelheid, die Tochter des Herzogs Wilhelm Werghaupt von Aquitanien. Sie gebar ihm um 972 den einzigen Sohn Robert. Als Herzog von Franzien betrieb Hugo stets eine eigenständige Politik, die sich kurzfristig auch gegen das Königtum richtete, als er 980/981 mit dem Erzbischof Adalbero von Reims eine Koalition gegen den karolingischen König Lothar (954–986) einging. Später jedoch arbeitete Hugo wieder auf der Seite der Karolinger und fungierte sogar als Berater für Lothars Sohn Ludwig V. (König 986–987). Ende Mai 987 wurde Hugo in Senlis mit Hilfe der robertinischen Vasallen und Adalberos von Reims zum westfränkischen König gewählt. Jahrelang musste er anschließend gegen die Thronansprüche der Karolinger unter Herzog Karl von Niederlothringen kämpfen. Dieser schaffte es, ein für Hugo gefährliches Bündnis mit verschiedenen Grafen sowie dem Erzbischof von Sens einzugehen. Dennoch versuchte Hugo kurzzeitig, einen Kompromiss mit den Karolingern zu erreichen. Er setzte den Karolinger Arnulf im wichtigsten Erzbistum in Reims als Bischof ein. Der dankte es ihm jedoch nicht, sondern lieferte Reims an Karl aus. Eines Besseren belehrt, ließ Hugo die beiden Karolinger schließlich 991 gefangen setzen. Nach der kirchenrechtlich bedenklichen Absetzung Arnulfs machte Hugo den Gelehrten Gerbert von Aurillac zum neuen Reimser Erzbischof (später Papst Silvester II. 999–1003), der sich deswegen wiederholt rechtfertigen musste. Im Jahr 993 kam es zu einem erneut erfolglosen Bündnis zwischen Karls Sohn Otto (Herzog von Niederlothringen 991–1012 und letzter Karolinger) und dem Grafen von Blois. Durch die letztlich erfolgreiche Beendigung des langwierigen Kampfes zwischen Robertinern und Karolingern gelang es Hugo, die Monarchie zu stabilisieren. Für die dynastische Stabilität hatte Hugo bereits gesorgt, indem er seinen Sohn, den späteren König Robert II. (996–1031), noch 987 zum Mitkönig hatte wählen lassen. Hugo Capet starb am 24. Oktober 996 und wurde in St. Denis bestattet.

### Verwandtschaft

Nach Robert dem Tapferen (um 820–866) wurde Hugos Familie bis ins 12. Jahrhundert Robertiner genannt. Roberts Söhne Odo (888–898) und Robert I. (922–923) regierten das Westfrankenreich als Könige. Anschließend waren die Robertiner lediglich Herren über das Herzogtum Franzien, bevor der Enkel Roberts I., Hugo Capet, zum König gewählt wurde. Ab 987 stellten die Robertiner, die seit dem Aufkommen von Hugos Beinamen Kapetinger genannt werden, durchgängig die westfränkischen beziehungsweise französischen Könige bis zum Tode Karls IV. im Jahr 1328. Die Kapetinger formten das wenig einheitliche Gebilde Westfrankenreich zur europäischen Großmacht Frankreich.

### Quellen

Die wichtigste Quelle über das Wirken Hugo Capets sind die *Historiae* des Mönchs Richer aus St. Remi in Reims. Über sein Leben wissen wir nicht viel mehr, als dass er Zeitgenosse Hugos war. Sein Werk ist gleichsam eine westfränkische Zeitgeschichte der Ereignisse von 888 bis 995. Da der letzte Eintrag zum Jahr 995 verzeichnet ist, muss das Werk kurz danach geschrieben worden sein.

## EMPFEHLUNGEN

**Lesenswert:**
Joachim Ehlers/Heribert Müller/Bernd Schneidmüller (Hg.): *Die französischen Könige des Mittelalters. Von Odo bis Karl VIII. (888–1498)*, München 1996

Joachim Ehlers: *Die Kapetinger*, Berlin 2000

**Hörenswert:**
Gaetano Donizetti: *Hugo, Graf von Paris*. Oper 1832

**Besuchenswert:**
Die Kathedrale von St. Denis in Paris (Grabstätte)

Die Kathedrale von Reims

### AUF DEN PUNKT GEBRACHT

Mit Hugo Capet brach im Westfrankenreich eine neue Zeit an. Hugo ergriff die Gelegenheit beim Schopf und sicherte seiner Familie für Jahrhunderte die Macht im zukünftigen Frankreich.

*Eine Großstädterin im ländlichen Westeuropa*

# Theophanu
959–991

In einer Zeit, in der Mädchen ihres Alters und ihrer Herkunft für gewöhnlich verheiratet wurden, saß die zwölfjährige Theophanu einsam auf der Prinzeninsel südöstlich von Konstantinopel. Sie war in dieser brodelnden Großstadt am Bosporus aufgewachsen, die mit ihrem Reichtum, ihren Künstlern und Gelehrten zu Recht als die einzige wirkliche Stadt im Europa ihrer Zeit angesehen wurde. Der byzantinische Herrscher hatte Theophanu auf die Prinzeninsel verbannt, nachdem sie sich an Intrigen am byzantinischen Hof beteiligt hatte, die zum Tod des alten Kaisers Nikephoros führten, der zu allem Unglück auch noch ihr Großonkel gewesen war. Plötzlich erfuhr sie, dass sie in einigen Monaten den vier Jahre älteren fränkischen Thronfolger Otto II. heiraten sollte. So hatten es Otto der Große (s. S. 32) und die Mächtigen am byzantinischen Hof miteinander vereinbart, denn der deutsche Kaiser wollte unbedingt eine byzantinische Schwiegertochter bekommen, um die Anerkennung des oströmischen Kaisers zu gewinnen. Am liebsten wäre ihm Prinzessin Anna gewesen, doch nun war es nur die entfernt mit dem Kaiserhaus verwandte junge Theophanu. Nun gut, besser als nichts, dachte Otto der Große sich zunächst. Doch bald schon sollte er die Qualitäten seiner Schwiegertochter erkennen.

Theophanu kam als 13-Jährige nach Rom, und im April 972 fand dort die Hochzeit mit Otto II. statt. Anschließend bekam die junge Kaiserin erstmals einen Eindruck von dem neuen Leben, das ihr nun bevorstand: Entsprechend der fränkischen Herrschertradition, die bisher allein Karl

■ Otto II. und seine Gemahlin Theophanu, von Christus gekrönt und gesegnet. Relieftafel aus Elfenbein, um 982. Paris, Museum Cluny

## BYZANZ

Das Byzantinische beziehungsweise Oströmische Reich entstand durch die Zweiteilung des Römischen Reiches 395. Während das Westreich unterging, blühte Byzanz mit der Hauptstadt Konstantinopel (vor 330 Byzantion, seit 1930 Istanbul) auf, insbesondere unter Justinian I. (527–565), als es nahezu den gesamten Mittelmeerraum kontrollierte. Die griechisch-orthodoxe Macht über das östliche Mittelmeer wurde 1453 von den Türken erobert, die Konstantinopel zur Hauptstadt des Osmanischen Reiches machten.

■ Aus Goldblech getriebenes Bildnis der Kaiserin Theophanu auf dem Vorderdeckel des *Codex Aureus* von Echternach. Der kostbare Buchdeckel, der zwischen 985 und 991 entstand, war ein Geschenk Theophanus und ihres Sohnes Otto, des späteren Kaisers Otto III., an die Abtei Echternach bei Trier. Nürnberg, Germanisches Nationalmuseum

der Große mit der Vorliebe für seine Aachener Residenz durchbrochen hatte, würde sie nicht an einem Ort residieren, wie sie das in Konstantinopel kennengelernt hatte, sondern sollte stets durch die Weiten Süd- und Mitteleuropas reisen. Nachdem sie in der Weltstadt am Bosporus mit der einzigen Verkehrssprache Griechisch aufgewachsen war, wurde sie nun ständig mit neuen Städten, neuen Kulturen, neuen Sprachen und Dialekten konfrontiert. Otto und Theophanu reisten über Rätien und das Rhein-Main-Gebiet in die sächsischen Stammlande der Ottonen, nach Magdeburg und Quedlinburg. In diesen Monaten drang das gelehrte Latein der Kleriker an ihr Ohr, ebenso das Vulgärlatein der Italiener und nördlich der Alpen das Alemannische, Fränkische, Sächsische und im teils slawisch besiedelten Raum Magdeburg sogar das Slawische. Vor der Hochzeit mag sie allenfalls auf das Latein der Geistlichen vorbereitet worden sein. Diese babylonische Sprachverwirrung ließ ihr das durch die weiten Waldflächen ohnehin schon finstere Europa wohl endgültig als Barbarenland erscheinen.

Doch Theophanu war klug und umsichtig genug, sich bald in ihrer neuen Welt zurechtzufinden. Dabei waren die Bedingungen in den ersten Jahren alles andere als einfach, denn ihr Gemahl musste nach der Übernahme der Regierung 973 lange um Thron und Leben fürchten. Allerorten trachtete man danach, seine Macht zu schmälern, und bisweilen gelang es dem Kaiserpaar nur knapp, den Angreifern zu entkommen. Die beiden verteidigten ihre Macht, und nachdem 980 der ersehnte Sohn geboren worden war, schien auch die Nachfolge gesichert. Den kleinen Otto III. (s. S. 58) ließen sie fortan kaum aus den Augen, reisten

■ Kaiserin Theophanu trifft ihren Gemahl Otto II. nach der Schlacht gegen die Sarazenen bei Babei Crotone am 13. Juli 982. Holzstich, 1875, nach einer Zeichnung von Friedrich Hottenroth (1840–1917)

immer zusammen, von 981 bis 983 auch nach Italien. Dort verlor der Kaiser eine Schlacht gegen die Sarazenen – seine von ihm als »erhabene Mitkaiserin« (Coimperatrix augusta) verehrte Gattin hatte ihm von diesem Feldzug abgeraten. Anschließend ließ er in Verona seinen dreijährigen Sohn zum König wählen. Weil der Kleine auf Wunsch der Adligen in Aachen gekrönt werden sollte, musste sich das Kaiserpaar von ihm trennen. Kurz nach der prächtigen Krönung Ottos III. am Weihnachtstag 983 erfuhr die Festgesellschaft, dass sein Vater, Kaiser Otto II., 18 Tage zuvor in Italien an einer Malariainfektion gestorben war.

OTTO II.
Otto II. (955–983), der Sohn Kaiser Ottos des Großen, wurde 961 zum König gewählt, 967 zum Mitkaiser gekrönt und heiratete 972 Theophanu. Er war hoch gebildet, doch sagte man ihm Unausgeglichenheit nach. Otto II. lebte in Streit mit dem westfränkischen König Lothar, und in Süditalien erlebte er gegen die Sarazenen eine vernichtende Niederlage, bei der er nur mit Mühe sein Leben retten konnte. Er starb in Italien an Malaria. Als einziger deutscher Kaiser wurde er in St. Peter zu Rom bestattet.

Der Schock war riesig. Zudem stand die Frage im Raum, wer nun das Reich regieren sollte, denn eine rechtliche Regelung gab es für einen solchen Fall nicht. Für Theophanu war es keine Frage, dass sie eine vormundschaftliche Regierung für ihren dreijährigen Sohn führen würde, doch der nächste männliche Verwandte Heinrich von Bayern, der Vetter Ottos III., sah das ganz anders. Um die Macht zu erzwingen, brachte er die Kroninsignien und auch den Thronfolger in seine Gewalt, und wegen dieser Monate, in denen er um die Königsmacht kämpfte, sollte man ihn später Heinrich »den Zänker« nennen. Im Laufe des folgenden halben Jahres versuchte Heinrich vergeblich, Unterstützung durch den Reichsadel zu gewinnen. Zudem waren seine Gegnerinnen keine politischen Leichtgewichte: Neben Theophanu kämpften ihre Schwiegermutter Adelheid (s. S. 38) sowie ihre Schwägerin Mathilde, die Äbtissin von Quedlinburg, für den jungen Thronfolger. Schließlich vereinbarten sie eine Zusammenkunft mit Heinrich und allen Großen des Reiches für den 29. Juni 984 in Rara (Rohr in Thüringen). Heinrich hatte die Rückgabe Ottos angekündigt, doch wollte niemand ihm so recht trauen. Als alle versammelt waren, strahlte plötzlich ein heller Stern am Himmel. Ein solches Himmelszeichen bei der größten Fürstenversammlung seit Jahren konnte nur ein göttliches Zeichen für Otto III. sein: Alle fielen auf die Knie und stimmten einen Lobgesang an. Daraufhin fügte sich Heinrich von Bayern und gab sowohl die Kroninsignien als auch den vierjährigen Otto an Theophanu zurück – bei diesem bemerkenswerten »Stern von Rara« dürfte es sich indes um einen großen Meteor gehandelt haben; sogar im weit entfernten Lotharingien wurde von dieser hellen Erscheinung am Himmel berichtet.

Nachdem Heinrich seine Thronansprüche aufgegeben hatte, konnte Theophanu die Regierung nahezu ohne Anfeindungen übernehmen. Sie hatte sich durchgesetzt, obwohl sie weitgehend auf sich allein gestellt war. In der folgenden sechsjährigen Regentschaft konnte sie eine Phase des inneren Friedens im Reich einleiten, was ihr in erster Linie durch wegweisende außenpolitische Entscheidungen gelang: Sie machte den Abt Unger von Memleben 984 zum Bischof von Posen und stellte damit – in Opposition zum sächsischen Adel – die Weichen für die spätere

■ Herzog Heinrich II. von Bayern »der Zänker« im fränkischen Gewand. Miniatur, um 985, aus dem Regelbuch von Niedermünster

Ostpolitik ihres Sohnes. Im Westen schuf sie sich durch die rasche Anerkennung des neuen französischen Königs Hugo Capet (s. S. 42) eine starke Position, die es ihr ermöglichte, die Zuordnung Lotharingiens zum deutschen Regnum zu sichern. Sie verteidigte Lotharingien gegen die Macht des westfränkischen Königs und setzte alles daran, Brandenburg von den Slawen zurückzuerobern. Das alles tat sie zweifellos souverän, denn schließlich war sie von klein auf mit Regierungsaufgaben vertraut gewesen. Auf ihren vielen Reisen hatten sich zwei Mittelpunkte herausgebildet, an denen sie sich gerne aufhielt: Wann immer es ging, feierte sie Ostern in Quedlinburg und das Weihnachtsfest in Köln.

Im Dezember 989 weilte sie ohne ihren Sohn in Rom, um das Totengedächtnis für ihren verstorbenen Mann zu begehen. Auf ihrer Rückkehr machte sie in Ravenna Station, dessen byzantinische Mosaikpracht sie an ihre Heimat erinnerte. Es war diese Eleganz der Mosaike Ravennas, die auch Theophanu zeitlebens ausstrahlte. Sie umgab sich stets mit prächtigen Gewändern und Schmuck und zeigte so allen, dass sie sich noch immer als stolze Byzantinerin fühlte. Dieser Prunk rief auch Kritik hervor, doch alles in allem erfuhr sie große Wertschätzung. Der Chronist Thietmar von Merseburg fasste ihr Lebenswerk zwei Jahrzehnte später zusammen: »Wohl war sie von schwachem Geschlecht, doch eignete ihr Zucht und Festigkeit und ein trefflicher Lebenswandel, was in Griechenland selten ist. So wahrte sie ihres Sohnes Herrschaft mit männlicher Wachsamkeit in ständiger Freundlichkeit gegenüber Rechtschaffenen, in Furcht gebietender Überlegenheit gegenüber Aufsässigen.«

Im Juni 991 erlag Theophanu einer schweren Krankheit. Ihr mittlerweile elfjähriger Sohn Otto III. war in der Todesstunde bei ihr. Später sollte er in seinen Urkunden von »meiner geliebten Mutter« sprechen. Nach einer oftmals einsamen Regierungszeit wurde ihr letzter Wunsch erfüllt – sie wurde in ihrer Lieblingskirche St. Pantaleon zu Köln bestattet. Damals begann Köln gerade, zu einer richtigen Stadt zu werden, und Theophanu, die Großstädterin, hatte dazu beigetragen, indem sie für stabile Verhältnisse im westlichen Kaiserreich gesorgt hatte.

■ Der Sarkophag der Kaiserin Theophanu im ehemaligen Benediktinerkloster St. Pantaleon in Köln

# THEOPHANU

 BIOGRAPHIE

Die aus Byzanz stammende Theophanu wurde wahrscheinlich 959 geboren. Als 13-Jährige wurde sie von ihrem Onkel, dem Kaiser Johannes Tzimiskes, nach Rom geschickt, um Otto II. zu ehelichen. Als Mitgift konnte sie die italienischen Fürstentümer Capua und Benevent vorweisen. In den folgenden Jahren brachte sie zunächst drei Töchter und schließlich 980 den einzigen Sohn und damit den Thronfolger Otto III. zur Welt. Kurze Zeit später reiste das Kaiserpaar nach Italien, wo Otto II. das Papsttum beschützen musste. Nach der Schlacht bei Cotrone starb Otto II. Ende 982 in Italien an Malaria, und da der Thronfolger erst drei Jahre alt war, kämpfte Theophanu nun darum, bis zu seiner Volljährigkeit als Regentin zu fungieren. Nachdem sie Heinrich von Bayern ausgeschaltet hatte, musste sie sich noch gegen ihre mächtige Schwiegermutter Adelheid durchsetzen. Die Umstände für die alte Kaiserin standen günstig, da sie – anders als Theophanu – in allen Teilen des Reiches Verwandte und treue Gefolgschaft hatte. Doch 985 gab auch Adelheid auf und reiste nach Pavia, wo sie uneingeschränkte Autorität genoss, da sie zwar aus burgundischem Königshaus stammte, aber schon vier Jahre lang Königin von Italien gewesen war, als sie 951 Otto den Großen heiratete. Theophanu regierte in der Folgezeit erfolgreich mit ihren wichtigsten Beratern, dem Erzbischof Willigis von Mainz und Bischof Hildebold von Worms. Im Westen sicherte sie die

Zugehörigkeit Lotharingiens zum Reich, und im Osten ebnete sie ihrem Sohn den Weg für seine Ostpolitik, indem sie im Bündnis mit Mieszko von Polen die Mark Meißen wiederherstellte, während der sächsische Adel eher mit dem Herzog von Böhmen sympathisierte. Theophanu starb am 15. Juni 991 in Nimwegen und wurde im Kölner Kloster St. Pantaleon neben den Reliquien des heiligen Albinus bestattet, dessen Gebeine sie selbst nach Köln gebracht hatte.

## Verwandtschaft

Theophanu war keine Kaisertochter, wuchs aber dennoch im byzantinischen Kaiserpalast auf. Ihr Großonkel Nikephoros Phokas regierte Ostrom von 963 bis 969, wurde dann ermordet, und ihm folgte der angeheiratete Onkel Theophanus, Johannes Tzimiskes (969–976). Weiterhin gab es in ihrer Familie viele Amtsträger und Generäle, sodass Politik und Kriege der jungen Griechin schon früh vertraut wurden.

## Quellen

Neben zahlreichen Briefen und Urkunden sind wir über Theophanus Regentschaft vor allem aus der Chronik Thietmars von Merseburg recht gut informiert. Der 975 geborene Bischof schrieb bis 1012 die Chronik seines Bistums, in der er auch die Regenten des 10. Jahrhunderts beleuchtete. Obwohl Theophanu sich nicht für die Wiederherstellung seines aufgelösten Bistums

einsetzte, bewertete Thietmar die Kaiserin sehr positiv.

 WISSENSWERTES

### Ravenna

Seit dem 6. Jahrhundert ein Vorposten der byzantinischen Kaiser, stand Ravenna später unter der Herrschaft des Deutschen Reichs. Von den zahlreichen Bauten aus der Zeit sticht insbesondere die prächtige Kirche San Vitale heraus, die – typisch byzantinisch – nicht im basilikalen Langhausstil, sondern mit einem achteckigen Grundriss gebaut wurde. Die Mosaike des Kaiserpaares Justinian und Theodora geben die Pracht des oströmischen Herrscherhauses wieder.

 EMPFEHLUNGEN

**Lesenswert:**

Ekkehard Eickhoff: *Theophanu und der König. Otto III. und seine Welt*, Stuttgart 1996

Eberhard Horst: *Geliebte Theophanu. Deutsche Kaiserin aus Byzanz.* Romanbiographie, Reinbek 1997

Kathrin Lange: *Jägerin der Zeit*, München 2004

**Besuchenswert:**

San Vitale in Ravenna

Der Domberg zu Quedlinburg

St. Pantaleon in Köln

 AUF DEN PUNKT GEBRACHT

Die elegante Großstädterin Theophanu kam ins fremde, ländliche Westeuropa, war meist auf sich allein gestellt, zeigte aber Durchsetzungsvermögen und politische Intelligenz. Sie verlieh dem Reich für einige Jahre den Glanz der Weltstadt Konstantinopel.

## Der blutige Weg zum christlichen Ungarn
# Stephan der Heilige
### um 970–1038

Endlich tot. Der lästige Gegner im Kampf um die Macht hatte das Ende gefunden, das der neue ungarische Großfürst Stephan für angemessen hielt. Dabei war es doch Koppány, sein eigener Onkel. Was mit seiner Leiche geschehen sollte, verstand sich von selbst – der blutige Sieg musste ausgeschlachtet werden, und zwar im wahrsten Sinne des Wortes: Der Leichnam wurde in vier Stücke zerteilt und jedes der vier Körperteile gut sichtbar an jeweils ein Tor der vier wichtigsten Burgen des Landes gehängt. So konnten alle Ungarn leicht erkennen, dass der Machtkampf zu Ende war. Doch durfte ein christlicher Herrscher wie Stephan derart blutrünstig und respektlos vorgehen? Zumindest im größtenteils heidnischen Ungarn der Jahrtausendwende musste er das tun, wenn er seine frisch gewonnene und noch fragile Macht bewahren wollte.

■ Stephan der Heilige und seine Gemahlin Gisela. Skulpturen, 1938. Veszprém, Aussichtsplattform

Das ungarische Volk, das ursprünglich aus Nomaden und Reitern bestanden hatte, war erst seit wenigen Jahrzehnten zur Ruhe gekommen. Zu Beginn des 10. Jahrhunderts hatte es das gesamte Karpatenbecken besiedelt, ein Gebiet, das heute nicht nur von Ungarn, sondern auch von Slowaken, Rumänen, Serben und Kroaten bewohnt wird. Die ungarischen Eroberungszüge durch Europa endeten 955 mit der schmerzhaften Niederlage gegen Otto den Großen (s. S. 32) auf dem Lechfeld. Dem siegreichen Kaiser Otto machten die Ungarn kurz vor seinem Tod mit einer Gesandtschaft auf dem Hoftag zu Quedlinburg im Jahre 973 die Aufwartung. Vielleicht war es der Eindruck des dortigen Osterfestes oder doch die Einsicht, dass der Gott der siegreichen Christen der stärkere sein müsse – in jedem Fall wandte der ungarische Großfürst Géza sich dem Christentum zu. Und er gab es an seinen Sohn weiter, der als Vajk geboren wurde, aber nach der frühen Taufe im Kleinkindalter nur noch Stephan genannt wurde.

Der heranwachsende Thronfolger lebte dank seinem Vater zwar in einer christlichen Umgebung, doch das bedeutete noch lange nicht, dass auch das gesamte ungarische Volk den neuen Glauben annahm. Für den Großfürsten mögen die Hinwendung zum Christentum und die Annäherung an das Kaiserreich im Westen wichtige strategische Vorteile gebracht haben, doch die Mehrheit des Volks interessierte das herzlich wenig. In einer christlichen Quelle aus dem Jahr 994 heißt es deshalb wohl zu Recht, dass die Ungarn durch Gézas Taufe nur »ein wenig von ihrem Irrglauben abgebracht« worden seien und gerade einmal einen »Schatten des Christentums aufgeprägt« bekommen hätten. Dennoch war der Thronfolger Stephan entschlossen, den christlichen Weg seines Vaters konsequent weiterzugehen, und er konnte diesen Willen kaum deutlicher zum Ausdruck bringen als durch seine Hochzeit mit Gisela, die als Großnichte Kaiser Ottos dem deutschen Herrscherhaus angehörte.

Damit verkörperte auch Stephan als ungarischer Großfürst sowohl die christliche Ausrichtung als auch die enge Anlehnung an das Römische Reich. Doch tat er dies inmitten einer heidnischen Gesellschaft; selbst die wenigen Getauften lebten den christlichen Glauben zumeist sehr oberflächlich. Das galt insbesondere für die mächtigen Fürsten, die zwar oftmals das Taufsakrament empfangen hatten, aber dennoch die alten heidnischen Götter verehrten und weiter der Vielweiberei huldigten. Darunter war auch der eingangs erwähnte Koppány, der Stephan vom ersten Tag an den Thron streitig machte. In diesem Streit kämpften das alte und das neue Ungarn um die Macht, das heidnische, stammesfürstliche Ungarn Koppánys und das christliche, westlich orientierte Ungarn Stephans. So berief sich Stephans Onkel auf das alte Erbrecht der Steppenvölker, als Familienältester sowohl die Witwe des verstorbenen Großfürsten Géza als auch die Macht zu übernehmen. Doch hatte Géza nicht nur das Christentum, sondern auch ein neues Erbrecht eingeführt, das den ältesten Sohn zum Thronfolger bestimmte, die sogenannte Primogenitur. Dieses Rechtsprinzip sah Stephan als legitimen Nachfolger vor. Die Vierteilung Koppánys besiegelte somit das Ende des alten Ungarn.

■ Geburt Stephans des Heiligen, der bis zu seiner Taufe durch Erzbischof Adalbert den Namen Vajk trug. Buchmalerei aus der *Markus-Chronik*, 14. Jahrhundert

Nachdem Stephan seine Herrschaft gesichert hatte, richtete sich sein Bestreben darauf, dem Christentum feste Wurzeln zu verleihen und das noch immer in verschiedene Volksstämme unterteilte Ungarn zu einen. Am ersten Weihnachtsfest des neuen Jahrtausends erhielt Stephan mit Zustimmung Kaiser Ottos III. (s. S. 58) die Königskrone und den christlichen Segen von Papst Silvester II. Nun war er endgültig in die europäische Gemeinschaft der Christen aufgenommen und durfte sich als König der Anerkennung sicher sein – doch nur der Anerkennung in den anderen Reichen des christlichen Abendlandes. Der bald aufbrechende Widerstand der ungarischen Stammesfürsten erinnerte Stephan daran, dass er die Macht und Würde, die Gott ihm durch Papst Silvester verliehen hatte, zunächst noch mit Waffen gegen die heidnischen Landsleute durchsetzen musste.

So verging ein weiteres Jahrzehnt mit Kriegen, vor allem im Osten des Landes, wo sich das an Bodenschätzen reiche Siebenbürgen Stephans Herrschaft widersetzte, aber auch im Süden. Rückhalt seitens des Kaiserreiches hatte Stephan mehr denn je, denn mittlerweile war sein Schwager Heinrich II. Kaiser geworden. Der ungarische König war dennoch Diplomat genug, um sich nicht allein auf diese Stütze zu verlassen. Stephan nahm daher Beziehungen mit Byzanz auf, und auch durch diese Maßnahme gelang es ihm, sowohl seine Machtpolitik als auch den christlichen Weg Ungarns weiter zu verfolgen. Zum einen wurde das ungarische Königreich vom oströmischen Kaiser anerkannt, und zum anderen konnte Stephan eine durch das Byzantinische Reich führende Pilgerstraße von Ungarn nach Jerusalem eröffnen. Doch auch in seinem Reich selbst brachte er die Kirchenorganisation mit Nachdruck voran.

Die Leistungen, die König Stephan für die Christianisierung Ungarns vollbrachte, hinderten seine machthungrigen Widersacher jedoch nicht daran, ihn immer wieder zu hartem Durchgreifen zu zwingen. Als Stephan in seinem siebten Lebensjahrzehnt stand, starb viel zu früh sein einziger Sohn Emmerich. Seine Verwandten sahen ihre Stunde gekommen und versuchten, eine Rebellion anzuzetteln, um die wieder einmal offene Nachfolgefrage für sich zu entscheiden. Doch Stephan ließ ihnen die

■ Der berühmte Bamberger Reiter stellt möglicherweise Stephan den Heiligen dar. Allerdings existieren auch andere Deutungen dieser Figur. Standbild aus Sandstein, um 1230. Bamberg, Dom St. Peter und St. Georg

Augen ausstechen und setzte ihnen letztlich so hart zu, dass sie die Flucht nach Polen antraten.

Über Stephans Persönlichkeit verraten die überlieferten Quellen leider nicht sehr viel, doch vermerkten seine Biographen, dass er kaum lachte – für einen christlichen König keineswegs ein Ruhmesblatt in Zeiten, in denen es ein Gemeinplatz war, einen frommen Herrscher in seiner Milde und Fröhlichkeit zu zeichnen. Umso glaubhafter ist diese Charakterisierung, die uns verrät, dass

■ Stephan I. wird von Papst Silvester II. zum König von Ungarn gekrönt. Gemälde, um 1780, von Pier Joseph Verhaghen

**PRIMOGENITUR**

Das Rechtsprinzip, die Macht an den Erstgeborenen weiterzugeben, wird Primogenitur genannt (aus lat. »primus«, »der Erste«, und »genitus«, »geboren«). Im Laufe des 10. und 11. Jahrhunderts setzte es sich in Europa immer mehr durch. Im slawischen Raum (Polen, Böhmen, Ungarn) hatte bis dahin das Seniorat (lat. »senior«, »der Ältere«) vorgeherrscht, bei dem der Familienälteste das Erbe erhielt. In Ungarn sollte sich die Primogenitur endgültig erst um 1200 gegen das Seniorat durchsetzen.

■ Blick auf die ehemalige Jesuitenkirche von Esztergom, in der Stephan I. gekrönt wurde. Bis ins 13. Jahrhundert hinein residierten die ungarischen Könige in der Donaustadt.

Stephan seinen politischen und religiösen Auftrag stets sehr ernst genommen hat. Von der Regierungsübernahme bis ins hohe Alter war sein Leben ambivalent: Ohne hartes und grausames Bekriegen seiner Feinde wäre ihm die politische Macht entglitten, aber auf der anderen Seite war er sehr fromm und christlich – manchmal sogar gegenüber seinen besiegten Feinden.

Bereits zu Lebzeiten wurde Stephan »der Fromme« genannt, und zum Ende seines Lebens wünschte er sich hauptsächlich, gemeinsam mit der von ihm so sehr verehrten Mutter Gottes in den Himmel aufzufahren. Als seine letzte Ruhestätte ließ Stephan die Marienkirche in Stuhlweißenburg (Székesfehérvár) errichten und für seine Bestattung vorbereiten. Und sein Wunsch sollte tatsächlich in Erfüllung gehen: Am Tag der Himmelfahrt Marias im Jahr 1038 fand sein Leben ein Ende. Mit harter Hand hatte Stephan das christliche Königreich Ungarn begründet. Dafür wurde er schon bald nach seinem Tod heiliggesprochen.

# STEPHAN DER HEILIGE

 BIOGRAPHIE

König Stephan I. von Ungarn wurde um 970 als Vajk geboren und etwa als Vierjähriger – der Legende nach durch Adalbert von Prag – getauft. Nachdem er 995/996 Gisela geheiratet hatte, übernahm er 997 die Herrschaft über das Großfürstentum Ungarn. Noch während er in den ersten Jahren seine Macht gegen verschiedene Gegenspieler verteidigen musste, erhielt er im Jahr 1000 die Königskrone aus den Händen des Papstes. In den Folgejahren waren die Siege über Gyula, den Fürsten von Siebenbürgen, und den ebenfalls aufständischen Fürsten Ajtony im Süden des Landes entscheidend. Nach 1010 kämpfte Stephan zusammen mit Kaiser Basileos II. von Byzanz gegen Bulgarien. Im Jahr 1018 eröffnete Stephan die Pilgerstraße nach Jerusalem, wo er zudem ein Hospiz gründete, und gab dem an der Pilgerstraße gelegenen Stuhlweißenburg (Székesfehérvár) nun einen immer deutlicheren Vorrang vor der königlichen Residenz Gran (Esztergom). Im Innern baute er das ungarische Verwaltungssystem aus, gründete mit Gran und Kalocsa zwei Erzbistümer sowie mehrere Bistümer. Er führte die Münzprägung, die Besteuerung des ungarischen Volkes sowie das lateinische Schriftwesen ein. Nach dem Tod seines Sohnes Emmerich bestimmte Stephan seinen venezianischen Neffen Peter Orseolo zum Thronerben. Stephan starb am 15. August 1038 und wurde 1083 auf Betreiben des Königs Ladislaus I. heiliggesprochen.

**Verwandtschaft**

Der ungarische Großfürst Árpád (gestorben nach 907) begründete die nach ihm benannte Dynastie der Arpaden, die vier Jahrhunderte über Ungarn herrschen sollte: bis 1000 als Großfürsten und von 1000 bis 1301 als Könige. Verwandtschaftliche Beziehungen bestanden zu den bayerischen Herzögen und durch die Orseolos zu den Dogen von Venedig; Peter, der Sohn des Dogen Otto Orseolo, war als Stephans Nachfolger selbst König von Ungarn. Mit dem Tod des letzten Arpaden Andreas III. im Jahr 1301 erlosch die Linie im Mannesstamm, woraufhin Ungarn im 14. Jahrhundert vom Haus Anjou regiert wurde.

**Quellen**

Da Stephan schon bald nach seinem Tod als Heiliger verehrt wurde, sind uns zwei Legenden überliefert (als Legenden werden im Mittelalter die Lebensbeschreibungen von Heiligen bezeichnet). Noch vor der eigentlichen Heiligsprechung entstand die »größere Legende« (*Legenda maior*), die jedoch unvollendet geblieben ist. Nach 1095 wurde die »kleinere Legende« (*Legenda minor*) verfasst. In den folgenden Jahrzehnten wurde zudem die Geschichte der Ungarn (*Gesta Ungrorum*) geschrieben, in der Stephan auch große Berücksichtigung erfährt, sowie das Geschichtswerk des Bischofs Hartwich von Raab (Györ), der alle drei älteren Quellen benutzt hat. Da alle Quellen, die Stephan in erster Linie als Heiligen darstellen, den Zweck verfolgen, seinen Kult zu bedienen, sind sie als historische Quellen sehr vorsichtig zu behandeln.

 WISSENSWERTES

**Die Stephanskrone**

Seit dem 13. Jahrhundert wird die berühmte Bügelkrone der Könige von Ungarn mit ihren charakteristischen Pendilien (herabhängende Goldketten mit Steindekorationen am Ende) als Stephanskrone bezeichnet. Diese Bezeichnung ist aber irreführend, da kein Teil von ihr auf den heiligen Stephan zurückgeht. Die Krone, die Stephan selbst getragen hatte, ging in den Thronwirren nach seinem Tod verloren, und die sogenannte Stephanskrone stammt ihren Porträts zufolge von etwa 1075.

 EMPFEHLUNGEN

**Lesenswert:**

Thomas von Bogyay: *Stephanus Rex. Versuch einer Biographie*, Wien 1975

György Györffy: *König Stephan der Heilige*, Budapest 1988

Paul Lendvai: *Die Ungarn. Eine tausendjährige Geschichte*, München 2001

**Besuchenswert:**

St.-Stephans-Basilika in Budapest

Mausoleum und König-Stephan-Museum in Székesfehérvár (Stuhlweißenburg)

 AUF DEN PUNKT GEBRACHT

Stephan der Heilige ging über Leichen, um Ungarn zu einem christlichen Königreich zu machen. Er ließ sich auf seinem Weg jedoch nicht beirren und vereinte die Ungarn unter dem Zeichen des Kreuzes.

*Ein Phantast?*

# Otto III.

980–1002

»Wehe dem Land, dessen König ein Kind ist!« Den bibelfesten Menschen des Mittelalters war dieser mahnende Psalm wohlbekannt. Als am Weihnachtsfest des Jahres 983 die Kunde vom Tod Ottos II. die Krönungszeremonie seines kleinen Sohnes in Aachen jeglicher Feierlichkeit beraubte, stand fest, dass dieser Knabe von drei Jahren der neue Herrscher über das Römische Reich, wie die deutschen Gebiete damals genannt wurden, sein würde. Zunächst sollte sich der unheilverheißende Psalm tatsächlich bewahrheiten, denn umgehend brachen Streitigkeiten darüber aus, wer die Regentschaft für den jungen König zu übernehmen habe. Ab Sommer 984 war diese wichtige Frage jedoch geklärt, und für ein Jahrzehnt kehrte unter der Regierung von Ottos Mutter Theophanu (s. S. 46) und seiner Großmutter Adelheid (s. S. 38) Ruhe ein. Mit 14 Jahren wurde Otto III. mündig und übernahm fortan selbst die Regierung. Ihm sollten gerade einmal sieben Jahre in dieser Rolle beschieden sein. Die Bewertung der kurzen Regierungszeit des jugendlichen Herrschers hat sowohl seine Zeitgenossen als auch moderne Historiker ratlos gemacht. Die Kernfrage dabei lautet: War Otto ein Phantast, der davon träumte, das Römische Reich der Antike wiederauferstehen zu lassen?

■ Kaiser Otto III. thront zwischen Reichsfürsten und Bischöfen. Buchmalerei aus dem Evangeliar Ottos III., um 1000

Schon frühzeitig deutete sich Ottos ausgeprägte Liebe zu Italien und insbesondere zu Rom an; den Großteil seiner Regierungszeit verbrachte er auf der südeuropäischen Halbinsel. So brach er noch vor Vollendung seines 16. Lebensjahres im Frühjahr 996 erstmals nach Italien auf. Als ihn während der Reise die Nachricht vom Tod Papst Johannes' XV. erreichte, löste er die Frage der Nachfolge auf dem Stuhl Petri kurzerhand, indem er seinen Vetter Bruno nominierte, der schon

Anfang Mai als Gregor V. das Amt übernahm. Dieser erstaun-
lich selbstbewusste Akt Ottos III. war freilich ein gravierender
Eingriff in die stadtrömischen Verhältnisse. Schließlich war der
Papst zuallererst der Bischof von Rom, und das althergebrach-
te Recht bestimmte, dass »Klerus und Volk von Rom« seine
Wahl durchführten. Zwar war das römische Volk im Laufe der
Jahrhunderte in die Rolle bloßer Akklamatoren gedrängt wor-
den, die eine feststehende Wahl abzunicken hatten, doch durch
diese vollständige Nichtachtung waren die Römer sehr vor den
Kopf gestoßen.

Bald nach der Amtseinführung Gregors V. ließ Otto III. sich
von seinem Vetter zum Kaiser krönen, und anschließend ver-
anstalteten Papst und Kaiser eine gemeinsame Synode.
Abgesehen von der auffallend eigenmächtigen Papster-
hebung unterschieden sich die ersten Regierungsjahre
also kaum von denen anderer mittelalterlicher Könige und Kaiser, denn als deutscher König vom Papst
zum Kaiser gekrönt zu werden hatte sich mittlerweile als
Tradition etabliert. Enger als andere aber knüpfte Otto III.
seine Herrschaft in den folgenden Jahren an Rom. Dieser frap-
pierend enge Bezug zur Ewigen Stadt hat bei Historikern die
Vermutung genährt, dass Otto III. von Rom und dem antiken
Römischen Reich äußerst fasziniert war. Doch was tatsächlich
dahintersteckte, ist bis heute unklar geblieben.

Zweifellos hielt sich Otto viel in Rom auf, doch hatte das nicht
zuletzt traditionelle und tagespolitische Gründe. Einerseits hat
das Römische Reich, für das Rom steht, in der mittelalterlichen
Theorie der Translatio imperii, der Übertragung der Herrschaft,
eine wesentliche Bedeutung als letzte Herrschaftsepoche der
Menschheit, und andererseits herrschte um die Jahrtausendwende eine gewisse Unruhe in der stadtrömischen Bevölkerung, die

■ Papst Gregor V. wurde von
seinem Vetter Otto III. für
das höchste geistliche Amt
nominiert. Kupferstich, 1589

ROM UM 1000
Die ehemalige Hauptstadt des Weltreiches bot im Hochmittelalter den Anblick einer Landstadt. Innerhalb des überdimensio-
nierten Mauerrings bestimmten zwar noch immer die Ruinen der
antiken Bauten das Bild, aber die mittlerweile weniger zahlreich
dort lebenden Menschen nutzten das Forum Romanum und
das Kapitol als Viehweiden. Es gab viele Grünflächen, Äcker und
Weinberge innerhalb der Stadt. Erst im Laufe des Spätmittelalters
wuchs die Bevölkerung wieder stark an.

■ Otto III. spricht zu den Römern. Holzstich, um 1860, nach einer Zeichnung von Anton Dietrich (1833–1904)

es für Otto III. notwendig machte, sich in besonderer Weise der Tibermetropole zuzuwenden. Im deutschen Teil seines Reiches war die Lage indes ruhig, und bemerkenswerterweise ist von Ottos Zeitgenossen auch kein kritisches Wort über seine langen Italienaufenthalte überliefert, obwohl er zunehmend die Verbindung zu den heimischen Reichen zu verlieren drohte. In Rom hingegen revoltierte 998 das Volk und setzte Papst Gregor V. wieder ab, was einmal mehr Ottos Präsenz erforderte. Er zog erneut nach

### DIE KONSTANTINISCHE SCHENKUNG

Die sogenannte Konstantinische Schenkung ist eine vermutlich im 8. oder 9. Jahrhundert entstandene Urkundenfälschung. Laut der Schenkung habe Kaiser Konstantin I. (gestorben 337) dem Papst Silvester I. (314–335) sowohl die geistliche Oberhoheit über das Weströmische Reich als auch die politische Oberhoheit über Rom und Teile Italiens übertragen. Otto III. bestritt schon im Jahr 1001 die Rechtsgültigkeit des Dokuments, doch wurde sie noch lange als echt angesehen. Nachgewiesen wurde die Fälschung erst im 15. Jahrhundert.

Rom und hielt ein grausames Strafgericht über die beiden Verantwortlichen: Der Stadtpräfekt Crescentius wurde enthauptet, und der inzwischen erhobene Gegenpapst Johannes XVI. wurde an Augen, Nase und Zunge verstümmelt; anschließend riss man ihm die päpstlichen Kleider vom Leib und ließ ihn rücklings auf einem Esel durch Rom reiten. Ob dieses harte Durchgreifen auf eine besondere Bedeutung Roms für Otto schließen lässt, muss aber dahingestellt bleiben.

Als weiterer Nachweis seiner Liebe zu Rom wurde das Errichten einer Kaiserpfalz auf dem Palatin angeführt, was in der Tat eine Neuerung war, die zudem gegen die Konstantinische Schenkung verstieß, die Rom den Päpsten vorbehalten hatte. Zudem erneuerte Otto III. einzelne Ämter und Titulaturen seiner Untergebenen, die aus antik-römischem oder byzantinischem Kontext stammten. Besonders rätselhaft war etwa der von Otto wiederbelebte Titel eines »Seepräfekten« (Praefectus navalis), der über die kaiserlichen Schiffe zu gebieten hatte – es gab allerdings kein einziges Schiff …
Im Zentrum der Theorien über Otto III. stand immer die seit 998 verwendete Metallbulle, also eine statt der bisherigen Siegel an die kaiserlichen Urkunden angehängte Kapsel, mit der Umschrift »Renovatio imperii Romanorum« (»Erneuerung des Reiches der Römer«). In den vergangenen 80 Jahren meinten viele Historiker anhand dieser Bulle ein regelrechtes Programm einer römischen Erneuerung feststellen zu können, was die These vom realitätsfernen Phantasten, der versucht habe, das antike Römische Reich wiederauferstehen zu lassen, zu untermauern schien. Tatsächlich existiert dafür aber keine einzige schriftliche Quelle. Die rätselhafte Bulle wurde im Übrigen bereits im Januar 1001 durch eine neue ersetzt, die nun den Schriftzug »Aurea Roma« (»Goldenes Rom«) trug – von der vermeintlichen Programmatik der Erneuerung des Reiches war fortan keine Rede mehr.

Wenn auch eine Programmatik der Erneuerung des Römischen Reiches nicht nachzuweisen ist, steht doch zumindest fest, dass der junge

■ Otto III. lässt den Anführer des Aufstandes, den römischen Statthalter Crescentius, im Februar 998 in Rom enthaupten (rechts) und Johannes XVI. verstümmeln (links). Kupferstich, 1674, von Matthäus Merian d. J. (1621–1687)

■ Feuerprobe der Gräfin vor Otto III. Gerechtigkeitstafel, um 1468, von Dirc Bouts (um 1415–1475). Brüssel, Musées Royaux des Beaux-Arts de Belgique

Kaiser von den großen Reichen und Herrschern der Vergangenheit fasziniert war. Er bemühte sich um eine Gattin vom byzantinischen Kaiserhof und öffnete im Jahre 1000 das Grab seines berühmten Vorgängers, Karls des Großen (s. S. 8), in Aachen. Die politische Realität holte ihn jedoch alsbald wieder auf den Boden der Tatsachen zurück und zwang ihn, 1001 wieder nach Rom zu reisen, wo sich ein neuer Aufstand erhoben hatte. Allerdings musste er bald nach Ravenna fliehen, und bevor er einen weiteren Anlauf auf die Rückgewinnung der Macht in Rom unternehmen konnte, starb er mit nur 21 Jahren an einer Infektion.

Eine abschließende Bewertung dieses Kaisers erscheint unmöglich, da ihn sein früher Tod mitten in der ersten großen Krise seiner Amtszeit, als er zum Verlassen Roms gezwungen worden war, jeder Chance beraubte, diese Situation zu meistern. Wie etwa hätte man Otto den Großen (s. S. 32) bewertet, wenn er vor dem berühmten Sieg über die Ungarn und der anschließenden Kaiserkrönung gestorben wäre? Umgekehrt ist mit Recht die Frage zu stellen, ob Otto III. dauerhaft in den deutschen Landen seines Reiches unterstützt worden wäre, wenn er sich weiterhin fast ausschließlich den Verhältnissen in Italien zugewandt hätte. Die so heiß begehrte byzantinische Gattin, die just im Moment seines Todes die italienische Küste erreichte, hätte einen Thronfolger hervorgebracht, der zu drei Vierteln Grieche und nur zu einem Achtel Sachse gewesen wäre – hätte ein solcher Kaiser in Mitteleuropa noch die erforderliche Akzeptanz gefunden? Nach der aufsehenerregenden Regierungszeit und dem sehr frühen Tod bleiben mithin mehr Fragen als Antworten über Kaiser Otto III. Ob er tatsächlich ein Phantast war, der dem Traum eines neuen Römischen Reiches nachhing, kann nicht mit letzter Sicherheit gesagt werden. Da er sich jedoch an den großen Machtzentren des frühen und hohen Mittelalters – Rom, Aachen und Byzanz – orientierte, hatte Otto III. möglicherweise Großes im Sinn …

# OTTO III.

 **BIOGRAPHIE**

Otto III. wurde im Sommer 980 als Sohn Ottos II. und seiner Gattin Theophanu geboren. Ab 983 formell König, übernahm er 994 die Regierungsgeschäfte von seiner Großmutter Adelheid. Im Mai 996 erhob er seinen Vetter Bruno zum Papst Gregor V. und ließ sich von ihm sogleich zum Kaiser krönen. Nach stadtrömischen Aufständen musste Otto 998 erneut nach Rom reisen, um für Ruhe zu sorgen. Neben einer besonderen Aufmerksamkeit für Rom und Italien setzte Otto einen weiteren Schwerpunkt seiner kurzen Amtszeit auf das östliche Mitteleuropa. Anfang des Jahres 1000 unternahm er eine Pilgerfahrt zum Grab des heiligen Adalbert in Gnesen und erhob diesen Ort zugleich zu einem Erzbistum, das somit unabhängig vom Reichsverband für Polen zuständig war. Den Polenherzog Boleslaw I. Chrobry ernannte er zudem zum »Verbündeten und Freund« (»socius et amicus«) des römischen Volkes. Im Jahr 1001 erhob er auch das ungarische Gran zum Erzbistum. Bei dem Bemühen, einen erneuten Aufstand in Rom niederzuschlagen, erlag Otto III. am 24. Januar 1002 auf der Burg Paterno nahe Rom einer Infektionskrankheit, möglicherweise der Malaria. Er wurde in der Pfalzkapelle des Aachener Doms bestattet.

**Verwandtschaft**
Die Mutter Ottos III. war Theophanu, die Nichte des byzantinischen Kaisers Johannes Tzimiskes; väterlicherseits entstammte Otto dem Geschlecht der Liudolfinger beziehungsweise Ottonen, das seit dem 9. Jahrhundert bestand und seit 919 die Könige des ostfränkisch-deutschen Reiches stellte. Auf den kinderlosen Otto III. folgte mit Heinrich II. ein Urenkel des ersten liudolfingischen Königs Heinrich I. auf dem Thron, der ebenfalls kinderlos blieb und damit das Ende dieses Geschlechts bildete.

**Quellen**
Über die Regierungszeit Ottos III. sind wir durch verschiedene Quellengattungen unterrichtet. Sowohl die Geschichtsschreibung (Chronik des Thietmar von Merseburg aus dem Jahr 1018) als auch die Annalistik (Quedlinburger Annalen, die den Zeitraum von 984 bis 1025 abdecken) berichten über den jungen Kaiser. Ferner sind die in Ottos Regierungszeit ausgestellten Urkunden überliefert, und von besonderer Bedeutung sind die Briefe Gerberts von Aurillac, der nicht nur Erzbischof von Reims und Ravenna, sondern als Vertrauter Ottos III. von 999 bis 1003 auch Papst war (Silvester II.).

 **WISSENSWERTES**

**Translatio imperii**
Bei der Translatio imperii (»Übertragung der Herrschaft«) handelt es sich um ein in der Spätantike entwickeltes Deutungsmodell für den Verlauf der Weltgeschichte. Fußend auf dem Kirchenvater Hieronymus (gestorben um 420) und dem Geschichtsschreiber Paulus Orosius (gestorben nach 418) wurde die alttestamentliche Vier-Reiche-Lehre des Buches Daniel mit einer festen Abfolge von Weltreichen verknüpft: Auf das babylonische und das medisch-persische folgten das griechische und schließlich das Römische Reich. Da dieser Theorie zufolge nach dem Ende des Römischen Reiches das Ende der Welt erreicht wäre, durfte das Römische Reich nicht enden. Daher »transferierte« man das Römische Reich von den Römern zu den Deutschen, die ihr Reich deshalb im Mittelalter »Römisches Reich«, später »Heiliges Römisches Reich« und ab etwa 1500 »Heiliges Römisches Reich Deutscher Nation« nannten. Die Idee der Translatio imperii fand also erst mit der Auflösung des Reiches 1806 ihr Ende.

 **EMPFEHLUNGEN**

**Lesenswert:**
Gerd Althoff: *Otto III.,* Darmstadt 1996

Percy Ernst Schramm: *Kaiser, Rom und Renovatio. Studien zur Geschichte des römischen Erneuerungsgedankens vom Ende des karolingischen Reiches bis zum Investiturstreit,* 2 Bde., Leipzig 1929

**Besuchenswert:**
Der Dom zu Aachen (Grabstätte)

**✳ AUF DEN PUNKT GEBRACHT**

Kaiser Otto III. hat mit seinen Worten von der »Erneuerung des Römischen Reiches« der Nachwelt ein Rätsel hinterlassen. War er ein Phantast, der etwas längst Untergegangenes wiederbeleben wollte? Sein früher Tod lässt diese Frage für immer unbeantwortet.

*Der große König Nimmersatt*
# Knut der Große
um 995–1035

Als die Flut das Nordseewasser wieder langsam auf den Strand zu spülen begann, saß der mächtigste König Nordeuropas in seinem Königsstuhl im Sand und sprach zum Wasser: »Du unterstehst meiner Macht, und das Land, auf dem ich sitze, ist meines. Noch nie hat jemand meiner Herrschaft ungestraft Widerstand geleistet. Deshalb befehle ich dir, dich nicht über mein Land zu erheben und weder meine Kleidung noch den Körper deines Herrn nass zu machen.« Doch das Meer erdreistete sich, in der üblichen Geschwindigkeit den Strand zu erobern, und ergriff respektlos Besitz von den Füßen und den Beinen des Königs. Knut sprang auf und schrie: »Die ganze Welt soll wissen, dass die Macht von Königen nichtsnutzig und wertlos ist! Kein König ist seines Namens würdig außer dem Herrn, der mit seinen ewigen Gesetzen über Himmel, Erde und Wasser gebietet.« Seine goldene Königskrone soll Knut nach diesem erschreckenden Ereignis nie wieder aufgesetzt haben.

■ Knut der Große, König von England und Dänemark, muss erkennen, dass die Natur mächtiger ist als er: Die Flut spült Wasser über seine Füße, obwohl er dem Meer befohlen hat, ihm nicht zu nahe zu kommen – so die Legende. Stich, 1880

Am Nordseestrand erfuhr König Knut der Große unmissverständlich, dass die Natur von einer überirdischen Macht regiert wurde, die nicht seinem Einfluss unterstand. Wohl oder übel musste er sich endgültig mit seiner irdischen Herrschaft zufriedengeben, die sich allerdings sehen lassen konnte. Mit Glück und Geschick, vor allem aber mit einem unbändigen Willen hatte Knut der Große die Macht über England, Dänemark, Norwegen und Teile Schwedens erringen können. Der Start in seine erfolgreiche Regierungszeit war jedoch holprig. Nachdem er seinen Vater Sven Gabelbart bei der Eroberung Englands, das seit einigen Jahrzehnten ein einheitliches Königreich bildete, begleitet hatte, wurde Knut nach Svens Tod von der dänischen Flotte zwar als Nachfolger gewählt, doch die Engländer erkannten ihn nicht an, sondern riefen ihren alten König Ethelred aus dem Hause Wessex

zurück, den Sven ins Exil verbannt hatte. In den folgenden beiden Jahren muss sich Knut wie das fünfte Rad am Wagen gefühlt
haben, denn in England konnte er sich nicht durchsetzen, und die
Macht im heimischen Königreich war ebenfalls vergeben: Dort
regierte sein Bruder Harald als Nachfolger des Vaters.

So leicht aber ließ Knut sich nicht beiseiteschieben. Er wollte
die Macht, und wenn es nicht anders ging, musste er sie eben militärisch erobern. Es ging nicht anders: Im Frühjahr 1016 belagerte
Knut London, und während dieser Belagerung starb sein Gegenspieler Ethelred. Doch dessen Sohn Edmund setzte den Widerstand fort, was Knut ein paar Monate später zur Entscheidungsschlacht herausforderte. Knut besiegte Edmund, ließ ihm aber die
Herrschaft über Wessex im Süden Englands, während er selbst
das übrige England nördlich der Themse regierte. Sicher war diese
Teilung nicht das Ziel seiner Träume, doch um Anerkennung bei
der englischen Bevölkerung zu gewinnen, war diese Maßnahme
sehr wertvoll. Bereits sechs Wochen darauf verstarb Edmund, und
nun wurde Knut in ganz England als König anerkannt.

Die Engländer sollten es nicht bereuen, den großen, starken
Dänen als ihren König akzeptiert zu haben. Knut, dessen Schönheit allein von seiner dünnen Hakennase beeinträchtigt wurde,
war nicht nur an seinem persönlichen Ruhm, sondern auch an
der Entwicklung Englands interessiert, was dem Land zugute-
kam. Knut schuf eine umfassende Neuerung des angelsächsischen
Rechts, das seit Alfred dem Großen
(s. S. 28) Bestand gehabt hatte. Zudem teilte er England in vier Grafschaften (Earldoms) ein, um die
Verwaltung besser organisieren zu
können. Knuts Bestreben, noch
mehr Macht und Einfluss zu gewinnen, war aber bei weitem noch
nicht gestillt – und machte auch
vor seinem Privatleben nicht Halt.
Knut verstieß bald nach dem Tod
Edmunds seine erste Lebensgefähr-
tin Aelgifu, mit der er nicht nur eine
konkubinische Verbindung, sondern
auch zwei Söhne hatte, um die Witwe seines englischen Gegenspielers
zu heiraten. Emma war die Tochter
eines Grafen von der Normandie

■ Knuts Vater, Sven Gabelbart, landet mit seinem Heer
in England. Buchmalerei, um
1434–1444. London, British
Library

■ Knut der Große, dem ein Engel die Krone aufsetzt, und seine Gefährtin Aelgifu. Anlässlich der Weihe der Abtei von Newminster in Winchester stellt der König ein goldenes Kreuz auf den Altar. Buchmalerei, 1031. London, British Museum

und verfügte als solche über ausgezeichnete Kontakte sowohl in England als auch auf dem Kontinent. Doch brauchte er auch Aelgifu noch. Sie zog sich zwar in ihre nordenglische Heimat zurück, doch da sie nicht nur die Mutter zweier dänischer Prinzen war, sondern ebenfalls über gute Beziehungen in der Grafschaft Mercia verfügte, hielt Knut den Kontakt zu ihr aufrecht.

Im Laufe seiner Regierungsjahre gelang es ihm, nach dem Tod seines Bruders auch das Königtum in Dänemark zu übernehmen. Im Jahr 1030 triumphierte er über Olaf Haraldsson, seinen hartnäckigen norwegischen Gegenspieler, und regierte fortan auch in Norwegen. Selbst in Teilen Schwedens konnte er dank zahlreicher Gefolgsleute Einfluss nehmen. Knut saß also im südenglischen Winchester, das sich zu einer Art Hauptstadt des englischen Königreiches entwickelt hatte, und durfte sich König von England, Dänemark und Norwegen nennen. Doch war er es tatsächlich? Die mühsamen Überfahrten und die Langsamkeit der Boten machten es unmöglich, dass Knut selbst die Amtsgeschäfte führte; sein direkter Einflussbereich blieb daher auf England begrenzt. Es blieb ihm nichts anderes übrig, als in Dänemark und Norwegen Vizekönige und Regenten einzusetzen, die in seinem Namen regierten. Darunter war auch Aelgifu, die nun die Regentschaft für den minderjährigen Sohn Svein übernahm und sich – wie zuvor schon im Norden Englands – auch bei den Norwegern größter Beliebtheit erfreute.

Zwar brach die fragile Herrschaft in Norwegen noch vor Knuts Tod wieder zusammen, doch für einige wenige Jahre hatte der Däne vieles von dem erreicht, wovon er bei seiner ersten Überfahrt nach England geträumt haben mag. Nur zwei Ziele sollten dem unersättlichen König Knut für immer verwehrt bleiben: Er wurde nie König von Schweden – und auch die Natur widersetzte sich seiner Macht.

# KNUT DER GROSSE

## BIOGRAPHIE

Knut der Große wurde um 995 als Sohn des dänischen Königs Sven Gabelbart geboren. Zusammen mit seinem Vater eroberte er 1013 England. Sven herrschte daraufhin als englischer König, verstarb aber bereits am 3. Februar 1014. Da Knut als Nachfolger nicht anerkannt wurde, zog er sich für anderthalb Jahre nach Dänemark zurück, das von seinem Bruder Harald Svensson regiert wurde. Im Spätsommer 1015 unternahm Knut einen weiteren Versuch, die Macht in England zu erlangen. Nach der Eroberung Londons gelang es ihm schließlich, den amtierenden König Edmund Ironside in der Schlacht bei Ashingdon am 18. Oktober 1016 zu besiegen. Im darauffolgenden Jahr ließ Knut zahlreiche englische Machthaber hinrichten und Mitglieder der Königsfamilie ins Exil schicken – bis auf die Königinwitwe Emma, die er selbst heiratete. Nach dem Tod seines Bruders übernahm Knut 1019 auch das Königtum in Dänemark und wurde von allen Dänen als König anerkannt. In Schweden gelang es ihm nicht, eine solch hegemoniale Stellung wie sein Vater zu erlangen, da der schwedische Herrscher Olaf Schoßkönig ihm die Unterwerfung verweigerte. Vielmehr suchte der Schwede eine mächtige Allianz mit dem norwegischen König Olaf Haraldsson (1016–1028) gegen Knut aufzubauen. Beide zusammen unternahmen alsbald eine Invasion im dänischen Schonen, doch brachte diese Auseinandersetzung keine Entscheidung. Knut konnte sich als König von England und Dänemark etablieren und hielt sich 1027 im Kreis der mächtigsten Herrscher bei der Kaiserkrönung Konrads II. in Rom auf. Nach seiner Rückkehr nach England machte Knut seinen Anspruch auf Norwegen geltend und schickte den norwegischen König Harald 1028 ins Exil. Als ein Jahr später Knuts Vizekönig und Regent starb, kehrte Olaf zurück, und am 29. Juli 1030 kam es zur blutigen Entscheidung in der Schlacht bei Stiklestad: Olaf fiel, und Knut hatte die Macht. Dauerhaft konnte Knut jedoch nur in England wirken, wo er das Recht und die Verwaltung reformierte, sowie in Dänemark, wo er die erste dänische Münze einführte und Bischofssitze einrichtete. Knut der Große starb am 12. November 1035 in Shaftesbury und wurde im Old Minster zu Winchester beigesetzt.

### Verwandtschaft

Knut der Große gehörte zur sogenannten Jelling-Dynastie, da seine Vorfahren, die dänischen Könige Gorm der Alte (gestorben 936) und Harald Blauzahn (gestorben 987), eine enge Beziehung zum ostdänischen Ort Jelling hatten. Knuts Mutter war eine Tochter des polnischen Fürsten Mieszko (regierte etwa 960–992). Die Herrschaft, die Knut über England und Skandinavien errichtete, wird auch im Wirkungsraum seiner Kinder deutlich: Sein minderjähriger Sohn Svein herrschte 1030–1035 nominell über Norwegen, sein Sohn Harald Hasenfuß war König von England (1037–1040), und der jüngste Sohn Hardeknut war ab 1037 König von Dänemark und ab 1040 zudem von England; er starb jedoch bereits 1042. Knuts Tochter Gunhild heiratete 1036 den salischen Kronprinzen und späteren deutschen König und Kaiser Heinrich III., doch auch sie starb schon zwei Jahre später.

### Quellen

Die beiden Hauptquellen, die Knuts Leben und Regierungszeit der Nachwelt überliefert haben, sind die unter Alfred dem Großen begonnene *Angelsächsische Chronik* sowie das *Loblied auf Königin Emma* (*Encomium Emmae Reginae*), seine zweite Frau. Dieses *Encomium* ist um 1041 von einem Mönch aus dem flandrischen Kloster St. Bertin verfasst worden. Viel erfahren wir auch aus zeitgenössischen Briefen und aus zahlreichen späteren Quellen aus England und Skandinavien.

## EMPFEHLUNGEN

**Lesenswert:**
Jürgen Sarnowsky: *England im Mittelalter*, Darmstadt 2002

**Sehenswert:**
Adam Oehlenschläger: *Knut der Große*, Schauspiel 1839

Adam Oehlenschläger: *Olaf der Heilige*, Schauspiel 1838

**Besuchenswert:**
Old Minster in Winchester (Grabstätte)

## AUF DEN PUNKT GEBRACHT

Für ein paar Jahre war Knut der Große der Herrscher über England und fast ganz Skandinavien. Seine feste Überzeugung, sogar die Naturgewalten in seinen Königreichen beherrschen zu können, wurde allerdings bitter enttäuscht.

*Die allzu fromme Kaiserin*

# Agnes von Poitou
um 1025–1077

■ Agnes von Poitou und Heinrich III. vor der Gottesmutter, im Hintergrund der Dom zu Speyer. Echternacher Buchmalerei, um 1050

Großer Gott! Die fromme Kaiserin Agnes wollte ihrer großen Verantwortung gerecht werden und einen Papst benennen, der würdig war, als Stellvertreter Gottes auf Erden zu wirken. Sie wollte es aber zu gut machen, konnte sich deshalb nicht entscheiden – und nun gab es zwei Päpste! Als ihr klar wurde, dass allein ihr Zögern für dieses diplomatische Dilemma allererster Güte verantwortlich war, beschloss Agnes, sich aus der ersten Reihe der weltlichen Entscheidungsträger zurückzuziehen. Sie nahm den Schleier und verlegte damit ihren Lebensmittelpunkt in den geistlichen Bereich, freilich ohne gleich Nonne zu sein.

Die nicht nur für Agnes, sondern für die gesamte Christenheit missliche Situation, dass nun zwei Nachfolger Petri miteinander konkurrierten, war tatsächlich die Folge des allzu passiven Regierungsstils der Kaiserwitwe. Nachdem Kaiser Heinrich III. unübersehbar den Anspruch des deutschen Königtums auf Mitsprache bei der Papstwahl unterstrichen hatte, indem er seinen Favoriten auf den Stuhl Petri beförderte, erwarteten nach seinem Tod im Jahr 1056 alle, dass seine Frau diese Tradition fortsetzen würde. Doch als Agnes schwieg, erhob man in Rom kurzerhand Stephan IX. zum Papst. Dass die Kaiserin dies ohne Widerspruch hinnahm, ermunterte die Päpste, einen eigenständigen Weg einzuschlagen, was unter Papst Nikolaus II. 1059 zu einem Papstwahldekret führte, das den deutschen König nur noch am Rande erwähnte. Nach Nikolaus' Tod im Juli 1061 kam es nun umso mehr darauf an, den Entscheidungsanspruch des deutschen Königtums erneut deutlich zu machen. Daher drängten die deutschen Fürsten Agnes zu handeln, doch es vergingen über zwei Monate, in denen sie sich nicht zu einem Entschluss durchringen konnte. Der römische Klerus war schneller als die Kaiserin und bestimmte schließlich einen Papst. Auf Druck des deutschen Adels wurde vier Wochen später ein

**PAPSTWAHL**
Nachdem die deutschen Könige eine Zeitlang großen Einfluss auf die Papstwahl gehabt hatten, markierte das Papstwahldekret von 1059 einen Wendepunkt. Es bestimmte, dass der Papst vorrangig von den Kardinälen gewählt werden sollte. Dieses Vorrecht wurde 1179 zum Exklusivrecht, und seitdem erfolgt die Papstwahl ausschließlich durch Kardinäle. Heute sind von etwa 200 Kardinälen etwa 120 jünger als 80 Jahre und damit wahlberechtigt.

Gegenpapst in sein Amt eingeführt, und diese Situation konnte Agnes nicht ertragen.

Schon ihre Ehe mit Heinrich III. stand unter keinem guten Stern, denn Agnes und Heinrich mussten sich von Beginn an den Vorwurf einer inzestuösen Verbindung gefallen lassen – beide waren Nachkommen Heinrichs I. Nachdem Agnes im Alter von 31 Jahren Witwe geworden war, machte sie während der Regentschaft für ihren minderjährigen Sohn, den späteren Kaiser Heinrich IV. (s. S. 88), allzu oft den Eindruck, mit den von ihr verlangten weltlichen Entscheidungen überfordert zu sein. So dürfte es für sie eine angenehme Vorstellung gewesen sein, dass nach ihrer Schleiernahme ihr Vertrauter, Bischof Heinrich von Augsburg, in der Regierungsverantwortung stehen und den elfjährigen Sohn bis zur Volljährigkeit politisch begleiten würde.

Schon fünf Monate später aber folgte der nächste Rückschlag für die Kaiserin. Im Frühling 1062 wurde der junge Thronfolger nahe der Rheininsel St. Suidbertswerth (dem späteren Kaiserswerth, das heute zu Düsseldorf gehört) von Erzbischof Anno von Köln entführt – und damit war auch Heinrich von Augsburg entmachtet, denn es galt als ungeschriebenes Gesetz, dass derjenige die Macht besaß, der den König in der Gewalt hatte. Eine energisch zupackende und hartnäckige Regentin, wie beispielsweise Theophanu (s. S. 46) 70 Jahre zuvor, hätte in einer solchen Situation sicher alles darangesetzt, die Macht zurückzuerhalten, den König zu befreien – und nicht zu vergessen: den eigenen Sohn wiederzubekommen. Agnes war anders. Sie wollte nur endlich ihren tiefen Wunsch nach einem Le-

■ Die Entführung des jungen Königs Heinrich, Sohn der Agnes von Poitou. Federlithographie, 1860, von Johann Nepomuk Geiger (1805–1880)

■ Heinrich III. erhebt den deutschen Grafen Suitger zum Papst (Clemens II.). Holzstich, 1875, nach einer Zeichnung von Friedrich Hottenroth (1840–1917)

## SCHLEIERNAHME

Die Annahme des sogenannten Witwenschleiers im Rahmen eines Weihezeremoniells machte äußerlich sichtbar, dass die Witwe sich für ein Gott geweihtes Leben entschieden hatte. Sie behielt ihre Güter, verpflichtete sich aber zur Keuschheit und widmete sich nahezu ausschließlich dem Dienst an Gott. Als geweihte Witwe gehörte sie kirchenrechtlich weder den weltlichen Christen noch den Nonnen an.

ben in Frömmigkeit erfüllen: In einem Brief an die Äbtissin des Klosters Fruttuaria (bei Turin) bat sie um Aufnahme. In ihrer Familie wäre der Schritt ins Kloster keine Neuheit gewesen, denn schon ihr Vater Herzog Wilhelm von Aquitanien und Poitou hatte ebenso wie ihre Mutter alle Politik und Weltlichkeit hinter sich gelassen.

Agnes hatte also zumindest für sich selbst eine wichtige Entscheidung getroffen – aber einmal mehr gelang es ihr nicht, sie in die Tat umzusetzen. Auf eindringliches Bitten ihrer Umgebung am Königshof blieb sie doch in Deutschland und erfüllte ihre Rolle als Leiterin des Königshauses der Salier. Inwiefern sie in der folgenden Zeit versuchte, ihren Sohn aus der Macht Annos von Köln zu befreien, lassen die spärlichen Quellen nicht erkennen, aber im März 1065 trat sie an der Seite des 14-jährigen – und damit erwachsenen – Königs auf, der mit dem Empfang der Schwertleite selbständig die Regierung übernahm.

Nun war Agnes endgültig von der Verantwortung befreit. Das Urteil ihrer Zeitgenossen über ihre Regierungszeit fiel deutlich aus. Adam von Bremen beklagte, dass diese Jahre »zum großen Schaden des Reiches« gewesen seien, und ein Mönch und Chronist schrieb, dass sie sich »von den Ratschlägen dieser und jener leicht bestimmen« ließ. Doch diese unselige Zeit war nun vorbei, und Agnes reiste umgehend nach Rom, wo sie nicht als Herrscherin, sondern als demütige Büßerin in einem groben Wollgewand Einzug hielt. Für die nächsten Jahre stellte sie sich voll und ganz in den Dienst des Papsttums – möglicherweise, um so den von ihr verursachten Schaden wiedergutzumachen. Während des beginnenden Investiturstreits stand sie am Ende gar gegen ihren Sohn Heinrich IV. auf der Seite Papst Gregors VII.

In dieser letzten Lebensphase hatte Agnes das erreicht, was sie sich immer gewünscht hatte: Sie lebte im Kloster und konnte sich sowohl ihrem Bedürfnis nach Frömmigkeit hingeben als auch die Reform des Papsttums unterstützen. Ihr Einsatz wurde belohnt: Sie wurde in einer Seitenkapelle des alten Petersdoms beigesetzt, an der Seite der angeblichen Tochter des Petrus – und damit so nah an dem Apostel, wie es für einen Laien nur möglich war.

# AGNES VON POITOU

## BIOGRAPHIE

Agnes von Poitou wurde um 1025 als Tochter Herzog Wilhelms V. von Aquitanien und Poitou (regierte 995–1030) geboren. Im Herbst 1043 wurde sie mit König Heinrich III. verlobt, zur Königin gekrönt, und im November desselben Jahres erfolgte die Hochzeit in Ingelheim am Rhein. Nachdem Heinrich Ende des Jahres 1046 auf einer Synode in Sutri drei konkurrierende Papstkandidaten abgesetzt und den ihm verbundenen deutschen Grafen Suitger als Papst Clemens II. zum Nachfolger Petri gemacht hatte, ließen Heinrich und Agnes sich noch am Weihnachtstag 1046 von ihm zu Kaiser und Kaiserin krönen. Von 1055 bis 1061 fungierte Agnes als Verwalterin des Herzogtums Bayern, und nach dem Tod ihres Mannes am 5. Oktober 1056 übernahm sie zudem die Regentschaft für den knapp sechsjährigen Thronfolger Heinrich IV. Durch die Unterstützung Papst Viktors II. bewältigte sie die Aufgaben zunächst gut und war zudem bestrebt, jährlich alle Teile ihres großen Reiches zu besuchen. Gegen die zahlreichen Aufstände in Sachsen, Schwaben, am Niederrhein, in Friesland und bei den Slawen war sie jedoch machtlos. Nach dem Tod Viktors II. 1057 versäumte sie es, ihren Einfluss bei der Papstwahl geltend zu machen, sodass der römische Klerus sich zunehmend vom deutschen Königshof unabhängig machen konnte. Im Anschluss an das durch ihr Zögern verursachte Papst-Schisma vom Herbst 1061 und noch mehr nach der Entführung ihres Sohnes 1062 verlor sie weiter

an Einfluss und verhielt sich äußerst passiv. Nach der Volljährigkeit und Schwertleite Heinrichs IV. zog Agnes 1065 nach Rom, wo sie enge Freundschaft zu dem berühmten Kirchenlehrer Petrus Damiani knüpfte und sich in den Dienst Papst Alexanders II. und später Gregors VII. stellte, um Absolution für ihr – wie sie selbst dachte – sündiges Verhalten als Regentin zu erlangen. In dieser Zeit ließ sie sich voll und ganz für das Papsttum einspannen und unternahm noch drei Reisen nach Deutschland, um für die Position des Reformpapsttums zu werben, das sich mit Nachdruck gegen Ämterkauf und die Priesterehe einsetzte. Im beginnenden Investiturstreit zwischen ihrem Sohn Heinrich IV. und Papst Gregor VII. wurde ihre Loyalität zum Papsttum besonders deutlich. Bei der Auseinandersetzung, die in dem berühmten Bußgang von Canossa ihren ersten Höhepunkt fand, stellte sie sich auf die Seite Gregors VII. Agnes von Poitou starb am 14. Dezember 1077 in Rom und wurde im damaligen Petersdom beigesetzt.

### Verwandtschaft

Agnes stammte aus einer westfränkischen Fürstenfamilie, die in männlicher Linie seit karolingischer Zeit die Grafen und Herzöge von Poitou und Aquitanien stellte und vermutlich sogar von Karl dem Großen abstammte. Durch ihre Hochzeit mit Heinrich III. trat Agnes in das Kaiserhaus der Salier ein und wurde nicht nur selbst Kaiserin, sondern auch die Mutter und Großmutter der nächs-

ten beiden Kaiser Heinrich IV. und Heinrich V., die das Reich bis 1125 regieren sollten.

### Quellen

Eine zusammenhängende Quelle, die das Leben der Kaiserin Agnes beschreibt, gibt es nicht. Die Informationen über ihr Leben und ihre Regentschaft speisen sich aus Urkunden, Briefen, Chroniken und Annalen des 11. Jahrhunderts. Diese Quellen spiegeln ihr Leben jedoch nicht lückenlos wider, sodass viele Fragen offenbleiben.

## EMPFEHLUNGEN

**Lesenswert:**
Gerald Beyreuther/Barbara Pätzold/Erika Uitz: *Herrscherinnen und Nonnen. Frauengestalten von der Ottonenzeit bis zu den Staufern*, Berlin 1990

Kurt-Ulrich Jäschke: *Notwendige Gefährtinnen. Königinnen der Salierzeit als Herrscherinnen und Ehefrauen im römisch-deutschen Reich des 11. und beginnenden 12. Jahrhunderts*, Saarbrücken 1991

**Sehenswert:**
*Kaiser Heinrich IV. – Der Tyrann auf dem Thron.* TV-Film, MDR 2007

### AUF DEN PUNKT GEBRACHT

Kaiserin Agnes war von tiefer Frömmigkeit erfüllt, doch ihr fehlte die Energie für weltlich-politische Entscheidungen. In Rom wurde sie für das Papsttum aktiv – gegen ihren Sohn Heinrich IV.

*Der kämpferische Diplomat*
# Wilhelm der Eroberer
## um 1028–1087

Herleve war froh. Beide, sie und ihr Baby, hatten die Geburt überlebt. Allerdings hatte der Junge als Kind eines einfachen Mäd-
chens im 11. Jahrhundert nicht viel von seinem Leben zu erwarten, selbst wenn sein Vater Herzog der Normandie war. »Wilhelm
der Bastard« wurde der Kleine deshalb gerufen, und viele wollten
ihn beseitigen. Dass er sich dennoch zu einem der ruhmreichsten
Herrscher des Mittelalters hocharbeitete, hatte er ebenso seinem
diplomatischen Geschick zu verdanken wie seinem unbändigen
Kampfeswillen. Schon als Heranwachsender setzte Wilhelm seine
Anerkennung als Erbe der Normandie durch und verfolgte sein
Leben lang mit bewundernswerter Tatkraft seine hochgesteckten
Ziele. Der ständige Kampf war einerseits die unerlässliche Vor-
aussetzung für seine großen Erfolge, andererseits aber auch ein
leidiges Beiwerk, das ihn von der Krippe bis zur Bahre begleitete
und auf das er in der einen oder anderen Situation sicherlich gern
verzichtet hätte.

Als Herrscher über die Normandie im französischen Norden
musste er sich lange Jahre gegen seinen Lehnsherrn, den
französischen König, behaupten, ebenso wie gegen die
Barone seines Herzogtums, die sich immer wieder gegen ihn auflehnten. In ereignisreichen und stets lebensgefährlichen Jahren, ja beinahe Jahrzehnten gelang es
Wilhelm, sich als Herzog zu etablieren, sodass er ab
1060 seinen Blick auf die benachbarten Grafschaften und nicht zuletzt auf die andere Seite des
Ärmelkanals richten konnte: auf England.

Wilhelm war nicht der erste Normanne, der von
der Eroberung der britischen Insel träumte. Schon seit dem
9. Jahrhundert waren sowohl England als auch Nordfrankreich Ziele der Wikinger gewesen, die weite Teile West-
und Mitteleuropas geplündert und verheert hatten.
Zu Beginn des 10. Jahrhunderts hatte die Präsenz
der Skandinavier im Norden Frankreichs
eine neue Qualität bekommen, als der aus
Norwegen stammende Normannenführer
Rollo – ein direkter Vorfahre Wilhelms –

■ Wilhelm der Eroberer.
Reiterstandbild aus Bronze,
1851. Normandie, Falaise

vom französischen König mit dem Herzogsamt belehnt worden war. Wie auch später in Sizilien waren die Normannen, wie die Wikinger auch genannt wurden, somit sesshaft geworden und hatten sich allmählich von Kriegern zu Fürsten gewandelt; sie verewigten sich zudem im Namen der Landschaft, die auch heute noch »Normandie« heißt.

■ Das sächsische Fußvolk wehrt eine normannische Attacke ab. Wandteppich von Bayeux (Ausschnitt), spätes 11. Jahrhundert. Bayeux, Musée de la Tapisserie

Aufgrund dieser Verbindungen zwischen England und der Normandie verschlug es im Jahr 1016 den englischen Königssohn Eduard, den man später »den Bekenner« nennen sollte, auf der Flucht vor dem dänischen König Knut dem Großen (s. S. 64) nach Nordfrankreich. Viele Jahre verbrachte Eduard bei den normannischen Herzögen, und in dieser Zeit lernte er auch den Bastard Wilhelm kennen. Da Eduard kinderlos blieb, witterte Wilhelm, inzwischen selbst Herzog, im Jahr 1051 seine Chance, die Macht über England zu gewinnen: Er reiste zu Eduard, der mittlerweile in seine Heimat zurückgekehrt war und den Thron erlangt hatte, und brachte erfolgreich sein Anliegen vor – der König designierte ihn zu seinem Nachfolger.

Als Eduard zu Beginn des Jahres 1066 starb, schielten jedoch auch andere nach dem englischen Königsthron. Die beiden härtesten Konkurrenten, die Wilhelm keineswegs kampflos

**DER TEPPICH VON BAYEUX**
Der um 1080 in Südengland entstandene, etwa 70 Meter lange Tuchstreifen zeigt in bunten, gestickten Bildern Szenen aus der normannisch-englischen Geschichte von 1046 bis zu Wilhelms Eroberung im Jahr 1066. Der Teppich wird heute im französischen Bayeux (Normandie) aufbewahrt und ist eine bedeutende realienkundliche und militärhistorische Quelle für das 11. Jahrhundert. So tragen die abgebildeten Krieger zumeist knielange Kettenhemden und Helme mit Nasenschutz, aber noch keine Wappen.

die Macht überlassen wollten, waren einerseits der norwegische König Harald Hardrade (»der Harte«) und andererseits Harald Godwinson – als Graf von Wessex und reichster Grundbesitzer Englands nach dem Tod Eduards der mächtigste Mann im Land –, der sich zunächst die Königsmacht sicherte. Herzog Wilhelm setzte nun keineswegs nur auf militärische Überlegenheit; seine Vorbereitungen für das Unternehmen Eroberung stützten sich in außergewöhnlicher Weise auf diplomatische Mittel. Indem Wilhelm die Zustimmung wichtiger europäischer Herrscher zu gewinnen suchte, wollte er sowohl den Widerstand gegen sein Eroberungsvorhaben möglichst gering halten als auch sicherstellen, dass die einmal gewonnene Macht langfristig erhalten blieb.

Der wichtigste Fürsprecher, den ein Fürst im 11. Jahrhundert haben konnte, war der Papst. So schwierig es auf den ersten Blick erscheinen mag, das Kirchenoberhaupt von der Wichtigkeit einer Eroberung zu überzeugen, so einfach war es für Wilhelm. Erst wenige Jahre zuvor hatten Normannen, die in Unteritalien herrschten, Papst Leo IX. besiegt und gefangen genommen, sodass das Papsttum nunmehr in einer gewissen Abhängigkeit von den Normannen stand, zu denen schließlich auch Wilhelm gehörte. Obwohl Leo IX. der Hochzeit Wilhelms mit seiner Base Mathilde wegen zu naher Verwandtschaft vehement widersprochen hatte, versöhnte sich Leos Nachfolger Alexander II. nun ohne Widerstand mit Wilhelm und unterstützte auch Wilhelms England-Pläne.

■ Den White Tower, eines der Wahrzeichen Londons, ließ Wilhelm der Eroberer erbauen.

Für den Feldzug auf die britische Insel sandte Alexander ein Petersbanner, sodass Wilhelm unter päpstlicher Flagge und mit dem Segen des Nachfolgers Petri ins Feld ziehen konnte. Für die Bevölkerung, die von den Abhängigkeiten in Unteritalien nichts wissen konnte, sah Wilhelms Unternehmung nun aus wie ein Kreuzzug, was die Gegenwehr erheblich in Grenzen hielt. Im Übrigen gelang es Wilhelms Legaten, auch die Zustimmung des jungen und leicht beeinflussbaren deutschen Königs Heinrich IV. (s. S. 88) einzuholen.

Während Wilhelm – nach den diplomatischen Vorbereitungen – im Herbst 1066 mit seinen Truppen über den Kanal setzte, wurde die erste Runde des Machtkampfs um England bereits entschieden: Der Norweger Harald Hardrade unterlag im englischen Norden bei Stamford Bridge dem amtierenden König Harald Godwinson. Als Letzterer von der Ankunft der normannischen Truppen im Süden hörte, eilte er sofort an die Südküste, um Wilhelm so schnell wie möglich zu überrumpeln, wobei er die Hälfte seiner Leute zurücklassen musste. Die Chance, gegen ein dezimiertes und zugleich übermüdetes englisches Heer zu kämpfen, ließ Wilhelm sich nicht entgehen und überrumpelte seinerseits Harald Godwinson in der berühmten Schlacht bei Hastings, die er klar zu seinen Gunsten entschied. Mitte Dezember konnte er auch das strategisch

■ Salbung und Krönung Wilhelms des Eroberers in der Westminster Abbey am Weihnachtstag des Jahres 1066. Gemälde eines unbekannten flämischen Künstlers, um 1470–1480. London, British Museum

**DER TOWER VON LONDON**
Im Jahr 1078 ließ Wilhelm an der Themse den White Tower bauen, eine Festung, die als Schutz sowohl für die neuen normannischen Herren als auch für die Stadt London dienen sollte. In den nachfolgenden Jahrhunderten wurde die Festung um mehrere Gebäude erweitert. Sie diente als königlicher Palast, Staatsarchiv, Waffenarsenal und als Gefängnis; der letzte Insasse war, während des Zweiten Weltkriegs, Hitlers Stellvertreter Rudolf Heß. Heute werden dort die britischen Kronjuwelen aufbewahrt.

■ Mathilde von Flandern, Gemahlin Wilhelms des Eroberers. Lithographie, um 1851, von Jules David (1808–1892)

wichtige London erobern, und zum Weihnachtsfest 1066 ließ Wilhelm sich in der Westminster Abbey nach englischem Ritus zum »König der Normannen und Engländer« krönen. Die Zeremonie zur Feier dieser gleichsam internationalen Herrschaft Wilhelms fand dabei sowohl in englischer als auch in französischer Sprache statt, was zu einem folgenschweren Missverständnis führte: Als die englische Bevölkerung den neuen König hochleben ließ, deuteten Wilhelms normannische Söldner die Schreie als Aufruhr und brannten sofort die umliegenden Häuser nieder … Das sollte nicht die letzte kritische Situation sein, die Wilhelm zu meistern hatte. Bis 1080 musste er seine Macht in England verteidigen und immer wieder neue Aufstände niederschlagen. In seinen letzten Lebensjahren wandte er sich der noch stärker gefährdeten Normandie zu. Bei der Rückeroberung des von Frankreich annektierten Dorfes Mantes starb der Herzog und König bei einem Reitunfall.

Das Lebenswerk des Wikingernachfahren Wilhelm bestand paradoxerweise darin, England von der Verbindung zu Skandinavien gelöst und es an das lateinische Europa angebunden zu haben. Dazu gehörte auch die Übernahme des kontinentalen Lehnswesens, das nicht auf Fußkämpfern, sondern auf Rittern basierte. Um die aufwendigen Ritterheere funktionstüchtig halten zu können, führte Wilhelm das Rechtsverhältnis zwischen Lehnsherr und Vasall ein, zu dessen treuen Diensten auch der ritterliche Waffendienst zählte. Die politische Verknüpfung Englands und der Normandie sollte noch für anderthalb Jahrhunderte bestehen bleiben. Nach einem aufopferungsvollen und erfolgreichen Leben hatte König Wilhelm, den man seit 1066 nicht mehr »den Bastard«, sondern »den Eroberer« nannte, zweifellos ein ehrenwertes Totengeleit verdient. Doch blieb Wilhelm auch im Tode ein letztes Malheur nicht erspart: Als seine Getreuen den beleibten Körper des Königs in den Steinsarg zwängen wollten, platzte der Leichnam und verbreitete einen derartigen Gestank, dass die Totenmesse in Rekordzeit beendet wurde. In den folgenden Jahrhunderten wurde Wilhelms Grab mehrfach geschändet, sodass heute nur noch eine Inschrift an Wilhelm erinnert, der mit Geschick und Tatkraft seine Macht erobert und bewahrt hat.

# WILHELM DER EROBERER

 BIOGRAPHIE

Wilhelm der Eroberer wurde um 1028 in Falaise (Normandie) als Sohn Herzog Roberts I. geboren. Im Alter von sieben Jahren wurde der »Bastard« als Erbe anerkannt und übernahm 1042 die Regierungsgeschäfte. Zwischen 1046 und 1054 richtete sich Wilhelms Bestreben in erster Linie darauf, die Grenzen der Normandie zu sichern und die Rebellionen der einheimischen Barone gegen ihn niederzuschlagen. Zwischenzeitlich erhielt er militärische Unterstützung durch seinen Lehnsherrn, König Heinrich I. von Frankreich. Schließlich gelang es Wilhelm 1054, in der Schlacht von Mortemer die Koalition seiner Gegner zu sprengen. Bereits ab 1051 bereitete Wilhelm die Übernahme der Herrschaft in England vor, indem er sich vom regierenden englischen König Eduard als Nachfolger designieren ließ. In der Schlacht bei Hastings am 14. Oktober 1066 besiegte Wilhelm den seit neun Monaten regierenden Harald Godwinson und ließ sich zwei Monate später in London zum König krönen. Ähnlich wie in seiner nordfranzösischen Heimat war Wilhelm nun auch in England lange Jahre damit beschäftigt, seine Macht zu sichern. In den Jahren 1067/68 schlug er Aufstände im Südwesten der Insel mit Gewalt nieder, und zwei Jahre später galt es, Erhebungen im Norden Widerstand zu leisten. Zusammen mit seinem Halbbruder, Bischof Odo von Bayeux, und einer kleinen Gruppe normannischer Vasallen strukturierte Wilhelm die politische Landschaft Englands neu. Die englische Kirche führte er mit straffem Regiment und gestattete päpstlichen Legaten die Einreise nur in seltenen Fällen. Anlässlich einer fiskalisch notwendigen Erhebung aller englischen Ländereien, da Wilhelm dringend Geld für weitere kriegerische Maßnahmen benötigte, entstand im Jahre 1086 das *Domesday Book*, eine detaillierte Beschreibung aller Teile des Königreichs und ihrer Steuerfähigkeit. Es war zugleich die letzte Legitimation der Machtposition Wilhelms in England. Am 9. September 1087 verstarb Wilhelm bei der Rückeroberung der nordfranzösischen Stadt Mantes. Er wurde in der von ihm selbst gegründeten Abtei St. Étienne zu Caen bestattet.

## Verwandtschaft

Wilhelm war in männlicher Linie der direkte Nachfahre des norwegischen Wikingers Rollo, der um 911 erstmals mit dem Herzogsamt der »Normandie« belehnt wurde. Wilhelms drei Söhne, die aus seiner Ehe mit Mathilde von Flandern hervorgegangen waren, setzten seine Herrschaft fort: Während sein ältester Sohn Robert II. das Erbe der Normandie 1087 als Herzog übernahm, führten nacheinander die beiden jüngeren Söhne Wilhelm II. (1087–1100) und Heinrich I. (1100–1135) das Königreich England.

## Quellen

Neben der seit der Zeit Alfreds des Großen geführten und bis ins 12. Jahrhundert fortgesetzten *Angelsächsischen Chronik*, die von Wilhelms Taten in England berichtet, informieren uns insbesondere zwei Quellen über den Eroberer. Das *Gedicht über die Schlacht bei Hastings (Carmen de Hastingae proelio)*, das wenige Jahre nach 1066 verfasst worden ist, feiert Wilhelms Weg nach England und die erfolgreiche Eroberung. Auch der Bericht Wilhelms von Poitiers über die *Taten Wilhelms, des Herzogs der Normannen und Königs der Engländer (Gesta Guillelmi ducis Normannorum et regis Anglorum*, 1073/74 geschrieben) stellt die Unterwerfung Englands als den Höhepunkt von Wilhelms politischer Karriere dar.

 EMPFEHLUNGEN

**Lesenswert:**
David C. Douglas: *Wilhelm der Eroberer. Herzog der Normandie, König von England (1028–1087)*, München 1980

*Die englischen Könige im Mittelalter. Von Wilhelm dem Eroberer bis Richard III.*, hrsg. von Hanna Vollrath/Natalie Fryde, München 2004

David M. Wilson: *Der Teppich von Bayeux*, Köln 2003

Rebecca Gablé: *Das zweite Königreich*, Bergisch Gladbach 2006

**Besuchenswert:**
Die Abtei St. Étienne (Grabstätte) und die von Wilhelm erbaute Festung in Caen

Das Städtische Museum von Bayeux (Teppich)

---

※ **AUF DEN PUNKT GEBRACHT**

Der illegitime Herzogssohn Wilhelm wurde vom »Bastard« zum »Eroberer«, indem er jahrzehntelang um seine Macht kämpfte und mit viel diplomatischem Geschick die Eroberung Englands vorbereitete und durchführte.

*Ein Söldner als Nationalheld Spaniens*

# El Cid
### 1043—1099

El Cid: ein tapferer Held, der selbstlos das Christentum gegen die islamischen Mauren verteidigte und die spanischen Reiche in unerschütterlicher Loyalität zu seinem König vor den Angriffen der Araber schützte. Die christlichen Chronisten betonten, dass er niemals besiegt worden sei, und selbst seine arabischen Feinde ehrten ihn schon kurz nach seinem Tod: »Dieser Mann, die Geißel seiner Zeit, war durch seine Liebe zum Ruhm, durch die kluge Standhaftigkeit seines Charakters und durch seine heldenhafte Tapferkeit eines der Wunder Gottes.« Kein Wunder hingegen war es angesichts derartiger Quellen, dass schon bald nach seinem Ableben die Verklärung des kastilischen Söldners zum spanischen Nationalhelden begann, der auch noch acht Jahrhunderte später die Menschen als Spielfilmheld zu faszinieren vermag.

Rodrigo Díaz de Vivar, wie sein eigentlicher Name lautete, wurde am Hof des kastilischen Thronfolgers Sancho II. zum Ritter und Heerführer ausgebildet und nach Sanchos Machtübernahme zum Armiger regis (»Waffenträger des Königs«) und damit zum Anführer der königlichen Truppen ernannt. Die Iberische Halbinsel war zu dieser Zeit, um 1070, zweigeteilt. Das nördliche Drittel (etwa bis zur Linie von Porto bis Barcelona) war christlich beherrscht; der Rest der Hispania, das sogenannte al-Andalus, war in muslimischer Hand. Bis 1031 hatte das gesamte muslimische Gebiet dem Kalifen von Córdoba unterstanden, und nach dem Zerfall des Kalifats gab es nun einen politischen Flickenteppich von regionalen Herrschaften, den sogenannten Taifen-Reichen, aus denen sich bis zur Zeit Rodrigos ein halbes Dutzend als besonders einflussreich herausgebildet hatten. Auch der christliche Norden war keineswegs eine Einheit, sondern in die vier Königreiche León, Kastilien, Navarra und Aragón sowie die Grafschaft Barcelona geteilt. Aus dieser politischen Geographie ergab sich zwangsläu-

■ Der Cid triumphiert über einen Gegner. Deutscher Stahlstich, 1842

fig der Aufgabenbereich eines kastilischen Heerführers: Rodrigo musste das kleine Kastilien in verschiedenen Kämpfen gegen die christlichen Königreiche und gegen die Taifen-Herrscher verteidigen. In diesen erfolgreichen Schlachten erwarb sich Rodrigo den Beinamen Campi doctor oder »campeador« (»siegreicher Kämpfer«).

Nach dem Tod seines großen Gönners, des Königs Sancho, und der Übernahme Kastiliens durch Sanchos Bruder Alfons durfte Rodrigo am kastilischen Hof bleiben. Seine führende Stellung allerdings behielt er nicht, denn König Alfons setzte weiterhin auf die Vertrauten aus seinem Königreich León. Rodrigo blieb zunächst loyal gegenüber seinem neuen Herrn, aber bald empfand er es als unangemessen, nur einer von vielen am Königshof zu sein. Das entsprach doch nicht seinen Fähigkeiten! Dagegen wollte Rodrigo ein unübersehbares Zeichen setzen, und so überfiel er das benachbarte Taifen-Reich von Toledo – das unter dem Schutz von König Alfons stand. Der ließ sich diese Düpierung natürlich nicht gefallen und verbannte den selbstverliebten Heerführer von seinem Hof.

So gern Rodrigo seiner kastilischen Heimat gedient hatte, seine persönliche Freiheit war ihm wichtiger. Nachdem er sich in diversen siegreichen Schlachten bereits einen Namen gemacht hatte, war für den 38-Jährigen nun der Weg frei, sich in Unabhängigkeit noch größeren Ruhm zu erwerben. Deshalb zog er aus, um sei-

■ Der Cid als Sieger. Werbekarte für Liebigs Fleischextrakt, 1902

**TAIFEN**
An die Stelle des 1031 aufgelösten Kalifats von Córdoba traten zunächst über 40 regionale Machthaber, die man Taifen (von arab. »taʾifa«, »Gruppierung«) nannte. Sie herrschten über die früheren Hauptorte des Kalifats. Politisch war ihnen keine lange Lebenszeit beschieden; nach und nach lösten sie sich auf und wurden ab 1090 von den Almoraviden beseitigt, die sie selbst zu Hilfe gerufen hatten. Kulturell zeichnet sich diese Zeit in der muslimischen Hispania durch eine Blüte der Kunst und Gelehrsamkeit aus.

Der Cid zieht im Triumph in Valencia ein. Holzstich, spätes 19. Jahrhundert

ne Dienste als Söldner anzubieten, denn schließlich konnte er ohnehin nichts anderes. Er bot sich zunächst dem Grafen von Barcelona an, doch der lehnte dankend ab – kein Bedarf. Seine nächste Bewerbung war hingegen erfolgreich: Er reiste nach Westen und versuchte es beim Taifen von Saragossa, und der stellte Rodrigo ein. Für fünf Jahre stand Rodrigo fortan im Dienst des muslimischen Herrschers, und seine Siegesserie riss auch in dieser Zeit nicht ab. Möglicherweise bekam er als muslimischer Söldner erstmals seinen ruhmreichen Beinamen El Cid (»der Herr«, aus dem hocharabischen »sayid«), unter dem allein er bald darauf den Mauren bekannt werden sollte. Als Militärführer von Saragossa kämpfte er auch – erfolgreich – gegen seinen ehemaligen Herrn, den kastilischen König Alfons. Mit der bedingungslosen Loyalität gegenüber dem König, dem legendären selbstlosen Kampf für das Christentum oder gar für »Spanien« (das es damals als Einheit noch gar nicht gab), war es also nicht weit her.

Nachdem Alfons gegen El Cid verloren hatte, schien es dem König doch besser zu sein, den kastilischen Söldner in seinen eigenen Reihen kämpfen zu lassen. Er nahm ihn wieder in seine Dienste auf und wies ihm ein neues Aufgabengebiet zu. Rodrigo

## RECONQUISTA

Als Reconquista (»Wiedereroberung«) wird der Kampf der spanischen Christen gegen die arabischen Muslime bezeichnet. Er begann bald nach der Eroberung der Iberischen Halbinsel am Anfang des 8. Jahrhunderts und wurde gerade zur Zeit des Cid immer erfolgreicher geführt. Durch den Einfall der Almoraviden aus Nordafrika wurden die Rückeroberungserfolge der Christen zunächst zurückgeworfen. Die Reconquista endete erst 1492 mit der Rückeroberung Granadas durch die katholischen Könige Ferdinand und Isabella.

sollte nun den mit Alfons verbündeten Taifen al-Qadir von Valencia militärisch unterstützen. Zudem sagte er ihm alle Ländereien zu, die er in der spanischen Levante an der Mittelmeerküste erwerben würde – mittlerweile hatte Alfons begriffen, womit man den nach Macht und Ruhm strebenden Rodrigo ködern konnte. Doch auch der zweite Versuch einer Zusammenarbeit schlug fehl. Wieder handelte El Cid eigenmächtig, weigerte sich, seine Truppen mit denen des Königs Alfons zu koordinieren – und fiel erneut in Ungnade.

Doch auch dieser Bruch mit Kastilien störte Rodrigo wenig. Er blieb einfach in Valencia und kämpfte auch nach dem Tod des Taifen al-Qadir auf eigene Faust weiter für den Schutz der Stadt – und damit für seinen Ruhm und seinen Geldbeutel, denn was er bis dahin für Alfons eingenommen hatte, wirtschaftete er nun in die eigene Tasche. Und seine größte Schlacht hatte er noch vor sich. Die muslimischen Taifen hatten einige Jahre zuvor die Almoraviden um Hilfe im Kampf gegen die christlichen Königreiche gerufen. Die muslimische Berberdynastie der Almoraviden herrschte seit der Mitte des 11. Jahrhunderts über den afrikanischen Nordwesten und hatte in beispiellosen Siegeszügen immer größere Gebiete erobern können. Die militärischen Erfolge konnten die Almoraviden, zum Leidwesen der Christen, auf der Iberischen Halbinsel fortsetzen. Mittlerweile

■ Titelblatt der Chronik des berühmten Ritters El Cid. Ausgabe von 1593

waren sie bis nach Valencia vorgedrungen – und gerieten damit in Konflikt mit El Cid. Im Oktober 1094 gelang es Rodrigo in der berühmten Schlacht von Cuarte, den Almoraviden die erste Niederlage überhaupt beizubringen. An der Seite Peters von Aragón gelang ihm das Kunststück ein zweites Mal. Nach diesen Siegen nahm der Ruhm Rodrigos ungekannte Ausmaße an.

Wie ein Lauffeuer verbreitete sich die Nachricht vom Sieg des großen Cid über die Almoraviden, die bis dahin unaufhaltsam gewesen waren. Die Worte eines aragonischen Notars verdeutlichen die Bedeutung des Ereignisses für die Zeitgenossen, denn statt »1094« zu schreiben, notierte er: »in dem Jahre, da die Almoraviden nach Valencia kamen und Rodrigo Díaz sie besiegte und all ihre Truppen gefangen nahm«. Rodrigo selbst ernannte sich nun zum obersten Richter und Herrn von Valencia und residierte

## VALENCIA

Nach der arabischen Eroberung im Jahr 711 erlebte Valencia einen Aufschwung. Bis 1094 stand die Stadt unter muslimischer Herrschaft, und auch nach der Eroberung durch El Cid währte die Zeit der christlichen Herren nur acht Jahre. Erst 1238 konnte Jakob I. von Aragón die Stadt endgültig für die Christenheit erobern.

in der örtlichen Burg, dem Alcázar. Er ließ Münzen prägen und war in seinen letzten Lebensjahren darum bemüht, auch das Umland Valencias in seine Hand zu bringen, um die Stadt vor weiteren Angriffen zu schützen. Dafür, dass sein Herz bei allem unabhängigen Söldnertum wohl doch eher für das Christentum schlug, spricht, dass er die Hauptmoschee Valencias zur Kathedrale umbauen ließ.

Letzten Endes – da übertreibt die Legende nicht – starb Rodrigo Díaz, ohne auch nur einmal eine Niederlage erlebt zu haben. Durch seine Siege gegen die Almoraviden ist er für die christlichen Spanier unsterblich geworden. Dass Rodrigo als El Cid zu dem mittelalterlichen Ritterhelden der Spanier schlechthin geworden ist, verdankte er allerdings keineswegs einem konsequenten Kampf für die Christen, für seinen König und für Kastilien. Rodrigo Díaz de Vivar, der überaus erfolgreiche, aber zugleich aufsässige und egoistische Söldner, hatte vielmehr das Glück, im richtigen Moment auf der richtigen Seite gekämpft zu haben.

■ Die Kathedrale von Valencia, die El Cid aus der zu seiner Zeit bestehenden Moschee errichten ließ.

# EL CID

## BIOGRAPHIE

Rodrigo (Ruy) Díaz wurde 1043 im kastilischen Vivar, einem Ort nördlich von Burgos, als Sohn des adligen Ritters Diego Laínez geboren. Im Alter von etwa 14 Jahren kam er an den Hof des Thronfolgers und späteren Königs von Kastilien Sancho II., wo er nicht nur die ritterliche Ausbildung genoss, sondern auch zum belesenen Rechtsgelehrten heranwuchs. Dennoch verlegte er sich schon früh auf seine Rolle als Heerführer und begleitete Sancho auf seinen Feldzügen. Nach Sanchos Tod 1072 übernahm Alfons VI. (König von León) das Königreich Kastilien. Rodrigo verlangte einen Eid von Alfons, dass dieser an Sanchos Tod unschuldig sei, und diente dann seinem neuen Herrn. Durch seine Hochzeit mit Jimena Díaz, der Tochter des Grafen von Orviedo, im Jahr 1074 konnte Rodrigo seine Stellung verbessern. 1081 wurde er nach eigenmächtigen Militäraktionen von Alfons verbannt. Daraufhin heuerte er beim Taifen von Saragossa an, für den er erfolgreich gegen Könige und andere Taifen kämpfte. Fünf Jahre später nahm Alfons ihn wieder als Lehnsmann an und sandte ihn zum Schutz von Valencia in die spanische Levante. Er verteidigte die Stadt in Alfons' Namen und später eigenmächtig gegen den Grafen von Barcelona, die einfallenden Almoraviden und auch gegen Alfons, der ihm schließlich endgültig die Verteidigung der christlichen Interessen an der Ostküste überließ. Nach dem Tod des Taifen al-Qadir konnte Rodrigo 1094 Valencia einnehmen und in der Schlacht von Cuarte gegen die Almoraviden verteidigen. Rodrigo herrschte bis zu seinem Tod am 10. Juli 1099 über Valencia.

### Verwandtschaft

Die Vorfahren des Rodrigo Díaz gehörten einer ritterlichen Gruppierung des niederen Adels im Nordwesten der Hispania an, die aber niemals über den Status eines Heerführers hinauskamen. Rodrigo selbst hatte einen Sohn (gestorben 1097) und die beiden Töchter Christina und Maria. Diese verheiratete er mit dem Thronfolger Ramiro von Navarra sowie mit dem Grafen Raimund Berengar III. von Barcelona. Von Christina und Maria sollten sich später die Familien der Könige von Navarra und der Grafen von Foix herleiten.

### Quellen

Die Quellen über Rodrigo bekamen schon sehr früh den Charakter verklärender Heldenlegenden, in denen nicht alle Angaben als historische Wahrheit gewertet werden dürfen. Den Beginn machte das *Carmen Campi Doctoris*, das um 1100 verfasst wurde. Die bald darauf entstandene *Historia Roderici Campi Docti* kann in ihrem historischen Wert als relativ zuverlässig eingeschätzt werden. Das bedeutendste Werk – zumal in seinem Fortwirken – ist das dreiteilige Epos *Poema de Mio Cid* aus dem Jahr 1207. Es gilt als eines der ältesten Werke der kastilischen Literatur und sogar als Meisterwerk der europäischen Heldendichtung des Mittelalters. In diesem Epos wurde endgültig die literarische Figur des königstreuen, christlichen Spaniers El Cid geprägt, die bis heute die Vorstellung von Rodrigo bestimmt. Aus dem späten Mittelalter stammen zudem zahlreiche weitere Bearbeitungen des Cid-Stoffes.

## EMPFEHLUNGEN

**Lesenswert:**
Richard Fletcher: *El Cid. Leben und Legende des spanischen Nationalhelden. Eine Biographie*, Weinheim 1999

Ramón Menéndez Pidal: *Das Spanien des Cid*, 2 Bde., München 1936

Johann Gottfried Herder: *Der Cid. Nach spanischen Romanzen besungen*, Dortmund 1978

Pierre Corneille: *Der Cid*, Stuttgart 1997

**Hörenswert:**
Peter Cornelius: *Der Cid*. Oper 1865

Jules Massenet: *Le Cid*. Oper 1885

**Sehenswert:**
*El Cid*. Regie: Anthony Mann; mit Charlton Heston, USA 1961

*El Cid – Die Legende*. Regie: Jose Pozo, Zeichentrickfilm, E 2003

**Besuchenswert:**
Die Kathedrale zu Burgos

## ✱ AUF DEN PUNKT GEBRACHT

Der kastilische Söldner Rodrigo Díaz kämpfte sowohl für Christen als auch für Muslime. Durch seinen Sieg über die muslimischen Almoraviden wurde er aber zur spanischen Ritterlegende El Cid und zum Verteidiger des Christentums verklärt.

## In Bündnissen gefangen
# Mathilde von Tuszien
## 1046–1115

■ Markgräfin Mathilde
von Tuszien

Es kann nicht mehr lange dauern. Die 69-jährige Mathilde ist durch ihre Gicht nahezu gelähmt und schon seit Monaten ans Bett gefesselt. Bald wird die fromme Herrscherin, zeitlebens als »Braut Christi« tituliert, mit ihrem himmlischen Bräutigam den letzten Bund eingehen; endlich ein Bund, der ihr kein Unglück bringen wird. Davon hat sie immer geträumt, denn in ihrem langen Leben ist sie stets in Bündnissen gefangen gewesen, zu denen sie sich gezwungen sah.

Als einziges überlebendes Kind ihrer Eltern gelangte sie in den Besitz der Macht über die Markgrafschaft Tuszien: ein sehr großes Gebiet, das von Siena im Süden über die heutige Toskana bis zum Gardasee im Norden und Comacchio an der Adria reichte. Im Hochmittelalter galt es jedoch als unmöglich, dass eine Frau als Herrscherin fungierte – es sei denn, sie regierte übergangsweise für einen unmündigen Sohn, wie das zuvor Theophanu (s. S. 46), Adelheid (s. S. 38) oder Agnes (s. S. 68) getan hatten. Deshalb musste für Mathilde ein Mann als Beschützer gefunden werden, und das war im Idealfall ein standesgemäßer Ehemann.

So begann Mathildes Unglück mit der ersten aufgezwungenen Ehe: Die großgewachsene, rotblonde, auffallend schöne Frau wurde, als sie 23 Jahre alt war, von ihrer Mutter mit einem untersetzten Krüppel verheiratet. Widerwillig zog sie von Norditalien nach Niederlothringen um, wo ihr Gemahl Gottfried IV. »der Bucklige« Herzog war. Ein Jahr später wurde sie von einer Tochter entbunden. Eine Tochter! Gottfried entbrannte vor Zorn, weil er einen männlichen Thronfolger brauchte. Das kleine Mädchen starb zudem noch wenige Tage nach der Geburt, und Mathilde floh kreuzunglücklich wieder zu ihrer Mutter in die Toskana. Auf Gottfried war Mathilde fortan gar nicht mehr gut zu sprechen, und so musste sie auch damit leben, dass man ihr wenige Jahre später den Mord an Gottfried anlastete: Der hatte sich nichtsahnend auf den Abtritt begeben, um sich zu erleichtern, woraufhin ihm sein unter der Holzkonstruktion lauernder Mörder einen Dolch in das entblößte Hinterteil stieß.

Mathilde rührte dieser Verlust kaum – es ist nicht einmal eine Stiftung oder Schenkung nachzuweisen, mit der sie ihres toten Gatten gedachte; dabei war das im 11. Jahrhundert eigentlich die Pflicht der Hinterbliebenen. Als ihre Mutter Beatrix, die selbst zweifach verwitwet war und mit der sie Tuszien regiert hatte, 1076 starb, stand Mathilde völlig allein da. Sie war freilich nicht die unbeliebteste Bündnispartnerin, denn als Herrin über Norditalien hatte sie eine Schlüsselposition in Europa inne. Jeder, der von Norden nach Rom reiste, musste durch ihr Gebiet, und das galt insbesondere für die deutschen Könige, die sich in Rom zum Kaiser krönen ließen. Die Zeitumstände – in jenem Jahr 1076 begann der Investiturstreit zwischen Kaiser und Papst – brachten es aber mit sich, dass Mathilde ebendeshalb zwischen die Fronten geriet. Durch das sogenannte Geleitrecht hatten die Markgrafen von Tuszien von jeher das Recht und die Pflicht, dem Papst Schutz zu gewähren, wenn er durch ihre Länder zog. Das wiederum hatte eine traditionell enge Beziehung zu den Päpsten zur Folge.

Anfangs versuchte Mathilde noch, im Investiturstreit zu vermitteln, und die berühmte Buße Heinrichs IV. (s. S. 88) vor Papst Gregor VII. fand schließlich auch auf Mathildes Stammburg Canossa statt, in der sie Gregor Schutz vor dem vermeintlichen Angriff der kaiserlichen Truppen gewährt hatte. Doch das Bündnis mit Gregor war so eng, dass sie automatisch den Kaiser zum Feind hatte – er verhängte sogar die Reichsacht über sie –, und auch so eng, dass Gerüchte um ein Verhältnis zwischen Mathilde und dem Heiligen Vater aufkamen, die jedoch wahrscheinlich jeder Grundlage entbehrten. Ein weiterer wichtiger Bündnispartner dieser Jahre war Bischof Anselm von Lucca. Doch innerhalb von zehn Monaten starben beide, Gregor und Anselm, sodass Mathilde 1086 wieder auf sich allein gestellt war.

### DIE BURG CANOSSA

Die Burg Canossa im Apennin war einer der Hauptsitze der Markgrafen von Tuszien. Im 10. Jahrhundert war sie die wichtigste Burg und anfangs auch Grablege der Grafen. Berühmt wurde sie durch die Buße Heinrichs IV. vor Papst Gregor VII. im Januar 1077. Schon unter Mathilde war Mantua wichtiger als Canossa, und nach ihrem Tod begann der endgültige Niedergang der Burg. Heute ist sie nur noch als Ruine erhalten.

■ Kaiser Heinrich IV. erbittet den Schutz der mächtigen Markgräfin Mathilde von Tuszien. Buchmalerei, 1115, aus der *Vita Mathildis* des Donizio von Canossa. Rom, Biblioteca Apostolica Vaticana

■ Grabmal der Markgräfin Mathilde von Tuszien. Statue, 1635, nach einem Entwurf von Gian Lorenzo Bernini (1598–1680). Rom, St. Peter

Ein neues politisches Bündnis war nicht in Sicht, und so strebte sie erneut eine Ehe an. Genau genommen war freilich auch das in Herrscherkreisen ein politisches Bündnis, und in Mathildes Fall hatte es sogar eine Menge Brisanz: Mit Welf V. ehelichte sie ein Mitglied des bayerischen Welfenhauses und damit einen der größten Gegner des Kaisers – im päpstlichen Rom sah man diese Ehe mit Wohlwollen. Welf mag für Mathilde politisch potent gewesen sein, privat war er eher eine Enttäuschung. Die 42-jährige Mathilde soll sich vor dem 17-jährigen Herzogssohn nackt auf dem Tisch geräkelt haben, doch es half alles nichts. Welf war vermutlich impotent, zumindest hat er nie Kinder gezeugt. Mathilde verjagte den jungen Mann wieder und ließ die Ehe annullieren.

Ihr letzter Versuch, ein Bündnis mit einem Mann einzugehen, war ähnlich erfolglos. Sie adoptierte den florentinischen Grafen Guido Guerra, doch nach wenigen Jahren verzichtete sie auch auf dessen Anwesenheit. Nach 1108 war Mathilde wohl der Bündnisse müde. Letztlich hatte sie doch immer allein regieren müssen, wurde von den Päpsten sogar für Kriegszüge eingespannt, an denen sie selbst hoch zu Ross teilnahm, und war es jetzt endgültig leid, sich weiter für die päpstliche Politik einzusetzen. Die hatte ihr jahrzehntelange Feindschaft mit dem Kaiser, dazu noch Ächtung und Bann eingebracht.

Schon oft war Mathilde kurz davor gewesen, sich in ein Kloster zurückzuziehen und sich fern von aller Politik und Verantwortung auf ihr letztes Bündnis mit Christus vorzubereiten. Das entscheidende Ereignis mag gewesen sein, dass Kaiser Heinrich V. 1110 endlich die Feindschaft beendete und den Bann aufhob. Mathilde setzte ihn sogar als ihren Erben ein und zog sich dann ins Kloster zurück, wo sie sich endlich keine Gedanken mehr darüber machen musste, wer sie künftig beschützen würde.

MATHILDISCHE GÜTER

Der norditalienische Besitz, den Mathilde nach ihrem Tod hinterließ, wurde zum Streitpunkt zwischen Kaisern und Päpsten, da sie ihre Güter zunächst der römischen Kirche vermacht, aber 1111 doch Kaiser Heinrich V. versprochen hatte. Über ein Jahrhundert lang währten die Auseinandersetzungen, bis Kaiser Friedrich II. in der Goldbulle von Eger (1213) den endgültigen Verzicht auf die Güter erklärte.

# MATHILDE VON TUSZIEN

 BIOGRAPHIE

Mathilde von Tuszien wurde im Jahr 1046 als Tochter des Markgrafen Bonifaz von Tuszien (985–1052) und seiner Gattin Beatrix (vor 1020–1076) geboren. Ihre früh verwitwete Mutter heiratete in zweiter Ehe Herzog Gottfried III. den Bärtigen von Oberlothringen und kam schnell mit ihm überein, seinen Sohn mit Mathilde zu verloben. Die 1069 geschlossene Ehe Mathildes mit Gottfried IV. dem Buckligen fand jedoch bereits nach gut zwei Jahren ein Ende. Fortan führten die beiden Markgräfinnen Beatrix und Mathilde zusammen und gleichberechtigt ein straffes Regiment in Tuszien, bis Beatrix 1076 starb. Die folgende Zeit von Mathildes Alleinherrschaft war von einem engen Verhältnis zu Papst Gregor VII. geprägt; mit ihm verband sie eine große Zuneigung zur Kirchenreform. In der Auseinandersetzung zwischen Kaisertum und Papsttum (Investiturstreit) bemühte Mathilde sich zunächst, eine Mittlerrolle einzunehmen – so auch beim Zusammentreffen von Gregor mit Heinrich IV. auf ihrer Stammburg Canossa. Später aber vertrat sie eine entschieden römische Position. Als sie mit über 50 Jahren absehen konnte, dass sie ohne Nachkommen bleiben würde, vermachte sie 1079/1080 ihr gesamtes Eigengut (auch jenes in Lothringen) der Kirche, wobei sie die volle Verfügungsgewalt behielt. Im Jahr 1081 verhängte Kaiser Heinrich IV. die Reichsacht über Mathilde. Möglicherweise auf Wunsch

Papst Urbans II. kam 1089 eine politisch motivierte Ehe mit Welf V. zustande, die aber auch bereits wenige Jahre später beendet war. In den letzten Jahren ihres politischen Wirkens geriet Mathilde zunehmend in Konflikte mit Vasallen, Bürgern und Teilen des Klerus ihrer Markgrafschaft; ihre Gegner stießen sich vornehmlich an Mathildes kirchlichem Reformkurs. Schließlich fand sie aber einen Rückhalt in Kaiser Heinrich V., der sie vom Bann lossprach und dem sie ihre Güter vererbte. Mathilde starb am 24. Juli 1115 nahe Mantua. Im Jahr 1634 ließ Papst Urban VIII. ihre Gebeine nach St. Peter zu Rom überführen, wo noch heute ihr Grabmal zu sehen ist.

### Verwandtschaft
Das Herrschergeschlecht der Markgrafen von Tuszien wurde von den Historikern auch mit dem Namen Canossa belegt, obwohl die Familie selbst sich nie nach nur einem Stammsitz nannte. Als Stammvater gilt Adalbert Atto, der in der Mitte des 10. Jahrhunderts mit dem deutschen König und Kaiser Otto I. verbündet war; er stieg vom Vasallen des Königs zum Markgrafen von Tuszien (Reggio, Modena und Mantua) auf. In den folgenden Generationen konnte die Macht in der Toskana ausgebaut werden. Adalberts Urenkelin Mathilde war mehr als ihre Vorfahren in die Auseinandersetzungen zwischen Kaiser und Papst verwickelt. Nachdem Mathilde ihr

Hausgut dem Kaiser vererbt hatte, starb sie kinderlos. Damit erlosch 1115 die Familie Canossa.

### Quellen
Donizo, Mönch und Abt des Klosters Sant'Apollonio zu Canossa (1071–1137), verfasste gegen Ende von Mathildes Leben (zwischen 1111 und 1114) die *Vita Mathildis* in zwei Büchern. Sein Werk, das sich im ersten Teil mit den Markgrafen von Canossa vor Mathilde und im zweiten ausschließlich mit Mathilde beschäftigt, ist in hexametrischen Versen geschrieben und gleicht eher einem Loblied als einer wahrheitsgetreuen Lebensbeschreibung. Durch zahlreiche Chroniken, Urkunden und Briefe, in denen sie dank ihrer politischen Beziehungen zu Kaisern und Päpsten immer wieder auftaucht, erhalten wir aber ein recht vollständiges Bild von ihrem Leben.

 EMPFEHLUNGEN

**Lesenswert:**
Vito Fumagalli: *Mathilde von Canossa*, Berlin 1998

Paolo Golinelli: *Mathilde und der Gang nach Canossa. Im Herzen des Mittelalters*, Düsseldorf 1998

**Besuchenswert:**
Die Burgruine von Canossa (Wohnsitz)

Der Petersdom in Rom (Grabstätte)

---

✳ AUF DEN PUNKT GEBRACHT

Markgräfin Mathilde war die einzige Erbin des Hauses Canossa und herrschte allein über Tuszien. Da eine Frau im Hochmittelalter aber einen Mann an ihrer Seite brauchte, sah sie sich immer aufs Neue gezwungen, politische und private Bündnisse mit Männern einzugehen – viel Glück hatte sie damit nicht …

## Selbstüberschätzung auf Kosten des Königtums
# Heinrich IV.
### 1050–1106

■ Kaiser Heinrich IV. im Buch Hiob der *Hirsauer Bibel.* Buchmalerei, 11. Jahrhundert. München, Staatsbibliothek

»Heinrich, nicht durch Anmaßung, sondern durch Gottes gerechte Anordnung König, an Hildebrand, nicht mehr den Papst, sondern den falschen Mönch … Ich sage dir zusammen mit allen meinen Bischöfen: Steige herab, steige herab!« Mit diesen Worten forderte der deutsche König Heinrich IV. zu Beginn des Jahres 1076 Papst Gregor VII. (den er despektierlich nur noch mit seinem Taufnamen Hildebrand ansprach) auf, den Heiligen Stuhl zu räumen. Der Konflikt zwischen den beiden mächtigsten Männern des Abendlands hat als sogenannter Investiturstreit beispiellose Berühmtheit erlangt, doch für Heinrich war er letztlich nur eine von vielen Auseinandersetzungen während seiner Regierungszeit.

Der letzte Konflikt hatte eben erst ein Ende gefunden. König Heinrich hatte die sächsischen Fürsten provoziert, indem er entgegen den politischen Gepflogenheiten in ihren Landen eigenmächtig Burgen bauen und sie zudem arrogant abblitzen ließ, als sie ihre Klagen vorbringen wollten. Das war der Beginn einer offenen Konfrontation. Die als Sachsenkriege in die Geschichtsbücher eingegangenen militärischen Auseinandersetzungen konnte der König aber letztlich im Jahr 1075 für sich entscheiden. Nach dem glücklichen Ausgang des Konflikts hätte es die Chance auf eine Festigung der bis dahin stets schwierigen Position Heinrichs gegeben, aber er hatte Größeres im Sinn. Sein unerschütterlicher Glaube an die Richtigkeit seiner Politik, an sein angeborenes Herrschaftsrecht und an sein unmittelbar von Gott verliehenes Königtum gaben ihm auf der einen Seite Kraft und machten ihn zäh und kämpferisch, doch auf der anderen Seite führte diese Einstellung zu Stolz, Hochmut und Selbstüberschätzung.

Als deutscher König hatte er nach eigenem Verständnis einen natürlichen Anspruch auf die Kaiserkrone aus den Händen des Papstes. Doch da Gregor VII. sich ihm nicht unterordnen wollte, musste er ihn eben absetzen. Zu diesem Zeitpunkt, Anfang 1076, war dem salischen König wohl noch nicht bewusst, dass er sich mit dem »kriegerischsten Papst« aller Zeiten eingelassen hatte, wie ein Historiker es einmal formulierte. Zwar hatte es bereits seit der unglücklichen Regentschaft seiner Mutter Agnes (s. S. 68) einige Dissonanzen gegeben, aber der unmittelbare Anlass für den königlich-päpstlichen Zwist war die Besetzung des vakanten Erzbischofsstuhles zu Mailand. Jeder der beiden Machthaber sah dies als seinen Bereich an und wollte von dieser Position auch nicht zurückweichen.

Nach Heinrichs Versuch, Gregor abzusetzen, bei dem ihn der Großteil der deutschen Fürsten und Bischöfe unterstützte, sprach der Papst seinerseits die Exkommunikation über den König aus, ja mehr noch: Er untersagte Heinrich gar die Ausübung der Regierungsgewalt. Das entsprechende Schreiben erreichte den König und die Großen seines Reiches ausgerechnet am Osterfest, zu dem alle sich in Utrecht versammelt hatten. Zunächst beunruhigten die Worte Gregors kaum jemanden, denn was hatte der »falsche Mönch Hildebrand« schon zu sagen? Doch dann passierten Dinge, die sich niemand erklären konnte: Der gastgebende Bischof Wilhelm von Utrecht erkrankte plötzlich schwer und starb in kürzester Zeit; zugleich schlug der Blitz in der Kathe-

### INVESTITURSTREIT

Mit dem Begriff des Investiturstreits wird die bedeutende Auseinandersetzung zwischen Papsttum und deutschem Königtum von 1076 bis zum Wormser Konkordat (1122) bezeichnet. Ausgehend von den Modalitäten der Einsetzung von Bischöfen und Äbten (Investitur, wörtlich: »Einkleidung«), setzten sich die beiden Mächte letztlich grundsätzlich über das Verhältnis zwischen weltlichem und geistlichem Oberhaupt auseinander. Am Ende einigten sich beide Seiten auf eine stärkere Trennung ihrer Machtbereiche.

■ Die Sachsenfürsten unterwerfen sich Heinrich IV. bei Spira. Holzstich, 1862, nach einer Zeichnung von Wilhelm Camphausen (1818–1885)

drale von Utrecht ein, die daraufhin vollständig abbrannte. Was der rationalistische Mensch des 21. Jahrhunderts unter Zufall abbucht, gab den tief gläubigen Reichsfürsten des 11. Jahrhunderts großen Anlass zur Sorge. Schnell gewannen alle die Einsicht, dass Heinrichs Verhalten nicht Gottes Willen entsprach, und sogar der so selbstbewusste König gab in der bald darauf ausgefertigten Stiftungsurkunde für die neu zu errichtende Kathedrale zu, dass »meine Sünden« für den Brand verantwortlich seien.

Ob das nun zutraf oder nicht – nach besagtem Osterfest erfuhr Heinrich kaum noch Unterstützung von seinen Fürsten. Allerdings waren diese schon seit Beginn von Heinrichs Regierung sehr schlecht auf ihren König zu sprechen, da er notorisch gegen die Regeln fürstlichen Handelns verstieß. Ständig brüskierte er die hohen Fürsten und unterstützte lieber Personen niederer Herkunft, immer wieder brach er sein Wort, regelmäßig überraschte er mit neuen politischen Winkelzügen, die kaum jemand nachvollziehen konnte. Dazu kamen während seiner gesamten Regierungszeit massive Vorwürfe zu sexuellen Übergriffen, deren breiter schriftlicher Niederschlag in den Quellen erstaunt: Heinrich habe stets zwei bis drei Konkubinen gehabt, habe sich unablässig

## DIE GREGORIANISCHE REFORM

Die nach Papst Gregor VII. benannte gregorianische Reform richtete sich vor allem auf drei Missstände in der römisch-katholischen Kirche: Neben der Unsitte, kirchliche Ämter käuflich zu erwerben (Simonie), und der weit verbreiteten Priesterehe (Nikolaitismus) sollte auch die Einsetzung und »Einkleidung« (Investitur) geistlicher Amtsträger durch Nicht-Geistliche (Laien) abgeschafft werden. An letzterem Punkt entzündete sich die grundlegende Auseinandersetzung zwischen Papst und Kaiser, der sogenannte Investiturstreit.

junge Frauen aus seiner Umgebung mit Gewalt zuführen lassen und habe die Vergewaltigung seiner Schwester, der Äbtissin von Quedlinburg, angeordnet und sie dabei sogar eigenhändig festgehalten! Auf der anderen Seite hatte Heinrich sich 1069 nach nur dreijähriger Ehe von seiner Frau Bertha scheiden lassen wollen, weil er eine unüberwindliche Abneigung gegen sie verspüre, wie er sagte; im Übrigen sei die Ehe noch gar nicht vollzogen, was die peinlich berührte Bertha bei einer Befragung auch zugab …

Trotzdem wurde der Antrag abgelehnt, und der Skandal einer königlichen Scheidung war gerade noch verhindert worden, aber es gab immer wieder Stimmen, die eine Absetzung Heinrichs verlangten – so auch 1076 im Kampf gegen Gregor VII. Die Fürsten fanden letztlich einen Kompromiss: Sie luden den Papst für Februar 1077 nach Augsburg ein, damit er dort nach eingehender Prüfung von Heinrichs Lebens- und Amtsführung über das deutsche Königtum entscheide. Was bei dieser gefährlichen Verbindung seiner innerdeutschen Gegner mit Gregor herauskommen würde, konnte Heinrich sich leicht ausmalen. Einmal mehr überraschte er deshalb alle, indem er im Winter 1076 dem nach Deutschland reisenden Gregor über die verschneiten Alpen entgegenzog.

Obwohl Gregor nicht wusste, was Heinrich im Sinn hatte, bekam er es mit der Angst zu tun, als er erfuhr, dass der König

■ Heinrich IV. im Büßergewand vor der Burg von Canossa. Holzstich, 1878, nach einer Zeichnung von Hubert von Heyden (1860–1911). Heinrichs Gang nach Canossa wurde in der Neuzeit zu einem geflügelten Wort. Im Rahmen des Streits zwischen der katholischen Kirche und dem Deutschen Reich unter Otto von Bismarck (»Kulturkampf«) reagierte der Reichskanzler 1872 auf die Ablehnung eines deutschen Gesandten in Rom mit den Worten: »Nach Canossa gehen wir nicht!« Spätestens seit dieser Zeit ist der »Gang nach Canossa« ein Schlagwort für Demütigung und für das Eingeständnis eines eigenen Fehlverhaltens.

■ Kaiser Heinrich IV. zwischen seinen Söhnen Heinrich (oben links) und Konrad (oben rechts); unten: Bischöfe mit Krummstäben. Miniatur, um 1105, aus einem Regensburger Evangeliar

sich mit seinen Truppen näherte. Er floh ins norditalienische Canossa auf die Burg seiner Verbündeten Mathilde von Tuszien (s. S. 84). Dort kam Heinrich am Morgen des 25. Januar 1077 an und stellte sich im schlichten Wollgewand barfuß in den Schnee des äußeren Burghofs, nachdem er Krone, Zepter und Reichsapfel abgelegt hatte. Drei ganze Tage lang tat Heinrich so bei bitterster Kälte Buße, bis Gregor ihm am vierten Tag Einlass – und Absolution – gewährte. Durch diesen sprichwörtlich gewordenen »Gang nach Canossa« erlangte Heinrich zwar seine Handlungsfreiheit wieder, aber indem er die päpstliche Gewalt zur Rechtsprechung anerkannte, gab er de facto seinen Anspruch auf das unmittelbare Gottesgnadentum auf. Ob Gregor den Salier zugleich wieder ins Königsamt einsetzte, ist bis heute umstritten. Jedenfalls bezeichnete er Heinrich, den er zuvor gerne als »Ex-König« (ex-rex) bezeichnet hatte, nun wieder ganz normal als »rex«.

Nach diesem bemerkenswerten Schachzug bleiben also viele offene Fragen, doch zumindest konnte Heinrich weiter regieren. Ein glücklicheres Händchen bekam er dadurch allerdings nicht: Er ließ sich von einem eigens ernannten Gegenpapst zum Kaiser krönen, wurde dann aber von seiner ganzen Familie verlassen und von seinem Sohn zur Abdankung gezwungen. Die vier Jahrzehnte selbständiger Regierung stehen zweifellos im Schatten des legendären Gangs nach Canossa, der seit dem 19. Jahrhundert als der Rückschlag schlechthin für die deutschen Könige bewertet wurde. Noch in den 1950er Jahren verlautete von einem deutschen Historiker, dass das Königtum in Canossa seine »Todeswunde« empfangen habe, die nie wieder verheilt sei.

In jedem Fall hat das Ansehen des Königtums unter Heinrich Schaden genommen, und auch er selbst kommt bei Zeitgenossen und modernen Forschern gleichermaßen schlecht weg. Er wurde als der »unglücklichste aller mittelalterlichen deutschen Herrscher« bezeichnet, und für den anonymen Autor seiner mittelalterlichen Biographie war erst Heinrichs Tod und das Erlangen ewiger Ruhe der Anlass für die geradezu erleichterten Worte: »Glücklich bist du, Kaiser Heinrich!«

# HEINRICH IV.

 BIOGRAPHIE

Heinrich IV. wurde am 11. November 1050 als Sohn Kaiser Heinrichs III. in Goslar (?) geboren. Nach dem Tod seines Vaters 1056 übernahm Königin Agnes die Regentschaft für ihren bereits gekrönten Sohn. Das war für Heinrich eine schwierige Zeit, da er zwischen die Fronten geriet und 1062 von Erzbischof Anno von Köln entführt wurde. Nach der Schwertleite 1065 übernahm Heinrich die Regierung. Nach den erfolgreich geführten Sachsenkriegen (1073–1075) und der Entscheidungsschlacht bei Homburg gegen die sächsischen Fürsten entbrannte zwischen Heinrich und Papst Gregor VII. ein Streit um die Hierarchie weltlicher und geistlicher Macht. Als Heinrich vom Papst gebannt und von seinen Fürsten verlassen war, musste er auf der winterlichen Burg Canossa Buße leisten, um seine Handlungsfreiheit wieder zu erlangen. Kurze Zeit später erhoben die deutschen Fürsten Heinrichs Schwager Rudolf von Rheinfelden zum Gegenkönig, und der dreijährige Kampf um das Königtum endete erst mit Rudolfs Tod im Oktober 1080. Um endlich Kaiser zu werden, erhob Heinrich, der mittlerweile erneut von Gregor gebannt worden war, zu Ostern 1084 mit Clemens III. einen ihm gewogenen Gegenpapst, der Heinrich zehn Tage später in St. Peter zu Rom zum Kaiser krönte. Die letzten Jahre seiner Regierung waren von zunehmender Isolation geprägt. In den Jahren 1093 und 1094 liefen sowohl sein Sohn und designierter Nachfolger Konrad als auch seine zweite Ehefrau Adelheid in das Lager der Opposition über. Nach Konrads Tod wurde der jüngste Sohn Heinrich neuer Nachfolger, doch auch dieser stellte sich 1105 an die Spitze der fürstlichen Opposition, nahm schließlich seinen Vater gefangen und zwang ihn auf einer Fürstenversammlung am 31. Dezember 1105 öffentlich zur Abdankung. Von seinem lothringischen Exil aus versuchte Heinrich IV. noch, seinen letzten Kampf zu gewinnen, doch er starb am 7. August 1106 in Lüttich.

## Verwandtschaft

Heinrich IV. entstammte dem Herrschergeschlecht, dessen Mitglieder ab dem 12. Jahrhundert als Salier bezeichnet wurden. Seit dem 8. Jahrhundert gehörten Heinrichs Vorfahren zu den führenden Adelsfamilien mit Gütern im rheinfränkischen Raum. Konrad der Rote gelangte 944 als Herzog in Lothringen erstmals zu höheren Weihen; zudem ehelichte er Liutgard, eine Tochter Ottos des Großen. In den folgenden Generationen konnten die Salier ihre Position am Mittelrhein um Worms festigen. Als der Ottone Heinrich II. 1024 kinderlos starb, gelangte der Salier Konrad II. erstmals auf den deutschen Königsthron. Von diesem Großvater Heinrichs IV. bis zu seinem Sohn Heinrich V. stellten die Salier ununterbrochen die deutschen Kaiser. Als Heinrich V. 1125 starb, war die Familie der Salier im Mannesstamm erloschen.

## Quellen

Verschiedene Quellen berichten von Heinrichs bewegtem Leben. Seiner polarisierenden Art entsprechend nehmen auch die meisten Quellentexte Stellung für oder gegen den König. Während die Annalen des Geschichtsschreibers Lampert von Hersfeld, die bis 1077 reichen, sowie das *Buch vom Sachsenkrieg* des sächsischen Klerikers Bruno (1082 verfasst) die Position von Heinrichs Gegnern einnehmen, bezieht das anonyme *Carmen de bello Saxonico* Stellung für den König. Bald nach seinem Tod 1106 hat ein ebenfalls anonymer Schreiber eine Biographie verfasst (*Vita Heinrici IV. imperatoris*), die dem König und Kaiser ebenfalls wohlgesinnt ist.

 EMPFEHLUNGEN

**Lesenswert:**
Gerd Althoff: *Heinrich IV.*, Darmstadt 2006

Egon Boshof: *Heinrich IV. – Herrscher an einer Zeitenwende* (Persönlichkeit und Geschichte 108/109), Göttingen 1990

*Die deutschen Herrscher des Mittelalters. Historische Portraits von Heinrich I. bis Maximilian I.* (919–1519), hrsg. von Bernd Schneidmüller/Stefan Weinfurter, München 2003

**Besuchenswert:**
Der Dom zu Speyer

Die Burgruine von Canossa

## AUF DEN PUNKT GEBRACHT

Vor lauter Selbstüberschätzung legte sich Heinrich IV. mit den deutschen Fürsten und mit Papst Gregor VII. an. Immer wieder gelang es ihm, seine Macht zu sichern – und sei es barfuß im Schnee von Canossa –, doch schadete seine Politik dem Ansehen des deutschen Königtums.

*Beschützer des Heiligen Grabes*

# Gottfried von Bouillon
## um 1060–1100

■ Herzog Gottfried von Bouillon, König von Jerusalem. Bronzefigur, 1533, von Stefan Godl. Innsbruck, Hofkirche

»Gott will es« – was könnte es für eine überzeugendere Begründung für einen Aufruf an die Christenheit geben, ins Heilige Land zu ziehen und Jerusalem aus den Händen der Heiden zu befreien? »Gott will es«, verkündete Papst Urban II. mehrfach in den letzten Wochen des Jahres 1095, und viele Christen fühlten sich angesprochen. Auch Gottfried von Bouillon, der Herzog von Niederlothringen, beschloss voller Euphorie, »das Kreuz zu nehmen«, sich also ein Stoffkreuz an sein Obergewand zu heften und im Namen des Herrn die lange Reise zum Grab Christi zu unternehmen.

Nachdem schon seit vielen Jahren Klagen und Hilferufe des byzantinischen Kaisers Alexios eingegangen waren, dessen Reich von Türken und türkischstämmigen Petschenegen bedrängt wurde, mehrten sich am päpstlichen Hof in Rom die Befürworter einer militärischen Hilfe für die orthodoxen Brüder. Im Laufe der Zeit erwuchs daraus jedoch der Wille, bei dieser Gelegenheit zugleich das Heilige Land aus der Hand der Muslime zu befreien. Viele geistliche Amtsträger und Adlige, besonders aus französischen und deutschen Landen sowie von der italienischen Halbinsel, nahmen die Kreuzzugsidee begeistert auf. Einige von ihnen wählte Papst Urban aus, damit sie die Führung der Kreuzzugsheere übernähmen, allen voran Graf Raimund von Toulouse, Bischof Adhémar von Le Puy und Bohemund von Tarent.

Gottfried von Bouillon gehörte nicht zu den Auserwählten. Dennoch wollte er aktive Unterstützung leisten, denn als überzeugter Christ hielt er die Befreiung des Heiligen Landes für eine christliche Pflicht. Dabei war ihm sehr wohl bewusst, dass ein Kreuzzug ein lebensgefährliches Unternehmen war; allein der weite Weg ins Heilige Land barg so viele Gefahren, dass viele der Kreuzfahrerheere ihr Ziel nie erreichten. Dazu kam das finanzielle Risiko. Adlige mussten all ihr Hab und Gut verkaufen, um eine Streitmacht unterhalten zu können – Gottfried von Bouillon veräußerte gar sein gesamtes Herzogtum. Zusammen mit seinen Brüdern Balduin und Eustachius führte er ab Sommer 1096 eine 20 000 Mann starke Armee an Rhein und

Donau entlang über Ungarn bis nach Konstantinopel. Der Heereszug der drei Brüder war der einzige, der ausschließlich über Land führte, und er erreichte bereits im November die Stadt des byzantinischen Kaisers.

Alexios hatte die westliche Christenheit zwar um Hilfe gebeten, aber diese Streitmacht, die sich innerhalb weniger Wochen in seiner Stadt versammelte, machte ihm nun doch Angst. Er verlangte von den Kreuzfahrern einen Eid, dass sie alle eroberten Gebiete an das Byzantinische Reich abtreten würden. Fast alle leisteten diesen Eid – und wenn sie es nur taten, um die Reise fortsetzen zu können. Unter der Führung des ranghöchsten Adligen Raimund von Toulouse und des päpstlichen Legaten Bohemund von Tarent setzten die Heere nun gemeinsam nach Kleinasien über.

Ab dem Frühjahr 1098 gelang es den Kreuzfahrern, große Gebiete am Euphrat und an der Mittelmeerküste zu erobern, doch an den Eid gegenüber Kaiser Alexios mochte sich nun kaum noch jemand erinnern. Gottfrieds Bruder Balduin ernannte sich zum Grafen von Edessa, und Bohemund von Tarent ließ sich als Fürst von Antiochia nieder. Gottfried erhielt durch seinen Bruder ebenfalls Besitzungen und konnte dadurch seine Stellung stärken. Als Raimund von Toulouse und Gottfried mit dem Rest des Kreuzfahrerheeres weiter nach Jerusalem zogen, waren die beiden Heerführer bereits zu Konkurrenten geworden. Dieser interne Konflikt

■ Gottfried von Bouillon (mit Krone) überquert auf einem Pferd den Jordan (links). Rechts ist er beim Köpfen eines Kamels abgebildet – diese Darstellung gemahnt an seine legendäre Stärke. Illuminierte Handschrift, 14. Jahrhundert

**JERUSALEM**
Nach der byzantinischen Herrschaft über Jerusalem wurde die Stadt 638 von Muslimen erobert. Die von Byzanz verbannten Juden durften sich daraufhin wieder in der Stadt ansiedeln. Im 7. und 8. Jahrhundert wurden sowohl der Felsendom als auch die Al-Aqsa-Moschee errichtet. Im 11. Jahrhundert nahmen die Repressionen gegen Christen zu. Mit der Eroberung Jerusalems durch die Kreuzfahrer 1099 wurde die Stadt wieder christlich.

Gottfried von Bouillon mit Kreuzfahrern vor Jerusalem. Holzstich, 1877, nach Gustave Doré

**NEUN GUTE HELDEN** Seit dem 14. Jahrhundert wurden in der volkssprachlichen europäischen Literatur die »Neun Guten Helden« verehrt, große Gestalten aus heidnischer (Hektor, Alexander der Große, Julius Cäsar), jüdischer (Josua, David, Judas Makkabäus) und christlicher (Artus, Karl der Große, Gottfried von Bouillon) Zeit.

ging aber nicht zu Lasten des militärischen Erfolgs, sodass das Heer unter dem Zeichen des christlichen Kreuzes im Juli 1099 tatsächlich die Heilige Stadt Jerusalem erobern konnte.

Die Kreuzfahrer wollten ihren Heerführer Raimund umgehend zum König von Jerusalem krönen, doch der lehnte diese Ehre mit der Begründung ab, dass er nicht dort die Königskrone tragen wolle, wo Jesus Christus die Dornenkrone getragen habe. Enttäuscht wandte sich das Heer von ihm ab und wählte wenige Tage später Gottfried von Bouillon zum neuen Oberhaupt des Kreuzfahrerheeres. Doch auch Gottfried wies die Königskrone mit derselben Begründung zurück. Immerhin gelang es Gottfried, die Herrschaft über das Heer und Jerusalem zu behaupten; seine religiöse Motivation für das gesamte Kreuzzugsunternehmen spricht aus dem Titel, den der verhinderte König Gottfried sich selbst verlieh: Advocatus sancti sepulchri (»Beschützer des Heiligen Grabes«).

Und aus christlicher Sicht brauchte das Heilige Grab wahrhaftig einen Beschützer, denn die bisherigen Herren über Jerusalem, die arabisch-islamischen Fatimiden, wollten ihre ehemalige Besitzung mit Macht zurückerobern. Die Fatimiden, die sich von Mohammeds Tochter Fatima herleiteten und die Herrschaft über alle Muslime beanspruchten, waren unter ihrem Kalifen von Kairo die härtesten Konkurrenten der Abbasiden in Bagdad, und auch für die christlichen Kreuzfahrer waren sie gefährliche Gegner. Gottfried gelang es aber, »sein« Jerusalem erfolgreich gegen die muslimischen Feinde zu verteidigen.

Papst Urban II. hatte zur Führung des Kreuzzugs herausragende Geistliche und Adlige berufen; nicht Gottfried. Doch am Ende war es der lothringische Fürst, der es bis zum Herrscher über Jerusalem brachte. Zwar währte seine Herrschaft nur ein Jahr; bereits im Juli 1100 starb der »Beschützer des Grabes Christi«. Doch schon bald nach seinem Tod sah ihn die Legende als alleinigen Führer des Ersten Kreuzzugs und als ersten König von Jerusalem. Beides ist er nicht gewesen, Letzteres hat er ausdrücklich abgelehnt. Was seine militärische Leistung nicht schmälert. Bleibt die Frage: Wollte Gott es so?

# GOTTFRIED VON BOUILLON

 BIOGRAPHIE

Gottfried von Bouillon wurde um 1060 als Sohn des Eustachius II., Graf von Boulogne, und der Ida von Ardenne geboren. Im Alter von 15 Jahren wurde er von seinem Onkel Gottfried IV. (»dem Buckligen«) adoptiert und als Nachfolger designiert. Dennoch belehnte Kaiser Heinrich IV. den jungen Gottfried 1076 lediglich mit der Markgrafschaft Antwerpen. Erst 1087 wurde er zum Herzog von Niederlothringen eingesetzt. Als Herzog verteidigte er sein Territorium erfolgreich gegen die Grafen von Löwen und Namur sowie den Fürstbischof von Lüttich. Kurz bevor er 1096 sein Herzogtum verkaufte und das Kreuz nahm, griff er im Mittelrheingebiet gegen die Judenverfolgungen ein. Als Kreuzfahrer pflegte er enge Beziehungen zu Kaiser Heinrich IV., dem gegenüber er trotz der enttäuschend späten Einsetzung als Herzog immer loyal geblieben war. Im Laufe des Kreuzzuges konnte Gottfried seine Position unter den Heerführern immer weiter verbessern, bis er eine Woche nach der Eroberung Jerusalems im Juli 1099 zum Oberhaupt der Kreuzfahrer ausgerufen wurde. Neben der erfolgreichen Verteidigung Jerusalems und Palästinas wurde ab 1100 zunehmend diskutiert, wer die Heilige Stadt regieren sollte, der Papst oder ein eigens eingesetzter König. Vor der Entscheidung darüber starb Gottfried von Bouillon im Juli 1100 in Jerusalem. Am Weihnachtsfest desselben Jahres wurde Gottfrieds Bruder Balduin zum ersten mittelalterlichen König von Jerusalem gekrönt.

## Verwandtschaft

Gottfried von Bouillon entstammte mütterlicherseits der Grafenfamilie von Verdun (Haus Ardenne), die auf die Karolingerin Kunigunde (Beginn des 10. Jahrhunderts) zurückging und seit dem frühen 11. Jahrhundert lothringische Herzöge gestellt hatte. Auch sein Großvater und sein Onkel trugen den Namen Gottfried und herrschten in Lothringen als Herzöge. Nach dem Tod Gottfrieds von Bouillon verlor das Herzogtum Niederlothringen allerdings rasch an Bedeutung.

## Quellen

Verschiedene Quellentexte berichten ausführlich über die Ereignisse des Ersten Kreuzzugs und damit über Gottfried. Schon um 1100 entstanden die *Gesta Francorum* (»Taten der Franken«), von einem anonymen Schreiber aus dem Gefolge Bohemunds von Tarent verfasst. Unter Benutzung dieses Berichts und mittlerweile verschollener Augenzeugenberichte fertigte kurze Zeit später der Kleriker Albert von Aachen eine detaillierte Chronik über den Kreuzzug an.

 WISSENSWERTES

### Der Erste Kreuzzug (1095–1099)

Nachdem Papst Urban II. schon 1089 den Plan gefasst hatte, Freiwillige für einen Zug ins Heilige Land zu sammeln, rief er am 27. November 1095 auf dem Konzil von Clermont erstmals zum Kreuzzug auf. Die Gesamtzahl der insgesamt drei großen Kreuzzugswellen, die ab 1096 aufbrachen, betrug wohl etwa 120 000 Menschen, von denen nur etwa ein Zehntel aus Adligen und Rittern bestand. Ab 1097 eroberten die Kreuzfahrer diverse Gebiete, vor allem Edessa und Antiochia und 1099 schließlich Jerusalem. In den folgenden Jahrzehnten wurden nahezu pausenlos kleinere Kreuzzüge unternommen, bevor es 1146 zum sogenannten Zweiten Kreuzzug mit päpstlichem Erlass kam.

 EMPFEHLUNGEN

**Lesenswert:**
Diederich von dem Werder: *Gottfried von Bulljon oder das erlösete Jerusalem*, hrsg. von Gerhard Dünnhaupt, Tübingen 1974

Amin Maalouf: *Der Heilige Krieg der Barbaren. Die Kreuzzüge aus Sicht der Araber*, Kreuzlingen 2001

Peter Milger: *Die Kreuzzüge. Krieg im Namen Gottes*, München 2000

**Hörenswert:**
Georg Friedrich Händel: *Rinaldo*. Oper 1711

Antonín Dvořák: *Armida*. Oper 1903

**Besuchenswert:**
Die Burg von Bouillon, Belgien

 AUF DEN PUNKT GEBRACHT

Der lothringische Herzog Gottfried von Bouillon unternahm das Wagnis Kreuzzug auf eigenes Risiko. Am Ende wurde er sogar der Beschützer des Heiligen Grabes und der Herrscher über Jerusalem.

## Ein neues Königreich zwischen den Kulturen
# Roger II.
### 1095–1154

Welcher mittelalterliche Graf oder Herzog hätte nicht lieber König sein wollen? Graf Roger II. von Sizilien, zugleich Herzog von Apulien und Fürst von Capua, dachte da nicht anders. Er wollte sein Reich, das er eben erst von Sizilien aus um die süditalienischen Fürstentümer Apulien, Kalabrien und Capua erweitert hatte, durch die Königskrone vereinen und natürlich nicht zuletzt seine eigene Stellung erhöhen. Doch im 12. Jahrhundert konnte man nicht einfach so ein neues Königreich aus dem Boden stampfen – es durfte nur dort Könige geben, wo es schon früher Könige gegeben hatte. Und so ließ Graf Roger diese Frage auf einem Hoftag von Experten klären, die schließlich zu dem gewünschten Ergebnis kamen, dass Sizilien in alter Zeit bereits ein Königreich gewesen sei, dem Palermo als Königsresidenz gedient habe. Deshalb – so die offizielle Erklärung auf dem Hoftag – sei es »würdig und recht«, dass Roger die Königskrone erhalte. Insgeheim wussten alle, dass es auf Sizilien nie Könige gegeben hatte, doch war Rogers Vorhaben nun ausreichend legitimiert.

■ Krönung Rogers II. zum König von Sizilien durch Jesus Christus. Mosaik, 12. Jahrhundert. Palermo, Kirche La Martorana

Das nächste Problem für Roger war, dass Könige von Papst und Kaiser gekrönt und anerkannt werden mussten, und damit sah es schlecht aus, weil die wichtigsten Herrscher Europas auf den Normannen, der seine Macht in Süditalien so energisch durchgesetzt hatte, gar nicht gut zu sprechen waren. Da kam Roger das Papst-Schisma von 1130 gerade recht, denn während Innozenz II., der ihn exkommuniziert hatte, weithin Anerkennung fand, stand der von einer Minderheit gewählte Gegenpapst Anaklet II. zunächst ohne Anhängerschaft da. Roger nutzte diese Situation geschickt aus, leistete Anaklet den Lehnseid, verlangte im

Gegenzug die Königskrone – und wurde am Weihnachtstag des Jahres 1130 in Palermo zum König von Sizilien gekrönt. Diese Insel war nicht nur die geographische Mitte des Mittelmeers, sondern bildete damals auch gleichsam den Schnittpunkt der Kulturen, die seit der Antike rund um das Mittelmeer von Bedeutung gewesen waren. Zunächst gesamtrömisch, dann oströmisch-byzantinisch, arabisch und schließlich normannisch geprägt, stand sie für kulturelle Vielfalt wie kaum eine andere Region Europas, Kleinasiens oder Afrikas.

Auch in der Person Rogers II. vereinigten sich diese Kulturen: Er selbst war normannischer Abstammung, wurde von Griechen erzogen und übernahm ein arabisch geprägtes Sizilien, bevor er das lateinisch-christliche Süditalien eroberte. Die meisten der Urkunden Rogers waren in griechischer Sprache abgefasst, und selbst unter die mit der Zeit immer zahlreicher werdenden lateinischen Diplome setzte Roger für gewöhnlich seine griechische Unterschrift. Das bekannteste Bildnis des Königs Roger, ein Mosaik aus Palermo, verdeutlicht dieses ungewöhnliche Kulturgemisch dadurch, dass das lateinische Wort für König (rex) in griechischen Buchstaben erscheint. An seinem Hof in Palermo scharte er zudem zahlreiche Künstler, Gelehrte und Dichter um sich, in erster Linie arabischer Herkunft; der berühmteste unter ihnen war der Geograph al-Idrisi.

Das neu geschaffene Königreich war allerdings nicht nur kulturell vielfältig, sondern auch politisch und gesellschaftlich sehr heterogen. Viele Jahre musste Roger darauf verwenden, seine Macht in jedem der Teilgebiete durchzusetzen, besonders in Süditalien, wo bis vor kurzem die Langobarden gewütet hatten. In einer Chronik wird Roger gar als Gottes Werkzeug gegen die Langobarden beschrieben: »Durch diese Untaten (der Langobarden) zutiefst beleidigt, zog Gott aus der Scheide

■ Die Beendigung des Schismas. Anaklet II. kniet vor Papst Innozenz II. und dem heiligen Bernhard von Clairvaux. Gemälde, 1700, von Pietro Antonio de Pietri (1663–1716). Dijon, Musée des Beaux-Arts

**SIZILIEN**
Als römische Provinz gehörte Sizilien nach dem Zusammenbruch des weströmischen Reiches zum Herrschaftsbereich von Byzanz. Im 9. Jahrhundert wurde die Insel von Arabern erobert, die Sizilien bis ins 11. Jahrhundert halten konnten. Als der Emir von Palermo 1035 die Byzantiner gegen Aufständische zu Hilfe rief, eroberten diese mit ihren normannischen Söldnern die Insel zurück. Bald darauf erlangten die Normannen selbst die Macht.

■ Weltkarte des al-Idrisi, 12. Jahrhundert. Al-Idrisi wurde um 1100 geboren, reiste durch viele Teile Europas, Kleinasiens und Afrikas und lebte von 1138 bis zu seinem Tod um 1165 in Palermo. Im Auftrag Rogers II. fertigte er eine Weltkarte und ein umfangreiches geographisches Werk an, das sich durch seine Detailkenntnis auszeichnet und al-Idrisis Ruf als bedeutendster arabischer Geograph des Mittelalters begründet hat.

Siziliens Roger hervor. Er nahm ihn in die Hand, wie ein scharfes Schwert, um mit ihm die Urheber der Missetaten zu bestrafen.« Und auch wenn er vielleicht nicht das Schwert Gottes war, konnte der große, korpulente Roger seinen Willen selbst gegen die zahlreichen Rebellen durchsetzen. Zudem kümmerte er sich intensiv um die Verwaltung und die Finanzen – »selbst in seiner Freizeit«, wie uns die Quellen verraten –, und sein Einsatz sowie seine Klugheit und Umsicht ließen ihn Kriege gegen Kaiser und Papst gewinnen, denn in diesen Dingen verließ er sich mehr auf sein taktisches Geschick als auf eine militärische Überlegenheit.

Roger II. war am Ende seines Lebens bei den Untertanen seines Königreiches außerordentlich beliebt, was auch die Tatenberichte widerspiegeln, die fast durchweg aus dem ihm sehr gewogenen Süditalien stammen. In anderen Reichen Europas war Roger hingegen als unerbittlicher Parvenü verschrien, und bis zuletzt herrschten große Spannungen zwischen ihm und den Mächtigsten der damals bekannten Welt: dem Papst, dem deutschen Kaiser und dem oströmischen Kaiser. Das mag unter anderem daran liegen, dass er kaum dem mittelalterlichen Ideal eines ritterlichen Herrschers entsprach, der liebenswürdig, freigebig und milde zu sein hatte. Roger indes war sehr sparsam und geizig, hatte eine schnelle Auffassungsgabe, war intelligent, redegewandt und setzte selbstbewusst und rücksichtslos seine Interessen durch. Schließlich tat er alles, um das kulturelle und religiöse Nebeneinander Siziliens am Leben zu erhalten, was seltsam wirkte in einer Zeit, in der ein christlicher Herrscher das Christentum zu fördern pflegte, wo es nur irgend möglich war.

Kurzum: Was Roger II. im Mittelalter bei vielen unbeliebt machte, kann nach modernen Maßstäben als außergewöhnliche Mischung aus Klugheit, Konsequenz und Toleranz kaum kritisiert werden. So oder so wussten seine Untertanen, was sie an ihm hatten, und wie sich im Laufe der Jahrhunderte zeigen sollte, waren auch die Anstrengungen, das neue Königreich durch angeblich so altehrwürdige königliche Vorfahren zu legitimieren und es somit auf fiktive traditionelle Fundamente zu stellen, keineswegs vergebens: Das Königreich Sizilien sollte bis ins 19. Jahrhundert Bestand haben; erst 1861 wurde es Teil des Königreichs Italien.

# ROGER II.

## BIOGRAPHIE

Roger II. wurde am 22. Dezember 1095 als Sohn des Grafen Roger I. von Sizilien und seiner Gemahlin Adelheid del Vasto geboren. Nach dem Tod des Vaters 1101 und seines älteren Bruders Simon 1105 war Roger der neue Nachfolger und übernahm 1112 die Regierung. Die ersten Jahre waren von der Sicherung der Herrschaft im Innern und gegenüber den umliegenden Reichen geprägt. Nach dem Tod seines Neffen Wilhelm von Apulien ergriff Roger 1127 von dessen Herzogtum Besitz und musste sich daraufhin der starken Opposition des Papstes sowie des deutschen und des byzantinischen Kaisers erwehren. Roger zeigte sich jedoch weder von der Exkommunikation durch den Papst noch von den Drohgebärden der Kaiser oder von den zahlreichen Rebellionen in den süditalienischen Städten beeindruckt und leistete ebenso zähen wie erfolgreichen Widerstand. Am Weihnachtstag 1130 ließ Roger sich von Gegenpapst Anaklet II. zum König von Sizilien, Apulien und Capua krönen. Fortan arbeitete Roger II. daran, die verschiedenen Reichsteile durch einen straff organisierten Verwaltungsapparat und einen neuen Rechtskodex (die sogenannten Assisen von Ariano, 1140) miteinander zu verschmelzen. Ein 1136 von Kaiser Lothar III. und Papst Innozenz II. begonnener Feldzug gegen ihn lief ins Leere, nachdem Lothar gestorben und Innozenz 1139 in Rogers Gewalt geraten war. Zur Sicherung seines Herrschaftsgebiets unternahm er

diverse Eroberungszüge nach Griechenland, Konstantinopel und vor allem an die afrikanische Küste, die er zwischen 1147 und 1154 unterwerfen konnte. Darüber hinaus bemühte sich der König um diplomatische Beziehungen zu anderen europäischen Reichen, in erster Linie zur französischen Heimat seiner normannischen Familie. Nachdem Rogers erste Gemahlin Elvira 1135 gestorben war, bedrückte ihn die Trauer so sehr, dass er auf eine neue Ehe verzichtete; erst 1149 sah sich der König gezwungen, ein zweites Mal zu heiraten, da von seinen Söhnen nur noch Wilhelm lebte und damit Rogers Thronfolge gefährdet schien. Als Roger II. am 26. Februar 1154 starb, übernahm sein – nach wie vor einziger – Sohn Wilhelm das Königreich.

### Verwandtschaft

Roger II. entstammte der normannischen Adelsfamilie der Hauteville, benannt nach einem Lehen in der Normandie. Seit etwa 1037 waren einige Mitglieder der Familie als Söldner in Süditalien beschäftigt. In der Folgezeit gelang es ihnen, die Macht über Apulien und Sizilien zu erlangen, die sich schließlich in der Person Rogers II. vereinigen sollte. Infolge der Heirat seiner Tochter Konstanze mit dem Staufer Heinrich VI. wurde Roger schließlich zum Großvater Friedrichs II. Als Rogers Enkel Wilhelm II. 1189 kinderlos starb, fiel das Königreich Sizilien an die Staufer.

### Quellen

Neben einem Urkundenbuch und diversen griechischen und arabischen Quellen berichtet die zeitgenössische lateinische Geschichtsschreibung uns ausführlicher über Roger II., wenngleich diese Texte aus seinem direkten Umfeld recht unkritisch für ihn Partei ergreifen. Das Werk des Alexander von Telese (*De rebus gestis Rogerii Siciliae regis libri IV*) deckt die Jahre 1127–1135 ab. Die Chronik des Falco von Benevent reicht bis zum Jahr 1144, und der *Liber de regno Sicilie* des Hugo Falcandus behandelt die späte Regierungszeit sowie die seines Sohnes, Wilhelm I.

## EMPFEHLUNGEN

**Lesenswert:**
Hubert Houben: *Roger II. von Sizilien. Herrscher zwischen Orient und Okzident*, Darmstadt 1997

Bernd Rill: *Sizilien im Mittelalter. Das Reich der Araber, Normannen und Staufer*, Stuttgart 2000

**Hörenswert:**
Karol Szymanowski: *König Roger*. Oper 1926

**Besuchenswert:**
Die Kathedrale von Palermo

Der Normannenpalast in Palermo (Palazzo Reale)

## AUF DEN PUNKT GEBRACHT

Der Normanne Roger II. schuf als Herrscher über Sizilien und Süditalien ein neues Königreich, in dem lateinische, byzantinische und arabische Kultur nebeneinander bestanden. Seine kluge Politik war die Basis für einen dauerhaften Bestand dieses bunt gemischten Reiches.

*Ein Graf herrscht über ein Königreich*

# Raimund Berengar IV.
## um 1113–1162

Als Königin Petronila von Aragón ihrem zukünftigen Ehemann Raimund Berengar IV. versprochen wurde, brachte sie kein Wort heraus. Allerdings erwartete das auch niemand von ihr, denn sie war erst ein Jahr alt. Doch dieses zarte Wesen, das im Sommer 1137 vermutlich gerade laufen lernte, verkörperte damals den Schlüssel zur Macht im Königreich Aragón und damit auf der Iberischen Halbinsel. Dass ausgerechnet der bis dahin unscheinbare Herr über die kleine Grafschaft Barcelona als ihr Gemahl auserwählt wurde, war kaum mehr als Zufall.

Drei Jahre zuvor war König Alfons I. von Aragón gestorben und hatte in einem Testament seinem Willen Ausdruck verliehen, sein Erbe dem Heiligen Land zu überschreiben. Doch die aragonischen Fürsten dachten gar nicht daran, diesem Wunsch zu entsprechen: Sie aktivierten den einzig verbliebenen Verwandten des Königs, nämlich seinen Bruder, damit der sogleich die Macht übernehme und für Nachwuchs sorge, um eine solch missliche Lage künftig zu vermeiden. Dass dieser Ramiro II. als Mönch im Kloster lebte, interessierte niemanden. Widerwillig kam er seinen weltlichen Pflichten nach, heiratete und zeugte ein Kind, ebenjene Petronila. Um sich gleich wieder in sein Kloster zurückziehen zu können, machte er sie umgehend zur Königin und suchte nun einen Ehemann, der einstweilen die Macht ausüben könnte.

Auf der noch immer zur Hälfte muslimischen Halbinsel standen Ramiro nur die drei benachbarten christlichen Fürsten zur Wahl. Der König von Navarra hatte sich eben erst wieder von Aragón getrennt, wollte sein eigenes Königreich vergrößern und kam deshalb kaum in Frage. Der König und Kaiser von Kastilien und León im Westen wiederum war der größte Konkurrent und hätte sich Aragón schlicht einverleibt – auch er war keine Alternative. Obwohl all diese Königshäuser gemeinsame Vorfahren hatten, war das Verhältnis von so viel Misstrauen geprägt, dass Ramiro sich gezwungen sah, seine Tochter dem Grafen von Barcelona im Osten Ara-

■ Raimund Berengar IV. Gemälde, 16. Jahrhundert, von Filippo Ariosto. Barcelona, Militärmuseum auf Schloss Montjuic

góns zu versprechen und ihn damit zum neuen Herrscher über Aragón zu erklären. Wenige Monate später suchte Ramiro wieder sein Kloster auf und sollte sich nie wieder in die weltliche Politik einmischen.

Das Testament Alfons' wurde somit stillschweigend übergangen, was das Papsttum und die Repräsentanten des christlichen Jerusalem verständlicherweise stark verärgerte. Schon um den Bogen nicht zu überspannen, nannte Raimund sich fortan nicht »König von Aragón«, sondern lediglich »Graf von Barcelona und Fürst von Aragón«. Dieser Fürstentitel (Princeps) war in Aragón bis dato nie gebraucht worden. Im Jahr 1140 einigte Raimund sich mit dem Meister der Hospitalritter, der späteren Johanniter, ihnen für die entgangene Erbschaft eine Abfindung zu zahlen, und im darauffolgenden Jahr wurde diese Einigung vom Patriarchen von Jerusalem bestätigt. In dieser Bestätigung erhielt Raimund sogar die Vollmacht, sich fortan offiziell König zu nennen, was er jedoch nicht tat. Angeblich – so schrieben spätere Quellen – verzichtete er darauf, weil er als nun äußerst mächtiger Graf von Barcelona lieber der Erste unter den Grafen sein wollte, als hinter anderen, viel bedeutenderen christlichen Königen zurückzustehen. Es ist indes wahrscheinlicher, dass Raimund den Königstitel aus Rücksicht auf die Aragonier sowie auf Rom ablehnte, denn die Päpste sahen ihn noch immer als nicht legitimiert an.

Bald darauf einigte sich Raimund Berengar auch mit den Tempelrittern auf eine juristische Lösung des Testamentsstreits. Diese Einigung lag sogar dem Grafen selbst am Herzen, denn er hatte eine besondere Beziehung zum Orden der Templer, in den schon sein Vater eingetreten war. Doch trotz der zahlreichen Einigungsbemühungen erkannte das Papsttum – in Person Hadrians IV. – erst 1158 Raimunds Herrschaft an. Damit waren nach immerhin zwei Jahrzehnten endlich die Grundlagen geschaffen, die das neue politische Gebilde aus Aragón und Barcelona dauerhaft zu legitimieren vermochten. Dieses künstlich ins Leben gerufene Doppelreich wurde fortan aber nicht mehr als Königreich Aragón, sondern als »Krone Aragón« bezeichnet, weil die beiden Teile des Herrschaftsgebietes eine gewisse Eigenständigkeit bewahrten. Ohnehin hätten die beiden Völker der Aragonier und Katalanen unter anderen Umständen wohl nie zusammengefunden, da sie keine gemeinsame Sprache, verschiedene Rechtssysteme und

■ Papst Hadrian IV.

**ALFONS II.**
Raimunds Sohn Alfons II. (1154–1196) herrschte ab 1162 als König von Aragón und Graf von Barcelona. Unter ihm nahm die neu gebildete Krone Aragón Gestalt an: Er förderte die Vereinigung der beiden Reichsteile, und um eine neue Tradition zu begründen, gab er die beiden Grablegen der elterlichen Familien auf und schuf eine neue in Poblet. Zudem fiel die südfranzösische Grafschaft Roussillon an das Haus Barcelona.

unterschiedliche wirtschaftliche Interessen hatten. So hatten sie
stets nebeneinander gelebt, ohne zueinanderzufinden, und hätten das wohl auch weiter getan, wenn da nicht der überforderte
Mönch Ramiro und seine Nachbarschaftsstreitigkeiten gewesen
wären …

Es gibt gleichwohl auch Gründe, warum dieses künstliche Gebilde dennoch Bestand hatte. Beide Seiten hatten nämlich Vorteile von dieser Union, die keineswegs zu verachten waren: Die
Bewohner Barcelonas und Kataloniens waren nunmehr vor dem
nach Osten strebenden Königreich Kastilien geschützt, und Aragón bekam Zugang zum Mittelmeer. Zudem arbeitete Raimund
ein Vierteljahrhundert lang zielstrebig und letztlich erfolgreich
daran, das Doppelreich auf eine solide Basis zu stellen.

■ Tempelritter.
Farbholzstich, 1875

Raimund Berengar IV. hatte also die Gelegenheit, die ihm ohne
eigenes Zutun geschenkt worden war, beim
Schopf gepackt. Als er 1131 als unbedeu-
tender Graf von Barcelona die Herrschaft
angetreten hatte, waren die Vormächte
auf der Iberischen Halbinsel die beiden Großreiche von Kastilien-León
und von Aragón-Navarra gewesen;
im Jahr 1162 starb Raimund Berengar als der mächtigste Herrscher Spaniens. Während Navarra nun selbst
ein kleines Königreich bildete und sich
auch Kastilien und León wieder getrennt
hatten, war Raimund unversehens zum
Gründer der Krone Aragón geworden,
eines Königreichs, das in den folgenden
Jahrhunderten, beginnend unter seinem
Sohn Alfons II., zur bedeutenden
Mittelmeermacht aufsteigen sollte.

# RAIMUND BERENGAR IV.

 BIOGRAPHIE

Raimund Berengar IV. wurde um 1113 als Sohn Raimund Berengars III. und der Douce von Provence geboren. Nach dem Tod seines Vaters wurde Raimund 1131 Graf von Barcelona, und durch den Ehevertrag von 1137 mit Petronila von Aragón Herrscher über das aragonische Königreich. Ab 1144 übernahm er für sechs Jahre die Vormundschaftsregierung für seinen Neffen Raimund Berengar III. von der Provence. Nach dem Aufruf Papst Eugens III. zum Zweiten Kreuzzug im Jahr 1147 nahm Raimund die Eroberung der muslimischen Taifenreiche in der südlichen Hälfte der Iberischen Halbinsel in Angriff, von denen er bis 1149 einige unterwerfen konnte. Ein wichtiges Anliegen war ihm die kirchenpolitische Ordnung und Vereinigung der beiden Reichsteile. Ab 1145 besetzte Raimund fast alle Bischofsstühle mit Vertrauten und richtete die Kirchenprovinz Tarragona als Bindeglied der aragonischen und katalanischen Gebiete wieder ein. Zudem förderte er die Ritterorden, insbesondere die Templer, sowie die Kanoniker von St. Ruf (Avignon), die er mit dem Aufbau eines Bistumsorganisation in Tortosa betraute. Schließlich schuf Raimund durch eine neu geordnete Verwaltung sowie durch die Zusammenstellung einer neuen Rechtssammlung, der sogenannten Usatges von Barcelona, langfristige Grundlagen für den Zusammenhalt der Krone Aragón. Nach dem Tod seines Lehnsherrn Alfons VII. von Kastilien und León 1157 suchte er neuen

Rückhalt beim englischen König Heinrich II., dessen französische Herrschaft erst an den Pyrenäen endete. Am 6. August 1162 starb Raimund Berengar IV. in Borgo San Dalmazzo und wurde in der gräflichen Grablege Santa Maria in Ripoll beigesetzt.

## Verwandtschaft

Die Vorfahren Raimund Berengars IV. hatten seit der Mitte des 10. Jahrhunderts die Macht über die Grafschaft Barcelona inne. Die Gattinnen der Grafen stammten zumeist aus dem südfranzösischen Raum, vereinzelt auch aus Kastilien. Die Ehe Raimund Berengars mit Petronila von Aragón stellte einen großen dynastischen Fortschritt für die katalanische Grafenfamilie dar. Den folgenden Generationen wurden dadurch Ehen mit nennenswerten Fürstenhäusern aus Spanien, Frankreich und Ungarn ermöglicht.

## Quellen

Über Raimund Berengar IV. liegt keine zusammenhängende Darstellung mittelalterlicher Geschichtsschreiber vor. Wichtige politische Stationen sind durch Urkunden seiner Amtszeit überliefert. Zudem findet er Erwähnung in dem Tatenbericht des benachbarten Königs von León und Kastilien, Alfons VII. (1126–1157), der ab 1135 auch Kaiser war. Dieses *Chronicon Adefonsi Imperatoris* entstand kurz vor Alfons' Tod auf der Grundlage von Augenzeugenberichten, wie der anonyme Autor betont.

 WISSENSWERTES

**Die Krone Aragón**
Unter der Krone Aragón (Corona de Aragón) wird das 1137 entstandene Doppelreich aus dem Königreich Aragón und der Grafschaft Barcelona verstanden. Es reichte etwa vom Ebro im Süden bis zu den Pyrenäen im Norden, doch bereits unter Alfons II. (1162–1196) wurde die Herrschaft auf Südfrankreich ausgedehnt. Im 13. Jahrhundert begann eine Expansionsphase auf der Iberischen Halbinsel sowie im Mittelmeerraum. Im 15. Jahrhundert bestand die Krone aus dem östlichen Teil der Halbinsel, den Balearen, Korsika, Sardinien, Sizilien, Süditalien und einem Teil Griechenlands um Athen. Erst 1516 wurde die Krone Aragón durch die Vereinigung mit Kastilien unter Karl V. aufgelöst.

 EMPFEHLUNGEN

**Lesenswert:**
Klaus Herbers: *Geschichte Spaniens im Mittelalter. Vom Westgotenreich bis zum Ende des 15. Jahrhunderts*, Stuttgart 2006

Alain Demurger: *Die Ritter des Herrn. Geschichte der geistlichen Ritterorden*, München 2003

Malcolm Barber: *Die Templer. Geschichte und Mythos*, Düsseldorf 2005

Umberto Eco: *Das Foucaultsche Pendel*, München 1992

**Besuchenswert:**
Die Benediktinerabtei Santa Maria in Ripoll (Grabstätte)

 AUF DEN PUNKT GEBRACHT

Der bis dahin unbedeutende Graf von Barcelona, Raimund Berengar IV., wurde vom aragonischen Herrscher Ramiro zu seinem Nachfolger erkoren. Raimund nutzte die Gelegenheit und schuf das Fundament für ein mächtiges Doppelreich, die Krone Aragón.

## Die Deutschen als Ärgernis
# Friedrich I. Barbarossa
### um 1122–1190

»Wer hat denn die Deutschen zu Richtern über die Völker bestellt? Wer hat den plumpen und ungebärdigen Menschen diesen Einfluss gegeben, dass sie nach Gutdünken den Führer über die Häupter der Menschensöhne bestimmen?« Diese Klage über die Deutschen könnte man für eine Quelle aus der Zeit des Kaiserreichs oder des Nationalsozialismus halten, doch tatsächlich sind dies die Worte des englischen Philosophen und Geschichtsschreibers Johannes von Salisbury, der sich 1160 in einem Brief an einen Freund über die überhebliche Politik des deutschen Kaisers Friedrich Barbarossa echauffierte.

■ Friedrich I. Barbarossa mit seinen Söhnen Heinrich IV. und Friedrich von Schwaben. Buchmalerei, um 1180, in der *Welfenchronik* der Abtei Weingarten. Fulda, Hochschul- und Landesbibliothek

Nun war Barbarossa nicht der erste deutsche Herrscher, der den Unmut anderer europäischer Fürsten auf sich zog, aber unter seiner Ägide wurde eine Idee vom römisch-deutschen Reich entwickelt, die eine neue Dimension deutschen Vorrangdenkens darstellte. Mehr als zuvor wurde unter dem Staufer betont, dass der deutsche König als Kaiser hierarchisch über allen anderen Königen rangiere. Barbarossas Kanzler, der Kölner Erzbischof Rainald von Dassel, ging sogar so weit, alle anderen Könige als »reguli« (»Königlein«) zu bezeichnen. Vom weit verbreiteten Grundsatz der europäischen Könige, dass jeder König in seinem Reich der Kaiser sei, wollten die Deutschen nichts wissen – umgekehrt sahen die übrigen Europäer den deutschen König als gleichrangig an, der keineswegs ein Recht auf die Kaiserkrone habe.

Die Kaiseridee der Deutschen, die sich seit Karl dem Großen (s. S. 8) entwickelt hatte, fußte auf einem Herrschaftsanspruch über mehrere Länder; traditionsgemäß bildeten Deutschland, Burgund und Italien den Kern des kaiserlichen Herrschaftsgebiets. Nachdem Friedrich die Verhältnisse in Deutschland geordnet hatte, sicherte er sich die Herrschaft über Burgund, indem er 1156 die etwa 14-jährige Beatrix, die Erbin der Grafschaft Burgund, ehelichte. Offenbar fand Beatrix Gefallen an dem schlanken, eleganten und blauäugigen Kaiser mit seinem rotblonden Bart, der ihm später bei den Italienern den Beinamen Barbarossa (»Rotbart«) einbrachte. Jedenfalls schenkte sie ihm zwischen 1160 und 1171 insgesamt zwölf Kinder.

Der Anspruch auf Italien bereitete dem Staufer den größeren Kummer. Von seinen 38 Regierungsjahren verbrachte er immerhin 16 in Italien – das zeugt von dem großen Widerstand, der seinen Kaiser- und Reichsideen dort entgegenschlug. Der Italienzug von 1158 begann vielversprechend: Friedrich bezwang Mailand und veranstaltete einen großen Reichstag auf den Feldern des norditalienischen Roncaglia. Über zwei Wochen lang weilten dort weltliche und geistliche Lehnsherren des Kaisers aus allen Reichsteilen. Natürlich zog eine solche Versammlung auch fahrende Händler, Sänger und Zauberkünstler an, sodass ein buntes Treiben herrschte, das dem Kaiser gefallen haben muss. Den Mittelpunkt bildete sein großes Ehrenzelt, das er erst ein Jahr zuvor als Präsent vom englischen König Heinrich II. (s. S. 124) erhalten hatte – übrigens ein Geschenk, über das sich in Europa wohl allein der deutsche Herrscher freuen konnte, der traditionsgemäß ohne feste Residenz und immer auf Reisen seine Regierungsgeschäfte verrichtete. Nach dieser prunkvollen, doch für die Norditaliener demütigenden Zurschaustellung der kaiserlichen Macht wurden sie seine größten Gegner: Die lombardischen Städte schlossen sich zu einem Bündnis zusammen. Nachdem mehrere Versuche, diesen Städtebund zu besiegen, 1176 endgültig gescheitert waren, musste Barbarossa einlenken und seine Ansprüche auf Norditalien zurückschrauben.

■ Hochzeit Kaiser Friedrichs I. Barbarossa mit Beatrix von Burgund. Fresko, 1750–1753, von Giovanni Battista Tiepolo (1696–1770). Würzburg, Kaisersaal der Residenz

und ließ seine Gattin zur Kaiserin krönen. Plötzlich aber bra-

■ Friedrich I. Barbarossa auf dem Dritten Kreuzzug. Buchmalerei, 1195/96, aus dem *Liber ad Honorem Augusti* des Petrus de Ebulo. Bern, Bürgerbibliothek

Auch im Süden Italiens hatte er nicht mehr Glück. Als er 1167 Rom und endlich auch Sizilien erobern wollte, schien sein Plan zunächst aufzugehen – er zog festlich in der Ewigen Stadt ein und ließ seine Gattin zur Kaiserin krönen. Plötzlich aber brachen Überschwemmungen über Rom herein, eine tödliche Seuche dezimierte das kaiserliche Heer, und Friedrich musste fliehen. Da die norditalienischen Fürsten ihm zudem die Überquerung der Alpenpässe verweigerten, musste er sich gar als Diener verkleiden und seine Frau überstürzt zurücklassen. Vielen erschien diese Katastrophe von 1167 wie ein Fingerzeig Gottes.

Schließlich bereiteten Friedrich nicht nur widerspenstige Norditaliener und unzeitige Naturkatastrophen Probleme, sondern auch beim Papsttum stieß seine Reichsidee auf heftige Gegenwehr, zumal die Nachfolger Petri nach dem Investiturstreit ohnehin sensibilisiert waren, was die deutschen Kaiser anging. In den

### DIE HEILIGEN DREI KÖNIGE

Es ist nicht sicher, ob die Gebeine der Heiligen Drei Könige bereits in Mailand verehrt worden waren, wo sie sich seit dem 4. Jahrhundert befanden. Nachdem Barbarossa Mailand besiegt hatte, schenkte er die Gebeine seinem Kanzler, dem Erzbischof Rainald von Dassel, der sie 1164 in sein Erzbistum Köln überführen ließ. Dort wurde ihnen große Verehrung zuteil, und es entstand ein prächtiger Schrein, der noch heute im Kölner Dom zu besichtigen ist. Im Spätmittelalter wurde Köln dadurch zum Wallfahrtsort.

Augen Friedrichs war das Kaisertum direkt von Gott verliehen und nicht vom Papst, wie in Rom behauptet wurde. Selbstverständlich wollte Barbarossa deshalb auch über die Besetzung des Heiligen Stuhls bestimmen. Als 1159 ein neuer Papst gesucht wurde, nutzte Friedrich die Gelegenheit, mit Viktor IV. »seinen« Papst einzusetzen – auch wenn der nur von zwei Kardinälen gewählt worden war, während der Rest für Alexander III. gestimmt hatte. Doch brauchte der Kaiser einen Papst, der seinen Anspruch auf die Heiligkeit des Reiches unterstrich. Diese zeigte sich auch in Barbarossas Rechtstexten, die »heilige Gesetze« genannt wurden. Im Jahr 1165 ließ er Karl den Großen heiligsprechen – und damit auch dessen Reichsidee, der er so sehr nachhing. Zusätzlichen Glanz verliehen seinem Reich die Gebeine der Heiligen Drei Könige, die er seinem Kanzler Rainald von Dassel schenkte; der Erzbischof ließ sie umgehend von Mailand nach Köln transferieren.

In Papstkreisen konnte man Barbarossas Herrscherideen naturgemäß nicht zustimmen; vielmehr galt im Kirchenrecht jener Zeit der Papst als der »wahre Kaiser«. Papst Alexander III. hatte nicht nur die überwältigende Mehrheit der Kardinäle, sondern bald auch die Könige von England und Frankreich und zahlreiche weitere Fürsten auf seiner Seite. Da Alexander bei Amtsantritt schon knapp 60 Jahre alt war, hoffte Friedrich, dass sich die Konfrontation mit ihm durch sein Ableben ohnehin bald erledigen würde. Doch Alexanders Pontifikat dauerte ganze 22 Jahre. Es war im Jahr 1177, als Friedrich entschied, sich dem alten Herrn zu beugen, und im Frieden von Venedig söhnten sich die beiden aus.

Trotz aller Niederlagen war Kaiser Friedrich 1180 auf dem Höhepunkt seiner Macht. Diese fand ihren Ausdruck zunächst im Mainzer Hoffest von 1184, einer abermals überaus prunkvollen Veranstaltung, und vier Jahre später im Mainzer Hoftag »Jesu Christi«. Diesen Namen erhielt die Versammlung, weil Friedrich dort das Kreuz nahm, um das von Saladin (s. S. 130) eroberte Jerusalem für die Christenheit zurückzugewinnen. Der Kaiser führte dann ab 1189 den nach herkömmlicher Zählung Dritten Kreuzzug an,

■ Dreikönigsschrein, um 1185–1200, von Nikolaus von Verdun (um 1130–nach 1205) und seiner Werkstatt. Köln, Dom

■ König Friedrich I. Barbarossa. Sandsteinfigur, 1890–1896, nach Plänen des Architekten Bruno Schmitz (1858–1916). Bad Frankenhausen, Kyffhäuserdenkmal

doch sollte Friedrich sein Ziel nicht erreichen. Unter nie geklärten Umständen ertrank er im Juni 1190 im südanatolischen Fluss Saleph (heute Göksu). Seine sterblichen Überreste fanden daraufhin kein würdiges Ende: Die Eingeweide wurden in Tarsus bestattet, sein fleischlicher Leib in Antiochia, und die Gebeine hätten nach dem Willen seines Sohnes, Herzog Friedrich von Schwaben, in der Basilika des Heiligen Grabes zu Jerusalem ihre letzte Ruhestätte finden sollen. Doch auch im Tod blieb dem Kaiser die erwünschte Ehre verwehrt, denn sein Sohn kam nur bis Tyrus, wo man die Knochen vermutlich bestattete.

In deutschen Landen ist Friedrich Barbarossa wohl der populärste Herrscher des Mittelalters nach Karl dem Großen, was sich nicht zuletzt in der Sage vom Kyffhäuser widerspiegelt, einem Bergrücken voller Höhlen, wo Barbarossa angeblich seit seinem Tod auf die deutsche Einheit wartete. Im übrigen Europa aber fand man seine felsenfeste Überzeugung vom Anspruch des deutschen Königs auf die Macht im Abendland unerträglich, und es sollte leider nicht das letzte Mal sein, dass man sich über die plumpen und ungebärdigen Deutschen auslassen musste, die sich als Herren der Welt ansahen.

## LEGA NORD

Im Zuge des Widerstands gegen die kaiserliche Herrschaft schlossen sich 1167 die norditalienischen Städte zur Lega Lombarda zusammen, dem bekanntesten Städtebund im mittelalterlichen Italien. Auf diesen Bund gehen die Ursprünge der ebenfalls Lega Lombarda genannten Autonomiebewegung zurück, die sich Anfang der 1980er Jahre gründete. Sie wurde von Umberto Bossi geführt, erhielt 1991 mit Lega Nord einen neuen Namen und setzt sich noch heute für die Abspaltung Norditaliens vom wirtschaftlich schwachen Süden ein.

# FRIEDRICH I. BARBAROSSA

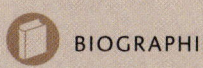 BIOGRAPHIE

Friedrich I. von Staufen wurde vermutlich um 1122 in Waiblingen als Sohn des Herzogs Friedrich II. von Schwaben und Judiths, der Tochter des Welfenherzogs Heinrich des Schwarzen, geboren. Nachdem er zeitweise am königlichen Hof seines Onkels Konrad III. erzogen worden war, übernahm er 1146 das schwäbische Herzogsamt und nahm 1147 am Zweiten Kreuzzug teil. Nach der Erhebung zum König 1152 folgte die Kaiserkrönung in Rom 1155. Im folgenden Jahr heiratete er Beatrix von Burgund, die ihm neben zehn weiteren Kindern auch die beiden Nachfolger im Königsamt, Heinrich VI. und Philipp von Schwaben, gebar. Nachdem Friedrich 1156 im »Privilegium minus« Heinrich den Löwen in Bayern restituiert und seinen Babenberger Verwandten Heinrich Jasomirgott als Herzog von Österreich eingesetzt hatte, hielt er sich ab 1158 zumeist in Italien auf. Nach der Unterwerfung Norditaliens bemühte sich Barbarossa auf dem Reichstag von Roncaglia 1158 unter Einbeziehung berühmter Bologneser Juristen, die königlichen Rechte (»Regalien«) über Herrscherämter, Steuern und Zölle genau festzulegen. Vergeblich versuchte der Kaiser in den kommenden 20 Jahren, den von ihm eingesetzten Gegenpäpsten zur Anerkennung zu verhelfen. Papst Alexander III. ließ sich davon nicht beeindrucken, und letztlich kam es im Frieden von Venedig zu einer Aussöhnung. Kurz zuvor, im Jahr 1176, unterlagen Barbarossas Truppen endgültig dem norditalieni-schen Städtebund. Nachdem Friedrich auf die militärische Eroberung Siziliens hatte verzichten müssen, beschritt er den friedlichen Weg, indem er seinem Sohn Heinrich VI. die Hochzeit mit der sizilischen Erbin Konstanze ermöglichte, die 1186 stattfand. Drei Jahre später führte der Kaiser den Dritten Kreuzzug an, der ihn jedoch nur bis nach Kleinasien führte: Friedrich Barbarossa ertrank am 10. Juni 1190 im Fluss Saleph.

### Verwandtschaft

Das Königsgeschlecht der Staufer, dem Friedrich Barbarossa entstammte, hatte seine Hausmacht in Schwaben. Dort herrschten die Herzöge seit dem frühen 12. Jahrhundert auch über die Burg Stauf, die Grundlage für die heute gängige Bezeichnung des Geschlechts wurde. Mit Friedrichs Onkel Konrad III. wurde 1138 erstmals ein Staufer zum König erhoben. Als Kaiser regierten nach Barbarossa auch seine Nachkommen Heinrich VI. (1190–1197) und Friedrich II. (1212–1250,). Mit Konradin starb 1268 der letzte Staufer in direkter männlicher Linie.

### Quellen

Aus 38 Regierungsjahren sind zahlreiche Urkunden überliefert die das politische Leben Barbarossas nachvollziebar machen. Zudem schrieb sein Onkel, Bischof Otto von Freising, einen bis 1158 reichenden umfangreichen Tatenbericht, die *Gesta Friderici I imperatoris*. Das Werk wurde von dem Historiographen Rahe-win bis 1160 fortgesetzt. Weniger wohlwollende Stimmen sind aus dem anglonormannischen Raum zu vernehmen, wo sich neben Johannes von Salisbury auch Bischof Arnulf von Lisieux, der Dichter Walter von Châtillon und andere in Briefen über Barbarossa geäußert haben.

 EMPFEHLUNGEN

**Lesenswert:**
Franco Cardini: *Friedrich I. Barbarossa. Kaiser des Abendlandes*, Graz 1990

Ferdinand Opll: *Friedrich Barbarossa*, Darmstadt 1990

Johannes Lehmann: *Barbarossa & Co. Reise zu den Staufern in Südwestdeutschland*, Tübingen 2002

Ludwig Uhland: *Schwäbische Kunde*, Marbach 1962

**Hörenswert:**
Giuseppe Verdi: *La Battaglia di Legnano*. Oper 1849

**Besuchenswert:**
Die Pfarrkirche in Cappenberg (Westfalen) mit einer vergoldeten Bronzebüste

Der Dom zu Köln

Das Kyffhäuserdenkmal bei Bad Frankenhausen (Thüringen)

 AUF DEN PUNKT GEBRACHT

Kaiser Friedrich Barbarossa war im 12. Jahrhundert der Inbegriff für den deutschen Anspruch, über allen anderen Fürsten zu rangieren. Besonders in Italien wehrte man sich dagegen – und zeigte dem deutschen Kaiser seine Grenzen auf.

*Königin der Troubadoure oder skandalöse Herrscherin?*

# Eleonore von Aquitanien

1122–1204

Hätte es im 12. Jahrhundert schon Hochglanzmagazine und Klatschpresse gegeben, wäre die Königin von Frankreich und England immer für große Schlagzeilen gut gewesen: »Königin Eleonore: Inzest unter Palmen« oder »Die Queen: Jetzt auch noch Mord!«. Doch auch ohne Klatschpresse waren die Gerüchte um Eleonore von Aquitanien so weit verbreitet, dass wohl jeder ihrer Untertanen sie kannte. Wer sich heutzutage über sie informiert, bekommt zumeist einen ganz anderen Eindruck. Entsprechend dem bis ins Romantische idealisierten Bild vom Königshof des Hochmittelalters tritt uns Eleonore vielfach als »Königin der Troubadoure« entgegen, die ihr Leben als Königsgattin und Herrscherin damit verbracht habe, den höfischen Minnesang zu fördern, und die die Troubadoure der westlichen Welt geradezu magisch angezogen habe. Doch was von beidem trifft wirklich auf Königin Eleonore zu, die viele Jahrzehnte lang als Herrscherin die europäische Politik geprägt hat?

■ Eleonore von Aquitanien. Gemälde, 1858, von Anthony Frederick Augustus Sandys (1829–1904). Cardiff, National Museum and Gallery of Wales

Zweifellos hatte Eleonore zu Troubadouren insofern eine besondere Beziehung, als ihr Großvater, Herzog Wilhelm IX. von Aquitanien (1071–1126), Lieder über die höfische Liebe verfasst hat und seither als »erster Troubadour« bezeichnet wird. Auch an Eleonores Höfen – zunächst dem französischen an der Seite König Ludwigs VII., dann dem englischen als Gattin König Heinrichs II. (s. S. 124) – verkehrten viele Troubadoure. Einer von ihnen war Bernart de Ventadorn, der zwischen 1150 und 1170 als der hervorragende Meister seines Fachs galt. Er war auf der Flucht und fand Schutz am Hof von Königin Eleonore. Dass die beiden dann eine Affäre gehabt haben sollen, ist ein Gerücht, für das es keine stichhaltigen Anhaltspunkte gibt. In jedem Fall lag die Präsenz der Troubadoure an Eleonores Hof nicht an dem Einfluss oder dem Charme der Königin, sondern daran, dass diese Künstler an allen europäischen Höfen verkehrten, weil sie dort reichhaltige Unterstützung erfuhren. Als Heinrich II. seine Gattin Eleonore fast 16 Jahre lang gefangen setzte, tat das der Aktivität der Troubadoure an seinem Hof keinen Abbruch. Kurzum: Eleonore von Aquitanien war ebenso eine »Königin der Troubadoure« wie alle anderen Königinnen des 12. Jahrhunderts auch.

■ Ludwig VII. und seine Gemahlin Eleonore von Aquitanien. Farbholzstich, um 1850

Selbst wenn das künstlerische Schaffen der Troubadoure nicht ihr Verdienst war, darf ihre Stellung bei Hofe dennoch nicht unterschätzt werden. Seit etwa einem Jahrhundert war es in England üblich, dass die Königinnen auf einer eigenen Feier geweiht und gekrönt wurden. Zudem besaßen sie einen eigenen Haushalt mit eigenen Angestellten und Einnahmen. Das galt auch für Eleonore an der Seite Heinrichs II., und diese profilierte Position neben dem König entsprach durchaus ihrem ausgeprägten Selbstbewusstsein. Das hatte sich bereits in ihrer ersten Ehe mit Ludwig VII. von Frankreich gezeigt und führte auf dem sogenannten Zweiten Kreuzzug (1147–1149) sogar zu einem offenen Zerwürfnis.

Eleonore war nicht zuletzt aus persönlichem Interesse ins Heilige Land mitgereist, denn der Kreuzzug war ursprünglich zur politischen und militärischen Unterstützung Raimunds von Poitiers, jetzt Fürst von Antiochia, gedacht gewesen, und der war Eleonores Onkel. In Antiochia angekommen, verstanden sich die beiden Verwandten so gut, dass schnell Gerüchte um eine Affäre zwischen ihnen aufkamen, doch auf ein intimes Verhältnis zwischen beiden lassen zumindest die erhaltenen Quellen nicht schließen. Während Eleonore nun Raimund unterstützen wollte, sprach Ludwig nur noch von Jerusalem und wollte umgehend abreisen. Was genau geschehen ist, lässt sich nicht mehr rekonstruieren, aber seit Antiochia gab es eine zunehmende Entfremdung zwischen den Eheleuten, und 1152 ließen sie sich schei-

■ Szenenphoto aus dem Film *Der Löwe im Winter* von 1968, mit Katharine Hepburn in der Rolle der Eleonore von Aquitanien und Peter O'Toole als Heinrich II.

den – offiziell wegen zu naher Verwandtschaft. Tatsächlich ist es wahrscheinlicher, dass Ludwig enttäuscht war, weil die 15-jährige Ehe lediglich zwei Töchter hervorgebracht hatte, aber nicht den ersehnten Stammhalter. Zudem wird auch Eleonore von Ludwig enttäuscht gewesen sein, nachdem der ihre Interessen auf dem Kreuzzug völlig ignoriert hatte. Doch eine Scheidung wegen zu naher Verwandtschaft war im 12. Jahrhundert die einzige Form der Trennung, die beiden Partnern eine neue Ehe ermöglichte.

Die Gerüchte um Raimund und Eleonore waren nach dem Aufenthalt in Antiochia nicht mehr aus der Welt zu schaffen. Schnell

### RAIMUND VON POITIERS

Raimund von Poitiers (1108–1149) stammte aus dem Haus Poitou, war der Bruder von Eleonores Vater Wilhelm X. und hätte Erbansprüche auf Aquitanien geltend machen können. Doch das interessierte ihn nicht. Stattdessen ehelichte er um 1130 die Erbtochter des Fürstentums Antiochia. Fortan verteidigte er als Fürst von Antiochia die Christen gegen die Muslime. Der Zweite Kreuzzug sollte der militärischen Unterstützung dieses Kampfes dienen, doch entschied sich Ludwig VII. doch gegen einen Krieg im nördlichen Syrien.

galt die Königin als leichtfertige und sprunghafte Frau, die es mit der Treue nicht so genau nahm. Spätere Geschichtsschreiber griffen das bereitwillig auf und schrieben auch noch von einer Affäre mit dem Kalifen von Bagdad sowie mit Saladin (s. S. 130) – ungeachtet der Tatsache, dass Letzterer zum nämlichen Zeitpunkt erst zehn Jahre alt war. Und die Skandale, die man Eleonore andichtete, wollten kein Ende nehmen: In Paris habe sie später eine Affäre mit ihrem künftigen Schwiegervater Gottfried von Anjou gehabt, habe sich von den Troubadouren bereitwillig die praktische Seite der höfischen Liebe zeigen lassen und vieles mehr. Dass ihr zweiter Gatte Heinrich zehn Jahre nach der Hochzeit begann, unablässig Beziehungen zu anderen Frauen zu pflegen, interessierte freilich niemanden, aber da Eleonore nicht eben begeistert darüber war, hängte man ihr sogar den Mord an einer ihrer Rivalinnen an. Insgesamt entstand so der Ruf Eleonores als Heldin von Skandalgeschichten, der nach ihrem Tod noch verstärkt wurde. Quellen, die auch nur eines dieser Gerüchte belegen könnten, fehlen jedoch vollständig.

Als bemerkenswerte Frau darf Eleonore von Aquitanien aber in jedem Fall gelten. Seit der Auseinandersetzung mit Ludwig auf dem Kreuzzug zeigte sie immer stärker ein eigenes Profil und führte seit ihrer zweiten Eheschließung über ein halbes Jahrhundert lang eine selbständige Politik – zumindest wenn die äußeren Umstände es zuließen und sie nicht gerade in »ehelicher« Haft saß. Diese wiederum musste sie ertragen, weil sie es nicht gescheut hatte, sich am Aufstand ihrer Söhne gegen Heinrich II. zu beteiligen. Aus einer der brisantesten Fragen der aktuellen Politik allerdings hielt sie sich diplomatisch heraus: dem Streit um Thomas Becket. »Von der Königin ist weder Hilfe noch Rat zu erwarten«, klagte etwa der Bischof von Poitiers. Über die Gründe dieser Zurückhaltung wissen wir nichts.

Im Rückblick auf Eleonores 82 Jahre langes Leben bekommt man den Eindruck, dass sie umso mehr Lebenskraft entwickelte, je älter sie wurde. Nach der Geburt ihrer zehn Kinder – ihren jüngs-

■ Das Troubadourthema beschäftige auch den Komponisten Giuseppe Verdi. Titelblatt der Klavierbearbeitung der Verdi-Oper von Edouard Dorn, um 1910.
Die Troubadoure oder »Trouvères« hoben sich von den gewöhnlichen fahrenden Spielleuten dadurch ab, dass ihre hohe Dichtung sehr strengen Regeln folgte. Erstaunlicherweise galt Eleonores ansonsten so kriegerischer Sohn Richard Löwenherz als großer Meister dieser anspruchsvollen Formkunst.

■ Grabmal Eleonores von Aquitanien und Heinrichs II. von England in der Abtei von Fontevrault

ten Sohn Johann Ohneland brachte sie mit 45 Jahren zur Welt – ließ sie sich auch von der langjährigen Haft nicht unterkriegen, die erst mit dem Tod Heinrichs II. ein Ende fand. Danach bestimmte sie noch 15 Jahre lang die europäische Politik. Selbst im hohen Alter, als sie sich schon ins Kloster Fontevrault zurückgezogen hatte, arbeitete sie noch an ihrem größten Anliegen: dem dauerhaften Frieden zwischen den konkurrierenden Häusern der Plantagenets und der Kapetinger. Mit 78 Jahren machte sie sich dafür auf die beschwerliche Reise nach Kastilien, um ihre Enkelin Blanca zu holen und sie mit dem französischen Thronfolger Ludwig VIII. zu vermählen.

Die Kraft und Agilität Eleonores von Aquitanien blieb auch ihren Zeitgenossen nicht verborgen, die sich von den skandalösen Gerüchten oft gar nicht beeindrucken ließen. Verschiedene Chronisten und Geschichtsschreiber bezeichneten sie als »sehr kluge Frau«, »tapfere und höfliche Dame« und »unvergleichliche Frau, schön und sittsam, mächtig, aber bescheiden, demütig und redegewandt, was selten bei Frauen ist«. Darüber hinaus war Eleonore von großer politischer Bedeutung für das 12. Jahrhundert. Der Nachwelt war das aber wohl zu wenig spektakulär, und so wird man auch weiterhin von Troubadouren und Skandalen lesen …

LEBENSERWARTUNG

Immer wieder ist von einer Lebenserwartung des mittelalterlichen Menschen von 30 bis 35 Jahren zu lesen. Derartige Statistiken kommen vor allem durch die Berücksichtigung der immensen Kindersterblichkeit zustande. Die größten Risiken für einen frühzeitigen Tod waren schlechte Ernährung, mangelnde Hygiene und Krankheiten. Wenn man von Krankheiten verschont blieb und – wie in Herrscherkreisen – unter relativ guten Bedingungen lebte, konnte man auch über 80 Jahre alt werden. Eleonore ist ein prominentes Beispiel dafür.

# ELEONORE VON AQUITANIEN

 **BIOGRAPHIE**

Eleonore von Aquitanien wurde wohl 1122 als Tochter Herzog Wilhelms X. von Aquitanien und seiner Frau Aénor de Châtellerault geboren. Als ihr Vater 1137 zu einer Pilgerfahrt aufbrach, gab er Eleonore in die Obhut des französischen Königs. Kurze Zeit später starb Wilhelm auf dieser Reise, und der König verheiratete Eleonore mit seinem Sohn und Nachfolger Ludwig VII. Die Ehe wurde 1152 geschieden. Wenige Wochen später nahm Heinrich II. von England die Erbtochter von Aquitanien zur Frau. Etwa 20 Jahre lang lebten Eleonore und Heinrich ohne größere Probleme miteinander, und sie gebar ihm acht Kinder. Im Jahr 1173 jedoch kam es zum Bruch zwischen ihnen, weil Eleonore den Aufstand ihrer Söhne gegen Heinrich unterstützte. Der König setzte Eleonore daraufhin in Haft. Nach Heinrichs Tod 1189 kehrte sie als Mutter von König Richard Löwenherz ins politische Leben zurück. Sie führte Richard seine Braut Berenguela von Navarra zu, und während seines Aufenthalts im Heiligen Land und seiner Haft in Österreich und Deutschland übernahm Eleonore zusammen mit dem von Richard eingesetzten Kanzler Longchamp die Regierungsgeschäfte und unterdrückte eine Rebellion ihres jüngeren Sohnes Johann Ohneland. Das vom deutschen Kaiser geforderte horrende Lösegeld brachte Eleonore unter großer Kraftanstrengung auf und ermöglichte Richard 1194 die Rückkehr nach England. In ihren letzten Lebensjahren zog sich Eleonore

weitgehend in die Abgeschiedenheit des Klosters Fontevrault zurück. Vereinzelt griff sie aber noch ins politische Geschehen ein: So setzte sie nach Richards Tod 1199 die Nachfolge Johanns gegen ihren aufständischen Enkel Arthur I. von Bretagne durch. Eleonore von Aquitanien starb am 31. März 1204 im Alter von beinahe 82 Jahren und wurde in Fontevrault beigesetzt.

**Verwandtschaft**

Eleonore entstammte väterlicherseits einer Familie, die seit Jahrhunderten die Herrschaft im südwestlichen Frankreich ausübte. Im 9. Jahrhundert aus einem Karolingerzweig hervorgegangen, stellten Eleonores Ahnen zunächst die Grafen von Poitou. Wilhelm III. bezeichnete sich 957 erstmals als »Herzog der Aquitanier«, und fortan konnte das Herzogtum in direkter Linie bis auf Eleonores Vater Wilhelm X. vererbt werden. Erst durch die Hochzeiten Eleonores mit den Königen von Frankreich und England wurde das Fundament für Streitigkeiten zwischen diesen rivalisierenden Ländern gelegt. Nach Eleonores Tod begannen die Auseinandersetzungen um Aquitanien und das Poitou; erst im 15. Jahrhundert konnte Frankreich sich endgültig durchsetzen.

**Quellen**

Viele Chronisten berichten aus dem Leben Eleonores. Die prominentesten Autoren sind der Philosoph und Ge-

schichtsschreiber Johannes von Salisbury (1115/20–1180) und Gervasius von Canterbury (1145–1210), ein Mönch und Chronist, der eine Geschichte Englands von der Frühzeit bis 1210 verfasste (*Gesta Regum Britanniae*). Auch die Zeitgenossen Guillaume le Maréchal und Richard von Devizes thematisieren die Königin voller Bewunderung.

 **EMPFEHLUNGEN**

**Lesenswert:**
Régine Pernoud: *Königin der Troubadoure. Eleonore von Aquitanien*, München 1979

Ursula Vones-Liebenstein: *Eleonore von Aquitanien. Herrscherin zwischen zwei Reichen*, Göttingen 2000

Georges Duby: *Frauen im 12. Jahrhundert*, Frankfurt/M. 1999

**Hörenswert:**
Carlisle Floyd: *Flower and Hawk*. Oper 1972

*Trobadors. Trouvères. Minnesänger*. Ensemble für frühe Musik Augsburg 1986. Audio-CD

**Sehenswert:**
*Der Löwe im Winter*. Regie: Anthony Harvey; mit Peter O'Toole. GB 1968

**Besuchenswert:**
Die Abtei Fontevrault

Die Kreuzritterburg Krak des Chevaliers in Syrien

 **AUF DEN PUNKT GEBRACHT**

Königin Eleonore von Aquitanien war weder so skandalös, wie es zeitgenössische Gerüchte behaupteten, noch die Königin der Troubadoure, wie man heutzutage liest, sondern eine eindrucksvolle, willensstarke Frau und bedeutende Politikerin.

Der ungekrönte König

# Heinrich der Löwe
### 1129–1195

Was für ein Bild! Kaiser Friedrich I. Barbarossa (s. S. 106) kniet vor Herzog Heinrich dem Löwen auf dem Boden und bittet ihn demütig um Hilfe. Der Grund für die missliche Lage des Kaisers zu Beginn des Jahres 1176 ist der Krieg gegen den norditalienischen Städtebund, der sich mit aller Macht gegen die kaiserliche Herrschaft wehrt. Und das so erfolgreich, dass Friedrich keinen anderen Ausweg sieht, als seinen mächtigsten Fürsten Heinrich um militärischen Beistand zu bitten.

Diese ohnehin schon skurrile Szene des flehenden Kaisers wurde dadurch noch pikanter, dass dem vornüber gebeugten Kaiser plötzlich die Krone vom Kopf fiel – und Heinrich geradewegs vor die Füße rollte. Hierauf sagte ein Gefolgsmann zum Herzog: »Lasst die Krone des Reiches jetzt nur zu Euren Füßen liegen, Herr, sie wird bald auf Euer Haupt kommen!« Heinrich mag in der Tat die Hoffnung gehabt haben, noch mehr erreichen zu können. Zumindest fühlte er sich zu Höherem berufen – gleichsam als ungekrönter König.

■ Heinrich der Löwe. Gemälde, um 1836, von Christian Tunica (1795–1836). Braunschweig, Herzog-Anton-Ulrich-Museum

Aus diesem Bewusstsein heraus schlug Heinrich dem demütig bittenden Kaiser – um es wohlwollend auszudrücken – einen Handel vor und forderte, dass die reichsunmittelbare Stadt und kaiserliche Residenz Goslar in seinen Besitz übergehen solle, dann wäre er zu militärischer Hilfe in Italien bereit. Dem Kaiser muss dieser »Handel« jedoch wie eine Erpressung vorgekommen sein, denn Goslar war mit seinen Silberminen, Erzvorkommen und rund 40 Kirchen die reichste Stadt Sachsens. Und erpressen lässt sich ein Kaiser nicht: Friedrich lehnte ab, und die beiden trennten sich wieder, ohne eine Einigung erzielt zu haben.

Doch woher kam dieses ausgeprägte Selbstbewusstsein des Herzogs? Nicht von ungefähr jedenfalls, denn Heinrich entstammte nicht irgendeinem Herzogsgeschlecht, sondern war der Enkel Kaiser Lothars III. von Süpplingenburg. Als 1152 ein neuer deutscher König gesucht wurde,

gehörte Heinrich der Löwe zum engeren Kreis der Thronanwär-
ter, doch er gewährte seinem staufischen Vetter Friedrich Barbarossa den Vortritt – freilich nicht, ohne sich wahrhaft fürstlich
dafür entschädigen zu lassen: Heinrich erhielt die Herzogtümer
Sachsen und Bayern zurück, die sich schon einmal im Besitz
seines Vaters befunden hatten. Auf dieser Grundlage lebten die
beiden Verwandten Heinrich und Friedrich lange Jahre in einem
guten Verhältnis miteinander, und Heinrich war dem Kaiser auf
diversen Kriegszügen ein guter und treuer Begleiter.

In seinen beiden Herzogtümern genoss Heinrich eine äußerst
machtvolle Position, schuf zahlreiche Bistümer und gründete

■ Friedrich Barbarossa erfleht
die Hilfe Heinrichs des Löwen.
Farblithographie, 1914, nach
einer Zeichnung von Osmar
Schindler (1869–1927)

## DER LÖWE

Der Löwe galt von jeher als König der Tiere und symbolisierte
Macht und Stärke. Als Familienkennzeichen der Welfen hatten
auch schon Heinrichs Vorfahren den Löwen als Beinamen geführt,
doch niemand benutzte ihn so konsequent zur Repräsentation wie
Heinrich. In der Nähe Lübecks gründete Heinrich eine Stadt und
nannte sie stolz »Löwenstadt« (dennoch musste sie wieder aufgegeben werden). Im Jahr 1166 ließ er im Hof seiner Braunschweiger
Burg eine goldene Löwenfigur aufstellen – die älteste frei stehende Denkmalsplastik in Deutschland.

■ Heinrich der Löwe und seine Gemahlin Mathilde, Tochter Heinrichs II. von England. Glasfenster, 1300. Lübeck, Dom

Städte an strategisch wichtigen Positionen. Sicherlich war Heinrich der Löwe mächtiger als manche Könige im Reich, aber damit gab er sich nicht zufrieden. Vielmehr führte der Herzog eine expansive Politik mit dem Ziel, sein aus diversen einzelnen Grafschaften bestehendes Herzogtum zu einem geschlossenen Territorium zu machen. Dabei konzentrierte er sich auf Sachsen, das damals weitgehend das heutige Bundesland Niedersachsen umfasste; sein Einflussbereich erstreckte sich allerdings auch über die Elbe hinaus nach Norden und Osten. In Sachsen war Heinrich der reichste Grundbesitzer, und er hatte sich mit den Jahren eine politische Gewohnheit angeeignet, die bei seinen Untertanen nicht so gut ankam: Überall, wo ein sächsischer Graf starb, ließ er die Grafschaft sofort direkt sich selbst unterstellen und dem Herzogtum einverleiben, anstatt einen neuen Grafen als Lehnsmann einzusetzen. Das brachte verständlicherweise die sächsischen Fürsten und auch die Erzbischöfe von Hamburg-Bremen und Magdeburg gegen ihn auf, die unter seiner Politik zu leiden hatten. In den Jahren 1166 und 1167 war dies besonders zu spüren, wie ein Chronist vermerkte: »Durch ganz Sachsen brauste der wilde Sturm des Aufstandes, weil alle Fürsten gegen den Herzog kämpften.«

Heinrich der Löwe war zudem ein äußerst fähiger Wirtschaftspolitiker. In der Mitte des 12. Jahrhunderts waren Stade und Bremen (Hamburg spielte damals als Hafen noch keine Rolle) an der Nordsee bereits wichtige Handelsplätze; um auch vom Ostseehandel profitieren zu können, gründete Heinrich Lübeck an der Stelle neu, an der die spätere Hansestadt noch heute steht. Um seine Kassen zu füllen, war Heinrich auch die Religion als Mittel recht: Er trieb die Christianisierung der an Elbe und Ostsee lebenden Slawen voran – die sich nach wie vor als hartnäckige Gegner des christlichen Gottes aufführten –, denn indem die Slawen die Taufe über sich ergehen ließen, wurden sie in das Bistum aufgenommen – und damit dem Herzog tributpflichtig. Heinrichs eigentliches Ziel der Slawenmission war allerdings schon für seine Zeitgenossen ein offenes Geheimnis: »Bei allen Unternehmungen aber, die der junge Herzog im Slawenland durchführt, geht es ihm nicht um das Christentum, sondern vor allem um das Geld«, lesen wir in einer Chronik aus jener Zeit.

Dass sich Heinrich mehr um die Missionierung und Besiedlung des Slawenlandes kümmerte, als mit Friedrich Barbarossa in Italien zu kämpfen, hatte folglich macht- und wirtschaftspolitische Gründe. In der Zeit des Nationalsozialismus aber wurde der Herzog von deutschnationalen Kreisen dafür als wahrhaft »deutscher« Politiker gefeiert, weil er sich gegen eine Italienpolitik gewehrt habe, um stattdessen lieber den »Lebensraum im Osten« mit deutschen Siedlern zu bereichern …

**MÜNCHEN**
Bis 1158 verfügte der Bischof von Freising mit der Isarbrücke bei Föhring durch Zoll und Handelsaktivitäten über eine große Einnahmequelle. Heinrich der Löwe wollte die Einnahmen in seine eigene Tasche leiten, zerstörte die Isarbrücke und baute etwa eine Stunde entfernt eine neue, »seine« Isarbrücke. Bis dahin hatten lediglich einige Mönche dort gelebt, nach denen der Ort benannt war: Munichen. Die neue Isarbrücke, 1158 vom Kaiser privilegiert, war die Grundlage für das heutige München.

Als Tatsache bleibt festzuhalten, dass Heinrich nördlich der Alpen der mächtigste Fürst im Reich war, während sich Barbarossa lange Jahre nur in Italien aufhielt. Heinrich der Löwe konnte sich in der Tat wie ein ungekrönter König fühlen, und er tat alles, um diesem gefühlten Status gerecht zu werden. Seine Braunschweiger Burg glich einer königlichen Residenz, vergleichbar etwa der Aachener Kaiserpfalz. Im Burghof gab das 1166 errichtete Standbild des Löwen die Macht und Entschlossenheit des Herzogs wieder. Mit 39 Jahren heiratete er Mathilde, die Tochter des englischen Königs Heinrich II. (s. S. 124). Verglichen mit seinem kaiserlichen Vetter, der lediglich mit der Tochter eines Pfalzgrafen verheiratet

■ Der Burgplatz in Braunschweig, auf dem seit dem Jahr 1166 ein Löwenstandbild steht. Heinrich der Löwe ließ es als erstes Denkmal unter freiem Himmel nördlich der Alpen errichten.

■ Allegorie auf den Besitz-
verlust Heinrichs des Löwen.
Nach der Ächtung durch
Friedrich I. Barbarossa 1179/80
wurden die Lehen unter weltlichen und geistlichen Fürsten
aufgeteilt. Gemälde, 1675.
Braunschweig, Städtisches
Museum

war, brauchte Heinrich sich also keineswegs zu verstecken.

Auf einer Pilgerfahrt nach Jerusalem, die er mit fünfhundert Rittern sowie zahlreichen Geistlichen und Fürsten durchführte, wurde er wie ein König geehrt und auch vom byzantinischen Kaiser Manuel entsprechend festlich empfangen. Dabei mag ihm allerdings auch der Umstand zugutegekommen sein, dass Manuel ein Interesse daran hatte, in Heinrich ein starkes politisches Gegengewicht im Reich zu etablieren, denn Manuel und Barbarossa stritten darum, wer der wahre Kaiser sei. Wie stark Heinrichs eigenes Interesse gewesen ist, die Rolle des politischen Gegners auszufüllen, lässt sich nicht sagen; manche Historiker vermuten, dass er in den Jahren nach der Rückkehr aus dem Heiligen Land sogar die Königswürde für Sachsen anstrebte.

In jedem Fall versuchte der Herzog 1176, seine eigene Position durch die Notlage des Kaisers zu verbessern, doch es sollte sich bald zeigen, dass Heinrich mit dem eingangs geschilderten Erpressungsversuch zu hoch gepokert hatte – der Kaiser saß schlichtweg am längeren Hebel. Nachdem Friedrich aus Italien zurückgekommen war, prozessierte er gegen seinen Vetter und konnte ihn schließlich 1180 erfolgreich entmachten. Heinrich der Löwe verlor beide Herzogtümer und musste ins englische Exil gehen.

Heinrichs politische Karriere war damit praktisch beendet, aber der Löwe genießt seither einen schillernden Nachruhm als mächtiger und prächtiger Fürst. Zeit seines Lebens war er fleißig, ehrgeizig und egozentrisch – diese Charaktereigenschaften haben ihn in eine königsgleiche Machtposition, aber eben auch zu Fall gebracht. So sollte ihm die Königskrone immer versagt bleiben – obwohl sie ihm für eine kurze Zeit zu Füßen lag.

# HEINRICH DER LÖWE

## BIOGRAPHIE

Heinrich der Löwe erblickte vermutlich 1129 das Licht der Welt. Seine Eltern waren Heinrich der Stolze, Herzog von Sachsen und Bayern, und Gertrud von Süpplingenburg, die Tochter Kaiser Lothars III. Im Jahr 1142 erhielt Heinrich der Löwe das sächsische Herzogsamt, das seinem Vater 1138 entzogen worden war. Heinrich arbeitete in den folgenden Jahren darauf hin, wie sein Vater ebenfalls Herzog von Bayern zu werden. Dies wurde ihm jedoch verwehrt, woraufhin er 1147 seine Teilnahme am Zweiten Kreuzzug verweigerte – offiziell mit dem Hinweis darauf, dass er im Nordosten selbst gegen die slawischen Heiden kämpfen müsse. Die Kirche verpflichtete ihn daher zur Teilnahme am sogenannten Wendenkreuzzug, einem Nebenunternehmen, das sich gegen diesen Slawenstamm richtete, aber nicht sonderlich erfolgreich war. Nach der Königswahl Friedrichs I. Barbarossa und dem Ausgleich zwischen den konkurrierenden Welfen und Staufern wurde Heinrich der Löwe 1156 durch das »Privilegium minus« mit dem (um Österreich verkleinerten) Herzogtum Bayern belehnt. Der Mittelpunkt seines politischen Lebens war dennoch Sachsen mit der prächtigen Burg Dankwarderode zu Braunschweig. Bis in die 1170er Jahre hinein gelang es Heinrich dem Löwen, seine Macht in Sachsen und seinen Einfluss im Reich kontinuierlich auszubauen, sodass er bald zum mächtigsten Fürsten unter Barbarossa wurde. Nachdem er 1176 dem

Kaiser militärische Hilfe in Italien verweigert hatte, eröffnete dieser 1179 ein landrechtliches Verfahren gegen Heinrich wegen Landfriedensbruchs, in dem der Herzog in die Acht fiel. Da Heinrich nicht zu einer Sühne bereit war, schloss sich noch ein lehnsrechtlicher Prozess wegen Missachtung der kaiserlichen Majestät an, der im Januar 1180 zur Aberkennung seiner Herzogtümer führte. Von 1182 bis 1185 und noch einmal 1189 weilte Heinrich der Löwe im Exil bei seinem englischen Schwiegervater Heinrich II. Danach kam es zu einem Kompromissfrieden, in dessen Folge Heinrich wieder mit der Grafschaft Stade belehnt wurde, und 1194 folgte eine Aussöhnung mit Kaiser Heinrich VI. Seine alte Machtstellung konnte der ehemalige Herzog aber nicht wieder erreichen. Heinrich der Löwe starb am 6. August 1195 und wurde im Dom zu Braunschweig bestattet.

### Verwandtschaft

Das auf das späte 8. Jahrhundert zurückgehende Geschlecht der Welfen trat durch Judith, die Gattin Kaiser Ludwigs des Frommen, erstmals ins Rampenlicht. Im 11. Jahrhundert wurde ein Welfe mit dem Herzogtum Kärnten belehnt, und zu Beginn des 12. Jahrhunderts gelangte die Familie in Sachsen in eine bedeutende Position. Diese festigte sich, als Heinrich der Stolze die Tochter Kaiser Lothars III. heiratete. Deren gemeinsamer Sohn Heinrich der Löwe gelangte als Herzog zu großem Einfluss. Heinrichs Sohn

Otto IV. wurde schließlich sogar König und Kaiser. Im 13. Jahrhundert spalteten sich die sächsischen Welfen in mehrere Linien auf.

### Quellen

Die wichtigsten erzählenden Quellen zur Geschichte Heinrichs des Löwen sind die um 1168 abgefasste »Slawenchronik« des Pfarrherrn Helmold von Bosau und die Fortsetzung dieses Werkes unter dem gleichen Titel, die der Geschichtsschreiber Arnold von Lübeck um 1210 angefertigt hat. Darüber hinaus sind diverse Annalen wichtig, die während Heinrichs Regierungszeit in Sachsen und rund um den Harz entstanden sind (Stade, Pöhlde, Pegau bei Merseburg, Magdeburg).

## EMPFEHLUNGEN

**Lesenswert:**
Paul Barz: *Heinrich der Löwe. Ein Welfe bewegt die Geschichte,* Bonn 1977

Karl Jordan: *Heinrich der Löwe. Eine Biographie,* München 1993

**Hörenswert:**
Agostino Steffani: *Enrico Leone.* Oper 1689

**Besuchenswert:**
Der Dom und die Burg Dankwarderode mit dem Löwendenkmal in Braunschweig

Der Dom zu Lübeck

## AUF DEN PUNKT GEBRACHT

Herzog Heinrich der Löwe war ein Möchtegernkönig, und so führte er sich auch auf: Er regierte mit Macht und lebte im Prunk. Als er jedoch versuchte, den Kaiser zu erpressen, lernte er seine Grenzen kennen – und musste das Feld räumen.

## Ein mächtiger König mit zweifelhaftem Ruhm
# Heinrich II. von England
### 1133–1189

Seine Familie stammte vom Teufel ab. So zumindest erzählte man es sich schon zu Lebzeiten Heinrichs II. von England. Sein Vorfahre Fulco hatte sich im frühen 11. Jahrhundert eine schöne Frau genommen, die sich insbesondere während der Gottesdienste so seltsam verhielt, dass Fulco sie schließlich zur Rede stellte. Sie schlüpfte aus ihrem Mantel, griff sich zwei ihrer Söhne und flog durch ein Kirchenfenster davon … Diese Legende wurde auch von Heinrichs Söhnen erzählt, die an der teuflischen Abstammung ihres Vaters keineswegs zweifelten. Obwohl Heinrich II. einer der mächtigsten Könige war, die das mittelalterliche England gesehen hatte, und wichtige Grundlagen für den Fortbestand des englischen Reiches schuf, war sein Ruhm also äußerst zweifelhaft. Auch heute denkt man bei Heinrich II. weniger an seine Verwaltungs- und Rechtsreformen als an den mysteriösen Tod des englischen Kirchenoberhaupts Thomas Becket, Heinrichs skrupellosen Umgang mit seiner eigenen Familie oder seinen Tod als gedemütigter König.

Im Jahr 1155 wurde König Heinrich auf einen Erzdiakon in Canterbury aufmerksam, ja, er bewunderte diesen 15 Jahre älteren Thomas Becket sogar wegen seiner Intelligenz und Eleganz. Schnell machte Heinrich ihn zu seinem Berater und zum Lordkanzler, also zum zweiten Mann im Staat. Sie verstanden sich prächtig, was auch den zeitgenössischen Chronisten nicht verborgen blieb: »Niemals zuvor in christlicher Zeit gab es zwei Männer, die so gute Freunde und in ihren Ansichten so eins waren.« Wenn sie zusammen auftraten, hatte Heinrich indes einen schweren Stand. Der König war nicht sehr groß,

■ König Heinrich II. von England und Thomas Becket, sein Kanzler und Erzbischof von Canterbury. Englische Buchmalerei, 14. Jahrhundert. London, British Library

untersetzt, breitschultrig und korpulent. Thomas hingegen war hoch gewachsen, schlank, grazil und hatte ein auffallend schönes Gesicht. Dazu kam, dass Thomas nur die feinste Kleidung trug, während der König eher Wert auf Bequemlichkeit und Zweckmäßigkeit legte. Man hätte glauben können, dass Thomas der König und Heinrich sein Gehilfe gewesen sei.

1162 wollte König Heinrich seinen Kanzler zum neuen Erzbischof von Canterbury machen, und er war sich sicher, dass diese Konstellation zum Wohle Englands und der ganzen Christenheit sein würde: Er selbst als König und sein bester Freund als Lenker der englischen Kirche! Trotz anfänglicher Gegenwehr stimmte Thomas letztlich zu. Doch schon 1163 kam es zur ersten Auseinandersetzung, und ab 1164 kommunizierten die ehemals besten Freunde nur noch über Boten. Als Hauptstreitpunkt kristallisierte sich der Umgang mit kriminellen Geistlichen heraus: Beide beanspruchten die Zuständigkeit für die Bestrafung solcher Kleriker, die junge Mädchen verführt, Silbergeschirr aus Kirchen ent-

■ Heinrich II. im Büßergewand auf den Stufen der Kathedrale von Canterbury gesteht die Schuld am Tod Thomas Beckets ein. Szenenphoto aus dem Film *Becket* von 1963 mit Peter O'Toole in der Rolle König Heinrichs II. Der Film basiert auf Jean Anouilhs Drama *Becket oder die Ehre Gottes*.

## FONTEVRAULT

Die Abtei Fontevrault im westfranzösischen Anjou erfuhr insbesondere durch das Haus Anjou seit dem frühen 12. Jahrhundert eine starke Förderung, erstmals von Graf Fulco V., dem späteren König von Jerusalem. Heinrich II. war der erste König, der sich dort bestatten ließ; ihm folgten sein Sohn Richard Löwenherz und seine Gemahlin Eleonore. Damit wurde die Abtei Fontevrault zu einer der bedeutendsten Grablegen Europas im Mittelalter. Das Kloster wurde 1790 aufgehoben.

wendet oder Menschen getötet hatten. Die kirchlichen Gerichte, für die Thomas sich einsetzte, ließen die Delinquenten lediglich einen Eid auf Gott schwören, denn nach einem solchen Eid seien die Kriminellen in der Hand des Herrn, dessen Strafe im Fall einer Lüge viel furchtbarer sei als alles, was die Gerichte der Menschen verhängen könnten.

Heinrich II. aber war entschieden der Meinung, dass ein solches Verfahren weder Abschreckung noch Strafe darstelle. Der König verlangte, dass die Geistlichen vor ein weltliches Gericht gestellt würden, vor dem man mit einem Gottesurteil die Schuld oder Unschuld der Angeklagten zu ermitteln suchte. Dabei musste der Delinquent beispielsweise ein heißes Eisen tragen oder einen Gegenstand aus einem Kessel mit siedendem Öl holen – wenn die Wunde problemlos verheilte, galt er als unschuldig. Derlei Proben gab es unzählige, und für die weltlichen Gerichte hatten sie tatsächlich Beweiskraft. Da die Kirche von diesen Gottesurteilen aber nichts hielt (sie wurden ein halbes Jahrhundert später sogar auf einem Konzil verboten), war dieser Streitpunkt nicht zu schlichten. Thomas versuchte Heinrich noch entgegenzukommen, indem er die Kleriker mit dem Entzug ihrer Pfründe und einjährigem Exil ungewöhnlich hoch bestrafte, doch das machte den König nur noch wütender, weil der Erzbischof sich dadurch an königlichen Privilegien vergriffen habe …

Mit der Zeit wuchs sich der Streit zu einer persönlichen Antipathie zwischen den beiden aus, und im Zuge der Neuregelung des Verhältnisses zwischen Krone und Kirche (Konstitutionen von Clarendon) verlangte Heinrich 1164 von Thomas als Kirchenoberhaupt eine vollständige Unterwerfung. Thomas weigerte sich und sagte, er würde lieber sterben, als sich Heinrich bedingungslos unterzuordnen. »Der Zorn des Königs glich dem Gebrüll eines Löwen«, vermerkte später ein Chronist. Doch erneut konnte Thomas umgestimmt werden, und Heinrich nutzte die bedingungslose Unterordnung fortan regelrecht aus, indem er versuchte, den Erzbischof zum Handlanger seiner Politik zu machen. Thomas Becket blieb nur die Flucht, und die nächsten sechs

■ Ein Streitpunkt zwischen Heinrich II. und Thomas Becket betraf den Umgang mit kriminellen Geistlichen. Heinrich II. propagierte die von der Kirche abgelehnte Unschuldsprobe, mit der der Beklagte körperlicher Pein unterzogen wurde, etwa dadurch, dass er einen Gegenstand aus einem Kessel mit siedendem Öl holen musste. Holzstich, 1875, nach einer Zeichnung von Friedrich Hottenroth (1840–1917)

Jahre verbrachte er in Frankreich. In der Zwischenzeit verletzte Heinrich wiederholt die Rechte des Erzbistums Canterbury, was Thomas machtlos geschehen lassen musste. Erst 1170 erhielt er eine päpstliche Vollmacht, nach Canterbury zurückzukehren und einige Bischöfe zu exkommunizieren, die sich an den Rechtsverletzungen beteiligt hatten. In seinem Zorn darüber soll Heinrich II. ausgerufen haben: »Was habe ich für erbärmliche Diener, dass keiner da ist, mich von diesem Pfaffen zu befreien!« Wenig später, am 29. Dezember 1170, wurde Thomas Becket in der Kathedrale zu Canterbury von vier französischen Rittern ergriffen und ermordet. Dass umgehend Gerüchte aufkamen, Heinrich habe diesen Mord angeordnet, ist angesichts der Vorgeschichte verständlich, doch konnte man es bis heute nicht nachweisen.

Mit seinem skrupellosen Verhalten hatte Heinrich sich so oder so um einen treuen Freund gebracht, und auch mit seiner eigenen Familie ging er kaum anders um. In seiner selbstsüchtigen Art schloss er alle von der Macht aus, und der erste seiner vier erwachsenen Söhne, der sich dagegen auflehnte, war Heinrich der Jüngere, der die Grafschaft Anjou nur nominell innehatte. In den Jahren 1173/74 rebellierte er gegen seinen Vater und wurde dabei von seiner Mutter Eleonore von Aquitanien (s. S. 112) unter-

■ Der Martertod des heiligen Thomas von Canterbury. Fragment des rechten äußeren Flügels des Thomasaltars, um 1424, von Meister Francke (etwa 1380–1430). Hamburg, Kunsthalle

## DIE KONSTITUTIONEN VON CLARENDON
Auf einem Hoftag in Clarendon (1164) konfrontierte Heinrich II. die Vertreter der englischen Kirche nach den Streitigkeiten zwischen ihm und Thomas Becket mit 16 Forderungen zum Verhältnis von geistlicher und weltlicher Gewalt. Im Zentrum dieser Konstitutionen, die letztlich von den Klerikern angenommen wurden, stand die Trennung von geistlicher und weltlicher Gerichtsbarkeit. Insbesondere über das anzuwendende Strafmaß herrschte Uneinigkeit, weshalb Heinrich an einer eigenmächtigen Verurteilung von Klerikern interessiert war.

Galerie der Könige: Heinrich II. und Richard Löwenherz (oben, von links), Johann Ohneland und Heinrich III. (unten, von links). Buchmalerei aus dem 13. Jahrhundert. London, British Library

stützt, die offensichtlich mit der Situation auch nicht glücklich war. Die Rebellion war nicht erfolgreich; vielmehr fand sich Eleonore wenig später in einem Gefängnis wieder, wo sie nun fast 16 Jahre lang – bis zu Heinrichs Tod – ausharren musste.

Zusammen mit seinem Bruder Gottfried zettelte Heinrich der Jüngere 1182 einen erneuten Aufstand an, in dessen Verlauf er jedoch im folgenden Jahr verstarb. Daraufhin forderte Gottfried das Anjou für sich, aber Heinrich II. lehnte ab; Gottfried starb 1186. Der nunmehr älteste verbliebene Sohn Richard Löwenherz (s. S. 136) bat seinen Vater darum, jetzt als Erbe des Königreichs eingesetzt zu werden, doch auch das wies Heinrich zurück, woraufhin Richard sich mit dem französischen König gegen ihn verbündete. So blieb Heinrich nur noch sein jüngster – und liebster – Sohn Johann Ohneland (der seit dem erfolglosen Übernahmeversuch Irlands diesen wenig schmückenden Beinamen trug). Er sollte das Erbe bekommen, doch wenige Tage vor Heinrichs Tod lief auch Johann zum feindlichen Lager über.

Heinrich II., der ehemals mächtige König, war in seinen letzten Stunden kein ruhmreicher Herrscher mehr, sondern ein einsamer, kranker Mann von 56 Jahren, der nur noch von ein paar Dienern umgeben war. Und selbst die machten sich über den wehrlosen Sterbenden her und raubten ihm alles, was sie finden konnten – bis zum letzten Kleidungsstück. Heinrich II. starb im Juli 1189, nackt und gedemütigt auf dem Boden liegend. So bleibt von der Person Heinrichs II. ein sehr zwielichtiges Bild, aber seiner angeblich vom Teufel abstammenden Familie der Plantagenets hatte Heinrich dennoch für Jahrhunderte die Macht über England gesichert.

ANGEVINISCHES REICH

Das von Heinrich II. im Jahre 1154 begründete Reich, das von England über weite Teile Frankreichs bis zu den Pyrenäen reichte, wird modern als Angevinisches Reich bezeichnet, da es sich um den Herrschaftsbereich das Hauses Angers beziehungsweise Anjou handelt. Es wurzelte in der seit 1066 bestehenden normannischen Herrschaft beiderseits des Ärmelkanals und hatte in dieser Form unter Heinrich und seinen Söhnen bis zum frühen 13. Jahrhundert Bestand.

# HEINRICH II. VON ENGLAND

 BIOGRAPHIE

Heinrich II. wurde am 25. März 1133 in Le Mans als Sohn des Grafen von Anjou und als Enkel König Heinrichs I. von England geboren. Er war der älteste Sohn, erhielt vom Vater 1149 die Normandie und 1151 das Anjou. Im folgenden Jahr heiratete er Eleonore von Aquitanien (1122–1204), mit der er acht Kinder zeugte. Nach dem Tod Stephans I. wurde Heinrich II. im Jahr 1154 der neue englische König. Die Jahre bis 1158 dienten der Machtsicherung: Heinrich nahm vom schottischen König Malcolm IV. die Huldigung an, machte sich die walisischen Fürsten untertan und erbte von seinem Bruder Gottfried die Bretagne. Anschließend widmete Heinrich sich dem Kampf für die Wiederherstellung der Rechte der englischen Krone. Die Konstitutionen von Clarendon sollten 1164 das Verhältnis von weltlicher und geistlicher Gewalt neu regeln, stießen jedoch insbesondere bei Thomas Becket, dem Erzbischof von Canterbury, auf heftigen Widerstand. Der sich verschärfende Konflikt zwischen Heinrich und Thomas endete 1170 mit der Ermordung des Erzbischofs, infolge deren Heinrich mit einer Kirchenstrafe, dem Interdikt, belegt wurde und Buße tun musste. In den Jahren 1171/72 eroberte Heinrich weite Teile Irlands und ließ sich vom Papsttum diese Eroberungen bestätigen. Ab 1173 musste Heinrich sich erstmals gegen eine innerfamiliäre Opposition zur Wehr setzen, an der sich nicht nur seine Söhne beteiligten, sondern auch seine Frau Eleonore. Ob-wohl er Eleonore festsetzen ließ, nahm der Widerstand seiner Söhne noch zu. Schließlich verbündeten sich die beiden verbliebenen Söhne Richard Löwenherz und Johann Ohneland mit dem König von Frankreich. Am Ende stand ein offener Krieg, den Heinrich verlor. Am 6. Juli 1189 starb Heinrich, von der Familie und seinen Dienern gedemütigt, in Chinon.

## Verwandtschaft

Das englische Königshaus der Anjou wird auch Plantagenet genannt, nach dem Vater Heinrichs II., Gottfried von Anjou, der stets einen Ginsterzweig am Hut getragen haben soll. Die Ginsterpflanze (lat. planta genista) ist Ursprung dieses Namens, der auch in französischer Schreibweise (Plantagenêt) üblich ist. Mit der Thronbesteigung Heinrichs II. begann die Zeit der Plantagenets als Herrscherdynastie in England. Mit dem Tod Richards II. im Jahr 1399 endete die direkte Linie der Plantagenets; indirekt wurde sie in den Häusern Lancaster und York weitergeführt, bis sie mit dem Tod Richards III. 1485 und der anschließenden Machtübernahme der Tudors endgültig erlosch.

## Quellen

Von den zeitgenössischen Quellen zum Leben Heinrichs II. zählt die Historia Rerum Anglicarum Williams von Newburgh zu den wichtigsten Werken. Ein eher düsteres Bild von Heinrich und Eleonore zeichnet Giraldus Cambrensis, der sich in diversen Texten mit dem Herrscher befasste. Wie Heinrichs Söhne war auch Giraldus der Ansicht, die Königsfamilie stamme vom Teufel ab. Der Philosoph Johannes von Salisbury war Augenzeuge der Ermordung Thomas Beckets und schrieb nach dessen Heiligsprechung 1173 die Vita Thomae, aus der wir einiges über den Erzbischof von Canterbury erfahren.

 EMPFEHLUNGEN

**Lesenswert:**
John T. Appleby: Heinrich II. König von England. Die Zeit des Thomas Becket, Stuttgart 1962

Dieter Berg: Die Anjou-Plantagenets. Die englischen Könige im Europa des Mittelalters, Stuttgart 2002

Jean Anouilh: Becket oder die Ehre Gottes, München 1984

Thomas S. Eliot: Mord im Dom, Frankfurt/M. 1977

**Sehenswert:**
Der Löwe im Winter. Regie: Anthony Harvey; mit Peter O'Toole, Katharine Hepburn. Großbritannien 1968

Becket. Regie: Peter Glenville; mit Richard Burton, Peter O'Toole. Großbritannien 1963

**Besuchenswert:**
Die Abtei Fontevrault (Grabstätte)

Die Kathedrale von Canterbury

Die Burg von Chinon

 AUF DEN PUNKT GEBRACHT

Heinrich II. galt schon zu Lebzeiten als herrschsüchtig und kompromisslos. Bis heute wird ihm die Verantwortung für den Mord an Thomas Becket zugeschrieben. Trotz seines zweifelhaften Rufs gelang es ihm, die 300 Jahre währende Macht seines Königshauses Anjou in England zu begründen.

*Der von Christen verehrte Muslim*

# Saladin

## 1138–1193

Gotthold Ephraim Lessing machte den Sultan Saladin im Drama *Nathan der Weise* zu seinem Sprachrohr für religiöse Toleranz. Als Saladin den jüdischen Kaufmann Nathan fragt, welche Religion die beste sei, erzählt dieser eine Parabel von drei gleichen Ringen, die jeden der Besitzer in den Glauben versetzen, den besten Ring zu haben; ebenso sei für jeden Gläubigen – ob Jude, Christ oder Muslim – seine eigene Religion die beste, und dies müsse man akzeptieren. Der Sultan lässt sich überzeugen und übt später die geforderte Toleranz gegenüber einem christlichen Tempelherrn: »Als Christ, als Muselmann: gleichviel! ... Ich habe nie verlangt, dass allen Bäumen *eine* Rinde wachse.« Grundlage für Lessings Darstellung Saladins war die Milde, Freigebigkeit und eben auch die religiöse Toleranz des Sultans, die schon seine Zeitgenossen betont hatten. Obwohl er zeit seines Lebens gegen Juden und christliche Kreuzfahrer im Namen des Koran um den Erhalt und die Erweiterung seines islamischen Reiches gekämpft hatte, blieb das positive Bild von Saladin in Europa ebenso wie im Nahen Osten sogar bis in die Neuzeit nahezu unbeschädigt erhalten.

■ Saladin-Figurine, Teil eines Wasseruhrentwurfs, um 1180, von al-Jazari. London, British Library

Schon früh erwarb sich Saladin bei den muslimischen Arabern einen hervorragenden Ruf, denn als Wesir im Kalifat von Kairo, seiner ersten hochrangigen Position, war er nicht nur Stellvertreter des Kalifen, sondern zugleich Herr über die wichtigsten muslimischen Pilgerstätten Mekka und Medina. Er schaffte die bis dahin üblichen horrenden Steuern ab, die von den Pilgern zu zahlen waren – stattdessen stellte der selbst äußerst bescheiden lebende Sultan Verpflegung für die beschwerlichen Pilgerreisen bereit. So wurde er schon zu Lebzeiten als zweiter Joseph von Ägypten verehrt, denn die Geschichte

des Friedensherrschers und Welternährers Joseph hat sowohl in der Bibel als auch im Koran ihren Platz. Bei den arabischen Machthabern hingegen sah die Sache ein wenig anders aus: Seine steile Karriere vom ägyptischen Wesir zum Sultan von Damaskus mochten nicht alle neidlos anerkennen. Vor allem der nominell über ihm stehende Kalif von Bagdad wollte es nicht akzeptieren, dass Saladin – der eigentlich der bedeutendste muslimische Machthaber war – sich nun anmaßte, den vom Kalifen geführten Ehrentitel an-Nasir (»der Sieg verleihende König«) anzunehmen, obwohl er ihm nicht zustand. Zudem sah man es mit Widerwillen, dass Saladin sich während seiner gesamten Regierungszeit fast ausschließlich um Kriege gegen die Kreuzfahrer kümmerte und alles andere darüber vernachlässigte.

Dabei handelte Saladin nicht nur aus machtpolitischen Gründen, sondern auch zur Verteidigung des Islam – und nicht eben erfolglos. So gelang es ihm 1187, Jerusalem, das schließlich auch für den Islam eine große Bedeutung hatte, von den christlichen

■ Der legendäre Zweikampf zwischen Saladin und Richard Löwenherz während des Dritten Kreuzzugs. Englische Buchmalerei, um 1340, aus dem Luttrell-Psalter. London, British Library

### JERUSALEM UND DER ISLAM
Seit dem frühen Islam galt Jerusalem den Muslimen als dritte heilige Stätte nach Mekka und Medina. Den Ort, von dem aus Mohammed seine nächtliche Himmelfahrt angetreten haben soll (Sure 17 des Koran), identifizierte man von jeher mit dem Jerusalemer Felsendom, ohne dass es dafür eine schriftliche Überlieferung gäbe. Anfangs beteten die Muslime sogar in Richtung Jerusalem, bevor sie sich zu Mohammeds Geburtsort Mekka wandten, der bis heute üblichen Gebetsrichtung.

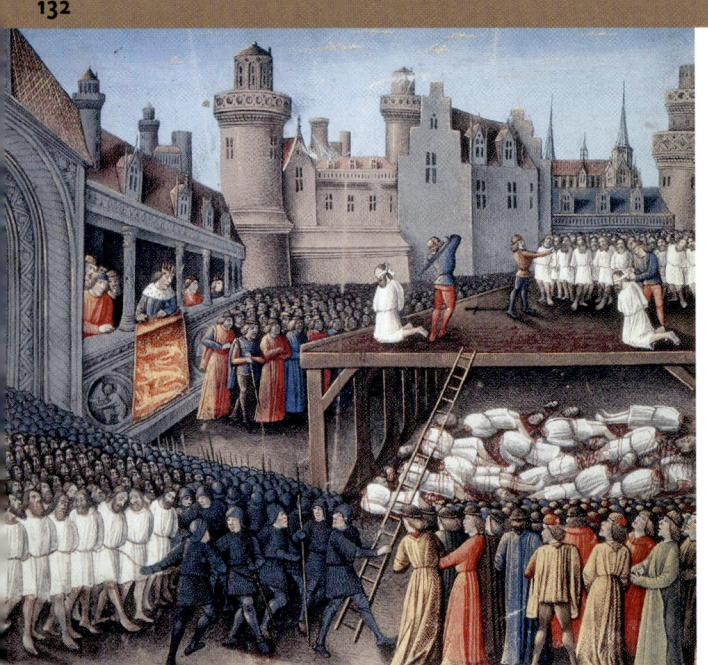

■ Richard Löwenherz lässt im Jahre 1191 nach der Eroberung von Akkon 3000 muslimische Gefangene enthaupten – Saladin verzichtet auf einen Racheakt. Buchmalerei, 1474/75, von Jean Colombe (gest. 1529). Paris, Bibliothèque de l'Arsenal

Kreuzfahrern zurückzuerobern. Die Folge davon war der Abzug der Franken aus der Heiligen Stadt, und um diesen Bevölkerungsschwund wieder auszugleichen, erlaubte Saladin den Juden, sich in Jerusalem anzusiedeln. So gesehen hatte er durchaus pragmatische Gründe für diese Maßnahme, doch von den Juden wurde er für seine unvergleichlich mildtätige Politik fortan als Wegbereiter des Messias verehrt.

Selbst die Christen, die nach nunmehr 88 Jahren die Stadt hatten verlassen müssen, sollten bald zu den großen Verehrern des Sultans gehören. Tatsächlich verhielt sich Saladin – gemessen an den damaligen Gepflogenheiten – weitgehend moderat. Er ließ Guido von Lusignan, den christlichen König von Jerusalem, ziehen, rührte die meisten christlichen Schätze nicht an und öffnete die Heilige Stadt weiterhin für christliche Pilger. Allein Letzteres war für die abendländischen Christen so wichtig, dass der Sultan sich fortan seiner Verehrung sicher sein konnte. Dabei war das nur die eine Seite der Medaille: Vermutlich ließ Saladin mit dem heiligen Kreuz eine der bedeutendsten christlichen Reliquien verschwinden (seit 1187 ist es verschollen), machte Jerusalem zu einer vorrangig muslimischen Stadt, und als der christliche Fürst von Antiochia, Rainald von Châtillon, sich weigerte, zum Islam überzutreten, schlug der Sultan ihm eigenhändig den Kopf ab. Doch derartige weniger ruhmreiche Taten Saladins wurden schnell von dem Bild des christenfreundlichen Sultans überdeckt.

Und so waren es wohl gerade die außergewöhnlichen Begebenheiten, die sich schnell verbreiteten und Saladin zu einer nicht alltäglichen Herrschergestalt des Mittelalters werden ließen. Beispielsweise wurde seine Ritterlichkeit gerühmt, die er sich ausgerechnet im Kampf gegen die Kreuzritter erworben hatte: Nachdem der englische König und Kreuzfahrer Richard Löwenherz (s. S. 136) 3000 muslimische Geiseln hatte ermorden lassen, verzichtete der Sultan großmütig darauf, diese Tat mit einer ebensolchen Racheaktion an den gefangenen Christen zu vergelten.

Beim letzten Kampf zwischen Saladin und dem englischen König schließlich stand Richard eines Tages ohne Pferd da, und damit er nicht wie ein gemeiner Soldat zu Fuß kämpfen musste, unterbrach Saladin die Kampfhandlungen, um seinem Gegner zwei stattliche Pferde zukommen zu lassen. Es kann kaum verwundern, dass aus diesen Geschichten schnell Legenden geworden sind, die mit der Realität bald nichts mehr gemein hatten. In Europa sollte man sich später erzählen, dass Saladin eine christliche Mutter gehabt habe, in Jerusalem zum Ritter geschlagen worden und schließlich als getaufter Christ gestorben sei …

So hatte also das Saladin-Bild, das sich in der abendländischen Geschichtsschreibung seit dem 13. Jahrhundert seinen Weg bahnte, im tiefsten Innern zwar einen wahren Kern, war aber letztlich derart überzeichnet, dass der Sultan eher einer Kunstfigur glich und die Idealisierung eines Herrschers darstellte. Es war daher auch Saladin, auf den das Bild des »edlen Heiden« zurückging, eines vom Mittelalter bis in die Neuzeit in der europäischen Literatur immer wieder aufgegriffenen Klischees. Der vollendete Ritter und heimliche Christ Saladin wurde von den mittelalterlichen Dichtern Walther von der Vogelweide und Dante ebenso thematisiert

■ Saladins Reiterei. Buch-malerei aus dem *Roman de Godefrey de Bouillon*, 1337. Paris, Bibliothèque Nationale

wie später von Voltaire; sie alle rühmten Saladins Milde, Toleranz und Großmut. Auch der schottische Schriftsteller Walter Scott zeichnete in seinem Roman *Der Talisman* im Jahr 1825 ein ausgesprochen sympathisches Bild von Saladin. Ebenso bemerkenswert wie bezeichnend für Saladins positives Bild in Europa ist schließlich der Besuch, den der deutsche Kaiser Wilhelm II. auf seiner Nahostreise 1898 Saladins Grab in Damaskus abstattete.

Saladins Ruhm in Europa ist sicher auch dadurch zu erklären, dass das europäische Bild vom Islam und von Muslimen schon im Mittelalter in erster Linie mit Krieg und blutiger Gewalt im Namen des Islam assoziiert worden ist. Saladins rücksichtsvolle und milde Maßnahmen den Juden und Christen gegenüber passten nicht in dieses Bild und ließen den Sultan noch strahlender erscheinen. Die islamischen Fundamentalisten des 21. Jahrhunderts tun ihr Übriges, um das grundsätzliche Vorurteil über den gewalttätigen Islam am Leben zu erhalten – und damit auch den Ruhm Saladins als große Ausnahme davon. Dabei hat der Sultan bei genauer Betrachtung nichts allzu Außergewöhnliches getan, sondern eben die tolerante Seite der islamischen Religion gelebt und sich an einen Satz aus dem Koran gehalten: »In der Religion gibt es keinen Zwang.«

■ Der marmorne Sarkophag im Mausoleum Saladins in Damaskus ist ein Geschenk Kaiser Wilhelms II. aus dem Jahr 1898. Allerdings ruhen Saladins Überreste nicht in diesem, sondern in dem originalen hölzernen Sarkophag daneben.

Als kurdischstämmiger Sultan in türkischen Diensten, der für seinen islamischen Glauben gegen die Christen kämpfte, ist er zudem auch heute noch für viele ein Vorbild: für das unterdrückte Volk der Kurden ebenso wie für die Araber und alle Muslime im Nahen Osten. Erstaunlicherweise erfährt der Sultan Saladin auch im christlichen Abendland seit sieben Jahrhunderten eine ähnliche Verehrung.

# SALADIN

 BIOGRAPHIE

Salah ad-Din Yusuf Ibn Ayyub, genannt Saladin, wurde 1138 in Tikrit geboren. Als Saladin noch ein Kind war, wurde sein Vater als Statthalter nach Baalbek (Syrien) versetzt. Im Jahr 1163 trat Saladins Onkel Schirkuh in die Dienste des fatimidischen Kalifen von Kairo und nahm seinen Neffen mit. Nach jahrelangen Machtkämpfen zwischen Fatimiden, Zangiden (den Herren Saladins) und Christen ging Schirkuh als Sieger hervor: Er wurde neuer Wesir in Kairo; nach seinem Tod folgte ihm Saladin 1171. Kurze Zeit später starb der ägyptische Kalif, doch einen Nachfolger sollte es nicht mehr geben, da Saladin bereits so einflussreich geworden war, dass er das Kalifat von Ägypten für beendet erklärte. Fortan sollte es nur noch den Kalifen in Bagdad geben. Als Wesir von Ägypten wurde Saladin in der Folgezeit so mächtig, dass es beinahe zu einer militärischen Auseinandersetzung zwischen ihm und seinem zangidischen Herrn Nur ad-Din kam. Allein dessen Tod verhinderte dies, und so zog Saladin 1174 als neuer Machthaber in Damaskus ein. Im Laufe der folgenden Jahre erwarb Saladin auch die Herrschaft über die weiteren wichtigen Zentren Aleppo und Mossul und wurde schließlich 1185 von den Zangiden offiziell als neuer Machthaber anerkannt, was zugleich das Ende des türkischen Zangiden-Geschlechts bedeutete. Um sein Reich zu festigen und zu vergrößern, eroberte Saladin 1187 nach der entscheidenden Schlacht bei Hattin Jerusalem von den christlichen Kreuzfahrern zurück. Dies löste den dritten und insgesamt größten aller Kreuzzüge aus, der 1189 beginnen sollte. Als der englische König Richard Löwenherz 1191 in der Hafenstadt Akkon ankam, gelang den Kreuzfahrern umgehend die Rückeroberung dieser Stadt. In den folgenden Monaten versuchten die Christen vergeblich, Jerusalem wieder in ihre Macht zu bringen. Die Pattsituation mündete im Herbst 1192 in einen auf drei Jahre und acht Monate festgelegten Waffenstillstand. Saladin durfte sich dennoch als Sieger fühlen, denn Jerusalem blieb in seiner Hand. Als Dank dafür wollte er im Frühjahr 1193 nach Mekka pilgern, doch verstarb er am 4. März 1193 in Damaskus. Dort wurde ihm ein Mausoleum errichtet, dessen Neubau heute zu besichtigen ist.

## Verwandtschaft

Der kurdischstämmige Saladin stand wie sein Vater und sein Onkel früh in Diensten des Geschlechts der türkischen Zangiden, die sich wiederum von den Seldschuken abgespalten hatten. Im Auftrag der Zangiden arbeitete er später für die ägyptischen Fatimiden. Beide Geschlechter fanden unter Saladin ein Ende: Er löste sie sowohl in Kairo als auch in Damaskus ab und begründete so die Dynastie der Ayyubiden (benannt nach Saladins Vater Ayyub). Nach Saladin konnten sie ihre Herrschaft noch bis 1250 sichern und wurden dann ihrerseits von den Mamelucken abgelöst.

## Quellen

Entsprechend seinem Wirkungsbereich unterrichtet uns die arabische Quelle aus der Feder seines Biographen Baha ad-Din Ibn Schaddad am vollständigsten über das Leben Saladins. In den Chroniken und historiographischen Werken Europas tritt das Leben und Wirken bereits stark gefiltert in Erscheinung und enthält zumeist die Begebenheiten, die Saladin als besonders großmütig, ritterlich und tolerant ausweisen.

 EMPFEHLUNGEN

**Lesenswert:**
Hannes Möhring: *Saladin. Der Sultan und seine Zeit. 1138–1193*, München 2005

Wilfried Westphal: *Richard Löwenherz und Saladin. Der Dritte Kreuzzug*, Ostfildern 2006

**Hörenswert:**
Jan Müller-Wieland: *Nathans Tod*. Oper 2001

**Sehenswert:**
*Saladin*. Regie: Youssef Chaine; mit Ahmed Mazhar, Ägypten 1963

*Königreich der Himmel*. Regie: Ridley Scott; mit Orlando Bloom und Eva Green, USA 2005

**Besuchenswert:**
Die Zitadelle und das Saladin-Mausoleum in Damaskus

 AUF DEN PUNKT GEBRACHT

Sultan Saladin kämpfte zwar unentwegt gegen die Christen, aber indem er auf Rache verzichtete und auf die christlichen Pilger Rücksicht nahm, erwarb er sich den Ruf eines mildtätigen und toleranten Herrschers.

König oder Abenteurer?

# Richard Löwenherz
1157–1199

■ Richard Löwenherz.
Buchmalerei aus einer Chronik
der Könige von England,
14. Jahrhundert. London,
British Library

»Wenn ich nur einen Käufer fände – ich würde sogar London verkaufen!«, rief Richard Löwenherz aus. Darf ein englischer König so über seine Hauptstadt sprechen? Eigentlich nicht, aber Richard Löwenherz war nun mal ein König, der keine Beziehung zu England hatte. Genaugenommen war er Franzose, der zwar in Oxford geboren war und als Sohn Heinrichs II. (s. S. 124) stets seinen Anspruch auf den englischen Thron bekräftigt hatte, aber seine eigentliche Heimat war Aquitanien im heutigen Frankreich. Dort, im Stammland seiner Mutter Eleonore (s. S. 112), wurde er bereits mit 13 Jahren Herzog; außerdem sprach er kein Englisch und hielt sich in den zehn Jahren, in denen er englischer König war, nicht einmal sechs Monate auf der Insel auf. Denn statt zu regieren, war er stets auf der Suche nach Abenteuern und Kämpfen.

Wie es der Zufall wollte, hallte 1189, als Richard den englischen Thron bestieg, der Ruf nach einem weiteren großen Kreuzzug durch Europa, um dem muslimischen Sultan Saladin (s. S. 130) die heilige Stadt Jerusalem wieder zu entreißen. Deshalb hielt es den neuen König nicht lange in England: Innerhalb von drei Monaten brachte er die lästige Thronbesteigung in Westminster hinter sich und stellte ein kostspieliges Kreuzfahrerheer auf – für das er eben sogar London verkauft hätte –, um so schnell wie möglich losziehen zu können. Denn Regieren war ihm zu langweilig – Richard I. war zu anderem berufen, als die englische Verwaltung zu reformieren oder sich mit englischen Baronen um ein paar Hektar Land zu streiten. Nein, er träumte von ritterlichen Abenteuern in der großen, weiten Welt und war nicht ohne Grund schon als Jugendlicher wegen seiner Tapferkeit mit dem Beinamen »Löwenherz« versehen worden.

Richard machte sich auf den Weg und vergaß offensichtlich schnell, dass er nicht als Abenteurer reiste, sondern als König von England: In einem süditalienischen Städtchen stahl er kurzerhand einen Jagdfalken aus einem Wohnhaus, weil er so begeistert von dessen Rufen war. Die wütenden Einwohner verfolgten den Dieb, und so wäre Richard beinahe von zornigen italienischen Kleinstädtern erschlagen worden. Der Weg führte ihn zunächst nach Sizilien – das er kurzerhand eroberte – und Zypern, vor dessen Küste das Schiff mit Berenguela von Navarra gekentert war, der Frau, die Richard heiraten sollte. Zum Glück überlebte sie den Zwischenfall.

Was Frauen anging, trat Richard Löwenherz ausnahmsweise nie als Abenteurer und Eroberer in Erscheinung – ganz im Gegenteil. Im zarten Alter von zehn Jahren war er bereits mit einer französischen Prinzessin verlobt worden, und besonders der König von Frankreich drängte immer mehr darauf, dass endlich die Hochzeit stattfinden solle. Indes gingen die Jahre ins Land, und als Richard 1189 den Thron bestieg, wurde sogar seine Mutter Eleonore unruhig, denn Richard war 22 Jahre nach der Verlobung noch immer nicht verheiratet. Eleonore wünschte sich hingegen eine andere Schwiegertochter und forcierte Richards Hochzeit mit Berenguela von Navarra, die nun also auf Zypern tatsächlich stattfand. Dadurch dass der groß gewachsene und rotblonde König jedoch so lange gezögert hatte und zudem seine Ehe mit Berenguela kinderlos blieb, kamen Gerüchte auf, dass er homosexuell gewesen sei.

So oder so scheinen ihm kriegerische Abenteuer wichtiger gewesen zu sein als Frauen, und so war er natürlich in seinem Element, als er 1190 den Hafen von Akkon im heutigen Israel erreichte: Den eroberte er samt der dazugehörigen Stadt umgehend von den Muslimen zurück, was ihnen – und auch Saladin als dem obersten Heerführer – gehörigen Respekt abverlangte. In der Folge eilte Richard bei seinen Gegnern

■ Die Eroberung von Akkon am 12. Juli 1191 durch König Richard I. Löwenherz von England und König Philipp II. von Frankreich. Buchmalerei, um 1335/40, aus den *Grandes Chroniques de France*. London, British Library

■ Gefangennahme von Richard Löwenherz durch den Herzog Leopold von Österreich (oben). Richard als Gefangener Kaiser Heinrichs VI. (unten). Buchmalerei, 1195/96, aus dem *Liber ad honorem Augusti* des Petrus de Ebulo. Bern, Bürgerbibliothek

der Ruf eines tapferen, mutigen und erfolgreichen Kriegers voraus. Richard konnte weitere Siege gegen Saladin erringen, aber das Hauptziel, die Rückeroberung Jerusalems, sollte unerreicht bleiben. Richards Heer stand sogar schon in Sichtweite vor der heiligsten Stadt der Christenheit, kehrte jedoch wieder um, weil die Erfolgsaussichten zu gering waren. Richard verwarf auch den Gedanken, Jerusalem wenigstens als einfacher Pilger zu betreten, was Saladin schließlich allen Christen erlaubt hatte – dafür war der König einfach zu stolz. Richard und Saladin einigten sich am Ende »nur« auf einen Waffenstillstand, und dennoch galt es als Erfolg des englischen Königs, dass er die Stellung der Kreuzfahrer im Heiligen Land behaupten konnte, nachdem ihre dortige Existenz durch Saladin ernsthaft gefährdet gewesen war.

Richard Löwenherz musste das Abenteuer Kreuzzug nicht zuletzt auch deswegen beenden, weil immer mehr Nachrichten aus England eintrafen, die von drohendem Machtverlust kündeten: Sein jüngerer Bruder Johann, den man »Ohneland« nannte, versuchte in Richards Abwesenheit dessen Machtposition zu untergraben und selbst auf den englischen Thron zu gelangen; gleichzeitig waren die Gebiete auf dem Festland durch den französischen König Philipp August II. in Gefahr. Doch schon Richards Rückreise nach England war abenteuerlicher, als ihm lieb sein konnte. Vielen europäischen Fürsten war der bisweilen rücksichtslose Draufgänger Richard ein Dorn im Auge, und so musste er sogar inkognito als Pilger reisen. Dabei stellte er sich jedoch äußerst ungeschickt an – er mochte auf den gewohnten Komfort nicht verzichten und wurde deshalb mehrmals enttarnt.

Zu seinem Unglück flog der Schwindel auch auf, als er sich bei Wien im Reich des österreichischen Herzogs Leopold aufhielt, denn der fackelte nicht lange und ließ ihn gefangen nehmen; möglicherweise war er noch beleidigt, weil Richard nach der Schlacht um Akkon das herzögliche Banner in den Latrinengraben hatte werfen lassen. Ob das der Wahrheit entsprach oder nicht – in der Haft auf der Burg Dürnstein war Richard Löwenherz jedenfalls nach der Meinung der meisten europäischen Herrscher am besten

### ROBIN HOOD

Der legendäre englische Räuberhauptmann Robin Hood ist als historische Person nicht belegbar. Die frühesten Balladen, in denen er als literarische Figur auftaucht, spielen zur Zeit eines König Eduard. Die populärste Version der Geschichte um Robin Hood allerdings sieht ihn als Freund von Richard Löwenherz – erstmals nachzuweisen beim schottischen Schriftsteller John Major (1521). Sie spielt um 1193/94, also zur Zeit von Richards erneuter Ankunft in England. Sehnsüchtig wird von Robin Hood die Rückkehr des gerechten Herrschers Richard in sein Königreich erwartet – wie gesagt: eine Legende.

aufgehoben. Der deutsche Kaiser Heinrich VI. forderte die Übergabe Richards in seine Obhut, weil er ein immenses Lösegeld für den kriegerischen König zu erhalten hoffte – und verlangte ganze 35 Tonnen Silber! Und tatsächlich brachte die Königsmutter Eleonore mit Hilfe der englischen Steuerzahler das Lösegeld auf und kaufte ihren Sohn 1194 frei.

Angesichts des Kampfes um den englischen Thron, den er in kürzester Zeit für sich entschied, musste Richard sich nun zum

■ Szenenphoto aus dem Film *Die Abenteuer des Robin Hood*, 1938, mit Errol Flynn in der Rolle des Titelhelden (kniend) und Ian Hunter als Richard Löwenherz

zweiten Mal in England aufhalten und ließ sich erneut krönen. Doch auch diesmal hielt es ihn nicht lange auf der ungeliebten Insel; bald schon warf er sich wieder ins Kampfgetümmel und begann mit der Verteidigung der Gebiete auf dem europäischen Festland. Damit verbrachte er einen Großteil seiner noch folgenden fünf Regierungsjahre.

Der Legende zufolge hörte er eines Tages, dass auf der Burg Châlus-Chabrol im Limousin ein Schatz gefunden worden sei und die Finder nicht im Traum daran dachten, ihn dem König auszuhändigen. Umgehend begab er sich zu der besagten Burg. Als er persönlich um die Burgmauern ritt, um herauszufinden, wie er wohl in die Burg und an »seinen« Schatz käme, wurde er vom Bolzen einer Armbrust in die Schulter getroffen. Wenige Tage später starb er in seinem Zelt an den Folgen der Verletzung.

Ob nun wirklich ein Schatz eine Rolle spielte oder ob es, was wahrscheinlicher ist, um die Niederschlagung einer Revolte und die Verteidigung von Territorium ging – in jedem Fall war Richards Tod so abenteuerlich wie sein Leben. Und zweifellos ist Richard Löwenherz heute einer der populärsten Könige von England, was erstaunlich ist, wenn man bedenkt, dass er nicht viel für England getan hat. Statt zu regieren, zog er von Schlachtfeld zu Schlachtfeld – und dennoch wurde ihm ein glänzender Nachruhm als milder und gerechter Herrscher zuteil. Man hat ihm wohl einfach unterstellt, dass er gewiss für die Armen und Schwachen gekämpft habe. Die viel später entstandene Legende um die beiden Freunde Richard Löwenherz und Robin Hood wird ihren Teil dazu beigetragen haben. In den Augen vieler Zeitgenossen war Richard Löwenherz sicher kein guter Sohn, Schwiegersohn, Gatte oder König. Aber schon seit dem 12. Jahrhundert ist man sich einig, dass er ein kühner und großer Krieger war.

■ Tod des Richard Löwenherz während der Belagerung von Châlus. Holzstich, 1875, nach einer Zeichnung von Emile Bayard (1837–1891)

# RICHARD LÖWENHERZ

 BIOGRAPHIE

Richard I. »Löwenherz« wurde am 8. September 1157 in Oxford als Sohn König Heinrichs II. und Eleonores von Aquitanien geboren. Er wuchs in Aquitanien auf, wurde dort Herzog und kämpfte lange Jahre für seine Einsetzung als Kronprinz. Nach Heinrichs Tod wurde Richard König von England. Im Dezember 1189 kam er mit dem Dritten Kreuzzug ins Heilige Land. Unterwegs nahm er Messina ein und befreite seine Schwester Johanna aus den Händen des sizilischen Königs Tankred von Lecce. Eine weitere Station war Zypern, das er von Isaak Komnenos eroberte, einem mit Saladin verbündeten Spross der byzantinischen Kaiserfamilie, der sich zum Kaiser von Zypern ausgerufen hatte. Nach der Unterwerfung fand im Mai 1191 in Limassol die Hochzeit von Richard und Berenguela von Navarra statt. Von 1191 bis 1192 hielt Richard sich im Heiligen Land auf und unterstützte Guido von Lusignan, den König von Jerusalem, im Kampf gegen die verbündeten Franzosen und Genuesen. Obwohl der Kreuzzug also von zerstrittenen Parteien geprägt war, konnte Richard einige Erfolge gegen die Muslime erringen. Auf die Rückeroberung Jerusalems musste er jedoch verzichten; es kam lediglich zu einem Waffenstillstand zwischen ihm und Saladin. Auf der Rückreise wurde Richard vom österreichischen Herzog Leopold V. auf Burg Dürnstein und anschließend von Kaiser Heinrich VI. auf Burg Trifels in Geiselhaft gehalten. Durch seine Mutter freigekauft, kehrte er nach England zurück, reiste aber bald wieder nach Frankreich, wo er am 6. April 1199 starb.

## Verwandtschaft

In Richard Löwenherz vereinigten sich zwei französische Adelslinien. Sein Vater Heinrich II. entstammte dem Haus Anjou, das vom 12. bis zum 15. Jahrhundert die englischen Könige stellte und dort meist als Plantagenet bezeichnet wurde. Richards Mutter Eleonore war Tochter des Herzogs von Aquitanien aus dem Hause Poitou. Aus diesen Verwandtschaftslinien leiteten sich auch Richards territoriale Ansprüche ab, die vor allem Frankreich betrafen.

## Quellen

Richards Regierungszeit spiegelt sich vor allem in zeitgenössischen Chroniken wider, etwa denen Williams von Newburgh, Benedikts von Peterborough oder Rogers von Howden. Da Richard sich aber ständig auf Reisen befand, haben sich auch unzählige weitere Chronisten mit seinen Taten beschäftigt.

 WISSENSWERTES

### Die Ritter

Durch die Kreuzzüge erfuhr das Rittertum im Hochmittelalter wichtige Impulse, denn es gab großen Bedarf an Kriegern. Die Ausbildung zum Ritter begann mit sieben Jahren und endete mit 21. Zunächst Edelknabe und Knappe, wurde der junge Mann dann zum Ritter geschlagen. Fortan erwartete man, dass der Ritter nicht nur sein Kriegshandwerk, sondern auch die höfische Etikette beherrschte.

 EMPFEHLUNGEN

**Lesenswert:**
Ulrike Kessler: *Richard I. Löwenherz. König, Kreuzritter, Abenteurer*, Graz 1995

Régine Pernoud: *Der Abenteurer auf dem Thron. Richard Löwenherz, König von England*, München 1994

John Gillingham: *Richard Löwenherz*, Düsseldorf 1981

Maurice Keen: *Das Rittertum*, Düsseldorf 2002

**Hörenswert:**
Georg Friedrich Händel: *Riccardo Primo*. Oper 1727

**Sehenswert:**
*Kreuzritter – Richard Löwenherz*. Regie: Cecil B. DeMille. USA 1935

**Besuchenswert:**
Die Burgruine Dürnstein in Österreich

Die Burg Trifels in der Pfalz

Die Abtei Fontevrault in Frankreich (Grabstätte)

Die unterirdische Kreuzfahrerstadt in Akkon, Israel

 AUF DEN PUNKT GEBRACHT

Richard Löwenherz: ein Franzose auf dem englischen Königsthron. Diesen Thron mied er, so gut es nur ging, um sein Leben als Ritter und Abenteurer zu verbringen. Sein Nachruhm ist aber nicht nur als Krieger, sondern auch als Herrscher glänzend.

*Geringer als Gott, aber größer als der Mensch*

# Innozenz III.
## um 1161–1216

■ Papst Innozenz III.
Reproduktion eines Stichs,
16. Jahrhundert

»O weh! Der Papst ist zu jung! Hilf, Herr, deiner Christenheit!« So rief der Dichter Walther von der Vogelweide Gott um Beistand an, denn der neue Papst, der 1198 als Innozenz III. in sein Amt eingeführt wurde, war gerade einmal 37 Jahre alt und noch weitgehend unbekannt. Tatsächlich war das ein ungewohntes Bild, denn schon im 12. Jahrhundert waren die Päpste in der Regel betagte Männer, wenn sie ihre bedeutungsvolle Aufgabe übernahmen. Bei Innozenz waren aber jegliche Sorgen wegen seines »jugendlichen« Alters unberechtigt. Er war eine geborene Herrschernatur, und in seiner Person vereinigten sich politische Klugheit, entschlossenes Handeln und staatsmännische Besonnenheit. Grundlage seines überaus erfolgreichen Pontifikats war sein ausgeprägtes Selbstbewusstsein. Durch sein Amt fühlte er sich allen anderen Menschen enthoben und sah seine Macht in der besonderen päpstlichen Nähe zu Gott begründet. Mit diesem Selbstverständnis regierte Innozenz sowohl in geistlichen als auch in weltlichen Belangen, für die er sich gleichermaßen zuständig fühlte.

Man kann es sich heutzutage nur schwer vorstellen, aber bis ins 12. Jahrhundert gingen die Päpste noch vergleichsweise bescheiden mit ihrem Amt um: Der Papst galt als »Stellvertreter des Petrus«, der ja in Rom gestorben sein soll, und die Zuständigkeit erstreckte sich auf den kirchlichen Bereich sowie auf die Besetzung des höchsten weltlichen Amtes, nämlich das des deutschen Kaisers – dass die Kaiser ihrerseits anders darüber dachten, hatte der Investiturstreit zur Zeit Heinrichs IV. (s. S. 88) gezeigt. Innozenz III. aber sah sich nicht nur als Petrus-Nachfolger, sondern als »Stellvertreter Christi«, und aus dieser Amtsvorstellung heraus kam dem Papst eine gleichsam grenzenlose »Fülle der Macht« zu. Darauf berief sich Innozenz immer wieder. Bereits am Tag nach seiner Krönung besetzte er zahlreiche Posten in seinem Umfeld neu und zwang sogar den Stadtpräfekten von Rom, immerhin den Stellvertreter des Kaisers in der Ewigen Stadt, zur Unterwerfung unter die päpstliche Macht.

Das sollte nur der Anfang sein, denn gerade in weltlichen Dingen führte Innozenz III. das Papsttum zu einer bis dahin ungekannten Machtfülle. Der überraschende Tod Kaiser Heinrichs VI. wenige Monate zuvor kam dem Papst in dieser Hinsicht sehr entgegen, denn dadurch war die deutsche Herrschaft in Italien zusammengebrochen. Innozenz nutzte die günstige Gelegenheit, um das sogenannte Patrimonium Petri, also den Kirchenstaat, beträchtlich zu erweitern. Gehörte dem Heiligen Stuhl zunächst nur die Umgebung Roms, brachte Innozenz nun mit der Mark Ancona und dem Herzogtum Spoleto auch weite Teile Mittelitaliens an der adriatischen Küste unter seine Herrschaft. Es entspricht seinem Machtverständnis, dass er dies nicht als Eroberung, sondern als Wiedergewinnung von Gebieten bezeichnete, die dem Papsttum ohnehin zuständen. Innozenz hatte mit der Romagna und Tuszien noch weitaus mehr Land angliedern wollen, was jedoch am Widerstand der dortigen Fürsten scheiterte; doch auch so schaffte er es, den Kirchenstaat um mehr als das Doppelte anwachsen zu lassen: Wer nun durch Italien reiste, musste auch durch den Kirchenstaat, der von Küste zu Küste reichte.

Auf Wunsch Heinrichs VI. regierte Innozenz für zehn Jahre über Sizilien – als Vormund des späteren Kaisers Friedrich II. (s. S. 154). In den großen Wirren um die Besetzung des deutschen Königsthrons ab 1198 hielt er sich persönlich für zuständig, eine Entscheidung zu fällen. Mit Philipp von Schwaben, dem Welfen Otto und Friedrich II. standen drei Anwärter zur Auswahl. Im Jahr 1201 gab Innozenz aufwendig bekannt, dass Otto IV. der neue

**DIE SCHLÜSSEL DES PAPSTES**

Innozenz III. verwendete als Erster die Schlüssel im päpstlichen Wappen, das bis heute diese Attribute enthält. In der Kuppel des Petersdoms ist ein Vers aus dem Matthäusevangelium zitiert, dem zufolge Jesus die Schlüssel zum Himmelreich Petrus gab, der in Rom gestorben sein soll. Die Päpste verfügen somit nach eigenem Verständnis über die himmlische Schlüsselgewalt.

■ Papst Innozenz III. exkommuniziert die Albigenser und ruft zum Kreuzzug gegen sie auf. Buchmalerei, um 1335/40, aus den *Grandes Chroniques de France*. London, British Library

■ Innozenz III. bestätigt die franziskanische Regel. Fresko, um 1295/1300, von Giotto di Bondone (1266–1337). Assisi, Basilika San Francesco

## LATEINISCHES KAISERREICH

Auf dem Vierten Kreuzzug nahmen die Kreuzfahrer – gegen den Willen Innozenz' III. – Konstantinopel und einen Teil des Byzantinischen Reiches ein. Sie gründeten daraufhin 1204 mitten im oströmischen Staat das sogenannte Lateinische Kaiserreich. Die Nachbarreiche der Bulgaren und Türken bekriegten das Kaiserreich, das 1261 wieder zusammenbrach.

deutsche König sei. Zu seinem Betrüben interessierte die Entscheidung des »übermenschlichen« Innozenz in Deutschland kaum jemanden – im Gegenteil: im Laufe der Jahre konnte Philipp sich durchsetzen. Dass mit Friedrich II. der Ziehsohn des Papstes zu einer der schillerndsten Herrschergestalten des Mittelalters werden sollte, erlebte Innozenz nicht mehr. Erfolgreicher war Innozenz, als er sich in den englisch-französischen Krieg einschaltete. Er fungierte als Vermittler, und im Anschluss daran bezeichnete er sich ganz unbescheiden als »Schiedsrichter der Welt«.

Besonders am Herzen lagen Innozenz die Kreuzzüge. Er initiierte den Vierten Kreuzzug, der zur Errichtung des Lateinischen Kaiserreiches führte, und ebenso den Fünften Kreuzzug, dessen Durchführung er nicht mehr erleben sollte. Auch gegen die südfranzösischen Ketzer, die sogenannten Albigenser (benannt nach der Stadt Albi), führte Innozenz einen Kreuzzug durch, der sich mit der Zeit zu einem blutrünstigen Eroberungs- und Raubkrieg ausweitete. Der Anführer des Heeres, Simon von Montfort, soll bei der Belagerung der Ketzerhochburg Béziers gesagt haben: »Tötet sie alle! Der Herr wird die Seinen erkennen.« Ein Kirchenhistoriker hat diesen Albigenserkreuzzug als »eines der abstoßendsten und traurigsten Kapitel der Kirchengeschichte« bezeichnet. Innozenz hatte diesen Kreuzzug zwar gewollt, verurteilte das Ausmaß der Gewalt dann aber scharf.

Trotz dieses blutigen Makels auf dem weißen Papstgewand gilt Innozenz vielen noch heute als der größte Papst des Mittelalters. Aufgrund seines politischen und weltlichen Einflusses, aber auch seiner grundlegenden Neuerungen auf kirchenrechtlichem Gebiet wurde er von einem englischen Chronisten als »Verwandler des Jahrhunderts« bezeichnet. Möglich gemacht hatte dieses einflussreiche Pontifikat das unerschütterliche Selbstvertrauen des Innozenz: Nach seinem Verständnis war er »geringer als Gott, aber größer als der Mensch«. Auf jeden Fall festigte Innozenz die Stellung der Päpste und trug dazu bei, dass das Papsttum heute die einzige Institution ist, die seit zwei Jahrtausenden besteht.

# INNOZENZ III.

 ## BIOGRAPHIE

Innozenz III. wurde als Lothar von Segni um 1161 geboren. Er studierte an den ältesten und renommiertesten Universitäten Europas: in Paris (Theologie) und Bologna (Kirchenrecht). Nachdem er 1190 zum Kardinaldiakon erhoben worden war, wurde er am 8. Januar 1198 zum Papst gewählt. Durch seine Studien war er sehr gebildet, zudem galt er als gewandter Redner und guter Sänger. Einen Schwerpunkt legte er aber auf das Kirchenrecht, weshalb er als Juristenpapst bezeichnet wird. Er sammelte juristische Entscheidungen und fügte sie dem *Corpus iuris canonici* hinzu, das noch bis 1918 das gültige Kirchenrecht repräsentierte. Darüber hinaus stellte er als Erster Regeln zur Überprüfung der Echtheit von Urkunden auf, um Fälschungen zu vermeiden. Im Pontifikat legte er einen ersten Schwerpunkt auf die Vergrößerung des Kirchenstaats, die sogenannten Rekuperationen. Im deutschen Thronstreit erklärte er 1201 den Welfen Otto IV. zum rechtmäßigen König, der jedoch erst 1208 allgemeine Anerkennung fand. Als Otto den Papst hinterging, protegierte dieser ab 1212 den Staufer Friedrich II. als neuen König, zu dem er eine besondere Beziehung hatte, nachdem er 1198–1208 als sein Vormund über Sizilien regiert hatte. Innozenz III. rief den Vierten Kreuzzug (1202–1204) aus, der zum Krieg gegen Byzanz wurde. Viel Kraft widmete Innozenz dem Kampf gegen die Ketzer; blutiger Höhepunkt dieses Kampfes war der Albigenserkreuzzug (1209–1213). Ein glänzender Schlusspunkt seines Pontifikats war das vierte Laterankonzil 1215, auf dem sich etwa 70 Patriarchen und Erzbischöfe, über 400 Bischöfe, 800 Äbte sowie Kaiser Friedrich II. einfanden. Innozenz III. starb am 16. Juli 1216 in Perugia. Seine Gebeine wurden 1891 nach Rom transferiert, wo sie seither in der Kirche San Giovanni in Laterano ruhen.

### Verwandtschaft

Lothar von Segni entstammte dem städtischen Führungsadel des mittelitalienischen Segni, das im Hochmittelalter eine besondere Beziehung zum Papsttum pflegte, da sich im 12. Jahrhundert einige Amtsinhaber in der dortigen päpstlichen Sommerresidenz aufhielten. Über seine Mutter war Lothar-Innozenz mit der römischen Aristokratie verwandt. Soweit wir wissen, hat Innozenz (anders als viele mittelalterliche Päpste) keine Kinder gezeugt.

### Quellen

Die wichtigsten Quellen zum Wirken Innozenz' III. sind ein anonymer Tatenbericht (*Gesta Innocentii III papae*) und das mehrbändige Register des Papstes, in dem theologische und liturgische Werke enthalten sind sowie Predigten, Briefe und Dekretalen, also kirchenrechtliche Texte. Durch seine vielfältigen Beziehungen zu allen europäischen Herrschern finden sich darüber hinaus in unzähligen Chroniken Äußerungen über ihn.

 ## WISSENSWERTES

### Die Bettelorden

Als Reaktion auf die intensiver werdende Geldwirtschaft der Städte bildeten sich im frühen 13. Jahrhundert die Bettelorden heraus, deren Grundidee ein Leben in Armut war. Die Annahme von Geld oder Besitz war den Mitgliedern verboten, ihr Lebenszweck bestand aus Seelsorge, Mission und Studien. Sie siedelten sich vornehmlich in den Städten an. Innozenz III. stand am Beginn der Bettelordensbewegung, denn er genehmigte Franziskus von Assisi 1209/10 mündlich die Einrichtung eines neuen Ordens (endgültige Approbation 1233), und kurz vor seinem Tod 1216 erteilte Innozenz auch dem Orden des Dominikus seinen Segen – dessen Mitglieder werden seit dem 15. Jahrhundert Dominikaner genannt.

 ## EMPFEHLUNGEN

**Lesenswert:**
Reinhold Schneider: *Innozenz der Dritte*, München 1963

Bernhard Schimmelpfennig: *Das Papsttum. Von der Antike bis zur Renaissance*, Darmstadt 1996

Jörg Oberste: *Der Kreuzzug gegen die Albigenser. Ketzerei und Machtpolitik im Mittelalter*, Darmstadt 2003

**Besuchenswert:**
St. Peter und San Giovanni in Laterano in Rom

 ### AUF DEN PUNKT GEBRACHT

Papst Innozenz III., der sich selbst irgendwo zwischen Gott und Menschen einordnete, führte das Papsttum zu einer ungekannten Machtstellung: sowohl im weltlichen Bereich als auch durch seinen rücksichtslosen Einsatz für die christliche Kirche.

*Die ordnende Hand einer wilden Horde*

# Dschingis Khan
um 1162–1227

»Diese Leute rauben nicht, zünden keine Häuser an, schlachten keine Tiere, sondern verwunden und töten nur Menschen – oder verjagen sie, wenn es nicht anders geht. Aber viel lieber töten sie sie, als sie zu vertreiben.« Als grausame und blutrünstige Horde schilderte der Franziskaner Johannes de Plano Carpini die Mongolen im 13. Jahrhundert. Und in der Tat war das die Perspektive der Europäer, die in dieser Zeit unfreiwillig mit dem asiatischen Reitervolk in Berührung kamen, als es auf seinen Eroberungszügen bis nach Ostmitteleuropa vorstieß. Doch ein Volk, das so erfolgreich den asiatischen Kontinent erobern konnte, brauchte auch eine ordnende Hand – und das war Dschingis Khan.

Dieser Mann, der eigentlich Temüdschin hieß, war lange Zeit nur einer der vielen Stammeshäuptlinge südlich des Baikalsees im tiefsten Asien. Erst mit den Jahren gelang es ihm, sich zum Herrscher über weite Teile der heutigen Mongolei aufzuschwingen und viele Stämme zu unterwerfen. Anschließend prophezeite ihm ein Seher, dass er einst die Weltherrschaft erringen werde. Bei dem ehrgeizigen Temüdschin fiel diese Prophezeiung auf fruchtbaren Boden, und so ließ er sich ab 1206 nur noch Dschingis Khan nennen, was übersetzt etwa so viel wie »Weltherrscher« oder »ozeangleicher Herrscher« bedeutet – ganz genau hat man das nie herausgefunden.

Nicht einmal zwei Jahrzehnte später unterstand Dschingis Khan bereits halb Asien, von Korea über Nordchina und die Mongolei, das heutige Afghanistan und den Iran bis zum Kaspischen Meer. Sein westlichster Feldzug endete 1223 in der heutigen Ukraine. Unter seinen Söhnen und Enkeln, die einträchtig an der Festigung und Erweiterung der Macht nach Westen arbeiteten, sollte dort aber nicht Schluss sein, denn sie unterwarfen auch Russland und drangen bis nach Europa vor.

■ Dschingis Khan. Gemälde, 14. Jahrhundert, Yuan-Dynastie. Taipeh, National Palace Museum

Schon früh machte Dschingis Khan dieses mongolische Reich durch die Expansionen zu einem Vielvölkergemisch, in dem die Mongolen nur noch einen kleinen Teil darstellten. Und je mehr Stämme er unter seiner Herrschaft zu vereinigen hatte, desto besser musste die Organisation sein. Dschingis Khan begriff das sehr schnell und setzte diese Erkenntnis auf vielerlei Gebieten um; so schuf er etwa eine straffe Heeresorganisation und eine feste Kampfformation mit drei Flügeln. Außerdem erkannte er die Bedeutung von Schrift, und um verbindliche Regeln aufstellen zu können, ordnete er an, die Schrift der türkischen Uiguren zu benutzen, die er auf einem seiner Feldzüge kennengelernt hatte – die Mongolen kannten bis ins 13. Jahrhundert hinein keine schriftlichen Aufzeichnungen.

Mithilfe des Mediums der Schrift erließ Dschingis Khan nun ausführliche Gesetze zu militärischen Fragen, zur Verwaltung und zu Fragen der Disziplin. Ein Hauptproblem seines Vielvölkerreiches war nämlich, dass sich die Stämme, die als Nomaden meist ein unstetes Leben gewohnt waren, gegenseitig überfielen und ausraubten; um Bräuchen wie Plünderungen oder der Blutrache ein Ende zu bereiten, verhängte Dschingis Khan drakonische Strafen: Auf schwere Verbrechen wie Mord, Raub oder Ehebruch stand gar der Tod. Ein weiteres Problem seines Vielvölkergebildes war das Kulturgemisch. Dschingis Khan zeigte jedoch Fingerspitzengefühl und versuchte beispielsweise nicht, alles der mongolischen Kultur zu unterwerfen, sondern respektierte die chinesische oder iranische Kultur. Zudem übte er eine fast grenzenlose religiöse Toleranz.

Eine wahrhaft fortschrittliche Erfindung Dschingis Khans war der Postdienst. Entlang der zentralen Verkehrswege wurden regelmäßig, im Abstand von etwa fünf Galoppstunden, Stationen eingerichtet, an denen sowohl Reiter als auch Pferd versorgt werden konnten; darüber

■ Dschingis Khan in der Schlacht. Miniatur, um 1590, Hofschule Akbars des Großen. Teheran, ehemalige Kaiserliche Gulistan-Bibliothek

**TATAR**

Seit Jules Vernes Abenteuerroman *Der Kurier des Zaren* (1876) wird Schabefleisch aus Rinderfilet als »Tatar« bezeichnet, weil die Tataren angeblich rohe Fleischstücke unter ihren Sätteln mürbe geritten und anschließend verzehrt haben. Auch Tatar wird meist roh gegessen. Im Englischen und Französischen heißen aufgrund der falschen Etymologie von »Tartaros« sowohl das Volk als auch das Gericht »tartare«.

■ Papst Innozenz IV. entsendet mehrere Spione, um die Mongolen auszukundschaften. Englische Buchmalerei, um 1250. London, British Library

**JOHANNES DE PLANO CARPINI**
Der Franziskaner Johannes de Plano Carpini (1182–1252) führte von 1245 bis 1247 als Gesandter Papst Innozenz' IV. eine Asienreise zu den Mongolen durch, um sie zu bekehren und als Bundesgenossen gegen die Araber zu gewinnen. Zwar hatte er mit beidem keinen Erfolg, doch verfasste er anschließend einen neun Bücher umfassenden Reisebericht über die Mongolei, der für uns heute sehr wertvoll ist.

hinaus standen auch Ersatzpferde bereit. Diese Maßnahme war so effizient, dass die Nachrichtenübermittlung dreimal schneller wurde als zuvor.

So trat das mongolische Weltreich des 13. Jahrhunderts als Mittler zwischen vielen Kulturen in Erscheinung und war zudem Wegbereiter eines neuen Weltverkehrs, der auch und gerade Europäern ungeahnte Weiten erschloss. Auf den neuen Verkehrswegen reisten bald nicht nur Missionare wie Carpini, sondern auch Kaufleute wie Marco Polo.

Den Bewohnern des Abendlandes aber blieben diese Kulturleistungen der Mongolen weitgehend verborgen. Sie kannten sie nur von ihren Eroberungszügen, bei denen sie übrigens immer die mit ihnen verbündeten Tataren vorausschickten. In Europa hieß es deshalb immer nur: »Die Tataren kommen!«, wenn die Mongolen im Anmarsch waren. Angesichts des Schreckens, den sie verbreiteten, lag die Assoziation mit dem Tartaros, der Unterwelt aus der griechischen Mythologie, nahe. Und so wurden aus den innovativen und toleranten Mongolen in Europa die wilden, der Hölle entstiegenen »Tartaren«.

Die »Mongolen«, wenn man das Konglomerat denn noch so nennen möchte, zeigten somit zwei Gesichter: Nach außen hin erschienen sie allen angegriffenen Völkern verständlicherweise als mordende Meute, im Innern aber wurden sie zu einem zivilisierten Großvolk, bei dem Dschingis Khans Maßnahmen und Gesetze ihre Wirkung zeigten und zur Fortdauer des Reiches beitrugen. Der bereits zitierte Carpini schilderte nach seiner Expedition auch diese Seite: »Sie sind gehorsamer noch als unsere Ordensbrüder gegenüber ihren Oberen. Sie erweisen ihren Herren mehr Ehrfurcht als alle anderen Leute und wagen es nicht leicht, sie anzulügen. Selten oder niemals stoßen sie Scheltworte gegeneinander aus, nie jedoch artet Zank in Tätlichkeiten aus, auch dann nicht, wenn sie betrunken sind, und sie betrinken sich viel. Krieg, Streit, Körperverletzung und Totschlag kommen unter ihnen nie vor.« Diese Worte stecken voller Bewunderung, die sicher nicht alle Europäer nachvollziehen konnten.

# DSCHINGIS KHAN

 **BIOGRAPHIE**

Temüdschin wurde vermutlich um 1162 als ältester Sohn des Stammeshäuptlings Jesügai Bahadur geboren. Als Temüdschin 12 Jahre alt war, starb sein Vater, und fortan regierte er zusammen mit seiner Mutter. Ab 1188 setzte Temüdschin sich in wechselnden Bündnissen gegen zahlreiche Nachbarstämme durch und wurde 1196 zum obersten Herrscher des Stammes Mangchol. Die Siegesserie konnte er in den folgenden Jahren weiter ausbauen, bis er 1205 die Oberherrschaft über weite Teile der heutigen Mongolei innehatte, darunter auch die Hauptstadt Karakorum, die er zum prächtigen Zentrum seines Reiches ausbaute. Ab 1206 ließ Temüdschin sich nur noch mit dem Ehrentitel Dschingis Khan anreden. Sein Eroberungsdrang war weiterhin unersättlich: Bis 1211 unterwarf er die Völker der Uiguren, Qarluqen und Tanguten, bis 1215 die nördliche Hälfte Chinas bis zum Jangtsekiang. Nachdem er sich 1219 Korea untertan gemacht hatte, wandte er sich stärker nach Westen, wo er sein Reich um das islamische Innerasien und weite Teile des heutigen Iran erweiterte. Schließlich führte er 1223 einen Feldzug an die Wolga durch, der aber wohl in erster Linie Erkundungscharakter hatte. Um die innere Ordnung zu gewährleisten, waren ihm scharfe Gesetze gegen Raub, Plünderung, Mord, Ehebruch und Trunksucht besonders wichtig. Im Umgang mit den unterworfenen Völkern übte er nicht nur religiöse Toleranz, sondern man übernahm später sogar die je-

weils dort herrschenden Religionen wie den Buddhismus oder den Islam. Am 18. August 1227 starb Dschingis Khan während der Belagerung der tangutischen Hauptstadt Ninghsia.

**Verwandtschaft**

Die große Macht, über die Dschingis Khan am Ende seines Lebens verfügte, hatte er nicht geerbt. Seine Vorfahren waren Stammeshäuptlinge, und noch Temüdschins Vater war dem Nachbarvolk der Tataren untertan. Seinen vier Söhnen konnte Dschingis Khan dann aber ein Weltreich vererben, das insbesondere sein dritter Sohn Ögödäi und sein Enkel Batu weiter ausbauen konnten. Der Höhepunkt der mongolischen Machtentfaltung um 1260 sollte zugleich der Beginn des Niedergangs sein. Das Reich zerfiel in vier Teile, die noch bis ins 14. Jahrhundert, beziehungsweise im Gebiet der sogenannten Goldenen Horde (vom Balchasch-See bis zum Schwarzen Meer) sogar bis 1502, existierten.

**Quellen**

Die wichtigste Quelle zum Leben Dschingis Khans ist die *Geheime Geschichte der Mongolen*. Im Auftrag seines Sohnes Ögödäi, der ihm als Großkhan nachfolgte, wurde sie vermutlich unmittelbar nach Dschingis Khans Tod anonym verfasst. In epischer Form schildert sie das Leben Dschingis Khans mit spürbarer Bewunderung, aber auch nicht gänzlich unkritisch. Die *Geheime Geschichte* war

600 Jahre lang verschollen und wurde erst im 20. Jahrhundert wieder vollständig rekonstruiert. Der Reisebericht Carpinis von 1247 ist von besonderer Bedeutung, da hier die europäische Sicht auf die Mongolen greifbar wird – auch wenn er zwei Jahrzehnte nach Dschingis Khans Tod entstanden ist.

 **EMPFEHLUNGEN**

**Lesenswert:**
Reinhold Neumann-Hoditz: *Dschingis Khan. Mit Selbstzeugnissen und Bilddokumenten*, Reinbek 1985

*Die Mongolen. Im Reich des Dschingis Khan*, hrsg. von Gudrun Ziegler und Alexander Hogh, Darmstadt 2005

**Hörenswert:**
Achim Höppner: CD Wissen – *Große Frauen und Männer der Weltgeschichte (Teil 5): Wilhelm der Eroberer, Friedrich Barbarossa, Dschingis Khan, Marco Polo*, München 2005

Dschinghis Khan: *Dschinghis Khan*. Popsong 1979

**Sehenswert:**
*Dschingis Khan*. Regie: Henry Levin; mit Omar Sharif, James Mason. GB/Jugoslawien/BRD 1965

**Besuchenswert:**
Das Ausgrabungsgelände von Karakorum in der Mongolei

 **AUF DEN PUNKT GEBRACHT**

Der Mongole Dschingis Khan beherrschte halb Asien, vom Chinesischen Meer bis an die Schwelle Europas. Das gelang ihm durch strenge Gesetze, Toleranz und kulturelle Innovationen. In Europa galten die Mongolen aber nur als blutrünstige Horde aus dem Osten.

### Der Doge – ein demokratisch kontrollierter Monarch
# Jacopo Tiepolo
#### um 1185–1249

■ Blick auf den Dogenpalast und den Glockenturm von San Marco in Venedig.

Venedig war im Mittelalter eine ebenso machtvolle wie prächtige Seerepublik, und ihr Staatsoberhaupt war der Doge. Dieses Wort leitet sich vom lateinischen Wort Dux ab, was so viel bedeutet wie »Führer« oder im Mittelalter auch »Herzog«. Mit einem entsprechenden fürstlichen Selbstverständnis traten die Dogen in der Öffentlichkeit auf, denn schließlich waren sie auf Lebenszeit ernannt, residierten im beeindruckenden Dogenpalast am Markusdom und waren die unumschränkten Herrscher von Venedig. Zumindest hätte man das glauben können, wenn man als Fremder ins Venedig des 13. Jahrhunderts gekommen wäre. Doch die Wirklichkeit sah anders aus – zum Leidwesen der Dogen. Die fürstliche Repräsentation war beinahe schon ihre wichtigste Aufgabe, denn in Wahrheit waren sie die politischen Gefangenen der Adligen. Die Gremien, deren Aufgabe es war, das Handeln des Dogen zu kontrollieren, nahmen im ersten Drittel des 13. Jahrhunderts, als Jacopo Tiepolo sich um das Dogenamt bemühte, ungeahnte Ausmaße an.

Die ersten politischen Stationen des Jacopo Tiepolo waren zwar keine Ämter von Weltrang gewesen, aber immerhin hatte er dort noch relativ eigenständig die Regierungsgeschäfte führen können: Nachdem Venedig Kreta erobert hatte, wurde Tiepolo 1212 zum ersten Herzog im neu eingerichteten Herzogtum Candia, wie man Kreta nun nannte. Als Herzog war er gewissermaßen der Regierungschef von Kreta, wenngleich er natürlich als verlängerter Arm Venedigs handelte. In späteren Jahren war er als Podestà alleiniger Machthaber zunächst in Konstantinopel, das die christlichen Kreuzfahrer 1204 ihrem »Lateinischen Kaiserreich« einverleibt hatten, und im oberitalienischen Treviso. Zudem trat Tiepolo als venezianischer Vertreter beim Zusammenschluss der sogenannten Zweiten Lombardischen Liga gegen Kaiser Friedrich II. (s. S. 154) in Erscheinung – nach 1167 verbündeten sich die oberitalienischen Städte erneut gegen die deutsche Oberherrschaft.

Jacopo Tiepolo hatte sich also durchaus schon profiliert, als er im März 1229 seine politische Karriere krönen und in den Dogenpalast von Venedig einziehen wollte. Der venezianische Adel hatte die Wahl zum Dogen seit dem 11. Jahrhundert zu einem immer komplizierteren Verfahren gemacht, um die Macht des Dogen nicht zu groß werden zu lassen und vor allem um zu verhindern, dass ein Sohn seinem Vater im Amt folgen konnte, was die Geburt einer Herrscherdynastie bedeutet hätte. Dennoch gelang es immer wieder einzelnen Familien, eine besondere politische Stellung in Venedig einzunehmen. Im Jahr 1229 konkurrierten die beiden einflussreichsten – und deshalb einander verhassten – Familien Tiepolo und Dandolo um das prestigeträchtige Amt des Dogen. Eine Wahlkommission von traditionell 40 Mitgliedern musste die Entscheidung fällen und konnte es nicht. Zwischen Jacopo Tiepolo und Ranieri Dandolo gab es Stimmengleichheit, sodass das Los entscheiden musste. Und hier war das Glück auf Tiepolos Seite – wodurch das Verhältnis zur Familie Dandolo auch nicht besser wurde …

Jacopo Tiepolo hatte es also geschafft, doch ein Doge wurde gleich nach der Wahl daran erinnert, wer in Venedig tatsächlich das Sagen hatte. Wie jeder Doge musste auch Tiepolo beim Amtsantritt seinen Eid auf eine vom Adel diktierte Wahlkapitulation, die sogenannte Promission, schwören. Dabei handelte es sich um Verpflichtungen des Dogen gegenüber dem Adel und der Kommune, die bei jeder Neuwahl an Umfang zunahmen. Seit dem ausgehenden 12. Jahrhundert waren die Paragraphen der Promission so zahlreich, dass man ein Buch daraus machen musste – gewissermaßen eine Regierungsanleitung für den neuen Dogen. Der Grund für die ständigen Erweiterungen liegt auf der Hand: Aus Fehlern lernt man, und das galt auch für den venezianischen Adel. Wenn er schlechte Erfahrungen mit einem Dogen gemacht hatte, wurde sofort die Promission für den nächsten Amtsinhaber so erweitert, dass Derartiges nicht mehr passieren konnte. Auch aus dem misslichen

**PODESTÀ**

Das Amt des Podestà, das auch Jacopo Tiepolo bekleidet hatte, bevor er Doge wurde, bildete sich am Ende des 12. Jahrhunderts heraus. Der Podestà ersetzte seit dieser Zeit in alleiniger Kompetenz das Kollegium der Konsuln in der italienischen Stadtkommune. In der Regel kam der Podestà aus einer anderen Stadt, und seine Amtszeit währte meist nur sechs Monate.

■ Jacopo Tiepolo, Gemälde, 1580–84, von Robusti Domenico (1560–1635)

■ Der Doge mit seinem großen Rat. Gemälde, 17. Jahrhundert, von Joseph Heinz

FAMILIE DANDOLO
Die Familie, aus der auch Jacopo Tiepolos Widersacher stammte, spielte vom 12. bis 15. Jahrhundert in Venedig eine bedeutende Rolle. Mit Enrico (1192–1205) und Andrea Dandolo (1343–1354) stellte sie zwei Dogen und brachte zudem zahlreiche weitere Amtsträger sowie mit einem weiteren Enrico in der zweiten Hälfte des 14. Jahrhunderts auch einen Geschichtsschreiber hervor, der mit Petrarca in Kontakt stand.

Patt bei der Wahl von 1229 zog man Konsequenzen: Ab 1249 gab es nicht mehr 40, sondern 41 Wahlmänner.

Nach seinem Schwur auf die umfangreiche Promission nahm Tiepolo eine Amtszeit in Angriff, die sich – zumal unter den schwierigen Bedingungen – sehen lassen konnte und von großer Bedeutung für die Entwicklung der Republik Venedig war. Auf wirtschaftlichem Gebiet verzeichnete der neue Doge seinen größten Erfolg, indem er das Fernhandelsnetz mit der Öffnung des Weges nach China um eine wichtige Route bereicherte. Und auch die rechtliche Basis der Republik konnte unter Tiepolo auf eine zukunftsfähige Grundlage gestellt werden, indem er die Kommunalstatuten redigieren ließ. Das alles musste Tiepolo freilich in Zusammenarbeit mit den ständig selbständiger werdenden Kommunen tun, die sich immer mehr Instanzen geschaffen hatten. Es gab den Großen Rat, den Kleinen Rat, den Senat, den Rat der Vierzig, den Rat der Zehn, und mit Jacopos Amtsantritt 1229 wurden zusätzlich fünf »correctores« eingeführt. Ihre Aufgabe ist mit dem Parlamentarischen Kontrollgremium der modernen Bundesrepublik vergleichbar, das die Arbeit der Exekutive, also des Parlaments, zu überwachen hat. Wer bei diesem System im Venedig des 13. Jahrhunderts die Macht hatte, war klar definiert, denn wenn es Meinungsverschiedenheiten zwischen dem Dogen und einer seiner Kontrollinstanzen gab, entschied immer der Rat. Ebenso war ein Doge auf Lebenszeit gewählt und konnte nicht zurücktreten – wenn aber die beiden Räte mehrheitlich für ein Ende seiner Amtszeit votierten, konnten sie ihn absetzen.

Zweifellos war für einen venezianischen Politiker wie Jacopo Tiepolo das Dogenamt noch immer die Krone der politischen Laufbahn, aber vielleicht wünschte er sich auch die Herrscherposition des Frühmittelalters zurück, als der Doge noch wie ein Monarch regierte. Doch Neid und Missgunst der Adelscliquen hatten dieser Herrschaft ein Ende bereitet und für eine komplizierte Verknüpfung von monarchischen und demokratischen Elementen gesorgt. In jedem Fall war das venezianische System äußerst erfolgreich: Die Republik Venedig hatte bis zum Ende des 18. Jahrhunderts Bestand – und mit ihr die Dogen und ihre Kontrolleure.

# JACOPO TIEPOLO

 **BIOGRAPHIE**

Das Geburtsjahr des Jacopo (oder auch Giacomo) Tiepolo ist nicht genau bekannt. Aus seinen politischen Stationen lässt sich schließen, dass eine Geburt in der Mitte der 1180er Jahre wahrscheinlich ist. In herausgehobener Stellung tauchte Tiepolo erstmals auf, als er von 1212 bis 1219 Herzog von Kreta (Candia) war, das Venedig gerade im Krieg gegen Genua erobert hatte. Die von ihm eingerichtete straffe Administration orientierte sich gänzlich an Venedig, bis hin zu den analog eingerichteten sechs Stadtteilen (»sexteria«), die dieselben Namen wie in Venedig trugen. Tiepolo musste in diesen ersten Jahren zahlreiche lokale Aufstände unterdrücken, die von den verfeindeten Genuesen angestachelt worden waren. Anschließend fungierte Tiepolo als Podestà, erst 1219 in Konstantinopel, dann 1221 und noch einmal 1227 in Treviso. Im Jahr 1226 leitete er die venezianische Delegation beim Zusammenschluss der Zweiten Lombardischen Liga in Verona. Nachdem er 1229 zum Dogen ernannt worden war, führte er Venedig in zahlreiche Kriege gegen Kaiser Friedrich II. und die norditalienischen Anhänger der Staufer, die sogenannten Ghibellinen. Zudem hatte Tiepolo auch in dieser Zeit mit Revolten in den venezianischen »Kolonien« Candia (Kreta) und Zara (Zadar) zu kämpfen. Im Jahr 1232 erließ Tiepolo eine Neufassung der ältesten Strafgesetzordnung Venedigs, der »Promissio maleficiorum«. Diese sah äußerst strenge körperliche Strafen vor,

die sich allerdings auf wenige schwere Verbrechen konzentrierten. Eine wichtige Etappe in der Kodifizierung der Gesetze Venedigs war das Jahr 1242, in dem Tiepolo die Statuten der venezianischen Kommune überarbeiten ließ. In den zwei Jahrzehnten seiner erfolgreichen Amtszeit gelang es Tiepolo zudem, den ohnehin schon bedeutenden Fernhandel der Republik Venedig auf den durch die Mongolen eröffneten Verkehrswegen bis nach China zu erweitern. Im Frühsommer des Jahres 1249 erhielt er die Genehmigung von den Räten der Stadt, von seinem Amt zurückzutreten – wahrscheinlich aufgrund einer Krankheit. Wenige Wochen später starb Jacopo Tiepolo am 19. Juli 1249.

## Verwandtschaft

Jacopo Tiepolo entstammte einer der ältesten und bedeutendsten Familien des Patriziats von Venedig. Seit der Mitte des 11. Jahrhunderts besetzten die Tiepolo bedeutende Ämter in der Stadt und kamen in eine (noch bescheidene) wirtschaftliche und politische Position. Mit der Wahl Jacopos zum Dogen im Jahr 1229 begann jedoch ein steiler Aufstieg der Familie, der sich im wachsenden Güter- und Immobilienbesitz sowie in weiteren wichtigen Ämtern manifestierte. Der zweite Doge war Jacopos Sohn Lorenzo, der das Amt von 1268 bis 1275 innehatte. Noch bis ins 16. Jahrhundert hinein behielt die Familie Tiepolo ihre führende Rolle und brachte herausra-

gende Politiker hervor, die mit Päpsten und Kaisern in Kontakt standen.

## Quellen

Das vom Adel kontrollierte System des Dogenamts brachte es mit sich, dass keine Herrscherdynastien entstehen konnten, in deren Umfeld Lebensbeschreibungen oder Biographien einzelner Dogen verfasst worden wären. Vielmehr beschränkt sich unser Wissen über die Dogen und auch über Jacopo Tiepolo auf allgemeine Chroniken der Stadt beziehungsweise der Orte, an denen Jacopo vor 1229 gewirkt hatte. Dadurch sind wir auch beispielsweise über die ersten Lebensjahrzehnte Tiepolos nur sehr bruchstückhaft informiert.

 **EMPFEHLUNGEN**

**Lesenswert:**
Peter Feldbauer und Jim Morrissey: *Weltmacht mit Ruder und Segel. Geschichte der Republik Venedig 800–1600*, Wien 2002

Eva Sibylle und Gerhard Rösch: *Venedig im Spätmittelalter 1200–1500*, Freiburg 1991

**Besuchenswert:**
Dogenpalast und San Marco in Venedig

 **AUF DEN PUNKT GEBRACHT**

Jacopo Tiepolo wurde gerade in der Zeit Doge von Venedig, als der Adel gänzlich die Kontrolle über dieses Amt übernahm. Als Doge trat er zwar nach außen hin als monarchischer Repräsentant auf, war aber in Wahrheit völlig vom Adel abhängig.

*Stupor mundi – das Staunen der Welt*

# Friedrich II.
## 1194–1250

Man nannte ihn Stupor mundi – »das Staunen der Welt« – und schon am Tag seiner Geburt begann die Welt zu staunen. Seine Mutter Konstanze hatte eine für das Hochmittelalter ungewöhnliche Biographie, denn während viele junge Frauen der Adelsgesellschaft schon in zartem Jugendalter verheiratet wurden – nicht selten bereits mit zwölf Jahren –, war Konstanze schon 31 Jahre alt, als sie den deutschen Thronfolger Heinrich VI. ehelichte. Doch damit nicht genug: In diesem Alter war es natürlich höchste Zeit, der dynastischen Pflicht zu genügen und Nachkommen in die Welt zu setzen. Als aber jahrelang nichts passierte, gingen Gerüchte um, dass entweder Konstanze oder ihr elf Jahre jüngerer Gemahl Heinrich zeugungsunfähig seien. Als Konstanze dann mit 40 Jahren zum ersten Mal schwanger war, zweifelten nicht wenige an dieser Tatsache, weshalb die Kaiserin selbst dafür gesorgt haben soll, dass die Niederkunft in einem offenen Zelt auf dem Marktplatz von Jesi in der Provinz Ancona stattfand. So wurde Friedrich II. am zweiten Weihnachtstag des Jahres 1194 in aller Öffentlichkeit geboren.

Doch nicht nur Friedrichs Eintritt ins Leben war erstaunlich, der staufische Thronfolger entwickelte sich auch zu einem äußerst bemerkenswerten Mann. Mit nicht einmal vier Jahren war der kleine Friedrich Vollwaise geworden, und seine Mutter Konstanze hatte testamentarisch den Papst, Innozenz III. (s. S. 142), zu seinem Vormund bestimmt. Als Enkel Rogers II. wuchs der junge Thronfolger in Palermo auf. Innozenz wurde über die Entwicklung des Jungen stets auf dem Laufenden gehalten. Als Friedrich zwölf Jahre alt war, erfuhr der Papst aus einem Brief seines Informanten, dass der junge Mann einen wachen, scharfen Verstand und eine rasche Auffassungsgabe besessen habe. Mehr noch: Friedrich wird als geradezu glänzende Gestalt gepriesen, als frühreifer Jüngling von gewinnendem Äußeren, körperlich

■ Friedrich II. war ein großer Anhänger der Falkenjagd. Dediktationsbild in der Handschrift von *De arte venandi cum avibus,* 1232, von Friedrich II. Rom, Biblioteca Vaticana

durchtrainiert und zudem auffallend intelligent und wissensdurstig. Kurzum: »dem Alter nach ein Knabe, nach seinen Eigenschaften aber bereits ein König!« Doch berichtet der Brief ebenfalls von befremdlich rohen und nicht standesgemäßen Verhaltensweisen des jungen Thronfolgers; ob diese daher rühren, dass er tatsächlich – wie manche Quellen uns überliefern – obdachlos und Hunger leidend durch die Straßen der sizilischen Stadt streunte, mag dahingestellt bleiben. Doch gab es vorerst keinen Anlass für den Papst, Friedrich seine Unterstützung zu versagen. Diese päpstliche Rückendeckung brachte dem Reichsoberhaupt später sogar den hämischen Beinamen »Pfaffenkaiser« ein.

So nahm Friedrich II. den vorgezeichneten Weg, wurde römisch-deutscher König und Kaiser des Reiches. Die Jugendjahre in Palermo aber hatten ihn für immer geprägt – einerseits, weil er dadurch eine besondere Vorliebe für Sizilien entwickelt hatte, obwohl er doch Kaiser des gesamten deutschen Reiches war, andererseits, weil er dieses einzigartige Gemisch der Kulturen in sich aufgesogen hatte, das durch die wechselhafte Geschichte Siziliens seit dem Frühmittelalter entstanden war: Friedrich lernte Sizilianer, Sarazenen, Normannen, Griechen und Deutsche kennen, wurde mit Christen, Juden und Muslimen gleichermaßen vertraut und sprach später neben Italie-

■ Friedrich II. wird ein Falke überreicht. Frontispiz einer Ausgabe des berühmten Buches über die Kunst der Falknerei *De arte venandi cum avibus* (Über die Kunst, mit Vögeln zu jagen) von Kaiser Friedrich II. Buchmalerei, 1482, von einem Brügger Meister. Genf, Bibliothek

**KYFFHÄUSER**

Nach dem Tod Friedrichs II. entstand die Legende, dass der Kaiser in einem Gebirge schlafe und nach seinem erneuten Erwachen das Reich zu alter Stärke führen werde – aus den Wirren des Interregnums heraus wird diese Hoffnung verständlich. Auf Sizilien vermutete man Friedrich II. im Ätna, während man ihn in Deutschland im Kyffhäuser-Gebirge verortete. Erst zu Beginn des 16. Jahrhunderts war die Legende auf Friedrichs Großvater Barbarossa übergegangen, den man seither im Kyffhäuser vermutete.

## CASTEL DEL MONTE

Das Castel del Monte in den apulischen Bergen ist wohl das berühmteste Bauwerk aus der Zeit Friedrichs II. Die Funktion des achteckigen Baus ist nicht geklärt; die Mutmaßungen reichen vom Jagdschloss über eine Art Fort Knox für den Staatsschatz bis zu einem reinen Machtsymbol. Sein prägnantes Äußeres mit den acht wuchtigen Türmen, die dem Bau möglicherweise von weitem die Umrisse einer gigantischen Kaiserkrone geben sollten, findet sich heute auf der Rückseite der italienischen 1-Cent-Münze.

nisch, Latein und Deutsch auch Griechisch, Arabisch und Französisch. In diesem Klima der Weltoffenheit, der Empfänglichkeit gegenüber neuen Wissenschaften, Künsten und Ideen eignete sich Friedrich seine umfassende Bildung an, und – was noch wichtiger war – er entwickelte vielfältige Interessen. Die Bildung besaß in seinen Augen einen so hohen Stellenwert, dass er auch für seine Mitarbeiter einen gewissen Mindeststandard sichern wollte. Deshalb gründete er 1224 die »Hohe Schule zu Neapel«, was gewissermaßen die erste »Staatsuniversität« Europas war, denn Friedrich hatte sie im Interesse seines Reiches gegründet, um gebildete, juristisch versierte und loyale Amtsträger für seine Regierung hervorzubringen. Jeder, der unter Kaiser Friedrich II. arbeiten wollte, musste dort studiert haben.

Friedrich selbst zeigte insbesondere auf naturwissenschaftlichem, technischem und medizinischem Gebiet einen unstillbaren Wissensdurst. Berühmt geworden ist sein sogenanntes Falkenbuch, genauer gesagt eine Abhandlung *Über die Kunst, mit Vögeln zu jagen* (*De arte venandi cum avibus*); die Falkenjagd war das ganz besondere Steckenpferd des Kaisers. Darüber hinaus war der Kaiser auch offen für technische Neuerungen, die

■ Das eindrucksvolle Castel del Monte in Apulien

nicht selten von praktischem Nutzen waren. Auf dem Castel del Monte in Apulien ließ er das wohl erste Wasserklosett des Abendlands einbauen. Aus heutiger Sicht ist diese Art der Entsorgung eine Selbstverständlichkeit, doch wenn man sich die unhygienischen und stinkenden Verhältnisse des hohen Mittelalters vorstellt, ahnt man, wie revolutionär diese Erfindung war. Dass sie danach wieder in Vergessenheit geriet und erst Jahrhunderte später üblich wurde, mag ein Beleg für Friedrichs überdurchschnittliche Fortschrittlichkeit sein.

■ Hochzeit Friedrichs II. mit Isabella von Brienne-Jerusalem, der Thronerbin des Königreichs Jerusalem. Miniatur, zwischen 1498 und 1503, aus dem Chigi Codex. Rom, Biblioteca Apostolica Vaticana

Diese Dinge sind gleichwohl harmlos im Vergleich zu den Schauergeschichten, die man sich alsbald von Friedrichs medizinischer und naturwissenschaftlicher Neugier und seinen Experimenten erzählte, von denen noch heute oft zu lesen ist. Beispielsweise habe Friedrich herausfinden wollen, was die Ursprache des Menschen sei – in Frage kamen nach damaligem Verständnis allein Hebräisch, Griechisch und Latein. Was also spricht der Mensch, wenn man ihm keine Sprache beibringt? Friedrich habe Neugeborene separieren lassen und den Ammen die Auflage erteilt, die Säuglinge zwar zu versorgen, aber nicht mit ihnen zu sprechen. Es gab jedoch kein Ergebnis, denn anstatt dass ein Kind plötzlich in dialektfreiem Hebräisch zu sprechen anfing, starben nacheinander alle Kinder, weil sie keine Zuwendung bekommen hatten.

In einem anderen Fall habe Friedrich herausfinden wollen, ob die Seele sichtbar sei: Ein todkranker Mann sei in ein versiegeltes Fass gelegt worden; beim späteren Öffnen des Fasses wollte man seine Seele entweichen sehen. Doch keiner der Beobachter habe etwas erkennen können. Noch unappetitlicher ist das Experiment, das Friedrich durchgeführt haben soll, um Erkenntnisse über den Einfluss menschlicher Bewegung auf den Verdauungstrakt zu gewinnen. Nach einer reichhaltigen Mahlzeit habe er einen Mann auf die Jagd geschickt und einen schlafen gelegt, um hinterher beiden die Bäuche aufschlitzen und die Mageninhalte auf die Verträglichkeit des Jagens und Schlafens hin untersuchen zu lassen. Auch hier bleibt die Überlieferung uns allerdings ein Ergebnis schuldig.

Möglicherweise haben diese Geschichten einen wahren Kern, da Friedrichs Wissensdurst durch zahlreiche Quellen belegt ist. Doch derartige Erzählungen von pietätlosen Experimenten dürften wohl nicht zuletzt auf Propaganda der Päpste zurückgehen. Seine einstigen Förderer in Rom waren mit den Jahren nämlich zu seinen größten Feinden geworden. Insbesondere Friedrichs immer wieder scheiternde Kreuzzugsvorhaben sorgten für Spannungen. Als 1227 ein erneuter Anlauf, ins Heilige Land zu ziehen, nach nur drei Tagen abgebrochen werden musste, griff Papst Gregor IX. hart durch und verhängte den Bann über Kaiser Friedrich. Fortan arbeiteten die Nachfolger Petri gegen ihn, was 1245 in Friedrichs Absetzung gipfelte; zudem wollten sie seinen Ruf ruinieren und ihn zum Antichrist schlechthin aufbauen. Die Geschichten über Friedrichs Menschenversuche sind vor diesem Hintergrund also mit Vorsicht zu genießen. Es bleiben die Zeugnisse über Friedrichs Forschergeist und seinen herausragenden Intellekt, der ihn zum Stupor mundi werden ließ. Kaiser Friedrich II. war in vielem seiner Zeit voraus, und daher war er für den Schweizer Gelehrten Jacob Burckhardt im 19. Jahrhundert sogar »der erste moderne Mensch auf dem Thron«.

# FRIEDRICH II.

 BIOGRAPHIE

Friedrich II. wurde am 26. Dezember 1194 in Jesi geboren. Am Weihnachtsfest des Jahres 1196 wurde er durch die deutschen Fürsten zum König gewählt, jedoch nicht gekrönt. Kurz bevor er als Vollwaise in die Obhut des Papstes gegeben wurde, erfolgte noch die Krönung zum König von Sizilien in Palermo 1198. Nachdem er in Palermo aufgewachsen war, heiratete er 1209 auf päpstliche Veranlassung die aragonische Königstochter Konstanze. In den folgenden Jahren gelang es Friedrich, sich im Thronstreit gegen den welfischen König Otto IV., der anfangs vom Papst unterstützt worden war, durchzusetzen, und es folgten Friedrichs erneute Königswahl, zwei Krönungen in Mainz und Aachen sowie schließlich im November 1220 die Kaiserkrönung in Rom. Im Jahr 1225 wurde er durch die Hochzeit mit seiner zweiten Frau Isabella Jolande zum König von Jerusalem, was seinen Kreuzzugsplänen sehr entgegenkam. Diese scheiterten jedoch wiederholt, was Papst Gregor IX. 1227 veranlasste, den Bann über Kaiser Friedrich zu verhängen. Der ehrgeizige Monarch ließ sich dadurch aber nicht von seinem Kreuzzug abbringen, den er 1228/29 dennoch durchführte. Im März 1229 setzte Friedrich sich in der Grabeskirche zu Jerusalem selbst die Königskrone auf. Mit den Konstitutionen von Melfi schuf Friedrich II. 1231 die erste große staatliche Rechtskodifikation seit dem Werk Justinians aus dem 6. Jahrhundert. Auf dem Mainzer Hoftag von 1235 kam

es nach Jahrzehnten zur Aussöhnung mit den Welfen. Nur selten allerdings hielt Friedrich sich außerhalb Italiens auf, das in jeder Hinsicht seine Heimat war. So feierte Friedrich auch seinen letzten großen Erfolg in Italien: Er besiegte die Lombardische Liga bei Cortenuova im Jahre 1237. Bald danach setzte mit dem zweiten Bann 1239 der erneute Kampf mit dem Papsttum ein, den Friedrich schließlich verlor: Er wurde 1245 abgesetzt. Am 13. Dezember 1250 starb Friedrich II. in Castel Fiorentino und wurde im Dom zu Palermo beigesetzt.

**Verwandtschaft**
Der Staufer Friedrich II. verkörperte schon durch seine Herkunft die Reichsherrschaft über Süditalien, da er väterlicherseits die Kaiserkrone geerbt hatte und sein Großvater mütterlicherseits König von Sizilien gewesen war. In seinen vier Ehen heiratete Friedrich zwar in bedeutende Herrscherhäuser ein, wie die von Aragón oder England, doch war seinen Kindern weder ein langes Leben noch politisches Glück beschieden. So war sein ältester Sohn Heinrich (VII.) nominell deutscher König und Herrscher über Sizilien, aber er starb noch vor seinem Vater. Mit dem Tod von Friedrichs Enkel Konradin endete die männliche Linie der Staufer im Jahr 1268.

**Quellen**
Neben zahlreichen Briefen, Urkunden und Einträgen in annalistischen Werken

existieren diverse erzählende Quellen, die uns vom Lebensweg Kaiser Friedrichs II. berichten. Zu den wichtigsten dieser chronikalischen Texte zählt das Werk des Propstes Burchard von Ursberg. Er verfasste eine Chronik über seine eigene Zeit; das Werk ist besonders interessant, da er selbst zwei Italienreisen unternahm. Die Chronik endet um 1230, kurz vor Burchards Tod. Richard von San Germano ist als Notar, der nach 1220 mehrfach im Dienst Friedrichs II. stand, mit seiner bis 1243 reichenden Chronik ebenfalls eine gut informierte Quelle.

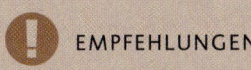 EMPFEHLUNGEN

**Lesenswert:**
Humbert Fink: *Ich bin der Herr der Welt. Friedrich II. der Staufer. Eine Biographie*, München 1986

Klaus van Eickels; Tania Brüsch: *Kaiser Friedrich II. Leben und Persönlichkeit in Quellen des Mittelalters*, Düsseldorf 2000

**Sehenswert:**
*Friedrich II. Ein deutscher Kaiser in Apulien.* TV-Doku ZDF 1996. VHS

**Besuchenswert:**
Das Castel del Monte in Apulien, Italien

 AUF DEN PUNKT GEBRACHT

Kaiser Friedrich II. hatte mit den üblichen Problemen eines mittelalterlichen Herrschers zu kämpfen, unterschied sich aber durch seine geistige Größe, Offenheit und Neugier von allen anderen. Aufgrund seiner vielfältigen Begabungen wurde er von aller Welt bestaunt.

Die Prinzessin der Armen
# Elisabeth von Thüringen
1207—1231

■ Die heilige Elisabeth von Thüringen. Gemälde, 1516, von Hans Holbein d. Ä. München, Alte Pinakothek

Elisabeth schaute demütig in das von Schmerzen verzerrte Gesicht Jesu am Kreuz. Man hatte ihn verspottet und ihm eine Dornenkrone aufgesetzt. Je mehr die zwölf Jahre alte ungarische Prinzessin sich vor dem Altar in Jesu Schmerzen hineinversetzte, desto respektloser und unerträglicher kam es ihr vor, als Angehörige des Adels eine Krone zu tragen: Sie konnte es nicht mehr und beschloss, im Gottesdienst fortan aus Respekt vor dem Martyrium des Gottessohnes nie wieder mit einer Krone zu erscheinen. Obwohl sie eine Königstochter und die zukünftige Landgräfin von Thüringen war, der ein ruhiges und gesichertes Leben auf der Wartburg bevorstand, wollte sie sich lieber ihrem christlichen Herrn widmen und sich in seinem Namen um die Armen, Hungernden und Kranken kümmern.

Schon im zarten Mädchenalter bedeuteten die Kirche und der Glaube der kleinen Elisabeth mehr als anderen. So berichten Quellen davon, wie sie im Spiel mit Freundinnen jede Gelegenheit nutzte, gewissermaßen »zufällig« in die Kapelle zu laufen oder doch wenigstens im Vorbeilaufen die Tür oder die Wand der Kapelle zu berühren. Die religiösen Strömungen während ihrer Zeit als Landgräfin taten ihr Übriges; vor allem die erst seit wenigen Jahren aktiven Franziskaner faszinierten Elisabeth. Alsbald fasste sie den Entschluss, ihr Leben ganz der radikalen Nachfolge Christi zu widmen und sich in Selbsterniedrigung, Buße und vollkommener Armut den Kranken und Mittellosen zuzuwenden. Doch nach dem Verständnis der mittelalterlichen Ständegesellschaft war das nur schwer mit ihrer adligen Stellung zu vereinbaren. Es galt schlichtweg nicht als Aufgabe des Adels, sich um die Armen und Kranken zu kümmern. Elisabeth aber ließ sich von ihrer Lebensaufgabe nicht abbringen.

Immerhin konnte sie sich glücklich schätzen, mit Landgraf Ludwig IV. einen Ehemann an ihrer Seite zu haben, der sie dabei

## KONRAD VON MARBURG

Der Kleriker Konrad von Marburg (um 1190–1233) spielte durch drei päpstliche Vollmachten im frühen 13. Jahrhundert eine herausragende Rolle. Seit 1215 war er Kreuzzugsprediger, ferner war er päpstlicher Kontrolleur der deutschen Klöster, und ab 1231 wirkte er als gnadenloser Ketzerverfolger. Nachdem er 1220 von Ludwig IV. zum Berater bestellt worden war, wurde er der mächtigste Geistliche in der Landgrafschaft Thüringen; daher übernahm er nach Ludwigs Tod auch den päpstlichen Schutz über Elisabeth.

unterstützte. Beim Adel erregte Ludwigs Verhalten beinahe noch mehr Unverständnis, aber Ludwig und Elisabeth bildeten ohnehin eine Ausnahme in der Welt adliger Ehebündnisse – denn sie liebten sich. In einer Zeit, in der eheliche Verbindungen in erster Linie machtpolitische Zweckbündnisse waren, kam das nicht oft vor. Ludwig half seiner Frau bei der Gründung von Siechenhäusern und wurde auch bald von der Bevölkerung »der Heilige« genannt. Trotz aller Unterstützung war und blieb Elisabeth die treibende Kraft. Besonders deutlich wurde das während der Hungersnot von 1226. In Ludwigs Abwesenheit veräußerte sie landgräflichen Besitz, um möglichst vielen Hungernden das Überleben zu ermöglichen. Der Adel war empört und reagierte nicht nur mit Unverständnis und Spott, sondern hatte sogar Angst, selbst zu verhungern, weil Elisabeth nur noch an die Armen dachte. So-

■ Die Wartburg bei Eisenach war im 12. und 13. Jahrhundert Sitz der thüringischen Landgrafen. Hier lebte Elisabeth bis 1227.

fort nach seiner Rückkehr wurde Ludwig mit den Klagen über Elisabeth konfrontiert, doch er antwortete ruhig: »Es genügt, wenn sie uns die Neuenburg und die Wartburg gelassen hat.«

Die große Wende in Elisabeths Leben war das Jahr 1227, als ihr Gatte Ludwig auf einem Kreuzzug den Tod fand – nun war sie mit gerade einmal 20 Jahren Witwe. Innerhalb der Familie und des Adels hatte sie plötzlich niemanden mehr, der ihre Aktivitäten unterstützte, und schon wenige Wochen nach Ludwigs Tod musste sie die Wartburg für

immer verlassen. Sie zog in einen vormaligen Schweinestall eines Schankwirtes im unterhalb der Burg gelegenen Eisenach. Für jede normale Adlige wäre dieser Schritt ein unvorstellbarer Kulturschock gewesen, doch Elisabeth soll sich gar darüber gefreut haben: Durch die Armut und Verlassenheit, die sie jetzt selbst in Vollendung lebte, hatte sie das Gefühl, näher an Jesus Christus zu sein.

Ihr Onkel, der Bischof Ekbert von Bamberg, hielt dieses Leben jedoch für ihrer nicht würdig und versuchte ihr eine Ehe mit Kaiser Friedrich II. (s. S. 154) schmackhaft zu machen. Er betrieb diesen Plan sehr hartnäckig, aber Elisabeth war von ihrem Entschluss nicht abzubringen: »Tot, tot soll mir nun alle weltliche Freude sein!«, rief sie aus. Und sie wusste auch schon, wie sie eine neue Ehe auf jeden Fall verhindern könnte – egal ob mit dem Kaiser oder jemand anderem: »Fände ich keinen anderen Ausweg, so würde ich mir heimlich die Nase abschneiden. So hässlich verstümmelt, würde ich wohl von niemandem umworben werden.« Elisabeth musste sich nicht verstümmeln – Ekbert gab sein Vorhaben auf.

■ Die heilige Elisabeth füttert einen Kranken. Glasmalerei, 14. Jahrhundert. Graz, Landesmuseum Joanneum

Elisabeth trat als sogenannte Tertiarierin in den geistlichen Stand ein, wirkte aufopferungsvoll im Dienst an Armen und Kranken und stellte sich mit dem Personal niederer Herkunft auf eine Stufe. Sie ging sogar so weit, sich von ihrer Familie und damit auch von ihren drei leiblichen Kindern loszusagen. Stattdessen unterstellte sie sich ihrem vom Papst beorderten Beschützer, dem Prediger Konrad von Marburg. Dieser erreichte in Verhandlungen mit Elisabeths Familie eine hohe Abfindung, mit der Elisabeth in Marburg ein Hospital gründen konnte, das sie unter den Schutz des Franziskus von Assisi stellte. In der Tätigkeit in ihrem Hospital ging sie völlig auf: Sie verschenkte alles, was sie hatte, an die Armen und nahm sich insbesondere der Leprakranken an, die man auch »Aussätzige« nannte, weil sie von der Gesellschaft »ausgesetzt« und weggeschlossen wurden. Während alle Welt sich so weit wie möglich von den Leprosen fernhielt, küsste Elisabeth sogar ihre eitrigen Wunden, um in radikaler Askese ihre eigene Ekelschwelle zu überwinden.

Anders als man es glauben könnte, brachten ihr nicht alle Armen und Kranken Respekt und Dankbarkeit entgegen. Die Quellen berichten davon, dass eine arme Frau sie in den Dreck und Kot der Straße stieß. Elisabeth aber habe es fröhlich hingenommen, da auch ihr Vorbild Jesus Hohn und Spott hatte ertragen müssen. Aufgrund der-

■ Elisabeth verabschiedet ihren Gemahl, Landgraf Ludwig IV. Farbholzstich, 1890, nach einer Zeichnung von Alexander Zick (1845–1907)

artiger Geschichten und ihres radikalen Lebenswandels haben moderne Psychologen Elisabeth als gebrochene und neurotische Frau beschrieben. Ferner wurde ihr Verhältnis zu Konrad von Marburg, der sie mit Schlägen züchtigte und sie zwang, an einem reichhaltig gedeckten Tisch Hunger zu leiden, als sado-masochistisch beschrieben. Das Unverständnis für ihr asketisches Leben in Armut und Demut ist ihr also über den Tod hinaus erhalten geblieben.

Elisabeth von Thüringen starb bereits mit 24 Jahren in tiefster Armut. Den Spott ihrer Zeitgenossen hat sie im Namen Jesu

### TERTIARIER

Mit ihrer Entscheidung, sich nach Ludwigs Tod in den religiösen Dienst franziskanischer Prägung zu stellen, wurde Elisabeth eine sogenannte Tertiarierin. Mit diesem Begriff bezeichnete man Laien, die sich der geistlichen Leitung eines Bettelordens anvertrauten. Neben Mönchen und Nonnen bildeten die Laien somit eine dritte Gruppe, die zwar die Disziplin und die Lebensform der Religiosen übernahmen, aber weiterhin in der Welt lebten. Meist lebten die Tertiarier ohne jeden Luxus als sogenannte Büßer nach dem Vorbild sündiger Urchristen.

■ Tod der Elisabeth. Aus-
schnitt aus dem Elisabethschrein, westdeutsche
Goldschmiedearbeit, 1236/49.
Marburg, Elisabethkirche

Christi stets willig ertragen, aber dass sie von vielen auch schon
zu Lebzeiten als heilig verehrt wurde, gefiel ihr überhaupt nicht.
Sie wollte weder in Prunk und Reichtum noch mit Macht oder
gar als Angebetete ihr Leben verbringen – Elisabeths wichtigstes
Ideal war die Demut. Was sie zu Lebzeiten noch energisch von
sich weisen konnte, mussten ihre sterblichen Überreste erleiden:
Die Verehrung ging so weit, dass Elisabeth als »erste Dame des
Fürstengeschlechts« bezeichnet wurde, bald darauf wurde sie heiliggesprochen, und der Deutsche Orden machte sie gar zur zweiten Patronin neben der Gottesmutter Maria.

Nur fünf Jahre nach ihrem Tod folgte die feierliche Erhebung
ihrer Gebeine; Kaiser Friedrich II. höchstpersönlich setzte dem
Schädel eine prachtvolle Krone auf. Später wurde über ihrem
Grab eine mit Gold und Juwelen reichhaltig ausgestattete go-
tische Kirche errichtet. In Elisabeths Sinn war das ganz gewiss
nicht – wie vielen Armen hätte man mit dem dafür aufgewendeten
Geld helfen können! Der gesamte Kult um sie war schlichtweg
das Gegenteil von ihrem Ziel, ein Leben in Demut zu führen. Auf
bildlichen Darstellungen sehen wir sie immer wieder als Adlige
und Herrscherin in unendlich prunkvollen Gewändern. Vor allem
aber wird sie in vielen Kirchen so verehrt, wie es ihr selbst zuwider war: mit der weltlichen Adelskrone auf dem Kopf.

# ELISABETH VON THÜRINGEN

## BIOGRAPHIE

Elisabeth wurde 1207 als Tochter des ungarischen Königs Andreas II. und seiner Gattin Gertrud auf der Burg Sárospatak geboren. Bereits 1211 gelangte Elisabeth nach Thüringen, weil sie mit einem der Söhne Landgraf Hermanns von Thüringen verlobt worden war. Ob es der ältere, 1216 verstorbene Hermann oder der jüngere Ludwig war, ist umstritten. Fest steht, dass 1221 Ludwig (IV.) ihr Ehemann wurde. Aus der sechs Jahre währenden Ehe gingen drei Kinder hervor: Hermann, der spätere Landgraf von Thüringen, ferner Sophie, die Herzog Heinrich II. von Brabant heiratete, sowie Gertrud, die nachmalige Meisterin im Kloster Altenberg. Noch während der Ehe wandte sich Elisabeth der religiösen Frauenbewegung der Beginen, besonders aber dem Bettelorden des Franziskus von Assisi zu. Sie überließ dem Orden eine Kirche in Eisenach, bestellte den Franziskanerbruder Rodeger zu ihrem geistlichen Betreuer und machte die Betreuung der Armen und Kranken zu ihrer Lebensaufgabe. Ab 1225 spielte in ihrem persönlichen Umfeld der Kreuzzugsprediger Konrad von Marburg die wichtigste Rolle; ihm gelobte sie Gehorsam und – im Falle von Ludwigs Tod – Keuschheit und Ehelosigkeit bis ans Lebensende. 1227 fand Ludwig auf einem Kreuzzug den Tod, und Elisabeth hielt sich an ihr Gelübde. Sie musste die Wartburg verlassen und gründete 1228 ein Hospital in Marburg, in dem sie die restlichen drei Jahre ihres Lebens als Laienschwester wirkte. Dieses Hospital hatte das erste Franziskuspatrozinium nördlich der Alpen, was Elisabeths besondere Verbindung zu den Franziskanern widerspiegelt. Am 17. November 1231 starb Elisabeth von Thüringen und wurde in der Kapelle des Hospitals bestattet. 1235 erfolgte die Heiligsprechung durch Papst Gregor IX., und kaum ein Jahr später erwiesen auch die weltlichen Machthaber mit Kaiser Friedrich II. an der Spitze den Gebeinen ihre Ehre.

### Verwandtschaft

Väterlicherseits entstammte Elisabeth dem Geschlecht der Arpaden, der Nachkommen des ungarischen Großfürsten Árpád (845–907). Diese herrschten von 1000 bis 1301 als Könige über Ungarn, unter ihnen nicht nur Elisabeths Vater Andreas II. (König 1205–1235), sondern auch der berühmte erste König Stephan der Heilige sowie Ladislaus I. der Heilige. Elisabeths Mutter Gertrud stammte aus dem westbayerischen Grafengeschlecht Andechs. Vom 12. bis zum 13. Jahrhundert herrschte das Haus Andechs über das Gebiet zwischen Lech und Isar und seit 1180 auch über das Herzogtum Meranien an der Adria. Durch Elisabeths Verbindung mit Ludwig IV. schließlich heiratete sie in die Familie der Ludowinger ein, der thüringischen Dynastie, die von 1069 bis 1247 herrschte.

### Quellen

Die vielen Quellen, die über das Leben Elisabeths von Thüringen berichten, sind in dem Bestreben entstanden, Elisabeth als Heilige erscheinen zu lassen und insofern sehr tendenziös. Die wichtigsten sind ein Bericht der vier Dienerinnen Elisabeths über ihre Herrin (*Libellus de dictis quattuor ancillarum*), eine kurze Lebensbeschreibung aus der Feder Konrads von Marburg (*Summa vitae*) sowie das *Leben der heiligen Elisabeth von Thüringen* von dem Zisterzienser Caesarius von Heisterbach. Alle drei Werke sind kurz nach Elisabeths Tod entstanden.

## EMPFEHLUNGEN

**Lesenswert:**
Hans Bentzien: *Elisabeth. Landgräfin von Thüringen. Biografie*, Berlin 1990

Ernst W. Wies: *Elisabeth von Thüringen. Schicksal einer Heiligen*, Augsburg o.J.

Norbert Ohler: *Elisabeth von Thüringen. Fürstin im Dienst der Niedrigsten*, Göttingen 2004

**Hörenswert:**
Franz Liszt: *Die Legende der heiligen Elisabeth*. Oratorium 1865

*Der Sonnengesang. Und andere Texte von und über Franz von Assisi*. Freiburg 1997. Audio-CD

**Besuchenswert:**
Die Wartburg in Eisenach

Die Elisabethkirche in Marburg (Sakristei mit Elisabethschrein)

## AUF DEN PUNKT GEBRACHT

Die Prinzessin und Landgräfin Elisabeth von Thüringen entschied sich gegen das typische Luxusleben einer adligen Dame und für den entbehrungsreichen Dienst an Armen und Kranken. Dafür erntete sie Spott von vielen Seiten, den sie gerne ertrug.

*Der etwas andere König*
# Ludwig der Heilige
1214–1270

König Ludwig IX. von Frankreich liebte französischen Wein. Und natürlich hätte er davon so viel trinken können, wie er wollte – eigentlich kein beklagenswerter Zustand. Überhaupt standen ihm alle erdenklichen Gaumenfreuden zur Verfügung, sodass er sich ganz dem Genuss hätte hingeben können. Doch Ludwig wollte seinen Gelüsten nicht nachgeben und griff zu ungewöhnlichen Methoden: »Er verwässerte seinen Wein so sehr, dass man ihn für reines Wasser halten konnte. Und obwohl der heilige König kein Bier mochte, wie man an seiner Miene sah, wenn er davon trank, trank er es doch recht häufig in der Fastenzeit, um seinen Appetit zu mindern«, berichtet ein Chronist. Keine Spur von üppigen Gelagen und weinseligen Mahlzeiten, wie man sie sich gemeinhin bei mittelalterlichen Monarchen vorstellt. Ludwig war eben etwas anders.

Für den französischen König gehörten Demut und Enthaltsamkeit, Barmherzigkeit und Nächstenliebe unbedingt zu einem christlichen Lebenswandel. Seine liebsten Getränke und Speisen nahm er nur in Maßen zu sich, zum einen um sich in Askese zu üben, zum anderen um die Reste als Almosen an die Armen zu geben. Diese lud er stets an seinen Tisch ein, um ihnen sogar eigenhändig das Essen zu reichen. Im Gedenken an das Abendmahl Christi praktizierte Ludwig zudem vor jedem Nachtessen die Fußwaschung der Armen und Mönche. Darüber hinaus speiste er regelmäßig mit hohen Ordensgeistlichen, um mit ihnen erbauliche Gespräche zu führen – nicht weil er sich einfach unterhalten lassen wollte, sondern um mit den frommen Herren über Gott zu sprechen und somit etwas für sein Seelenheil zu tun. Mit diesem für einen König ungewöhnlichen Verhalten versuchte Ludwig, seine Tischgewohnheiten denen der Mönche und Kleriker anzugleichen.

Dennoch war und blieb Ludwig ein Laie, der weltliche Politik betrieb, verheiratet war und auch seinen ehelichen Pflichten nachkam. Es zeichnete ihn aber aus, dass er in allen Lebenslagen seine christlichen Ideale zu verwirklichen suchte. So war

■ Ludwig der Heilige. Gemälde, um 1590, von El Greco (1541–1614). Paris, Louvre

es für Ludwig eine Selbstverständlichkeit, seiner Frau Margarete treu zu sein und die körperliche Liebe auf die Ehe zu beschränken. Er kam zwar seiner königlichen und dynastischen Fortpflanzungspflicht nach – Margarete gebar ihm elf Kinder –, aber es war ihm auch wichtig, immer wieder Zeiten der Keuschheit einzuhalten. Der große französische Historiker Jacques Le Goff schrieb, Ludwig sei »ein Meister, ein Held der ehelichen Sexualität« gewesen.

■ Ludwig IX. bewirtet Pilger. Holzstich, 1880, von Claire Duvivier (1846–1897) nach einer Zeichnung von Albert Duvivier (1842–um 1889). Paris, Bibliothèque Nationale

## DIE SORBONNE

1231 war in Paris die erste französische Universität gegründet worden, die sich bald den Ruf der besten theologischen Fakultät in Europa erwarb. Zur wirtschaftlichen Unterstützung der Studenten entstanden sogenannte Kollegien; das berühmteste gründete Ludwigs Hofkaplan Robert von Sorbon (1201–1274). Zunächst für 16 bedürftige Theologie-Studenten eingerichtet, wuchs die nach ihrem Gründer benannte Sorbonne schnell an und wurde zum Synonym für die ganze Universität Paris, die heute diesen Namen trägt.

■ Ludwig IX. schifft sich von Aigues Mortes aus zu seinem zweiten und letzten Kreuzzug ein. Miniatur, 14. Jahrhundert. Paris, Bibliothèque Nationale

Ein ebenso vorbildliches Verhalten legte Ludwig als Politiker an den Tag. Der Krieg – zumal der Krieg zwischen Christen – war ihm zuwider, und so bemühte er sich um einen Ausgleich zwischen Kaiser und Papst, baute die Spannungen zwischen Frankreich und der benachbarten Krone Aragón ab und wurde häufig von europäischen Fürsten als Schiedsrichter angerufen. Seine Liebe zum Frieden versuchte er auch an seinen Sohn weiterzugeben: »Lieber Sohn, ich lehre Dich, hüte Dich, so gut Du es vermagst, mit irgendeinem Christen Krieg zu führen; und wenn man Dir Unrecht tut, so versuche auf mehreren Wegen, ob Du nicht ein Mittel findest, Deinen Ansprüchen zu genügen, ehe Du den Krieg erklärst«, mahnte Ludwig in seinen schriftlichen Ratschlägen.

Der Kreuzzug allerdings galt im Mittelalter als Ausnahmekrieg, handelte es sich hier doch um einen heiligen Krieg gegen die Ungläubigen. Dass Ludwig, den man später nicht ohne Grund »den Heiligen« nannte, selbst zweimal das Kreuz nahm, um ins Heilige Land zu ziehen, mag Beleg für diese besondere Stellung der Kreuzzüge sein. Ludwig verstand sich eben in erster Linie als christlicher König, und als solcher sah er den Kreuzzug ebenso als Teil einer guten Politik an wie die christlichen Regierungstugenden der Weisheit und Güte.

Zum mittelalterlichen Bild des christlichen Königs zählte eine weitere Facette, die aus moderner Sicht nur schwer mit den Geboten der Güte und Nächstenliebe zu vereinbaren ist: der Kampf gegen die Juden. Zwar hatten Judentum und Christentum im Alten Testament eine gemeinsame Grundlage, doch galten die Juden den Christen als Jesusmörder. Dazu kam in der Gesellschaft des Mittelalters noch ein handfestes wirtschaftliches Problem: Den Christen war es kirchenrechtlich verboten, für verliehenes Geld Zinsen zu nehmen, weil Zinsen nichts anderes seien als die Vermarktung der Zeit – und über die Zeit dürfe nur Gott verfügen. Da die Juden nicht an das römische Kirchenrecht gebunden waren, durften sie sehr wohl Zinsen nehmen, und dieser von den Christen sogenannte »Wucher« wurde schnell zur Haupteinnahmequelle der jüdischen Kaufleute. Das erregte den Unmut der

## DER GROSCHEN

Im Jahr 1266 schuf König Ludwig von Frankreich eine neue Silber-
münze, die einem Wert von zwölf Pfennigen entsprach. Wegen
des auf der Vorderseite abgebildeten Stadtbilds von Tours nannte
er die Münze »Dicker Pfennig von Tours« – in lateinischer Sprache
»Grossus denarius turnosus«. Daraus entstand in Deutschland
bald die verkürzte Form »Groschen«, und mit diesem Namen
bezeichnete man noch bis 2001 Münzen, die zehn Pfennige wert
waren. Die Euro-Einführung hat dieser Tradition ein Ende bereitet.

Christen, und auch Ludwig selbst war nicht gut auf die Juden zu
sprechen: »Was die Gott und den Menschen hassenswerten Juden
anbelangt, so empfand er einen derartigen Abscheu, dass er sie
nicht sehen konnte«, schrieb ein Chronist über den König.

Da Ludwig meinte, als König auch die Angelegenheiten der
Nicht-Christen regeln zu müssen, war er fest entschlossen, den
Wucher der Juden zu bekämpfen: »Entweder sie entsagen ihrem
Wucher, oder sie verlassen gänzlich mein Land, damit es von ihrem Unrat nicht länger beschmutzt werde.« Der sonst gütige und
milde Herrscher kämpfte mit so harter Hand gegen die Juden, dass
aus dem Schutz der Christen vor dem Wucher schnell Repressionen gegen die Juden wurden. Das war freilich von höchster Stelle
sanktioniert: Das vierte Laterankonzil hatte 1215 empfohlen, die
Juden zum Tragen eines weithin sichtbaren Erkennungszeichens
zu zwingen. Was seine Vorgänger nicht zur Anwendung bringen
wollten, setzte Ludwig 1269 um: Fortan mussten alle Juden in
Frankreich einen »Judenfleck« tragen – einen scharlachroten
Kreis von der Größe einer Handfläche.

Diese Politik gegenüber der relativ großen Bevölkerungsgruppe
der Juden – in Paris betrug ihr Anteil zu Ludwigs Zeiten schät-
zungsweise 20 Prozent – war zweifellos extrem, aber sie entsprang
dem Willen zur bedingungslosen Unterstützung des Christentums
als der einzig wahren Glau-
bensrichtung. Deshalb war im
13. Jahrhundert auch kaum ein
Wort der Kritik an derartigen
Maßnahmen zu vernehmen.
Für mittelalterliche Maßstäbe
war Ludwig als christlicher
König vollkommen. Es war
ihm ein besonderes Anliegen,

■ Auf diesem antisemitischen
Propagandabild ist deutlich
der rote Judenfleck auf
den blauen Gewändern zu
erkennen, den Ludwig im
13. Jahrhundert verpflichtend
einführte. Die Szene illustriert
die Gräuelgeschichte eines
entführten Christenjungen,
den die Juden rituell gekreu-
zigt haben sollen. Französische
Buchmalerei, 14. Jahrhundert

■ Ludwig der Heilige (links) und der mit ihm verwandte heilige Ludwig von Toulouse. Fresko, 1322–1326, von Simone Martini (1284–1344) aus dem Freskenzyklus mit Szenen aus dem Leben des heiligen Martin von Tours. Assisi, Basilika San Francesco

in Frankreich die Stellung des Christentums weiter zu festigen. Für Unsummen kaufte er beispielsweise Teile vom Kreuz Christi, die mit dem Blut Christi getränkte Spitze der Heiligen Lanze und die Dornenkrone. All diese vermeintlichen Reliquien – ihre Echtheit ist äußerst fraglich – ließ Ludwig nach Paris bringen, wo er 1248 auf der Île de la Cité eigens eine Kapelle, die Sainte Chapelle, als Aufbewahrungsort errichten ließ.

Es gab im Mittelalter keine vergleichbare Herrscherfigur, die ein solches christliches Ideal derart konsequent in allen Lebensbereichen verfolgt hat wie Ludwig der Heilige. Und so verwundert es nicht, dass Ludwigs Konsequenz auch vor einem Bereich nicht Halt machte, den kein französischer König zuvor in Frage gestellt hatte: dem Jagen. Von Chlodwig bis zu Ludwig XVI., vom 5. bis zum 18. Jahrhundert also, haben alle Könige Frankreichs sich als Jäger betätigt – außer Ludwig dem Heiligen. Möglicherweise klangen ihm die Worte des Kirchenvaters Augustinus im Ohr, der gesagt hatte: »Wehe denen, die sich am Anblick eines Jägers ergötzen!« Bischöfen war die Jagd verboten, und Ludwig verbot es sich kurzerhand selbst. Er war eben der etwas andere König und deshalb auch nicht zufällig der einzige heiliggesprochene König Frankreichs.

# LUDWIG DER HEILIGE

 **BIOGRAPHIE**

Ludwig IX. wurde am 25. April 1214 als Sohn Ludwigs VIII. (König von Frankreich 1223–1226) und seiner Gemahlin Blanca von Kastilien in Poissy geboren. Nach dem Tod seines Vaters 1226 wurde er zum neuen König gekrönt, doch übernahm seine Mutter zunächst für neun Jahre die Regentschaft. Im Mai 1234 ehelichte Ludwig die Tochter des Grafen Raimund Berengar von Provence, Margarete. In der Zeit der Regentschaft kämpften Blanca und Ludwig erfolgreich gegen die Adelsopposition im Land, aber auch nach 1235 musste Ludwig noch weite Teile seines Landes befrieden und Grafen zur Unterwerfung zwingen. Im Jahr 1244 nahm er erstmals das Kreuz und brach vier Jahre später nach Ägypten auf. Im Juni 1249 eroberte er die ägyptische Hafenstadt Damietta und wurde bald darauf gefangen genommen, kam aber gegen ein Lösegeld wieder frei. Anschließend hielt er sich bis 1254 im Heiligen Land auf. Mit Beginn dieses Kreuzzugs knüpfte Ludwig zudem Kontakte mit den mächtigen Mongolen, um sie zu einer Allianz gegen Ägypten anzuregen. Nach seiner Rückkehr aus dem Heiligen Land ging er mit großer Energie die Reformen im Innern seines Königreichs an. Er ordnete die Justiz und das Pariser Zunftwesen neu, verbot die private Fehde, schuf eine neue Münze und bekämpfte die Zinspolitik der Juden. In dieser Zeit wurde er auch mehrmals als Schiedsrichter in politischen Streitigkeiten angerufen, so etwa im

Erbfolgestreit der Grafschaften Flandern und Hennegau 1256. Seinem jüngeren Bruder Karl von Anjou gab Ludwig 1265 die Erlaubnis, Sizilien zu erobern, wo Karl anschließend als König herrschte. Im Jahr 1267 nahm Ludwig zum zweiten Mal das Kreuz und landete 1270 in der Nähe von Tunis. Bald darauf starb Ludwig IX. am 25. August 1270 in Nordafrika bei einer Epidemie. Bereits 1297 erfolgte seine Heiligsprechung durch Papst Bonifatius VIII. Seither wird der französische König als Saint Louis verehrt.

## Verwandtschaft

Durch seine Großeltern war Ludwig IX. mit vier der bedeutendsten mittelalterlichen Herrscherhäuser in Europa verwandt. Väterlicherseits stammte er vom Kapetinger Philipp II. Augustus ab (König von Frankreich 1180–1223), dessen Frau Elisabeth von Hennegau eine Nachfahrin der Karolinger war. Über seine Mutter war er einerseits Nachkomme von König Alfons VIII. von Kastilien (1158–1214) und andererseits von Eleonore von England, einer Tochter des englischen Königs Heinrich II. Bis ins 14. Jahrhundert hinein wurde Frankreich von Ludwigs Nachfahren regiert, ausgehend von seinem Sohn Philipp III. »dem Kühnen«, der von 1270 bis 1285 als König herrschte.

## Quellen

Leben und Wirken Ludwigs des Heiligen sind in den Jahrzehnten nach seinem Tod vielfach schriftlich festgehalten worden.

Die meisten Lebensbeschreibungen hatten das unverhohlene Ziel, die geplante Heiligsprechung Ludwigs voranzutreiben, und stellten den König als makellosen Wundertäter dar. Die bedeutendste Vita dieser Art allerdings stammt von Ludwigs Beichtvater Gottfried von Beaulieu, der den König zwei Jahrzehnte lang begleitete, ihn also sehr gut kannte; die 1272 fertiggestellte Vita enthält sicherlich Gottfrieds eigene Erfahrungen, doch mag sie auch einiges verschweigen. Weniger tendenziös sind die Texte des Geschichtsschreibers Guillaume de Nangis, der am Ende des 13. Jahrhunderts eine Vita Ludwigs sowie die sogenannte Weltchronik verfasste, in der die Ereignisse aus Ludwigs Regierungszeit relativ nüchtern wiedergegeben werden.

 **EMPFEHLUNGEN**

**Lesenswert:**
Jacques Le Goff: *Ludwig der Heilige*, Stuttgart 2000

**Besuchenswert:**
Die Sainte Chapelle (Dornenkrone) und die Kathedrale St. Denis (Grabstätte) in Paris

 **AUF DEN PUNKT GEBRACHT**

Ludwig IX. war kein gewöhnlicher König. Das Christentum war ihm in allen Lebenslagen Maßstab: In der großen Politik und auf Kreuzzügen ebenso wie bei Tisch und im Ehebett. Für sein vorbildliches Verhalten wurde er heiliggesprochen.

*Ein armes Gräflein als Gründer einer Dynastie*

# Rudolf von Habsburg

1218—1291

Graf Rudolf von Habsburg ist neuer König! Die Kunde vom neuen Reichsoberhaupt machte schnell die Runde, doch konnten viele nicht glauben, was sie da hörten: Bald 30 Jahre waren seit der Absetzung Kaiser Friedrichs II. (s. S. 172) vergangen, und nun sollte diese »schreckliche Zeit« des Interregnums, wie Schiller sie später nannte, von einem unbekannten kleinen Grafen beendet werden? Dieser Rudolf war als Graf noch nicht einmal Reichsfürst, und umso erstaunlicher mag es gewirkt haben, dass die Wahl unter den Kurfürsten einmütig war. König Ottokar II. von Böhmen hätte eigentlich als Kurfürst mitwählen sollen, allerdings hatte er selbst Ambitionen römisch-deutscher König zu werden. Er wurde aber vom Verfahren ausgeschlossen und wollte sich hinterher mit der Wahl nicht abfinden. In einem Brief an den Papst forderte er diesen eindringlich dazu auf, Rudolfs Wahl für ungültig zu erklären. Seine Begründung: Es sei der Würde des kaiserlichen Amtes abträglich, wenn ein »armes Gräflein« den Thron besteige. Geblendet von Rudolfs beschränkten Mitteln unterschätzten viele das arme, aber ehrgeizige Gräflein.

■ Kaiser Rudolf von Habsburg hält Einzug in Basel. Gemälde, 1808/10, von Franz Pforr (1788–1812). Frankfurt am Main, Städelsches Kunstinstitut

Rudolf von Habsburg kultivierte allerdings regelrecht seinen Ruf als armer Graf. Während sein Hauptgegner Ottokar von Böhmen aufgrund seines Reichtums als »goldener König« tituliert wurde, trug der »arme König« Rudolf im Kampf eine verrostete Rüstung, hämmerte eigenhändig seinen verbeulten Helm zurecht und war sich auch nicht zu schade, höchstselbst einige Rüben aus einem Acker zu ziehen, wenn es an Nahrung fehlte – so erzählte man es sich zumindest. Seine für einen König untypischen

Lebensumstände ließen Rudolf eine Neigung zur Selbstironie entwickeln. Als er einmal nach seinem Schatzmeister gefragt wurde, antwortete er, einen solchen brauche er nicht, er habe ja ohnehin kein Geld. Mit Witz und einer lebensfrohen, dabei bescheidenen und betont schlichten Art gewann Rudolf alsbald die Gunst seiner Untertanen.

Wenn er auch von manchen unterschätzt wurde, so war er doch im Südwesten des Reiches bereits bekannt und gefürchtet. Dort war Rudolf der mächtigste Territorialherr, galt als harter und erfolgreicher Kriegsmann, und nach seiner Wahl zum König soll der Bischof von Basel ausgerufen haben: »Lieber Gott, halte deinen Thron fest, sonst wird dieser Rudolf ihn dir nehmen!« Dennoch war Rudolf durchaus bewusst, dass er seine Stellung im

Reich erst einmal behaupten musste. Um die erwünschte Anerkennung zu bekommen, war die Krönung zum Kaiser fast schon obligatorisch. Bereits 1275 einigte Rudolf sich mit Papst Gregor X. auf die Wahrung der kirchlichen Rechte, woraufhin er im Gegenzug zur Kaiserkrönung nach Rom eingeladen wurde. Der vereinbarte Termin war der 2. Februar 1276, doch drei Wochen vor diesem Termin starb Gregor – die Kaiserkrönung fand nicht statt. Rudolf versuchte es noch weitere 15 Jahre, ein Dutzend Termine wurden ins Auge gefasst, dreimal sogar ein konkreter Tag, doch jedes Mal kam etwas dazwischen, seien es drängende Termine im Reich oder der Tod des Papstes. Rudolf sollte nie zum Kaiser gekrönt werden.

Obwohl er diese wichtige Machtbestätigung nicht erhielt, erreichte er doch zwei Ziele, die dafür sorgen sollten, dass seine Königsherrschaft nicht nur eine Episode in der Reichsgeschichte blieb. Rudolf gelang es, nach beinahe drei Jahrzehnten des Interregnums, der königlichen Gewalt im ganzen Reich wieder Anerkennung zu verschaffen, und seine Zeitgenossen rühmten ihn dafür, dass er »viel Unrecht abgestellt« habe und wieder »voller Friede in Deutschland« herrsche. Sein zweites Ziel war eher persönlicher Natur, denn Rudolf war daran gelegen, seiner bis dato

■ Rudolf von Habsburg besiegt in der Schlacht bei Dürnkrut im Jahre 1278 König Ottokar II. von Böhmen (1233–1278). Dieser hatte die Zeit des Interregnums genutzt, um seinen Herrschaftsbereich nach Österreich auszudehnen. Im Norden reichte sein Einfluss bis an die Ostsee, wo er den Deutschen Orden im Kampf gegen die heidnischen Preußen unterstützte. Radierung, 1782/87, von Daniel Nikolaus Chodowiecki (1726–1801). Deutschland, Privatsammlung

■ Grabplatte Rudolfs I.
von Habsburg im Kaiserdom
zu Speyer

relativ unbedeutenden Familie die unerwartet erlangte Herrschaft langfristig zu sichern. Nachdem er seinen reichen Gegenspieler Ottokar II. 1276 nahe Wien entscheidend geschlagen hatte, ließ er ihm zwar seine Stammlande in Böhmen und Mähren, doch musste Ottokar seine österreichischen Neuerwerbungen an Rudolf abtreten. Anschließend belehnte Rudolf seine beiden Söhne mit den dortigen Fürsten- und Herzogtümern und erhob sie damit in den Reichsfürstenstand.

Mit diesem klugen Schritt legte Rudolf den Grundstein für die Hausmacht seiner Familie, und rückblickend kann dies als Geburtsstunde der späteren habsburgischen Donaumonarchie bezeichnet werden. Doch stand für Rudolf selbst noch keineswegs fest, dass es noch einmal einen König aus dem Hause Habsburg geben würde. Als Kaiser hätte er die Möglichkeit gehabt, einen seiner Söhne zum Nachfolger wählen zu lassen, doch wie gesagt: Das blieb ihm zeitlebens verwehrt. So versuchte Rudolf, die Kurfürsten auf eine bindende Erklärung festzulegen, nach seinem Tod den einzig verbliebenen Sohn Albrecht zum König zu wählen. Während er auf die Kurfürsten hoffte, fühlte der 73-jährige König sein Ende nahen und begab sich mit letzter Kraft nach Speyer, um dort sein Leben zu beenden, »wo mehr meiner Vorfahren sind, die auch Könige waren«. Einen Tag nachdem er Speyer erreicht hatte, starb Rudolf. Daraufhin wurde Adolf von Nassau zum König gewählt, doch wie wir wissen, sollte die große Zeit der Habsburger noch bevorstehen.

Rudolf von Habsburg indes erhielt im Dom zu Speyer seine letzte Ruhestätte; seine zuvor eigens in Auftrag gegebene Grabplatte stellt das erste realistische Porträt eines deutschen Königs dar: Sie zeigt den dürren Habsburger mit tiefen Stirnfalten und einer langen Nase. Diese hagere Gestalt hatte als »armes Gräflein« begonnen und starb als bedeutender König. Rudolf hat, wie Goethe schrieb, »durch seine Mannheit allen Verwirrungen ein Ende gemacht« und zudem das Fundament für die 650-jährige Erfolgsgeschichte des Hauses Habsburg gelegt.

## HAUSMACHT

Mit seinem Bestreben, den territorialen Besitz des Hauses Habsburg zu vergrößern, nahm Rudolf eine wesentliche Konstante des spätmittelalterlichen Königtums vorweg. Einen solchen erblichen Besitz eines Adelsgeschlechts bezeichnet man als Hausmacht. Von der Größe der Hausmacht hing im Heiligen Römischen Reich des 14. und 15. Jahrhunderts in hohem Maße auch die politische Macht eines Königshauses ab.

# RUDOLF VON HABSBURG

 BIOGRAPHIE

Am 1. Mai 1218 erblickte Rudolf als Sohn Graf Albrechts IV. von Habsburg und dessen Gemahlin Hedwig von Kiburg in Limburg im Breisgau das Licht der Welt. In der Nachfolge seines Vaters übernahm er um 1240 als Graf Rudolf IV. die Herrschaft über die im deutschen Südwesten gelegenen habsburgischen Lande; in dieser Zeit gehörte er zu den Anhängern der Staufer, die wenig später, nach der Absetzung Kaiser Friedrichs II., von der politischen Bühne verschwanden. Nach einer Vorwahl unter den Kurfürsten wurde Rudolf am 1. Oktober 1273 einstimmig zum neuen römisch-deutschen König gewählt und drei Wochen später in Aachen gekrönt. Im folgenden Jahr erhielt er auch die Anerkennung durch Papst Gregor X. Nach der Unterwerfung seines ärgsten Widersachers Ottokar von Böhmen und der Schlacht von Dürnkrut am 26. August 1278 drang Rudolf zu einem Ausgleich mit Ottokars Nachkommen aus dem Hause der Přemysliden. Dieser wurde durch eine Doppelhochzeit zwischen je zwei Kindern der Habsburger und der Přemysliden besiegelt. Ende 1282 übertrug Rudolf die Ottokar abgerungenen österreichischen Landschaften seinen beiden Söhnen. Parallel dazu gelang es ihm, das Reich nach den Wirren des Interregnums zu konsolidieren, indem er mehrere regionale Landfrieden erließ und schließlich mehrfach den Mainzer Reichslandfrieden Kaiser Friedrichs II. aus dem Jahre 1235 erneuerte. Ferner dehnte Rudolf von Habsburg in den 1280er Jahren seine Herrschaftssphäre auf Mitteldeutschland aus und berief zu Weihnachten 1289 einen großen Hoftag nach Erfurt. Gleichwohl war die regionale Basis seiner Königsherrschaft weiterhin das traditionell königsnahe und staufisch geprägte Gebiet am Ober- und Mittelrhein, in Schwaben und Franken. Insgesamt blieb Rudolfs Königtum auf eingeschränkte Mittel angewiesen, was einerseits durch die fehlende dynastische Größe des Hauses Habsburg, andererseits durch das Fehlen weiterreichender politischer Möglichkeiten durch die nicht erlangte Kaiserwürde zu begründen ist. Rudolf von Habsburg starb am 15. Juli 1291 in Speyer; sein Grab befindet sich noch heute im dortigen Dom.

## Verwandtschaft

Das Haus Habsburg leitet seinen Namen von der um 1020 im Aargau errichteten Habichtsburg ab, geht aber wohl schon auf Guntram den Reichen in der Mitte des 10. Jahrhunderts zurück. Im 11. Jahrhundert stiegen die Habsburger zu Grafen, im 12. Jahrhundert zu Landgrafen auf. Nachdem Rudolf als erster Habsburger auf den deutschen Königsthron gelangt war, sollte es noch bis 1438 dauern, ehe die Dynastie dauerhaft das Reich lenkte. Mit Ausnahme von drei Jahren regierten die Habsburger als Könige und Kaiser das Heilige Römische Reich (Deutscher Nation) bis zu dessen Ende im Jahr 1806, und noch zu Beginn des 20. Jahrhunderts war der Habsburger Karl I. Kaiser von Österreich und König von Ungarn (1916–1918).

## Quellen

Trotz seiner rückblickend großen Bedeutung als Begründer der habsburgischen Macht ist Rudolf von keinem Zeitgenossen mit einer großen Lebensbeschreibung bedacht worden. Daher sind wir bezüglich seines Lebens und seiner Herrschaft auf die Summe der in Chroniken und Urkunden überlieferten Informationen angewiesen. Als Sammlung aller derartigen Quellen der römisch-deutschen Könige im Früh- und Hochmittelalter sind besonders die *Regesta Imperii* zu nennen.

 EMPFEHLUNGEN

**Lesenswert:**
Karl-Friedrich Krieger: *Rudolf von Habsburg*, Darmstadt 2003

Richard Reifenscheid: *Die Habsburger in Lebensbildern. Von Rudolf I. bis Karl I.*, München 2007

Franz Grillparzer: *König Ottokars Glück und Ende*, Ditzingen 1986

**Hörenswert:**
Franz Grillparzer: *König Ottokars Glück und Ende*, 2 CDs, Hörsturz Verlag 2006

**Besuchenswert:**
Der Dom zu Speyer (Grabstätte)

Die Ruine der Burg Ortenberg bei Schlettstadt im Elsass (1262 errichteter Königssitz von Rudolf I.)

---

**\* AUF DEN PUNKT GEBRACHT**

Graf Rudolf von Habsburg verfügte zwar nur über bescheidene Mittel, wurde aber dennoch zum römisch-deutschen König gewählt – zu Recht: Er schaffte es, das Reich wieder zu festigen, und vergrößerte nebenbei den Besitz des Hauses Habsburg.

*Der ideologisch vereinnahmte Fürst*

# Alexander Newskij
um 1220–1263

Wie in jedem Jahr am 9. Mai gedachte Russland auch 2002 des Sieges über die deutschen Nationalsozialisten 1945. In St. Petersburg wurde zu diesem 57. Jahrestag des Kriegsendes ein Denkmal von Fürst Alexander Newskij enthüllt, der als größter russischer Nationalheld gelten darf. Doch was hat ein Fürst eines russischen Teilfürstentums aus dem 13. Jahrhundert mit dem Zweiten Weltkrieg zu tun? Nichts, möchte man spontan antworten. Doch Alexander Newskij ist ein Paradebeispiel dafür, wie mittelalterliche Herrscher über die Jahrhunderte hinweg – bisweilen eben auch bis ins 21. Jahrhundert hinein – ideologisch funktionalisiert werden können, während der wahre historische Hintergrund der Person zunehmend hinter der verklärten Figur verblasst.

Fürst Alexander Jaroslawitsch lebte in einer Zeit, in der es noch kein einheitliches Russland gab, wie wir es heute kennen. Vom 12. bis zum 15. Jahrhundert war Russland in zahlreiche Fürstentümer aufgespalten. Alexander regierte das Fürstentum Nowgorod, das östlich des Baltikums lag. In dieser Position hatte er sich der nach Osten drängenden Nachbarn zu erwehren und tat das erfolgreich: Nachdem er 1240 am Fluss Newa die Schweden bezwungen hatte, siegte er zwei Jahre später auch gegen die Ritterheere des Deutschen Ordens. Im Laufe dieser Jahre wurde Alexander, der nach dem Sieg an der Newa den Ehrentitel »Newskij« erhalten hatte, zur bedeutendsten Herrschergestalt unter den russischen Fürsten, und dies sprach sich so weit herum, dass Papst Innozenz IV. versuchte, ihn ins katholische Lager zu ziehen. Doch selbst das Angebot, Alexander zum russischen König zu erheben, konnte den Fürsten nicht überzeugen: Er schickte die päpstlichen Legaten unverrichteter Dinge nach Rom zurück, indem er unmissverständlich betonte: »Von Euch nehmen wir Belehrung nicht an!«

Der Titel eines Königs von Russland mag für Alexander einerseits verlockend

■ Der heilige Alexander Newskij

gewesen sein, noch wichtiger allerdings war ihm seine größtmögliche Unabhängigkeit. Diese Maxime galt selbstverständlich auch gegenüber anderen Herrschern, doch im Osten stieß Alexanders politische Unabhängigkeit auf ihre Grenzen. Im 13. Jahrhundert waren nach der Herrschaft Dschingis Khans (s. S. 146) die Mongolen die Herren über alle übrigen russischen Fürstentümer, und nachdem Alexander dies erkannt hatte, beschloss er, sich den Asiaten zu unterwerfen. Er unternahm sogar eine Huldigungsreise nach Karakorum, was ihm 1252 als Belohnung den Jarlyk, also gewissermaßen die Ernennungsurkunde zum Großfürsten von Wladimir-Suzdal', einbrachte, womit er nun auch über den Moskauer Raum herrschte. Mit seiner pragmatisch-klugen Politik konnte Alexander seine Machtposition festigen.

■ Alexander Newskij empfängt Gesandte des Papstes. Gemälde, 1880, von Henryk Siemiradski (1843–1902). St. Petersburg, Staatliches Russisches Museum

Nach seinem Tod jedoch wurde seine Politik weniger nüchtern betrachtet. Obwohl die Auseinandersetzung mit den Schweden nur in kleineren Grenzstreitigkeiten bestanden hatte, die in schwedischen Quellen nicht einmal Erwähnung finden, erzählte man sich bald von Alexanders großem Sieg gegen die skandinavischen Eroberer. Dies wusste zu Beginn des 18. Jahrhunderts besonders Peter der Große zu nutzen, der ebenfalls gegen die Schweden siegte und Alexander Newskij zum Stadtpatron des neu gegründeten St. Petersburg machte. Und als es darum ging, für den mit Peter verbundenen Aufstieg Russlands zur eigenständigen europäischen Großmacht auch in Europa Anerkennung zu finden, diente Alexander Newskij abermals als Sinnbild. Schließlich hatte er schon im 13. Jahrhundert die westlichen Mächte in Gestalt des Papstes in ihre Schranken gewiesen und sich für eine Kooperation mit den Mongolen im Osten entschieden! Dass es sich dabei um politisch lebensnotwendigen Pragmatismus handelte, interessierte niemanden mehr.

Noch eindrucksvoller wurde im Laufe der Jahrhunderte die Schlacht gegen den Deutschen Orden dar-

**NOWGOROD**
Die altrussische Burgstadt Nowgorod hatte seit dem 10. Jahrhundert wachsende Bedeutung erlangt, bevor sie unter Alexander Newskij zu einem Stadtstaat wurde. Bis zum 15. Jahrhundert gelang es Nowgorod, sich im Kräftefeld zwischen Schweden, Deutschem Orden, Litauen und Moskau zu behaupten. Erst 1478 gelang es Großfürst Iwan III., den Stadtstaat zu zerschlagen und dem Moskauer Reich einzugliedern.

■ Die Schlacht auf dem Peipus-See, in der die Truppen Alexander Newskijs die Ritter des Deutschen Ordens besiegten. Diorama, 2005

gestellt. In der Sowjethistoriographie des 20. Jahrhunderts tauchte dieser Sieg von 1242 als vorläufiger Schlusspunkt des deutschen Drangs nach Osten auf und damit auch als mittelalterliche Schicksalsschlacht zwischen der deutschen und der russischen Nation. Im 13. Jahrhundert gab es freilich noch keine Nationen, sondern nur Regionalherrscher, die von überall her Söldner für ihre Truppen anwarben – davon war in sowjetischen Geschichtsbüchern allerdings keine Rede.

Bei einem derartigen heroischen Potenzial verwundert es nicht, dass die Russen während des Ersten Weltkriegs beziehungsweise die Sowjets in der Auseinandersetzung mit den Nationalsozialisten den mittelalterlichen Sieger über die Deutschordensritter als antideutsches Symbol verherrlichten. Insbesondere von 1941 bis 1945 wurde Alexander Newskij zur wichtigsten kriegerischen Integrationsfigur im Rahmen der antifaschistischen Feindpropaganda. Nach 1945 spielte er dementsprechend eine weniger wichtige Rolle. Dennoch entstanden Denkmäler, die ihn als Kriegsherrn feierten. Nach dem Ende des Kalten Krieges erhielt auch die russisch-orthodoxe Kirche wieder größeren Spielraum, was die Verehrung Alexander Newskijs auch als Heiligen beförderte. Im Jahr 1989 wurden seine Reliquien feierlich vom Leningrader Museum für Religion und Atheismus in die Dreifaltigkeitskirche des Alexander-Newskij-Klosters überführt.

Dass Alexander Newskij bis heute nicht an Ansehen verloren hat, zeigen nicht nur die Denkmäler, sondern auch der nach ihm benannte Verdienstorden. Zar Peter der Große stiftete ihn erstmals im Jahr 1722 als Auszeichnung für besondere militärische Leistungen. Erneuert wurde er 1942 von Stalin, und selbst im postsowjetischen Russland beschloss man 1992, diesen Orden zu erhalten. Als Sympathieträger kennt Alexander Newskij ohnehin keine Grenzen: 1999 erschien sein Konterfei auf dem Werbeplakat einer Petersburger Margarine – mit den Worten »Wir haben gesiegt!«

# ALEXANDER NEWSKIJ

 BIOGRAPHIE

Alexander Jaroslawitsch wurde um 1220 als Sohn des Großfürsten Jaroslaw Wsewoloditsch geboren. Schon in seiner Kindheit bekleidete Alexander gemeinsam mit seinem Bruder Fedor zwischen 1228 und 1233 mehrfach das Amt des Wahlfürsten von Nowgorod als Statthalter seines Vaters. Mit 16 Jahren wurde Alexander vom Vater als alleiniger Fürst von Nowgorod eingesetzt; diese Position hatte er – abgesehen von einer Zwischenregentschaft seines Bruders Andrej 1240/41 – bis zu seinem Tod inne. Am 15. Juli 1240 besiegte Alexander an der Newa ein zahlenmäßig weit überlegenes schwedisches Heer unter Jarl Birger; seither trug er den Ehrentitel »Newskij«. Am 5. April 1242 gelang ihm ein vernichtender Sieg über die zum benachbarten Nowgorod drängenden Deutschordensritter auf dem Eis des Peipus-Sees, und 1245 wehrte er in drei erfolgreichen Schlachten litauische Heere ab. Nach dem Tod seines Vaters 1246 brach die russische Abwehr gegen die mongolischen Oberherren zusammen, und bald darauf beschloss Alexander, sich mit den Mongolen zu arrangieren und ihre Macht anzuerkennen. Von 1248 bis 1249 tätigte er eine Huldigungsreise zu Khan Batu nach Sarai (an der Wolga) und an den Hof des Großkhans im zentralasiatischen Karakorum. Im Jahr 1252 bekämpfte er erfolgreich das antimongolische Fürstenbündnis, an dessen Spitze sein Bruder Andrej stand. Zur Belohnung machte Sartak, der Sohn des Khans Batu, ihn zum neuen Großfürsten von Wladimir-Suzdal' und ließ Alexanders Bruder Andrej, der seit 1248 dieses Amt ausgefüllt hatte, durch mongolische Schergen aus Wladimir vertreiben. Auch in der Folgezeit trat Alexander entschieden für die Mongolen ein und wurde gleichsam zum langen Arm der Asiaten. Von 1257 bis 1259 unterstützte er auch eine von den Mongolen initiierte Volkszählung und führte blutige Repressalien gegen aufständische Teile der altrussischen Bevölkerung durch. Am 14. November 1263 starb Alexander Jaroslawitsch in Gorodez, nachdem er noch das Mönchsgelübde abgelegt hatte. Im Rahmen des Kanonisationsprozesses erfolgte 1380 die Erhebung seiner Gebeine, 1547 wurde Alexander heiliggesprochen.

## Verwandtschaft

Alexander Jaroslawitsch entstammte einer russischen Fürstenfamilie. Sein Großvater Wsewolod III. Jurewitsch (1154–1212) war der letzte bedeutende russische Herrscher vor der Herrschaft der Mongolen. Sein Vater Jaroslaw Wsewoloditsch regierte von 1238 bis 1246 als Großfürst. Im Spätmittelalter galt Alexander als Stammvater der Dynastie des Fürstentums Moskau, denn unter seinem Sohn Daniil (1261–1303) wurde Moskau zum ständigen Fürstensitz. Alexanders Enkel Iwan I. Kalità (1284–1341) wurde erster Fürst von Moskau und »Großfürst der ganzen Rus'«.

## Quellen

Um 1282 entstand im Umkreis des Metropoliten Kirill II. die *Erzählung vom Leben und der großen Tapferkeit des rechtgläubigen Großfürsten Alexander*. Dieser Text, auf den sich in erster Linie die Erinnerung an Alexander gründet, wurde wohl von einem Mönch des Mariae-Geburt-Klosters in Wladimir verfasst, wo sich Alexanders Grab befand. Interessant an diesem Text ist, dass er zwei literarische Genres verbindet, indem er sowohl Elemente eines Heiligenlebens als auch eines Fürstenlebens aufweist.

 EMPFEHLUNGEN

**Lesenswert:**
Frithjof Benjamin Schenk: *Aleksandr Nevskij. Heiliger – Fürst – Nationalheld. Eine Erinnerungsfigur im russischen kulturellen Gedächtnis (1263–2000)*, Köln 2004

**Hörenswert:**
Sergej Prokofjew: *Alexander Newski*. Filmmusik (1938) zum gleichnamigen Film von Sergej Eisenstein

**Sehenswert:**
*Alexander Newski*. Regie: Sergej Eisenstein; mit Nikolai Tscherkassow und Nikolai Ochlopkow. UdSSR 1938

**Besuchenswert:**
Das Alexander-Newskij-Kloster in St. Petersburg

---

 AUF DEN PUNKT GEBRACHT

Fürst Alexander von Nowgorod war zu Lebzeiten ein bedeutender Regionalherrscher. Nach seinem Tod avancierte er zum größten russischen Nationalhelden. Die Propaganda sah in ihm den Feldherrn, der erstmals den europäischen Westen, insbesondere die Deutschen, in die Schranken gewiesen hat.

*Der verhinderte deutsche Kaiser*

# Alfons der Weise
1221–1284

Als Alfons X. im Jahr 1252 zum König von Kastilien und León gekrönt wurde, saß er zufrieden auf seinem Thron, blickte hinauf in den Sternenhimmel und erkannte umgehend Verbesserungsbedarf: »Hätte ich bei der Schöpfung in Gottes Rat gesessen, würde vieles besser geordnet sein.« Der junge Monarch war alles andere als bescheiden und in jeder Hinsicht sehr von seinen Fähigkeiten überzeugt. Als Gelehrter übertraf Alfons tatsächlich alle anderen Herrscher seiner Zeit an Talent und Scharfsinn, weshalb er alsbald »der Weise« genannt wurde. Doch als Politiker fehlte ihm schlichtweg der gesunde Sinn für die Realität. Jahrzehntelang träumte er von der deutschen Kaiserkrone, der Insignie der größten Macht im Abendland. Es sollte ein Traum bleiben.

■ Alfons der Weise

Wie kam ein spanischer König überhaupt dazu, von der deutschen Kaiserkrone zu träumen? Als 1254 Konrad IV., der Sohn Kaiser Friedrichs II. (s. S. 154), gestorben war, fehlte ein geeigneter Nachfolger, und es war völlig unklar, an wen die Macht nun übergehen sollte. Da der deutsche Thron seit über einem Jahrhundert in der Hand der staufischen Dynastie gewesen war, konnte – so jedenfalls meinte Alfons – nur ein Nachkomme der Staufer als neuer König in Frage kommen: Alfons hatte eine staufische Mutter und war deshalb überzeugt, der einzige ernstzunehmende Kandidat für den deutschen Königsthron zu sein.

Von diesem Moment an bestimmte die Wunschvorstellung von einer glorreichen Zukunft sein politisches Handeln: Alfons, römisch-deutscher König und Kaiser des Heiligen Römischen Reiches! Damit wäre er nicht nur der mächtigste weltliche Herrscher der Christenheit, sondern – und das war ihm besonders wichtig – er hätte auch die Herrschaft über Italien und damit über wesentliche Teile des Mittelmeerraums inne. Unter diesen Vorzeichen war Alfons über jede Unterstützung aus Italien dankbar. In Norditalien gab es seit dem frühen

13. Jahrhundert einige wenige Anhänger der Staufer, und diese
wählten Alfons in Pisa, einem ihrer Hauptorte, 1256 zum Kaiser.
Eigentlich hätte allen Beteiligten klar sein müssen, dass eine solche Wahl null und nichtig war, schließlich wurde seit Karl dem
Großen nicht ein Kaiser, sondern lediglich ein römisch-deutscher
König gewählt, der dann zugleich der »künftige Kaiser« (Imperator futurus) war und vom Papst zu einem solchen gekrönt wurde.
Alfons jedoch ignorierte diese jahrhundertealten Traditionen –
und nahm die Wahl an.

Als er endlich merkte, dass diese Wahl niemanden interessierte,
versuchte er, auf dem klassischen Weg über die Königswahl in
Deutschland sein Ziel zu erreichen. Das freilich war ein heikles

■ Alfons X. von Kastilien.
Buchmalerei, 1251–1282,
aus dem *Libro de los juegos*.
Madrid, Bibliothek des
Klosters El Escorial

**TAPAS**

König Alfons soll seine Soldaten dazu angehalten haben, jedes
Glas eines alkoholischen Getränks mit einer kleinen Speise zu
bedecken. Diese Speise sollten sie essen, bevor sie das Glas
leerten, um allzu großer Trunkenheit vorzubeugen. Von ihrer
bedeckenden Funktion (spanisch »tapar«: bedecken) erhielten
diese Speisen ihren Namen: Tapas. Noch heute werden die kleinen Appetithäppchen in Spanien vor dem Hauptgericht oder als
Beilage zu Getränken gereicht.

Thema im Heiligen Römischen Reich, denn seit der Absetzung Kaiser Friedrichs II. 1245 fehlte eine Person, die allen das Gefühl hätte geben können, tatsächlich die Zügel in der Hand zu halten. Rechtlich gesehen gab es immerhin einen deutschen König, besser gesagt: zwei deutsche Könige. Bald nach Friedrichs Absetzung waren nämlich zwei Gegenkönige gewählt worden, denen allerdings beiden die breite Unterstützung und Anerkennung fehlten. Ausgerechnet im Jahr 1256, als Alfons glaubte, deutscher Kaiser geworden zu sein, war keiner dieser beiden Könige mehr am Leben, sodass es nicht einmal mehr formell einen König gab. Es galt also zu handeln.

Doch wer war zuständig? Etwa dreißig Jahre zuvor hatte ein sächsischer Gelehrter namens Eike von Repgow die Antwort auf diese Frage in seinem *Sachsenspiegel*, einem noch heute berühmten Rechtsbuch, niedergeschrieben: Es waren die Kurfürsten. Jetzt kam die Theorie erstmals zur Anwendung, doch funktionierte das System noch nicht richtig. So wählten zunächst vier der sieben Kurfürsten im Januar 1257 den Grafen Richard von Cornwall vor den Toren Frankfurts am Main zum deutschen König, und wenige Wochen später wählten wiederum vier Kurfürsten Alfons zum König – aus lauter Unentschlossenheit hatte der König von Böhmen zweimal seine Stimme abgegeben. Formell gab es nun wieder zwei deutsche Könige, doch hatten die Untertanen keinerlei Nutzen davon, da keiner der beiden sich in Deutschland aufhielt.

■ Konrad IV., der wie Alfons der Weise zum römischen König gewählt, aber nie gekrönt wurde. Buchmalerei, zwischen 1167 und 1179, aus der Welfenchronik der Abtei Weingarten. Fulda, Hochschul- und Landesbibliothek

Während Richard von Cornwall immerhin viermal den Weg nach Deutschland auf sich nahm – wenn auch nur auf die linke Rheinseite – und sogar in Aachen gekrönt wurde, blieb Alfons, im sicheren Gefühl, bald Kaiser zu sein, in Kastilien. Sein ganzes Leben lang sollte er keinen Fuß auf deutschen Boden setzen und auch nicht gekrönt werden. Doch gelehrt wie er war, wusste er, dass auch sein Vorgänger Konrad nie gekrönt, sondern nur gewählt worden war und sich mit dem Titel »zum König der Römer gewählt« begnügt hatte. Wenigstens war Alfons offensichtlich

willens, seine neue Aufgabe mit Leben zu erfüllen, denn neben seiner kastilischen Kanzlei
richtete er nun auch eine kaiserliche Kanzlei
zur Ausfertigung von Urkunden für das Reich
ein.

Zweifellos war das deutsche Königsamt für
Alfons eine bedeutende Prestigefrage – doch
für Richard von Cornwall war es das selbstverständlich auch. Die beiden theoretischen
Könige versuchten in den folgenden Jahren, sich gegenseitig mit juristischen Mitteln
auszuspielen. Alfons wies seinen englischen
Konkurrenten darauf hin, dass dieser nicht
in Frankfurt am Main, sondern nur vor den
Toren der Stadt gewählt worden sei – ein Prozedere, das demnach keine Rechtsgültigkeit
beanspruchen könne. Richard wiederum mo-
nierte, Alfons sei nicht binnen Jahr und Tag
nach dem Tod des letzten Königs gekürt worden. Letztlich gelang es keinem von beiden,
über den anderen zu triumphieren.

I5 Jahre lang gab es zwei Könige und doch keinen König in
Deutschland, was Alfons in seiner Hoffnung auf eine Alleinherrschaft keineswegs entmutigte. Als 1272 sein Widersacher Richard
das Zeitliche segnete, schien der Moment für den Spanier endlich
gekommen: Umgehend schickte er eine Gesandtschaft nach Rom,
um bei Papst Gregor X. um Unterstützung zu bitten. Doch konnte
jemand, der in dieser Zeit offiziell als Staufer kandidierte, in einen
solchen Schritt nur Hoffnungen setzen, wenn er jeglichen Sinn für
die Realität verloren hatte – wie Alfons eben. Schließlich war man
an der päpstlichen Kurie spätestens seit den Auseinandersetzun-

■ Der Tod Kaiser Friedrichs II.
war der Beginn des mehr als
20 Jahre währenden Inter-
regnums. Buchmalerei aus
dem *Chronicon pontificum et
imperatorum*, um 1450, aus der
Werkstatt des Diebold Lauber
(um 1427–um 1471)

**INTERREGNUM**
Die Jahre zwischen dem Tod Kaiser Friedrichs II. 1250 und der Wahl
Rudolfs von Habsburg zum deutschen König 1273 sind als Großes
Interregnum (dt. Zwischenherrschaft) in die Geschichtsbücher
eingegangen. Noch Friedrich Schiller nannte 1803 diese Jahre »die
kaiserlose, die schreckliche Zeit«. Ein bleibendes Ergebnis dieser
Wirren war das seither etablierte Kurfürstenkolleg zur Wahl des
Königs. Viele Historiker sehen in der Zeit des Interregnums den
Beginn des Spätmittelalters begründet.

■ So sollte laut *Heidelberger Sachsenspiegel* die Wahl des Königs vonstatten gehen: In der oberen Reihe sieht man die geistlichen Fürsten bei der Wahl, sie zeigen auf den König. In der mittleren Reihe überreicht der Pfalzgraf bei Rhein als Truchsess eine goldene Schüssel, hinter ihm folgen der Herzog von Sachsen mit dem Marschallstab und der Markgraf von Brandenburg, der als Kämmerer eine Schüssel mit warmem Wasser bringt. In der unteren Reihe wird der neue König mit den Großen des Reiches dargestellt. Buchmalerei, um 1300. Heidelberg, Universitätsbibliothek

gen mit Friedrich II. überhaupt nicht gut auf die »verhasste Schlangenbrut« der Staufer zu sprechen, wie ein Papst es einmal formuliert hatte. Mag es für Alfons nun überraschend gewesen sein oder nicht, jedenfalls fand er auf päpstlicher Seite keine Unterstützung. Sowohl Gregor X. als auch alle Verantwortlichen im Heiligen Römischen Reich waren die Situation leid und wollten der unsäglichen Zeit des Interregnums ein Ende setzen. 1273 wurde Rudolf von Habsburg einstimmig zum neuen deutschen König gewählt.

Selbst die eindrucksvolle Botschaft einer einmütigen Entscheidung aller Kurfürsten konnte Alfons von Kastilien nicht von seinem großen Lebenstraum abbringen. Weiterhin betrachtete er sich als rechtsgültig gewählten deutschen König – und ohnehin den weisesten und besten aller möglichen Nachfolger Kaiser Friedrichs. Noch zwei Jahre nach Rudolfs Königswahl musste Alfons von Papst Gregor X. behutsam zum formellen Verzicht auf das deutsche Königtum bewegt werden. Einige Jahre später starb der gelehrte und von sich selbst überzeugte König Alfons einsam und verlassen. Alle seine Anhänger, sogar sein eigener Sohn, ließen ihn am Ende im Stich. Als Politiker war er weitgehend gescheitert, da er wegen seiner hohen Ziele im deutschen Reich allzu oft die Regierungsarbeit im heimatlichen Königtum vernachlässigt hatte. Seine imperialen Träume nahm Alfons von Kastilien und León 1284 mit ins Grab.

# ALFONS DER WEISE

 BIOGRAPHIE

Alfons X. wurde am 23. November 1221 in Toledo als Sohn Ferdinands III. »el Santo« (König von Kastilien und León 1217–1252) und Beatrix' von Schwaben geboren. Als junger Mann war er mehrfach an Feldzügen seines Vaters im Südosten der Iberischen Halbinsel beteiligt, die überwiegend Teil der Reconquista waren. Nach seiner Thronbesteigung im Jahr 1252 entwickelte er Pläne für eine Eroberung Marokkos, für die er eine größere Unterstützung seitens der Hafenstädte am Mittelmeer benötigte. Als 1254 der deutsche König Konrad IV. starb, witterte er deshalb die Chance, als staufischer Erbe über die Kaiserkrone auch Herr des Mittelmeerraums zu werden. Schon 1255 reklamierte er daher das Herzogtum Schwaben für sich. Aus seinem Traum von der Kaiserkrone wurde nichts, und auch in seinem eigenen Königreich stieß Alfons auf gehörige Widerstände. Der kastilische Adel paktierte mit den rivalisierenden Sarazenen, um den Zentralisierungsbestrebungen des Königs Einhalt zu gebieten. Die Sarazenen wiederum konnten dank der Hilfe aus Marokko die christliche Wiedereroberung Südspaniens zeitweise zum Erliegen bringen. Wesentlich eindrucksvoller als in der Politik wirkte Alfons auf juristischem und literarischem Gebiet. Unterstützt von einer großen Gruppe Gelehrter arbeitete er daran, die kastilische Gesetzgebung zu vereinheitlichen. Ferner entstand in Alfons' Regierungszeit die Estoria de España,

die sämtliche damaligen Kenntnisse der spanischen Geschichte vereinigte. Auf wissenschaftlichem Gebiet widmete er sich insbesondere der Förderung der Astronomie sowie der Dichtkunst und der Musik. Hier haben die Cantigas de Santa Maria die wichtigste Bedeutung, mehr als 400 Lieder in galizischer Sprache über die Mutter Gottes. Alfons' letzte Regierungsjahre hingegen waren weniger ruhmreich: Es kam zu einem offenen Krieg zwischen ihm und seinem Sohn Fernando de la Cerda, und schließlich starb Alfons der Weise am 4. April 1284 in Sevilla – von fast allen Untergebenen verlassen. Seine sterblichen Überreste wurden im Kloster Las Huelgas in Burgos bestattet.

## Verwandtschaft

Alfons steht väterlicherseits in einer langen Reihe von Königen, die über Kastilien und zeitweise auch über León herrschten. Über seine Mutter Beatrix von Schwaben leitete Alfons Ansprüche auf den deutschen Königsthron ab. Durch seine Hochzeit mit Yolante stellte er zudem verwandtschaftliche Verbindungen mit dem Haus Aragón und den Königen von Ungarn her. Die Nachkommen Alfons' des Weisen herrschten – beginnend mit seinem Sohn Sancho IV. (1284–1295) – noch zwei Jahrhunderte lang über Kastilien, bis unter Isabella »der Katholischen« (Königin 1474–1504) die Grundlage für das moderne Spanien gelegt wurde.

## Quellen

Neben den zahlreichen Dokumenten seiner Kanzlei geben uns in erster Linie zwei Quellen Aufschluss über Alfons' Regierungszeit. Beide sind relativ bald nach seinem Tod entstanden. Im frühen 14. Jahrhundert verfasste der spätestens 1310 gestorbene Jofré de Loaysa eine Chronik der kastilischen Könige von 1248 bis 1305, die auch eine ausführliche Darstellung Alfons' X. enthält. Wenig später schrieb Fernán Sánchez de Valladolid, der königliche Kanzler Alfons' XI. (1312–1350), die Crónica del Rey Alfonso X., die für die Zeit vor 1272 etwas ungenau bleibt, für die letzten Jahre der Regierungszeit Alfons' des Weisen aber auf Originalquellen der Kanzlei zurückgreift.

 EMPFEHLUNGEN

**Lesenswert:**
Wilhelm Freiherr von Schoen: Alfons X. von Kastilien. Ein ungekrönter deutscher König, München 1957

**Hörenswert:**
Llibre Vermell de Montserrat: Cantigas de Santa María, Audio-CD, Arles 1995 (Kompositionen Alfons' X.)

**Besuchenswert:**
Das Kloster Las Huelgas in Burgos (Grabstätte)

 AUF DEN PUNKT GEBRACHT

König Alfons der Weise von Kastilien und León war ein herausragender Gelehrter, aber ein Politiker ohne Realitätssinn. Jahrzehntelang träumte er als Nachkomme der Staufer von der deutschen Kaiserkrone, ohne jemals in Deutschland gewesen zu sein.

### Der Herr über Konstantinopel mit Glück und Geschick
# Michael VIII. Palaiologos
um 1224–1282

Das war das Ende. Der byzantinische Kaiser Michael Palaiologos wusste, dass weder er noch Konstantinopel eine Chance hatten. Vor neun Jahren erst war es ihm gelungen, die Stadt wieder in oströmische Hände zu bringen – nach jahrzehntelanger Herrschaft der lateinischen Christen. Doch nahezu der gesamte europäische Westen war darauf aus, diese Entwicklung rückgängig zu machen, und gerade vom Wasser her drohte dem Kaiser größte Gefahr, zumal er selbst noch keine eigene Flotte hatte aufbauen können. Michaels ärgster Widersacher, Karl von Anjou (s. S. 190), Herr über Sizilien und Süditalien, wusste das. Seine Flotte hatte soeben dem Emir von Tunis eine vernichtende Niederlage beigebracht und sammelte sich nun im Jahr 1270 vor Sizilien, um Michael, dessen Herrschaftsbereich sich bis zur gerade wiedereroberten Morea ersteckte, endlich den Garaus zu machen. Dem Byzantiner konnte nur noch ein Wunder helfen. Und genau dieses trat ein. Gleichsam aus heiterem Himmel brach ein Sturm über Sizilien los, der Karls gesamte Flotte zerstörte, Tausende von Soldaten tötete und sämtliche Vorräte vernichtete. Als Michael davon erfuhr, brach er vor Dankbarkeit in Tränen aus.

Es sollte nicht das einzige Mal sein, dass Michaels Herrschaft über Konstantinopel durch eine glückliche Fügung gesichert wurde. Doch verließ sich der Kaiser keineswegs auf derartige Ereignisse. Im Gegenteil: Michael war sich der prekären Lage durchaus bewusst und versuchte, die Gefahr für Konstantinopel durch Bündnisse zu entschärfen. Da die Legitimation aller Angreifer auf dem seit über zwei Jahrhunderten bestehenden Gegensatz zwischen Ost- und Westkirche beruhte – offizielles Ziel war es, Ostrom wieder dem lateinischen Christentum zu unterstellen –, stand außer Frage, dass Michaels erster Ansprechpartner im Westen der Papst als oberster Kirchenführer war.

Michael musste sich also zwischen zwei Übeln entscheiden: Entweder er betrieb eine Annäherung an den Papst – was einem Verrat seines orthodoxen Glaubens gleichkam –, oder er wartete ab, bis die Übermacht aus dem Westen über ihn hereinbrach. Der Kaiser entschied sich für den pragmatischen Weg, ließ den Glauben Glauben sein, nahm die zu erwartenden Un-

■ Kaiser Michael VIII. Palaiologos

■ Konstantinopel im 13. Jahrhundert. Holzstich aus Maurice Larchers *Histoire des Papes,* 1875

ruhen im Innern seines Reichs in Kauf und bot sich Papst Clemens IV. als Diener an. Der zeigte sich zunächst gar nicht erfreut: Einer der Gesandten, die Michael mit Geschenken in die Ewige Stadt geschickt hatte, wurde kurz nach seiner Ankunft bei lebendigem Leibe gehäutet. Dennoch verfehlten Michaels unterwürfige Annäherungen ihre Wirkung nicht, und der Papst vermochte den machtgierigen Karl von Anjou von einem Zug gegen Konstantinopel abzuhalten. Gefährlich wurde es, als Clemens IV. 1268 starb, denn Karl verhinderte durch verschiedene Intrigen ganze drei Jahre lang die Wahl eines neuen Kirchenoberhaupts und hatte dadurch freie Hand. Und ohne den Papst konnte Michael eben nur eine Naturkatastrophe wie der Sturm von 1270 helfen.

Als 1271 mit Gregor X. endlich wieder ein neues Kirchenoberhaupt eingesetzt war, griff Michael seine alte Strategie wieder auf. Nachdem er dem Untergang so knapp entronnen war, stand für ihn außer Frage, dass er mit dem Papst eine Einigung finden musste. Und so verhandelte er unter Bedingungen, die für keinen orthodoxen Christen akzeptabel sein konnten, ohne den dafür eigentlich zuständigen Patriarchen, mit Gregor X. über die Vereinigung von West- und Ostkirche: Michael akzeptierte das westliche Glaubensbekenntnis und den Primat des Papstes in Rom – an diesen beiden Streitpunkten war die Kirchenunion im Jahr 1054 zerbrochen. Durch diesen »Verrat« am orthodoxen Glauben, wie es in Ostrom beurteilt wurde, war Karl von Anjou tatsächlich jede Rechtfertigung für eine Eroberung Konstantinopels genommen.

## DAS FILIOQUE

Das Filioque ist spätestens seit dem Bruch von 1054 ein Streitpunkt zwischen West- und Ostkirche. Gemeint ist damit ein vom Westen eingefügter (und 1215 zum Dogma erhobener) Zusatz zum gemeinsamen Glaubensbekenntnis von 381: Der Heilige Geist stammt demnach vom Vater »und dem Sohn« (lat. filioque). Mit Ausnahme von Kaiser Michael war die orthodoxe Kirche bis heute nicht bereit, diesen Zusatz anzuerkennen.

■ Papst Martin IV.
Holzschnitt, um 1900

Angesichts der schwierigen Umstände und politischen Herausforderungen war dieser diplomatische Kunstgriff für Michael Palaiologos die einzige Lösung, seine Herrschaft zu retten. Allerdings verstand man im Mittelalter jeden Vertrag als eine Abmachung zwischen zwei Personen und weniger zwischen den dahinter stehenden Institutionen. Darin lauerte stets eine Gefahr, schließlich konnte der Tod eines Papstes mit einem Schlag alles zunichte machen. Michael, der während seiner Regierungszeit neun verschiedene Päpste erleben sollte, war sich dessen durchaus bewusst. Vom neunten Papst aber, der 1281 den Thron Petri bestieg, sah der byzantinische Kaiser größeres Unheil drohen als von allen Vorgängern, und seine Befürchtungen sollten sich bewahrheiten: Papst Martin IV. war Franzose und Weggefährte Karls von Anjou. Schon wenige Monate nach seinem Amtsantritt belegte er den byzantinischen Kaiser ohne erkennbaren Grund mit dem Kirchenbann, und damit war für Karl der Weg wieder frei. Im Frühjahr 1282 hatte er alle Hindernisse beseitigt und wollte endlich Konstantinopel erobern, als Michael abermals vom Glück begünstigt wurde: Zu Ostern desselben Jahres brach sich der Hass der italienischen Bevölkerung auf die französischen Besatzer aus einem nichtigen Anlass in einem Blutbad Bahn, das als Sizilianische Vesper in die Geschichtsbücher eingehen sollte. Dabei wurden die meisten Franzosen getötet und Karls Schiffe verbrannt.

Abermals war Michael einer vernichtenden Niederlage nur knapp entronnen, ohne etwas dafür getan zu haben. Die Mischung aus zum Teil rücksichtslos pragmatischer Politik und Glück sicherte dem Kaiser die Herrschaft über Konstantinopel bis zu seinem Tod. Gedankt wurde es ihm freilich nicht. Seine Untertanen wussten Michaels Leistung zur Sicherung der byzantinischen Herrschaft nicht zu würdigen, sondern sahen in ihm nur den Ketzer. Nach seinem Tod musste der Sohn des Kaisers den Leichnam seines Vaters irgendwo verscharren, damit er nicht geschändet würde. Die Kirchenunion mit dem Westen, die ihm so viel Schmach eingebracht hatte, war allerdings nicht von langer Dauer – bis heute ist die christliche Kirche gespalten.

### DIE MOREA

Die griechische Halbinsel Peloponnes wurde im Mittelalter Morea genannt. Zur Zeit des Lateinischen Kaiserreichs (1204–1261) bestand dort das Fürstentum Achaia, und nach der Rückgewinnung Konstantinopels 1261 eroberte Michael VIII. Palaiologos auch die Morea zurück. Der Name Morea hielt sich letztlich bis 1822, als mit der Unabhängigkeit Griechenlands wieder der antike Name Peloponnes eingeführt wurde.

# MICHAEL VIII. PALAIOLOGOS

 BIOGRAPHIE

Michael VIII. Palaiologos wurde um 1224 als Sohn des Statthalters von Thessaloniki geboren und wuchs am Hof Kaiser Johannes' III. Dukas Vatatzes (1221–1254) auf. Als junger Mann erwarb er sich als Feldherr einen Namen, wurde aber 1253 für ein Jahr wegen Hochverrats eingekerkert. Nachdem er Theodora, eine Großnichte des Kaisers, geheiratet hatte, geriet er noch einmal in den Verdacht des Hochverrats und musste kurzzeitig fliehen. Im Herbst 1258 nutzte Michael die Chance, nach dem Tod Kaiser Theodors II. Laskaris den Vormund des Kaisersohnes Johannes IV. Laskaris umzubringen und selbst die Macht an sich zu reißen. 1259 ließ er sich zum Mitkaiser ausrufen und konnte umgehend durch Siege über verschiedene byzantinische und lateinische Gegner und vor allem durch die Rückeroberung Konstantinopels 1261 seine Stellung so festigen, dass er sich zum Hauptkaiser krönen ließ. Den ihm nicht wohlgesinnten Patriarchen Arsenios ließ er absetzen und machte sich sodann an die Wiedereroberung der Morea (Peloponnes). Durch wechselnde Bündnisse mit den Seerepubliken Genua und Venedig sowie Verhandlungen mit dem Papst über eine Union mit Rom konnte Michael seinen ärgsten Widersacher, Karl von Anjou, davon abhalten, eine Eroberung Konstantinopels anzugehen. Diese Kirchenunion wurde zwischen Michael und Papst Gregor X. formell auf dem Konzil von Lyon im Jahre 1274 vollzogen. Mit der Unterstützung

durch Papst Martin IV. gelangte Karl von Anjou 1281 noch einmal in eine aussichtsreiche Stellung, um Byzanz anzugreifen. Michael verbündete sich daraufhin mit Karls Erzrivalen Peter III. von Aragón; durch die Sizilianische Vesper im März 1282 und die anschließende Invasion Peters in Sizilien war Karl schließlich entmachtet, sodass für Byzanz keine Gefahr mehr bestand. Michael VIII. Palaiologos starb am 11. Dezember 1282 in Thrakien und wurde von seinem Sohn und Nachfolger Andronikos II. Palaiologos verscharrt. Erst Jahre später befreite Andronikos seinen toten Vater aus diesem postumen Exil und brachte die Leiche in ein Kloster in Selymbria.

## Verwandtschaft

Michael VIII. war der erste herausragende Vertreter einer bedeutenden byzantinischen Herrscherfamilie und zugleich der letzten Kaiserdynastie des Oströmischen Reichs. Die Palaiologen tauchen erstmals in der 2. Hälfte des 11. Jahrhunderts auf. Sie betrieben bewusste Familienpolitik, indem sie die zentralen Staatsämter mit Verwandten besetzten und so andere einflussreiche Familien verdrängten. Zudem wurden stets Heiratsverbindungen zu auswärtigen Fürstenhäusern gesucht, vor allem aus Osteuropa, aber ebenso aus dem Heiligen Römischen Reich. Nachdem der letzte Palaiologenkaiser, Konstantin XI., bei der Eroberung Konstantinopels 1453 kinderlos zu Tode gekommen war, setzte sich die Dynastie

noch über dessen Nichte fort, die 1472 den russischen Großfürsten heiratete. Daraus wurden später diffuse Ansprüche des russischen Zaren auf den byzantinischen Kaiserthron begründet.

## Quellen

Die Hauptquelle für die Regierungszeit Michaels VIII. Palaiologos ist das Geschichtswerk des Georgios Pachymeres (1241–1310). Der Jurist und Geschichtsschreiber, der vom Patriarchen Athanasios II. unterstützt wurde, schrieb am Ende seines Lebens ein Geschichtswerk über Michael und seinen Sohn (*De Michaele et Andronico Paleologis*), das in 13 Büchern die Geschichte von 1255 bis 1308 behandelt. Weitere wichtige Quellen sind die *Byzantina Historia* des Nikephores Gregoras, die etwa ein halbes Jahrhundert später entstand, sowie eine im 15. Jahrhundert verfasste Chronik des Georgios Sphrantzes.

 EMPFEHLUNGEN

**Lesenswert:**
John Julius Norwich: *Byzanz. Verfall und Untergang 1072–1453*, Düsseldorf 1996

Peter Wirth: *Grundzüge der byzantinischen Geschichte*, Darmstadt 2006

**Besuchenswert:**
Die Hagia Sophia in Istanbul (unter Michael VIII. restauriert und erweitert)

 AUF DEN PUNKT GEBRACHT

Kaiser Michael VIII. Palaiologos eroberte Konstantinopel von den lateinischen Christen zurück, konnte die byzantinische Herrschaft aber nur durch eine gehörige Portion Glück und eine ebenso geschickte wie demütige Haltung gegenüber dem Papst aufrechterhalten.

*Opfer der unterschätzten Untertanen*

# Karl I. von Anjou
## 1226–1285

Mittelalterliche Herrscher waren, anders als heutige demokratische Politiker, nicht vom Volk und von Parlamenten abhängig, sondern allein auf persönliche Verbindungen angewiesen. Das hatte Vor- und Nachteile, weil man, je nachdem, wer die wichtigen Ämter bekleidete, entweder schnell aufsteigen und einflussreich regieren konnte oder aber den angestrebten Posten nie erlangte, da ein Amtsinhaber wie der Papst dies zu verhindern wusste. Jahrhundertelang arrangierten sich die mittelalterlichen Fürsten notgedrungen mit diesem System, so auch Karl aus dem französischen Haus Anjou, der 16 Jahre lang König von Sizilien war. Er musste sich mit den letzten Staufern auseinandersetzen, war zum Teil vom Papst abhängig und traf Abkommen mit anderen Herrschern. Was auch immer er tat – seine Untertanen spielten in seinen Überlegungen kaum eine Rolle. Die Bewohner des Königreichs Sizilien dienten Karl nur als Truppenreservoir und Goldesel. Die Steuern erhöhte er so sehr, dass er schließlich mehr als doppelt so hohe Einnahmen aufweisen konnte wie der König von Frankreich. Doch die Skrupellosigkeit, mit der er die Sizilianer ausbeutete, sollte sich rächen.

■ Karl I. von Anjou empfängt den Segen Papst Clemens' IV. Fresko, spätes 13. Jahrhundert. Pernes-les-Fontaines, Tour Ferrande

Eine ganze Weile lang konnte Karl mit den Gegebenheiten durchaus zufrieden sein. Dass er überhaupt als König regieren durfte, hatte er den Päpsten zu verdanken, die in Südeuropa die gewichtigste Stimme hatten. Als Innozenz IV. nach dem Tod Kaiser Friedrichs II. (s. S. 154) begann, einen Nachfolger für Sizilien zu suchen, war er vor allem darauf bedacht, eine erneute Verbindung zwischen dem Heiligen Römischen Reich und Süditalien zu vermeiden, um dem Papsttum die daraus erwachsene Gefahr in Zukunft zu ersparen. Und so richtete sein Blick sich auf Karl von Anjou. Die Verhandlungen waren zwar langwierig – der sizilianische Königsthron blieb 15 Jahre lang verwaist –, doch 1265 konnten Karl und der Papst sich schließlich einigen, und der Franzose wurde König. Das sizilianische Volk wurde wie üblich nicht gefragt; es musste mit der Entscheidung der beiden Männer leben.

Karl war somit zwar allein aufgrund der Entscheidung des Papstes zum Herrscher über Sizilien geworden, doch bemerkte er schnell, dass er ohne einen Papst in Rom besser regieren konnte: Nur so hatte er freie Hand und musste niemandem Rechenschaft ablegen. Dass man sich nach dem Tod Clemens' IV. 1268 nicht auf einen Nachfolger einigen konnte, kam Karl sehr gelegen. Er dachte gar nicht daran, in dem Streit zu vermitteln, im Gegenteil: Er versuchte, die Parteiungen unter den Kardinälen am Leben zu erhalten, um das Konklave in die Länge zu ziehen – mit Erfolg. Und so kam es zum längsten Konklave der Papstgeschichte. Die Wahl dauerte fast drei Jahre, und die Bürger von Viterbo, wo das nicht enden wollende Prozedere stattfand, waren schließlich so entnervt, dass sie die Geistlichen im Palast einschlossen, ihnen nur noch Wasser und Brot brachten und am Ende sogar das Dach abdeckten, um die Herren zu einer Entscheidungsfindung zu bewegen. Erst 1271 wurde mit Gregor X. ein neuer Papst gewählt.

Während die Bürger von Viterbo erfolgreich Einfluss auf die Entscheidungen der Mächtigen nahmen, konnten die Einwohner Siziliens davon nur träumen. Ihr französischer König schröpfte sie nach allen Regeln der monarchischen Kunst und scherte sich nicht um ihr Wohlergehen oder die Wirtschaftskraft »seines« Landes. Er nutzte die Ressourcen Siziliens lediglich, um seinen größten Traum zu verfolgen: die Eroberung Konstantinopels. Als Karl kurz davor war, diesen Traum in die Tat umzusetzen, machten seine Untertanen ihm jedoch einen gehörigen Strich durch die Rechnung. Ihr seit Jahren angestauter Zorn auf den

■ Karl I. von Anjou auf dem Seeweg nach Rom und bei der Belehnung mit dem Königreich Sizilien durch Papst Clemens IV. Buchmalerei, um 1335/40, aus den *Grandes Chroniques de France*. London, British Library

ANJOU
Die westfranzösische Grafschaft Anjou im unteren Loiretal erlangte erst unter Karls Lehnsherrschaft ab 1246 überregionale Bedeutung. Im 14. Jahrhundert wurde sie zum Herzogtum erhoben, und auf Karl von Anjou geht die gleichnamige Königsdynastie des Spätmittelalters zurück.

■ Die Sizilianische Vesper.
Gemälde, 1846, von Francesco
Hayez (1791–1882). Rom,
Galleria nazionale d'arte
moderna et contemporanea

KONKLAVE
Erstmals 1241 wurden
die Kardinäle einge-
schlossen, um einen
Papst zu wählen. Nach
den Erfahrungen des
drei Jahre währenden
Konklaves zur Zeit Karls
von Anjou wurde be-
reits 1274 der rechtliche
Rahmen des Wahlver-
fahrens festgelegt, der
in Grundzügen noch
heute gültig ist. Das
neuzeitliche Konklave,
das in der Sixtinischen
Kapelle stattfindet, dau-
ert durchschnittlich nur
etwa zwei Tage.

französischen König entlud sich am Ostermontag des Jahres 1282, als in Palermo ein Kirchweihfest stattfand, bei dem junge französische Knappen Sizilianerinnen unanständig bedrängten. Plötzlich fielen die Sizilianer über die Franzosen her, und es entstand ein Handgemenge, das schnell zum Aufstand eskalierte. Als die Vesperglocken läuteten, war die Situation bereits außer Kontrolle: Die Sizilianer rannten durch die Stadt, riefen »Tod den Franzosen!« und zwangen jede und jeden, das Wort »ciciri« auszusprechen, was ihrer Meinung nach nur italienische Muttersprachler fertigbrachten. Wer das nicht schaffte, wurde unverzüglich getötet. Am Morgen nach dieser »Sizilianischen Vesper« war kaum ein Franzose mehr am Leben. Karl war am Ende und musste seine großspurigen Träume begraben. Wenige Monate später nahm Peter von Aragón Sizilien ein.

Es ist fast schon sinnbildlich, dass Karl von Anjou nach diesem Volksaufstand meinte seine Macht durch einen – selbst im 13. Jahrhundert bereits antiquierten – Fürstenzweikampf mit Peter zurückgewinnen zu können. Noch immer schien Karl die Macht des sizilianischen Volkes zu unterschätzen. Passenderweise wurde der geplante Zweikampf zu einer Farce: Für den 1. Juni 1283 verabredete man sich auf einem Feld nahe Bordeaux, versäumte es aber, eine genaue Zeit festzulegen. Zunächst erschien Peter auf dem Feld, fand Karl nicht vor und sah den Sieg auf seiner Seite. Bald darauf kam Karl auf den Platz, fand ebenfalls keinen Gegner vor und sah sich seinerseits als Sieger des Duells …

Trotz wiederholter Versuche in den darauffolgenden Monaten gelang es Karl von Anjou nicht mehr, seine einstige Machtstellung auf Sizilien wiederherzustellen. Seine selbstherrliche Art der Amtsführung hatte ihm letztlich das politische Genick gebrochen. Eine solch rücksichtslose Art gegenüber den Untertanen könnte man freilich vielen mittelalterlichen Herrschern vorwerfen. Im 13. Jahrhundert scheint nur einer dieses Urteil nicht zu verdienen, und das ist Ludwig der Heilige von Frankreich – Karls leiblicher Bruder.

# KARL I. VON ANJOU

 **BIOGRAPHIE**

Karl I. wurde im März 1226 als jüngstes von sieben Kindern König Ludwigs VIII. von Frankreich und der Blanca von Kastilien geboren. Ursprünglich für den geistlichen Lebensweg bestimmt, übernahm Karl 1246 offiziell die Erbschaftsrechte auf Anjou und Maine, nachdem sein Bruder Johann gestorben war. Noch im selben Jahr heiratete er Beatrix von Provence; die beiden bekamen sieben Kinder. Nachdem Karl lange Machtkämpfe in der Provence hatte durchstehen müssen, nahm er von 1248 bis 1250 am erfolglosen Kreuzzug seines Bruders Ludwig IX. im Nildelta teil. Erstmals 1252 erreichte ihn eine päpstliche Anfrage, ob er bereit sei, das Königtum auf Sizilien zu übernehmen. Nach intensiveren Verhandlungen ab 1262 kam es im April 1265 zu umfangreichen Vereinbarungen, die in erster Linie die Wahrung der kirchlichen Interessen in Italien und die Beschränkung der auf Italien bezogenen Rechte Karls zum Inhalt hatten. Am Epiphaniastag des Jahres 1266 wurde Karl in Rom zum König gekrönt. Durch die Schlacht von Benevent am 26. Februar 1266, bei der Karls staufischer Gegner Manfred den Tod fand, kam es zur endgültigen Ablösung der staufischen Herrschaft durch die angevinische Dynastie. Bereits 1267 traf Karl geheime Abmachungen mit Kaiser Balduin von Konstantinopel, die Karls Plan zur Errichtung eines Imperiums im östlichen Mittelmeerraum vorbereiten sollten. Auf dieses Ziel war letztlich auch Karls Herrschaft über Sizilien ausgerichtet, denn seine Wirtschaftspolitik war um möglichst hohe Einnahmen bemüht, vernachlässigte dabei aber die langfristige wirtschaftliche Entwicklung des Königreichs. Seine Erfolge im Osten beschränkten sich darauf, dass er 1272 zum König von Albanien wurde und sich ab 1277 auch König von Jerusalem nannte, nachdem er die formellen Königsrechte gekauft hatte. Die Eroberung Konstantinopels gelang ihm nicht. Das Ende seiner Herrschaft auf Sizilien stellte die sog. Sizilianische Vesper am 30. März 1282 dar, ein italienischer Aufstand gegen die französischen Besatzer. Das Eingreifen Peters II. von Aragón im August 1282 führte zum endgültigen Verlust Siziliens für Karl. Vergeblich bemühte er sich um eine Rückeroberung, bis er am 7. Januar 1285 in Foggia starb.

## Verwandtschaft

Selbst Nachfahre der bedeutenden Kapetinger und Karolinger, begründete Karl die Dynastie des Hauses Anjou, das anfangs lediglich eine Seitenlinie des französischen Königshauses darstellte. Der Wirkungsbereich der Anjou wurde durch Karls Ehe mit Beatrix auf die Provence ausgedehnt, umfasste sein eigenes Königreich Sizilien und erfuhr nicht zuletzt durch die Heiratspolitik bedeutende Erweiterungen. So verheiratete Karl seine Tochter Isabella mit König Ladislaus von Ungarn, und sein Sohn Karl II. ehelichte Maria von Ungarn. Letztere wurde durch ihre 14 Kinder zur Stammmutter des Hauses Anjou in Ungarn, das im 14. Jahrhundert zur wichtigsten Königsdynastie avancierte. In Neapel und Sizilien wirkten die Anjou noch ebenso lange.

## Quellen

Anders als über seinen Bruder Ludwig geben die zeitgenössischen Quellen über Karl von Anjou recht spärliche Auskunft. Die Informationen über sein Leben und Wirken stammen somit in erster Linie aus Briefen und diplomatischen Quellen aus Karls direktem Umfeld sowie aus Frankreich, mit dem Karl durch seine Herkunft in besonders intensivem Kontakt stand. Bei dieser Quellenlage ist es besonders schmerzlich, dass die Register der Anjou-Herrschaft im Staatsarchiv Neapel während des Zweiten Weltkriegs vernichtet wurden.

 **EMPFEHLUNGEN**

**Lesenswert:**
Peter Herde: *Karl I. von Anjou*, Stuttgart 1979

**Hörenswert:**
Giuseppe Verdi: *Die sizilianische Vesper*. Oper, 1855

**Besuchenswert:**
Der Normannenpalast in Palermo (früherer Sitz der Könige)

Der Papstpalast in Viterbo

 **AUF DEN PUNKT GEBRACHT**

Karl von Anjou nahm als König von Sizilien seine Untertanen regelrecht aus, um eine Expansionspolitik zu betreiben. Womit er nicht rechnete: Das Volk wehrte sich gegen den französischen Despoten und vertrieb ihn für immer von der Insel.

*Der größenwahnsinnige Humanist*
# Cola di Rienzo
## 1313–1354

Cola di Rienzo

Wer heutzutage durch die Straßen Roms spaziert und all den großen und kleinen Spuren der Antike folgt, kann einen Reiseführer zur Hand nehmen, wenn er die alten Zeugnisse erkennen und entschlüsseln möchte. Wissbegierige Rombesucher im 14. Jahrhundert hingegen waren auf sich allein gestellt, wenn sie die Dokumente des alten Rom verstehen wollten. Selbst große Gelehrte sahen sich oft nicht imstande, Tafeln oder Inschriften zu entziffern, und verzweifelten daran, obwohl ihnen das Lateinische durchaus geläufig war. Ausgerechnet ein junger Mann vom Lande hatte damit gar keine Probleme: Cola di Rienzo streifte Tag für Tag unermüdlich durch die Gassen der Ewigen Stadt. Dabei trieb ihn nicht nur der Bildungshunger an, sondern auch sein großer Traum, eines Tages selbst die Macht über Rom zu erlangen.

Wo und wie der Mann aus einfachen Verhältnissen sein überdurchschnittliches Wissen über die Antike und die klassische Literatur erwarb, bleibt ein Rätsel. Cola di Rienzo sollte später einmal schreiben, er sei als »Bauer unter Bauern« aufgewachsen, doch wird man daran zweifeln dürfen. Seine enorme humanistische Bildung brachte ihm gar die Verehrung des großen Francesco Petrarca ein. Auf einem seiner zahlreichen Streifzüge durch Rom fand Cola di Rienzo eines Tages an der Laterankirche eine Bronzetafel, die ihm keine Ruhe mehr lassen sollte. Diese Tafel berichtete davon, wie das römische Volk dem Kaiser Vespasian im Jahr 69 die Macht übertragen hatte. Die Päpste als Hausherren der Laterankirche hatten dieses Zeugnis der Macht des Volkes wohlweislich verkehrt herum einmauern lassen, um niemanden auf dumme Gedanken zu bringen. Schließlich wurden sie nur noch nominell durch »Klerus und Volk von Rom« gewählt – in Wahrheit aber traf das exklusive Kardinalskollegium diese wichtige Personalentscheidung. Nun war die Tafel bei Renovierungsarbeiten in der Kirche freigelegt worden.

Bei Cola di Rienzo fiel die Idee von der Volkssouveränität auf fruchtbaren Boden. Dank seiner glänzenden rhetorischen

Fähigkeiten wurde er schnell zum Sprachrohr der einfachen Leute und vermochte den Zorn des Volks auf die Adligen zu richten. Zweifellos spielten dabei auch persönliche Motive eine Rolle: Sein Bruder war von einem Adligen getötet worden. Heute würde man wohl von Populismus sprechen – in jedem Fall wurde Cola di Rienzo bald von sehr vielen Menschen unterstützt, die das Elend der heruntergekommenen Stadt Rom nicht länger mit ansehen wollten: Die Päpste als juristische Stadtherren befanden sich gewissermaßen im Exil in Avignon, und in Rom tobten die Kämpfe zwischen den untereinander verfeindeten Adelsgeschlechtern.

Cola di Rienzos Vorstellung von der Macht des Volkes hatte zudem eine stark religiöse Komponente. Daher war es kein Zufall, dass er 1347 ausgerechnet an Pfingsten, dem Fest des Heiligen Geistes, mit einer Schar Bewaffneter das Kapitol erstürmte und die adlige Senatorenregierung stürzte. In Anlehnung an seine Vorliebe für das antike Rom und das zu jener Zeit existierende Amt des Volkstribunen nannte er sich nun selbst Tribun, ließ sich weihen und krönen und sah seine visionären Träume verwirklicht. Und so bezeichnete er sich auch allen Ernstes als »den Träumer« (Sompniator), was für uns heute eher nach einer allzu idealistischen Grundlage seiner Macht klingt.

Schon ein halbes Jahr später war der Traum wieder beendet. Cola di Rienzo fürchtete, einen im Grunde unbedeutenden Aufstand seiner eigenen Gefolgsleute nicht unter Kontrolle zu bekommen, und ergriff die Flucht. Es folgte eine siebenjährige Odyssee, in der er Rom mied und nur einmal, nämlich im Jahr 1350, verkleidet zurückkehrte, um an den großen Feierlichkeiten zum Heiligen Jahr teilzunehmen. Erst 1354 gelang

---

**DAS AVIGNONESISCHE EXIL**

Die Zeit von 1309 bis 1377 wird als avignonesisches Exil des Papsttums bezeichnet, weil die Päpste in dieser Zeit ausschließlich im französischen Avignon residierten. Ausschlaggebend für den Umzug Clemens' V. 1309 – übrigens selbst ein Franzose – waren die römischen Machtkämpfe und der große Einfluss der französischen Könige. Die Rückkehr Gregors XI. nach Rom führte zum Großen Abendländischen Schisma (1378–1417).

■ Cola di Rienzo ruft in Rom die Volksherrschaft aus. Holzstich, 1848, nach einer Zeichnung von Hablot Knight Browne (1815–1882)

es ihm, die Gunst des Papstes Innozenz VI. zu erlangen, der den verhinderten Volkstribun als Kardinalsgehilfen wieder in offizieller Mission nach Rom schickte.

Schnell waren seine alten Träume von der Macht über die Ewige Stadt wieder da, nur dass die Macht ihm plötzlich von ganz oben angetragen wurde und er sie sich nicht erkämpfen musste. Das hatte die paradoxe Konsequenz, dass Cola di Rienzo nun selbst zum Senator ernannt wurde und zu der elitären Gruppe gehörte, die er einst hatte beseitigen wollen. Seiner Selbstüberschätzung gab das neue Nahrung, und der Senator Cola di Rienzo zog – von höchster Stelle mit Geld und Truppen ausgestattet – triumphal in Rom ein. Noch stärker als bei seinem ersten Anlauf versuchte er dieses Mal, seine Ideen mit brutaler Gewalt durchzusetzen. Dabei verlor er jegliches vernünftige Maß aus dem Auge, und so dauerte diese Episode wiederum nur zwei

■ Der Tenor Rudolf Berger in der Rolle des Rienzi bei einer Aufführung der gleichnamigen Oper von Richard Wagner, die vom Leben des Cola di Rienzo inspiriert ist. Berlin, 1911

Monate. Dann nämlich wurde Cola di Rienzo von Aufständischen ergriffen und getötet. Sein Leichnam wurde durch die Straßen der Stadt geschleift und anschließend der römischen Bevölkerung präsentiert.

Cola di Rienzo, »der Träumer«, war gescheitert. Seine politischen Ideen aber sind geradezu als modern zu bezeichnen. Zu ihnen zählen nicht nur die Volkssouveränität, sondern auch seine Vorstellung von einem Zusammenschluss der italischen Halbinsel. Als Tribun hatte er nämlich schon einen regen Briefwechsel mit italischen Städten begonnen, um eine landesweit abgestimmte Politik mit Zentrum in Rom einzuführen. Doch im 14. Jahrhundert waren Rom und Italien dafür noch nicht reif – vorerst konnte sich die alte Ordnung behaupten. Cola di Rienzo wurde dennoch zur Legende: für die einen als begnadeter Humanist, dessen Schriften man voller Bewunderung kopierte, für die anderen als realitätsferner und größenwahnsinniger Politiker.

# COLA DI RIENZO

 BIOGRAPHIE

Cola di Rienzo – er hieß ursprünglich Nicolo Lorenzo – wurde im Jahr 1313 als Sohn einfacher Leute in Rom geboren und nach dem Tod der Mutter zu Verwandten aufs Land in die Nähe von Anagni geschickt, wo er aufwuchs. Im Alter von knapp 20 Jahren kehrte er nach Rom zurück und kam durch seine überdurchschnittliche Bildung schnell zu Ansehen, was ihm die Hochzeit mit der Tochter des Notars Francesco Mancini ermöglichte. Zudem wurde er gleichsam zum Repräsentanten der niederen Schicht der Stadtbevölkerung, die sich hauptsächlich mit Handel ihr Geld verdiente. Im Jahr 1343 wurde er zu Papst Clemens VI. nach Avignon gesandt, um eine Rückkehr der Päpste nach Rom sowie ein Heiliges Jahr bereits für 1350 zu veranlassen (nachdem das nächste ursprünglich erst für 1400 geplant war). Vier Jahre später kehrte er nach Rom zurück und stürmte im Mai 1347 das Kapitol, das zugleich der Sitz der senatorischen Regierung war. Seine Revolution war als Beginn einer neuen Ordnung gedacht, die er mit seiner Weihe und Krönung im August desselben Jahres als Tribun auch nach außen zelebrierte. Von Aufständischen bedrängt und zudem exkommuniziert, musste er bereits im Dezember in die Abruzzen fliehen. Dadurch entging er vermutlich der kurz danach in Rom und fast allen anderen europäischen Städten wütenden Pest. In seinem Exil lernte er die mystischen Ideale der Eremiten kennen, die seine Vi-

sionen von der zu errichtenden Macht beeinflussten. Später ging er nach Prag, wo er jedoch auf Betreiben des Papstes durch den Prager Erzbischof Ernst von Pardubitz festgenommen wurde. Nach zweijähriger Haft wurde der Rebell 1352 vom späteren Kaiser Karl IV. an Papst Clemens VI. übergeben, der umgehend einen Häresieprozess anstrengte. Unter dem neuen Papst Innozenz VI. bekam Cola di Rienzo aber seine zweite Chance: Innozenz ließ den Römer 1353 frei und schickte ihn als Begleiter des Kardinals Aegidius Albornoz nach Rom, wo Cola di Rienzo im August 1354 als Senator gewaltsam seine Macht durchzusetzen versuchte. Bereits am 8. Oktober 1354 fiel Cola di Rienzo einem erneuten Aufstand zum Opfer, wurde ergriffen und ermordet.

### Verwandtschaft
Über die Verwandtschaftsverhältnisse des Cola di Rienzo wissen wir so gut wie nichts. Sein Vater war der Überlieferung zufolge ein Schankwirt, seine Mutter arbeitete als Wäscherin. Beide lebten am Tiberufer in der Nähe des Ghettos und starben früh. Die Herrschaft, die Cola di Rienzo für kurze Zeit an sich gerissen hatte, konnte er weder selbst behaupten noch an Nachkommen weitergeben.

### Quellen
Ein unbekannter, aus Rom stammender Autor, der von Historikern dementsprechend als Anonymus Romanus bezeich-

net wird, verfasste zu Lebzeiten beziehungsweise kurz nach Colas Tod die *Historiae Romanae fragmentae ab anno MCCCXXVII usque ad a. MCCCLIV*, also eine römische Geschichte von 1327 bis 1354. Die Partien des Werkes, die Cola di Rienzo betrafen, wurden später auch separat herausgegeben und als *Vita di Cola di Rienzo* bekannt. Diese Lebensbeschreibung stellt die wichtigste Quelle für die spätere Behandlung des Themas dar. Von der modernen Adaption sind in erster Linie der dreibändige Roman *Rienzi, der letzte Tribun* (1835) von Edward Bulwer-Lytton und Richard Wagners Oper *Rienzi* (1842) zu nennen.

 EMPFEHLUNGEN

**Lesenswert:**
Monika-Beate Juhar: *Der Romgedanke bei Cola di Rienzo*, Diss. Kiel 1977

Tilman Struve: *Staat und Gesellschaft im Mittelalter*, Berlin 2004

**Hörenswert:**
Richard Wagner: *Rienzi*, Oper von 1842

**Besuchenswert:**
Die Lateranbasilika und die Rienzi-Statue auf dem Kapitolsplatz in Rom

Der Papstpalast in Avignon

 AUF DEN PUNKT GEBRACHT

Der aus einfachen Verhältnissen stammende, aber hochgebildete Humanist Cola di Rienzo war fasziniert von der Antike und der Herrschaft über Rom. Zweimal versuchte er, sich seinen Traum von der Macht zu erfüllen – beide Male war der Traum nach wenigen Monaten beendet.

## Ein Europäer auf dem Kaiserthron
# Karl IV.
### 1316–1378

■ Karl IV. auf dem Thron. Miniatur, 1442, aus dem Salbuch der Marienkirche in Nürnberg

Ein Politiker wie Karl IV. würde auch der modernen Europäischen Union noch gut zu Gesicht stehen. Karl war ein Mann mit internationaler Lebenserfahrung, der viel in Europa umherreiste, über bedeutende Kontakte verfügte und mehrere Sprachen in Wort und Schrift beherrschte. Das erleichtert die Kommunikation erheblich und schafft Verständnis für andere Kulturen. Dabei hatten Karls erste Lebensjahre keineswegs auf eine solche Laufbahn hingedeutet. Sein Vater, König Johann von Böhmen, hatte ihn jahrelang nicht aus den finsteren abgelegenen Burgen im heimischen Königreich gelassen, sodass der kleine Junge kaum etwas von Böhmen, geschweige denn vom Rest der Welt sah. Auch sein Taufname ließ noch keine internationale Weite erkennen, denn anfänglich hieß der Spross aus dem Hause Luxemburg nach dem böhmischen Nationalheiligen aus dem 10. Jahrhundert: Wenzel.

Im Laufe seines siebten Lebensjahres aber änderte sich das bis dahin eher triste Leben des kleinen Wenzel radikal. Er kam an den prachtvollen französischen Königshof nach Paris, wo die folgenden acht Jahre den Boden für seine glänzende politische Laufbahn bereiteten. Am Hof des Königs erhielt er nicht nur eine umfassende Bildung, sondern auch einen Namen, der für französische Ohren deutlich angenehmer klang: den karolingischen Stammnamen Charles beziehungsweise Karl, der auch nach dem Aussterben der Karolinger in der französischen Königsgeschichte sehr verbreitet war. Zudem lernte er zahlreiche Gelehrte kennen, darunter Pierre Roger, den Abt von Fécamp und hochgebildeten Vertrauten der französischen Könige. Pierre wurde Karls Lehrer, und die beiden sollten sich nie mehr aus den Augen verlieren. Als Karl im Jahr 1340 den päpstlichen Hof in Avignon besuchte, traf er Pierre, der inzwischen Kardinal geworden war, wieder. Der

Geistliche sagte zu seinem ehemaligen Schüler: »Du wirst König werden.« Karl entgegnete ihm: »Zuvor wirst du Papst sein.« Beide sollten recht behalten.

Nach den Lehrjahren in Paris wurde Karl auf Geheiß seines Vaters dessen Statthalter in Oberitalien, bevor er 1334 als Markgraf von Mähren in die alte Heimat zurückkehrte – »nach elfjähriger Abwesenheit«, wie er später in seiner Autobiographie vermerkte. »Unsere Mutter Elisabeth fanden wir nicht mehr am Leben; sie war einige Jahre zuvor gestorben. Auch hatten wir die böhmische Sprache ganz verlernt. Doch haben wir uns später wieder ihrer bemächtigt, sodass wir sie sprechen und verstehen konnten wie jeder andere Böhme.« Fortan bildete Prag das Zentrum von Karls Herrschaft, und auch als er schon römisch-deutscher König und Kaiser des Reichs war, blieb das Königreich Böhmen sein wichtigster Bezugspunkt. Er verwendete viel Mühe darauf, dieses Königreich zu befestigen und auszubauen. Zudem erwarb er für sein Haus Luxemburg zahlreiche weitere Gebiete, um seine Hausmacht, also die territoriale Grundlage seiner Herrschaft, zu stärken. Nicht zu Unrecht gilt Karl IV. noch heute als erfolgreichster Hausmachtpolitiker des späten Mittelalters und als »Kaufmann auf dem Königsthron«.

Von Kaiser Maximilian I. (1459–1519) stammt das nicht sehr schmeichelhafte Zitat, Karl IV. sei der Vater Böhmens und der Stiefvater des Reichs gewesen. Dass Karl sich ausschließlich um »sein« Böhmen und nicht um das Reich, dessen Kaiser er war, gekümmert habe, ist richtig und falsch zugleich. Zweifellos lag ihm an seiner böhmischen Heimat außerordentlich viel, und einiges von dem, was er in die Entwicklung des Landes investierte, können wir noch heute bestaunen. Seine Bautätigkeit brachte Prag und das böhmische

■ Karl IV. bei einem Festmahl am französischen Königshof 1378. Um den König zu unterhalten, stellen Schauspieler die Eroberung Jerusalems durch die Kreuzritter nach. Buchmalerei, 1375–79, aus den *Grandes Chroniques de France*. Paris, Bibliothèque Nationale

Umland zu einer bis dahin nicht gekannten Blüte. Karl baute seine königliche Residenz aus und erweiterte Prag um die Neustadt, auf deren Gebiet noch heute das moderne Prag steht. Er ließ für das neu gegründete Erzbistum Prag den mächtigen Veitsdom im gotischen Stil errichten, leitete den Bau der nach ihm benannten Brücke über die Moldau in die Wege und ließ zur Aufbewahrung der Reichsinsignien unweit von der Hauptstadt die prächtige Burg Karlstein erbauen.

Karls Pariser Lehrjahre ließen ihn allerdings stets über den – wenn auch geliebten – böhmischen Tellerrand hinausschauen. Der polyglotte König und Kaiser, der neben dem Böhmischen auch Französisch, Italienisch, Deutsch und Latein beherrschte, dürfte sich über die Vorzüge dieser Vielsprachigkeit im klaren gewesen sein. Am Ende der sogenannten Goldenen Bulle, mit der allein er sich auch in modernen Geschichtsbüchern unsterblich gemacht hat, ließ er die nachdrückliche Forderung verewigen, dass alle Kurfürsten sich die Kenntnis von vier Sprachen (Latein, Deutsch, Italienisch, Böhmisch) aneignen sollten. Freilich mag der eine oder andere Kurfürst mit dieser Forderung hoffnungslos überfordert gewesen sein. Vielleicht war Karl IV. sich seiner überdurchschnittlichen Bildung auch gar nicht bewusst. In der jahrhundertelangen Geschichte des Heiligen Römischen Reiches war er der einzige Kaiser, der eine Autobiographie verfasste – das allein spricht für sich. Die Bildung, die er selbst hatte erwerben können, wollte Karl auch breiteren Bevölkerungsschichten ermöglichen und gründete deshalb 1348 die erste Universität nördlich der Alpen. Natürlich war sie in Prag beheimatet, doch wird es in Karls Sinn gewesen sein, dass nur etwa ein Viertel der Studenten aus Böhmen und der Rest aus allen Teilen des Reichs kam, denn letztlich hatte er die Universität nicht nur für Böhmen vorgesehen.

Karl IV. war darüber hinaus ein großer Freund und Förderer der Kunst und Kultur. Bisweilen allerdings gab es in seinem Umfeld sogar allzu viel europäische Perspektive und Internationalität im kulturellen Leben. Als Karls erste Gemahlin Blanche von Valois mit ih-

■ Kaiser Karl IV. empfängt im Jahre 1377 eine Abordnung der Pariser Universität. Holzstich, 1377, nach einer Miniatur aus den *Chroniques de Saint-Denis.* Paris, Bibliothèque Nationale

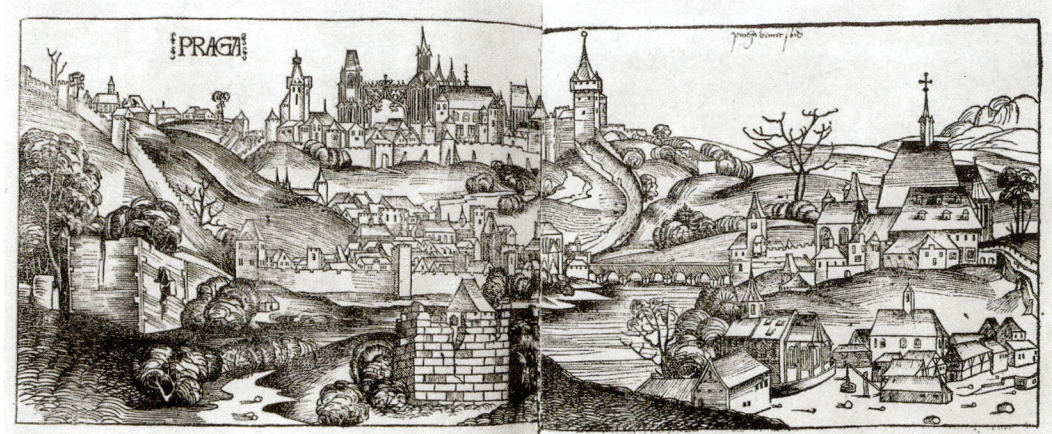

rer prächtigen französischen Hofgesellschaft in Prag eintraf,
waren nicht alle böhmischen Untertanen begeistert. Vielen war
diese stilvolle Noblesse gar so fremd, dass Karl schließlich die
glänzende Gesellschaft seiner Frau nach Frankreich zurückschi-
cken musste. Die Reaktion seiner Untertanen konnte der König
nur schwerlich nachvollziehen, denn er selbst war seit frühester
Kindheit viel herumgekommen und reiste auch als Reichsoberhaupt fleißig umher, obwohl er als einer der wenigen Kaiser in
der Reichsgeschichte eine feste Residenz hatte. Vor allem die Ost-
West-Verbindung von Prag über Nürnberg, Bamberg, Würzburg,
Frankfurt und den Rhein abwärts war eine häufig von ihm ge-
nutzte Strecke. Aber auch die »königsfernen« Gebiete im Norden, wie die stolze Hansestadt Lübeck, die selten einen König
oder Kaiser zu Gesicht bekamen, besuchte Karl in seinen letzten
Lebensjahren noch. Insofern hat er – entgegen dem späteren Vorwurf Maximilians – das Heilige Römische Reich keineswegs wie
ein Stiefkind behandelt.

## PRAG IM 14. JAHRHUNDERT
Unter Karl IV. entwickelte Prag sich zu einer europäischen Großstadt. Nachdem die Stadt um 1300 höchstens 10 000 Einwohner
gezählt hatte, vervierfachte sich diese Zahl im Laufe von Karls Regierungszeit, weshalb Karl das Stadtgebiet beträchtlich erweiterte.
Damit zählte Prag mit London, Paris und Köln zu den größten
Städten Europas. Allerdings blieb die Stadt weiterhin zweigeteilt:
Auf beiden Seiten der Moldau gab es Städte (Kleinseite, Altstadt),
die sogar jeweils ein eigenes Siegel führten.

■ Kaiser Karl IV. auf dem Weg zum Reichstag von 1356. Miniatur, 1400, aus der Goldenen Bulle

Kaiser Karl IV. ist oft als größte Herrschergestalt des späten Mittelalters bezeichnet worden. Angesichts seiner prächtigen Erscheinung und seiner bleibenden Verdienste ist es daher auch kein Wunder, dass er immer wieder von national geprägten Urteilen vereinnahmt wurde. Als Kaiser des Heiligen Römischen Reiches, das man ein gutes Jahrhundert nach Karl IV. als das Reich »Deutscher Nation« betiteln sollte, wurde er später häufig als deutscher Kaiser verherrlicht. Doch aufgrund seiner tiefen Verwurzelung in Böhmen und insbesondere in Prag sehen auch die Tschechen ihn als einen der Ihren an: Noch 2005 wurde Karl IV. vom tschechischen Fernsehpublikum zum »größten Tschechen aller Zeiten« gewählt. Doch war es gerade die über das Nationale hinausgehende Perspektive, die dem Herrscher aus dem Hause Luxemburg die Gelassenheit und Sicherheit beim Regieren ermöglichte. Letztlich war Karl IV. ein in Frankreich erzogener und in Italien erwachsen gewordener Böhme, der das deutsche Reich regierte – eben ein Europäer auf dem Kaiserthron.

GOLDENE BULLE VON 1356
Nach der goldenen Siegelkapsel (Bulla) werden wichtige Königsurkunden bezeichnet. Die Bulle Karls IV. von 1356 war eine Art Grundgesetz für die Wahl des römisch-deutschen Königs. Die Wahl musste seitdem verbindlich von den sieben Kurfürsten durchgeführt werden: den Erzbischöfen von Mainz, Trier und Köln, dem König von Böhmen, dem Pfalzgrafen bei Rhein, dem Herzog von Sachsen und dem Markgrafen von Brandenburg. Diese Regelung blieb bis zum Ende des Heiligen Römischen Reiches 1806 in Kraft.

# KARL IV.

 BIOGRAPHIE

Karl IV. wurde am 14. Mai 1316 unter dem Taufnamen Wenzel als Sohn des Königs Johann von Böhmen und seiner Gattin Elisabeth in Prag geboren. Nachdem er von 1323 bis 1330 am französischen Königshof erzogen worden war, betraute sein Vater ihn von 1331 bis 1333 mit der Statthalterschaft in Oberitalien; Karl residierte in dieser Zeit in Parma. Ab 1334 lebte Karl als Markgraf von Mähren wieder in Prag, wo er im Jahr 1344 das Erzbistum Prag ins Leben rief. Nach einem Wahlaufruf des ihm aus Pariser Zeiten bekannten Papstes Clemens VI. wurde Karl am 11. Juli 1346 in Rhens zum römisch-deutschen König gewählt und im November in Bonn gekrönt – noch war er allerdings Gegenkönig des amtierenden Ludwig des Bayern. Nachdem dieser im Oktober 1347 tödlich verunglückt war, konnte Karl sein Amt tatsächlich antreten. Um das zu bekräftigen, ließ er sich 1349 noch einmal der Tradition folgend in Frankfurt am Main wählen und im Dom zu Aachen krönen. Bereits 1347 war er König von Böhmen geworden, 1355 folgte die Königswürde von Italien in Mailand, noch im selben Jahr die Kaiserkrönung in Rom und zehn Jahre später schließlich die Krönung zum König von Burgund in Arles. Seine Hausmacht stärkte Karl IV. immens durch Erweiterung seines territorialen Besitzes. Durch seine dritte Ehe mit Anna von Schweidnitz erwarb er 1353 Schlesien. Die politisch folgenreichste Erwerbung war der Kauf der Markgrafschaft Brandenburg im Jahre 1373. Da Karl nun König von Böhmen sowie Markgraf von Brandenburg war, verfügte er über zwei der sieben Kurstimmen. So war es ihm möglich, noch zu Lebzeiten, nämlich 1376, seinen Sohn Wenzel zum römisch-deutschen König wählen zu lassen. Eine derartige dynastische Machtsicherung hatte es seit der Stauferzeit nicht mehr gegeben. Als im Jahre 1378 das Große Abendländische Schisma zwischen dem avignonesischen und dem römischen Papst ausbrach, entschied Karl IV. sich zugunsten des römischen Papstes, obwohl dieser unfähig und geistig nicht gesund war. Die Folgen dieser überstürzten Entscheidung hatte Karl jedoch nicht mehr zu tragen. Er starb am 29. November 1378 in Prag und wurde im Veitsdom bestattet. Karl IV. verewigte sich nicht nur durch seine politischen Taten und seine Bautätigkeit in und um Prag, sondern auch durch sein literarisches Schaffen. Neben seiner Autobiographie verfasste er eine Legende über den böhmischen Nationalheiligen Wenzel sowie zahlreiche philosophische Texte über verschiedene religiöse und moralische Fragen.

## Verwandtschaft

Karls Vater Johann stammte aus dem Haus Luxemburg und war von dort nach Böhmen gekommen, wo er Elisabeth, eine Tochter des letzten Königs aus dem böhmischen Herrscherhaus der Přemysliden heiratete. Karl war also gleichermaßen westlicher wie slawischer Abstammung. In seinen vier Ehen zeugte Karl insgesamt elf Kinder, unter ihnen auch die römisch-deutschen Könige Wenzel (1376–1400) und Sigismund (1410–1437); mit Letzterem endete jedoch die Königsmacht des Hauses Luxemburg.

## Quellen

Die außergewöhnlichste und interessanteste Quelle zu Karls Leben ist selbstverständlich seine eigene Autobiographie. Zwar umfasst sie lediglich die Jahre bis zu Karls Wahl zum römisch-deutschen König (1346), doch gerade seine Kindheit und Jugend ist uns dadurch besser bekannt als die der meisten anderen Herrscher. Die wichtigste Quelle für seine Regierungszeit ist die böhmische Chronik des Benesch von Weitmühl. Sie deckt den Zeitraum bis 1374 ab.

 EMPFEHLUNGEN

**Lesenswert:**
Ferdinand Seibt: *Karl IV. Ein Kaiser in Europa, 1346–1378*, München 1978.

Heinz Stoob: *Karl IV. und seine Zeit*, Graz 1990.

Dietmar Lutz (Hrsg.): *Die Goldene Bulle von 1356*, Lübeck 2006

**Besuchenswert:**
Veitsdom (Grab), Karlsbrücke und Karls-Universität in Prag

Die Burg Karlstein bei Prag

 AUF DEN PUNKT GEBRACHT

Kaiser Karl IV. war in vielen Kulturen zu Hause und beherrschte fünf Sprachen. Obwohl er seine böhmische Heimat bevorzugte, führte er auch das Heilige Römische Reich zur Blüte und gab ihm mit der Goldenen Bulle politische Stabilität.

## Lebensglück auf Kosten des guten Rufs
# Margarete von Tirol (genannt Maultasch)
### 1318—1369

■ Bei dieser Dame mit Krone handelt es sich vermutlich um Margarete von Tirol, genannt Maultasch. Fresko, 1508, von Marx Reichlich (1460–1520). Bozen, Schloss Runkelstein

Für Graf Johann Heinrich von Tirol hatte der Tag ganz normal begonnen. Wie so oft war der 19-jährige Landesfürst auch an diesem Freitag – man schrieb den 2. November 1341 – zur Jagd ausgeritten. Als er jedoch am Abend zu seiner Burg in der Nähe von Meran zurückkehrte, blieben die Tore verschlossen. Die Burgwache teilte ihm lapidar mit, er möge sich ein anderes Quartier suchen. Urheberin dieses unerhörten Vorgangs war seine 23-jährige Gattin, die Gräfin Margarete. Für die sowohl in der Ehe als auch in der Regierung unglückliche Erbin der Grafschaft Tirol war dieser Putsch nichts anderes als ein gewagter Befreiungsschlag. Der allerdings sollte für Margarete nicht ohne Folgen bleiben.

Die Trennung des Herrscherpaares von Tirol – zumal das Aufbegehren einer Gräfin gegen ihren Mann – war ein Skandal sondergleichen. In diesem November des Jahres 1341 verbreitete sich die Kunde davon in Windeseile, und das Thema füllte bald in ganz Europa die Chroniken und Annalen, von Italien im Süden bis Lübeck im Norden. Schlagzeilenträchtig war nicht zuletzt die offizielle Begründung Margaretes für die Trennung: Ihr vier Jahre jüngerer Gatte sei impotent. In der Tat hatte die Ehe keine Kinder hervorgebracht, sodass Margaretes Begründung zunächst glaubhaft schien. Doch sollte Johann Heinrich in seiner zweiten Ehe mit Margarete von Troppau noch sechs Kinder zeugen. Die modernen Historiker deuten diese Zeugungsunfähigkeit daher als worin auch immer begründete »psychische Impotenz«. Sicher, eine Liebesverbindung war die Ehe zwischen Margarete und Johann Heinrich von Luxemburg keinesfalls: Als die beiden verheiratet wurden, war er acht und sie zwölf Jahre alt. Doch im Hochadel war es eher der Normalfall, dass zwei Menschen aus politischen Gründen vermählt wurden und sich damit abfinden mussten. Üblicherweise taten sie das auch. Daher war Margaretes Verhalten schlichtweg unerhört. Nicht weniger skandalös war es, dass sie sich umgehend zu ihrer Verbindung mit dem Wittelsbacher Ludwig V. von Brandenburg, dem Sohn des amtierenden Kaisers Ludwig IV. des Bayern, bekannte. Schon drei Monate später heiratete sie den Wittelsbacher. Das gab den Diskussionen über die Tiroler Gräfin noch mehr Zündstoff.

Das Ausmaß des Widerstands, der ihr nun entgegenschlug, hätte Margarete sich angesichts der politischen Verhältnisse freilich selbst ausmalen können. Ihr neuer Schwiegervater war nämlich nicht nur Kaiser, sondern auch erbitterter Gegner Papst Benedikts XII., der umgehend – und zwar bereits Ende November 1341 – mit dem Bann über Margarete und Ludwig V. drohte. Nach der Hochzeit nahm das kirchliche Strafverfahren seinen Lauf, und schließlich wurde tatsächlich der Bann über die Frischvermählten verhängt und Tirol mit dem Interdikt belegt.

■ Das Schloss Tirol oberhalb von Meran ist die Stammburg der Grafen von Tirol. Seine Blütezeit erlebte es unter Margarete von Tirol.

Die berühmtesten Gelehrten der Zeit, allen voran Marsilius von Padua, schalteten sich in den Konflikt ein. Die am häufigsten diskutierte Frage war, ob die Trennung und die neue Hochzeit rechtmäßig gewesen seien oder nicht. Marsilius, der sich am Hof Kaiser Ludwigs aufhielt und daher dessen Position verteidigte, argumentierte damit, dass der Kaiser als Quelle allen Rechts auch die Kompetenz habe, eine Ehe aufzulösen oder neu zu begründen, da sie eine »bürgerliche« Angelegenheit sei. Doch selbst unter diesen Umständen blieb ein Problem bestehen: Margarete und Ludwig waren Verwandte dritten Grades, da ihre Großmütter Schwestern gewesen waren. Von einem solchen Fauxpas einer Verwandtenehe durfte nach geltendem Kirchenrecht allein der Papst dispensieren, doch der lehnte dies, wie zu erwarten, ab.

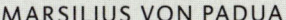

### MARSILIUS VON PADUA

Der Arzt, Philosoph und Berater Kaiser Ludwigs des Bayern, Marsilius von Padua (um 1290–1342), war einer der bedeutendsten politischen Theoretiker des 14. Jahrhunderts. Er wirkte zunächst in Paris, musste aber aufgrund seiner Kritik am Papsttum fliehen und fand Zuflucht an Ludwigs Hof in München. Seine Versuche, sich in Margaretes Eheskandal politisch zu profilieren, waren nicht von Erfolg gekrönt.

■ Die feindliche Propaganda
hat das Bild Margaretes von
Tirol als Margarete Maul-
tausch nachhaltig geprägt.
Kupferstich, 1840, von Ephraim
Conquy (1809–1843)

Weiterer Widerstand zeichnete sich bald von Seiten des Hauses Luxemburg ab, dem Margaretes verstoßener Mann Johann Heinrich entstammte. Der Zufall wollte es, dass dessen Bruder, der Markgraf Karl von Mähren, 1346 zum römisch-deutschen König (und zukünftigen Kaiser) gewählt wurde. Mit der neuen Machtbasis im Hintergrund belagerte Karl die Grafschaft Tirol nach Kräften – vergeblich. Schließlich musste er kapitulieren, zog wieder ab und machte fortan, wenn möglich, einen Bogen um Tirol, beispielsweise im Jahr 1355 auf seiner Reise nach Rom, wo er zum Kaiser gekrönt wurde.

Margarete und Ludwig V. konnten sich also behaupten, führten – soweit die Quellen das erkennen lassen – eine glückliche Ehe, und Margarete gebar ihrem Mann vier Kinder. Doch ihre Gegner, allen voran der Kaiser und der Papst, taten, was im Mittelalter gang und gäbe war, wenn man seinem Widersacher trotz rechtlicher und militärischer Niederlagen schaden wollte: Sie setzten die Propagandamaschine in Gang und betrieben – modern gesprochen – Rufmord. Margarete wurde als sexuelles Monster dargestellt, das von Männern nicht genug bekommen konnte. Zudem erhielt sie – wohl erst gegen Ende des 14. Jahrhunderts – den Beinamen Maultasch, der uns bis heute Rätsel aufgibt. Die anzüglichste Erklärung sieht den Namen als despektierliche Beschreibung ihres Geschlechts. Die am weitesten verbreitete Deutung will darin den Beleg ihres ausnehmend hässlichen Mundes erkennen. Der berühmte Roman *Die hässliche Herzogin* von Lion Feuchtwanger aus dem Jahr 1923 greift dies auf: »... unter einer kleinen, platten Nase sprang der Mund äffisch vor mit ungeheuren Kiefern, wulstiger Unterlippe«. In zeitgenössischen Quellen ist allerdings zu lesen, dass Margarete »überaus schön« gewesen sei.

Da die üble Nachrede von der hässlichen Herzogin auch im 20. Jahrhundert noch Eingang in Romane und populärwissenschaftliche Werke gefunden hat, scheint die kaiserlich-päpstliche Propaganda ganze Arbeit geleistet zu haben. So hat die Gräfin Margarete von Tirol mit ihrer mutigen Aktion im November 1341 ihr persönliches Lebensglück gesichert, dafür allerdings einen hohen Preis gezahlt. Mehr als sechs Jahrhunderte später ist sie für uns noch »die Maultasch«.

# MARGARETE VON TIROL

## BIOGRAPHIE

Gräfin Margarete von Tirol, später »Maultasch« genannt, wurde im Jahre 1318 als Tochter des Herzogs Heinrich VI. von Kärnten und Grafen von Tirol sowie seiner Gattin Adelheid von Braunschweig geboren. Da sie die einzige Erbin der Grafschaft Tirol war, wurde sie schnell zum Objekt der Machtpolitik für die großen Adelsgeschlechter der Habsburger, Luxemburger und Wittelsbacher. Im Alter von zwölf Jahren wurde sie mit dem vier Jahre jüngeren Johann Heinrich von Luxemburg vermählt. Nach dem Tod ihres Vaters im Jahr 1335 gelang es ihr, mit der Unterstützung ihres Schwagers Karl von Böhmen, die Herrschaft über Tirol zu festigen. Als ihre Unzufriedenheit mit der Ehe zunahm, schloss sie sich 1341 den Wittelsbachern an und verstieß ihren Gatten. Am 10. Februar 1342 heiratete sie den wittelsbachischen Kaisersohn Markgraf Ludwig V. von Brandenburg. Damit löste sie einen Eheskandal aus, der zur Gegnerschaft mit ihrem ehemaligen Schwager aus dem Haus Luxemburg führte, der mittlerweile als Karl IV. zum König aufgestiegen war; ferner wurden die neuen Eheleute mit dem Bann und Tirol mit dem Interdikt belegt. Margaretes erste Ehe wurde erst im Jahre 1349 offiziell von Papst Clemens VI. annulliert; bis zur Anerkennung ihrer zweiten Ehe mit Ludwig vergingen noch weitere zehn Jahre. Im Zuge dieser Anerkennung mussten Margarete und Ludwig sich offiziell trennen, damit der Bann gelöst und ihre zu nahe Verwandtschaft drit-

ten Grades dispensiert werden konnte. Sodann erhielten sie die Erlaubnis, miteinander in ehelichem Verhältnis zu leben. Das offizielle Glück endete jedoch bereits zwei Jahre später mit Ludwigs Tod. Im Januar 1363 verstarb auch der gemeinsame Sohn Meinhard III. Noch im selben Monat übertrug Margarete ihre Herrschaftsrechte dem Habsburger Rudolf IV., dem sie 1365 auch die Regierung anvertraute. Dies bildete die Grundlage für die Vereinigung Tirols mit Österreich, hatte jedoch einen bewaffneten Konflikt zwischen Habsburgern und Wittelsbachern zur Folge, der erst Ende September 1369 mit dem Frieden von Schärding beendet werden konnte. Vier Tage später, am 3. Oktober 1369, starb Margarete in Wien und wurde in der Wiener Minoritenkirche beigesetzt.

### Verwandtschaft

Margarete entstammte dem Grafengeschlecht von Görz. Ihre Vorfahren sind seit Beginn des 12. Jahrhunderts als Grafen von Tirol und Herzöge von Kärnten nachgewiesen. Nach dem Tod ihres Vaters, Heinrichs VI. von Kärnten und Tirol, fielen Kärnten und Krain 1335 an die Habsburger, während Margarete als Erbin die Grafschaft Tirol behaupten konnte. Nach dem Tod ihres letzten Sohnes Meinhard im Jahre 1363 trat Margarete die Herrschaft über Tirol an Rudolf IV. von Österreich ab. Mit Margaretes Tod 1369 erlosch die Tiroler Linie der Grafen von Görz.

### Quellen

Über Margaretes Eheskandal von 1341/42 berichten vor allem zwei zeitgenössische Quellen ausführlicher. Der Geschichtsschreiber Johann von Viktring verfasste eine Chronik unter dem Titel *Liber certarum historiarum* (*Das Buch gewisser Geschichten*). Als Abt des Zisterzienserklosters Viktring bei Klagenfurt war er stets vor Ort und stand im Vertrauen von Margaretes Vater, Herzog Heinrich VI. Die Chronik reicht bis zum Jahr 1343; wenige Jahre später muss Johann gestorben sein. Auch der Franziskaner Johann von Winterthur berichtet in seiner Chronik von den Ereignissen in Tirol bis in die 1340er Jahre. Er verstarb 1348.

### EMPFEHLUNGEN

**Lesenswert:**
Wilhelm Baum: *Margarete Maultasch. Erbin zwischen den Mächten*, Graz 1994

Lion Feuchtwanger: *Die hässliche Herzogin Margarete Maultasch*, Berlin 2005

**Besuchenswert:**
Die Burg Tirol bei Meran

Die Minoritenkirche in Wien (Grabstätte)

Das Schloss Runkelstein bei Bozen (Fresken)

Die Burgruine Neuhaus bei Terlan (Lieblingsaufenthaltsort Margaretes)

---

### ✳ AUF DEN PUNKT GEBRACHT

Gräfin Margarete von Tirol verstieß ihren Ehemann, um sich ihr Lebensglück zu sichern. Dafür erntete sie bittere Schmähungen und wurde von Kaiser und Papst wegen ihres vermeintlichen Sexualtriebs und ihres angeblich hässlichen Äußeren diffamiert. Fortan war sie nur noch Margarete »Maultasch«.

## Ein Leben für das dynastische Erbe
# Ludwig I. der Große
### 1326–1382

■ Ludwig I. der Große siegt über die Bulgaren. Ausschnitt aus einem Gemälde, vor 1430, vom Meister von St. Lambrecht (Hans von Tübingen?). Graz, Landesmuseum Joanneum

König Ludwig war fassungslos. Da hatte er widerwillig den Gang zu seinem Widersacher Kaiser Karl IV. (s. S. 198) angetreten, um dessen Hilfe zu erflehen, hatte mit der immensen Summe von 80 000 Goldflorin den Papst gnädig gestimmt, damit dieser seinen jüngeren Bruder Andreas zum König von Neapel ernennt – und dann wurde Andreas von der eigenen Frau ermordet. Dabei war diese Johanna sogar eine Verwandte von Ludwig und Andreas, eine Königin aus dem Hause Anjou! Natürlich gab sie ihre Beteiligung an dem gemeinen Mord nicht zu, aber es war ein offenes Geheimnis, dass sie in die Hofrevolte involviert war. Ohne zu zögern, reiste Ludwig nach Neapel, um sich an Johanna für diese Familienschmach zu rächen und Neapel in den Schoß der wahren dynastischen Tradition von Anjou zurückzuführen. Johanna floh vor ihrem zornigen Schwager in die Provence, und Ludwig gab sich daraufhin selbst den Titel »König von Neapel und Sizilien«. Allerdings konnte er diesen Status nicht lange bewahren. Der Lehnsherr des Herrschers von Neapel war von jeher der Papst, und das war mit Clemens VI. ein Parteigänger Kaiser Karls IV. und

Gegner der Anjou. So musste Ludwig sich doch wieder zurückziehen und Neapel seiner dubiosen Schwägerin überlassen. Das süditalienische Reich sollte ihm also weiter Sorgen bereiten.

Wäre Ludwig nicht zufällig ein Spross der Anjou-Dynastie gewesen, hätte er ein weitgehend sorgloses Leben als König von Ungarn führen können. Nun war er aber der Ururenkel Karls I. (s. S. 190), der das Haus Anjou begründet hatte. Als König von Sizilien hatte Karl eine Herrschaft über das Mittelmeer angestrebt und schon 1267 die ungarische Königstochter heiraten wollen, um Ungarn in das Bündnissystem gegen seinen Erzfeind Byzanz einzubeziehen. Dieser Plan scheiterte zwar, aber für seine beiden Kinder sicherte Karl erfolgreich dynastische Verbindungen mit Ungarn. Seither herrschte das Haus Anjou über Sizilien, Neapel und Ungarn. Auch Ludwigs Vater Karl Robert, den man nur Caroberto nannte, wurde noch in Neapel geboren, doch ging die Herrschaft in Süditalien diesem Familienzweig dann verloren. Caroberto konzentrierte sich auf Ostmitteleuropa und heiratete die Tochter des polnischen Königs, Elisabeth. Diese Ehe begründete die polnisch-ungarische Allianz, die im 14. Jahrhundert als Gegengewicht zum Haus Luxemburg in Böhmen und im Heiligen Römischen Reich von großer Bedeutung war. Während Caroberto also dem süditalienischen Besitz kaum nachzutrauern schien, empfand sein Sohn Ludwig anders. Der war zwar Ungar von Geburt, ließ auch in Ofen an der Donau, einem Teil des heutigen Budapest, eine neue Residenz errichten, war aber gleichwohl von Anfang an darauf bedacht, die dynastische Tradition, Neapel und Sizilien zu beherrschen, für seine Familie wiederzubeleben.

Ohnehin war Ludwig I. ein ausgenommen kampfeslustiger König, der in seiner vier Jahrzehnte währenden Regierungszeit fast ununterbrochen Feldzüge unternahm. Diese 40 Jahre gelten daher auch als »Epoche des Säbelrasselns«. Das heimatliche Königreich Ungarn, von dem aus er agierte, hatte er von seinem Vater geerbt, und auch im nördlich benachbarten Königreich Polen war Ludwig als alleiniger Erbe seines amtierenden Onkels Kasimir eingesetzt worden. Doch anstatt Pläne zu schmieden, wie das Großreich Polen-Ungarn zukünftig gestärkt werden könnte, ging Ludwigs Blick in eine ganz andere Richtung: zum Mittelmeer. Ludwig

■ Ludwig I. der Große, König von Ungarn und Polen. Zeichnung von Jan Matejko (1838–1893)

**BUDAPEST**
Nachdem Ludwigs Vater Caroberto 1308 die Residenz des ungarischen Königs nach Visegrád verlegt hatte, weil die Mongolen 1241 Budapest fast völlig zerstört hatten, ließ Ludwig sich wieder in Budapest nieder. Das bestand damals noch aus den Stadtteilen Ofen (Buda) und Pest. 1361 wurde Budapest zur Hauptstadt des Reiches mit einer inzwischen glanzvollen Hofanlage der Könige von Anjou.

■ Maria von Ungarn, die Tochter Ludwigs I. des Großen und erste Ehefrau Sigismunds. Buchmalerei, 1488

## DALMATIEN

Die heute kroatische Küstenlandschaft Dalmatien an der Adria war lange zwischen Venedig und Ungarn umkämpft. Nachdem Ludwig sie im Frieden von Zadar 1358 seiner Herrschaft hatte unterwerfen können, begann für Dalmatien eine politisch ruhige Zeit, in der die Wirtschaft zu einer Blüte gelangen konnte. Anders als zuvor Venedig beließ Ludwig von Ungarn den dalmatischen Städten weitgehende Autonomie.

von Anjou träumte vor allem von einer Machtachse, die quer durch den europäischen Kontinent reichen sollte: von Polen-Ungarn über Dalmatien auf dem Balkan und Neapel bis nach Sizilien. Deshalb kämpfte der »Ritterkönig«, wie man Ludwig nannte, viele Jahre lang gegen die Republik Venedig, die ein ebenso großes Interesse an dieser Region hatte. Als Handelsmacht hatten die Venezianer allerdings eher die wichtigen Handelsstützpunkte Dalmatiens an der Adria im Auge, über die sie den Handel ins östliche Mittelmeer abwickelten. Nach langjährigen Kämpfen konnte Ludwig schließlich in Dalmatien die Oberhand behalten.

Damit reichte Ludwigs Machtbereich bis ans Tor zum Mittelmeer, und im Norden bekam er mit dem Tod seines Onkels Kasimir im Jahr 1370 Zugang zur Ostsee: Ludwig wurde König von Polen. Diese Herrscherpflicht schien ihm aber eher lästig zu sein. Er trat zahlreiche Rechte an den polnischen Adel ab und übertrug seiner polnischstämmigen Mutter Elisabeth die Regentschaft. Ludwig von Anjou machte kein Hehl aus seinem Desinteresse an diesem Königreich, und bis zuletzt bezeichneten seine polnischen Untertanen ihn nur als »Ludwig den Ungarn«.

Wieder kümmerte Ludwig sich lieber um Neapel. Er selbst war lange kinderlos geblieben und erst als Mittvierziger Vater von drei Töchtern geworden. Auf den Thron von Neapel setzte er deshalb 1380 den letzten männlichen Vertreter der Nebenlinie Anjou-Durazzo, um auf diesem Weg vielleicht doch noch die Vereinigung der Reiche Polen, Ungarn und Neapel zu verwirklichen.

Für seine Stammlande Ungarn und Polen hatte Ludwig jedoch beim besten Willen keine männlichen Nachkommen mehr zur Verfügung. Er wollte aber wenigstens der dynastischen Pflicht Genüge tun, und so bestimmte er seine älteste Tochter Maria zu seiner Nachfolgerin. Eine Frau als Herrscherin war in Ungarn jedoch äußerst ungewöhnlich. Wohl deshalb nannte Maria sich »König« von Ungarn und Polen. Als die polnischen Stände verlangten, dass sie nach Krakau ziehe, weil sie nicht länger von Ungarn aus regiert werden wollten, lehnte Maria ab. Stattdessen wurde ihre jüngere Schwester Hedwig »König« von Polen. Die angestrebte Machtachse von der Ostsee bis nach Sizilien war damit in weite Ferne gerückt. Die Ungarn verehrten ihren König Ludwig dennoch und nennen ihn bis heute »den Großen«.

# LUDWIG I. DER GROSSE

 BIOGRAPHIE

König Ludwig I. wurde am 5. März 1326 im ungarischen Visegrád als Sohn Karl Roberts von Ungarn und seiner Gattin Elisabeth geboren. Im Alter von 16 Jahren wurde er 1342 Nachfolger seines Vaters als König von Ungarn. Von 1346 bis 1348 und wieder 1350 bemühte er sich vergeblich um die Macht im Königreich Neapel. Seine erste Frau Margarete von Luxemburg, eine Tochter Kaiser Karls IV., verlor er nach kinderloser Ehe, als sie 1349 an der in ganz Europa wütenden Pest starb. Seine zweite Frau Elisabeth war die Tochter Stjepans II., des Banus von Bosnien. Der Balkan war in den folgenden Jahren Ludwigs Hauptaktionsgebiet. Der Republik Venedig trotzte er die Herrschaft über Dalmatien ab, und jahrelang kämpfte er gegen Stefan Dusan von Serbien und die bosnischen Herrscher. Abgesehen von politischen Zielen betrieb Ludwig auch die Ausbreitung des Katholizismus und bekämpfte energisch die Bogomilen, eine auf Bogumil, einen Priester des 10. Jahrhunderts, zurückgehende und vornehmlich in Bulgarien bedeutende Häretikergruppe. Die Konflikte mit dem Haus Luxemburg konnten im Frieden von Brünn 1364 beigelegt werden. Von 1365 bis 1369 eroberte Ludwig das westbulgarische Vidin und wandelte es vom Zarentum in ein ungarisches Banat um, das gewissermaßen als Vorposten Ungarns fungierte. Auch die rumänische Walachei unterwarf er zwischen 1344 und 1369 seiner Lehenspflicht, während das nordöstlich davon gelegene Moldaugebiet allmählich unter die polnische Herrschaft seines Onkels geriet. Die hart erarbeitete Hegemonie auf dem Balkan brach jedoch alsbald unter dem Ansturm der türkischen Osmanen zusammen. Unter den osmanischen Expansionsbestrebungen hatte auch der byzantinische Kaiser zu leiden, doch verwehrte der römisch-katholische Ludwig ihm aus Glaubensgründen seine militärische Hilfe. Von 1378 bis 1381 nahm Ludwig am Chioggiakrieg auf der Seite Genuas gegen die Republik Venedig teil. Im Frieden von Turin von 1381 wurde ihm seine Oberherrschaft über Dalmatien erneut bestätigt. In Ungarn schuf er sich durch die Gründung der Universität Fünfkirchen (Pécs) 1367 ein bleibendes Andenken. Am 11. September 1382 starb Ludwig I. in Thyrnau (Nagyszombat) und wurde wie der erste ungarische König Stephan in Stuhlweißenburg (Székesfehérvár) bestattet.

## Verwandtschaft

Ludwig der Große war über seine Eltern mit drei großen Dynastien des mittelalterlichen Europa verwandt. Seine Großeltern väterlicherseits stammten aus den Häusern Anjou und Habsburg. Mütterlicherseits war er zudem ein Nachfolger der polnischen Piasten. Die von Karl I. von Anjou im 13. Jahrhundert begründete ungarische Linie des Hauses starb 1382 mit dem Tod Ludwigs im Mannesstamm aus. Seine beiden Töchter (die erste, Katharina, war bereits als Kind gestorben) heirateten aber ebenfalls in große Adelshäuser ein. Maria wurde die Gemahlin des luxemburgischen Kaisers Sigismund, und Hedwig (Jadwiga) wurde als Gattin Wladyslaw II. Jagiellos, des Begründers der Jagiellonen, zur Großfürstin von Polen-Litauen.

## Quellen

Einmal abgesehen von zahlreichen Chroniken, in die Ludwig als kriegführender Herrscher in Ostmittel- und Südeuropa Eingang fand, berichtet uns vor allem die Lebensbeschreibung eines ihm vertrauten Geistlichen über ihn. Der Erzdiakon Johannes Küküllei verfasste wenige Jahre nach Ludwigs Ableben, vermutlich um 1390, eine Biographie, in der er nicht nur Ludwigs mittelgroße Statur und seine »fleischigen Lippen« erwähnt, sondern auch vom Selbstbewusstsein und der Autorität des König berichtet.

 EMPFEHLUNGEN

**Lesenswert:**
Janos Hauszmann: *Ungarn. Vom Mittelalter bis zur Gegenwart*, Regensburg 2004.

**Besuchenswert:**
Der königliche Palast in Budapest

Pécs (hier gründete Ludwig 1367 Ungarns erste Universität)

---

 AUF DEN PUNKT GEBRACHT

König Ludwig der Große bemühte sich sein Leben lang, die Herrschaft des Hauses Anjou wieder auf Neapel und Sizilien auszudehnen. Obwohl er darüber die Herrschaft über Polen vernachlässigte, konnte er sein Ziel nicht erreichen.

## Mit Verstand und Waffen gegen den Deutschen Orden
# Jagiello
## 1351–1434

Schon als junger Mann dürfte Jogaila geahnt haben, was seine Lebensaufgabe sein würde. Als Sohn und Erbe des Großfürsten von Litauen beobachtete er aufmerksam, wie sein Vater stets bemüht war, die Heimat gegen die Russen im Osten, vor allem aber gegen den Deutschen Orden im Westen zu verteidigen. Im Osten war er sehr erfolgreich und konnte sogar einige russische Fürstentümer erobern. Der Deutsche Orden aber wurde zu einer immer größeren Gefahr. Jogaila wird sich mehr als einmal gefragt haben, wie er gegen diesen schier übermächtigen Gegner bestehen sollte. Als er schließlich an der Macht war, schöpfte er alle Möglichkeiten aus, die einem mittelalterlichen Herrscher zur Verfügung standen: Diplomatie, Heiratspolitik und Waffengewalt.

■ Jagiello und seine Gemahlin Hedwig I. von Polen. Denkmal in Krakau

Als letztes heidnisches Volk Europas waren die Litauer schon seit Beginn des 14. Jahrhunderts alljährliches Ziel von Kreuzzügen des Deutschen Ordens. Diese verharmlosend »Litauerreisen« oder auch »Preußenreisen« genannten Feldzüge hatten sich zu einem regelrechten Ritual entwickelt, das in ganz Europa bekannt war. Vom Deutschen Orden organisiert, nahmen daran nicht nur deutsche Ritter teil, sondern auch zahlreiche Engländer, Franzosen und Vertreter vieler anderer Völker. Für einen westeuropäischen Ritter des 14. Jahrhunderts gehörte die Teilnahme an einer Litauerreise gleichsam zum guten Ton. Diese letzten Kreuzzüge zählten zu den großen Abenteuern der Zeit und gestalteten sich wie ein moderner Erlebnisurlaub: Nach dem Kreuzzug wurden die Teilnehmer auf der prächtigen Marienburg mit Festempfängen, aufwendiger Bewirtung, Ritterturnieren und Bärenjagden belohnt; nicht selten wurden in diesem feierlichen Rahmen auch neue Teilnehmer zum Ritter geschlagen. Kurzum: Die außerordentliche Erfahrung einer Litauerreise war die Strapazen und Kosten wert.

Die Litauer waren im 14. Jahrhundert somit gewissermaßen die Daseinsberechtigung des Deutschen Ordens, der als große Missionsorganisation auftrat,

mit dem erklärten Ziel, die letzten Heiden
Europas zu christianisieren. Die Litauerreisen waren daher hervorragend dazu geeig-
net, das Interesse des europäischen Adels am
Deutschen Orden wachzuhalten. Allerdings
war es auch ein offenes Geheimnis, dass der
Deutsche Orden mit seinem Tun zugleich
handfestere Ziele verfolgte – das strategisch
wichtigste bestand darin, Schamaiten zu erobern, die niederlitauische Landbrücke zwischen den Ordensgebieten Altpreußen und
Livland. Großfürst Jogaila, der zur selben
Zeit noch einen Krieg mit dem Großherzog-
tum Moskau führte, sah sich schließlich gezwungen, dem Deutschen Orden Schamaiten abzutreten.

In dieser Situation erhielt Jogaila das An-
gebot, Hedwig, die Tochter Ludwigs des Großen (s. S. 208), zur
Frau zu nehmen und somit König von Polen zu werden. Das Angebot war an zwei Bedingungen geknüpft: Jogaila sollte in Krakau
residieren und zum Christentum konvertieren. Für den Litauer
war dies eine geradezu ideale Lösung, denn so schlossen sich
nicht nur zwei Gegner des Deutschen Ordens zusammen, sondern mit der Christianisierung Litauens entzog er den Kreuzrittern zugleich jegliche Legitimation zu weiteren Angriffen. Jogaila
sagte zu, war fortan König von Polen und nannte sich Jagiello.
Die Ordensritter ahnten Schlimmes und versuchten, die Union
von Polen und Litauen bei weltlichen und geistlichen Herrschern
zu kompromittieren. Doch Jagiellos Schachzug ging auf: Der römisch-deutsche König untersagte dem Deutschen Orden weitere
Kreuzzüge, und wenige Jahre später entzog der Papst dem Orden
den Missionsauftrag.

 Die Schlacht bei Tannen-
berg. Holzschnitt, 1597, aus
der *Polnischen Chronik* von
Marcin Bielski (um 1495–1575)

## WILNA

Wilna (litauisch: Vilnius) wurde 1323 erstmals in Briefen als
Hauptstadt Litauens erwähnt. Unter Jagiello bekam sie 1387 das
Stadtrecht verliehen, und mit der Christianisierung wurde auch
der heidnische Tempel in Wilna zerstört. Im Laufe des 15. Jahrhunderts erlebte die Stadt einen großen wirtschaftlichen Aufschwung. Unter dem Einfluss der Jesuiten entstand 1579 die für
lange Zeit einzige Universität Ostmitteleuropas.

■ Jagiello, Großfürst von Litauen und als Wladyslaw II. König von Polen. Kupferstich, 16. Jahrhundert

Zweifelsohne war die Hochzeit mit der polnischen Thronfolgerin also ein harter Schlag gegen den Deutschen Orden, und für Jagiello wird es eine Genugtuung gewesen sein, den Hochmeister des Ordens zu seiner Dreifachfeier von Taufe, Hochzeit und Krönung einzuladen. Was der von der Einladung hielt, macht seine Reaktion deutlich: Er blieb der Feier fern und verwüstete stattdessen in der Zeit mit seinen Truppen weite Teile Litauens. Fortan verhielt sich der Deutsche Orden endgültig wie ein »normaler« weltlicher Territorialherr, und schließlich erklärte der Hochmeister des Deutschen Ordens Jagiello 1409 sogar den Krieg. Im Sommer 1410 kam es zur berühmten Entscheidungsschlacht bei Tannenberg, einer der größten und letzten Ritterschlachten im mittelalterlichen Europa.

Jagiello behielt auch hier die Oberhand. Mit vereinten Kräften gelang es den polnisch-litauischen Verbänden, den Kreuzrittern Einhalt zu gebieten. Das war keine Selbstverständlichkeit, denn Jagiellos Vetter Witold, dem er die Regierung in Litauen überlassen hatte, durchkreuzte in auffälliger Regelmäßigkeit Jagiellos Plan einer Einheit Polens und Litauens. Immer wieder machte Witold sogar gemeinsame Sache mit dem Deutschen Orden. Nun aber hatte Jagiellos Verhandlungsgeschick Erfolg, und es gelang ihm, Witold und sein Heer zu einer breiten Front von 30 000 Rittern zu vereinigen, wie die Quellen berichten. Zwar standen ihnen angeblich gut 20 000 Kreuzritter des Deutschen Ordens unter der Führung des Hochmeisters Ulrich von Jungingen gegenüber, doch konnten Polen und Litauer dem Deutschen Orden eine vernichtende Niederlage beibringen und nahezu das gesamte Ordensland besetzen; allein die Marienburg konnte von Heinrich von Plauen (s. S. 226) gehalten werden.

Die legendäre Schlacht von Tannenberg gilt als Anfang vom Ende des mächtigen Deutschen Ordens. Zugleich gab der noch junge Doppelstaat Polen-Litauen einen Vorgeschmack auf seine Macht ab – und die stand erst am Anfang, denn das politische Bollwerk zwischen Preußen und Russland hatte bis 1791 Bestand. Den Grundstein dazu hatte Jagiello gelegt, der erste litauische König Polens.

### WITOLD

Jagiellos Vetter Witold (litauisch: Vytautas, 1350–1430) war lange Zeit sein Gegenspieler und kooperierte mit dem Deutschen Orden. Nach der Aussöhnung wurde Witold 1392 als Statthalter Jagiellos Großfürst von Litauen. Es gelang ihm, den litauischen Einflussbereich bis zum Schwarzen Meer auszudehnen. Seit 1415 bemühte Witold sich vergeblich um eine Union zwischen katholischer und orthodoxer Kirche.

# JAGIELLO

 BIOGRAPHIE

Jagiello kam mit dem litauischen Namen Jogaila als ältester Sohn von Großfürst Olgerd (litauisch: Algirdas) von Litauen und seiner Gattin Juliane, der Fürstin von Tver, im Jahr 1351 zur Welt. Im Alter von 26 Jahren übernahm er zusammen mit dem Bruder seines Vaters, Kejstut, die Herrschaft; während er selbst in Wilna residierte, herrschte Kejstut von Troki aus. Jagiello strebte nach der Vereinigung beider Landesteile und geriet darüber mit seinem Onkel in Streit. Zwar konnte Jagiello ihn 1381 vertreiben, unterlag dann aber dessen Sohn Witold, der vom Deutschen Orden unterstützt wurde. Am 14. August 1385 kam es zum Vertrag von Krewo, in dem die Verbindung mit der polnischen Thronfolgerin Hedwig vereinbart wurde. Am 15. Februar 1386 ließ Jagiello sich in Krakau taufen; sein Taufname war Wladyslaw. Drei Tage später folgte die Hochzeit mit Hedwig, und am 4. März 1386 wurde er zum polnischen König gekrönt. Umgehend nahm er die Christianisierung Litauens in Angriff und gründete das Bistum Wilna. Polen und Litauen waren nun zwar kein gemeinsamer Staat, wurden aber nominell in Personalunion von Jagiello regiert. Dennoch konzentrierte sich Jagiello auf Polen und überließ Witold, mit dem er sich mittlerweile versöhnt hatte, die Regierung in Litauen. Den gefährlichsten seiner auswärtigen Gegner schlug Jagiello mit Witolds Unterstützung in der Schlacht bei Tannenberg (laut polnischer Geschichtsschreibung: Schlacht

bei Grunwald) am 15. Juli 1410 vernichtend. Trotz des sogenannten Ersten Thorner Friedens von 1411 kam es auch in den folgenden Jahren immer wieder zu Kriegshandlungen. Erst mit dem Frieden von Melnosee im Jahr 1422 konnte eine dauerhafte Regelung erreicht werden. Die Streitigkeiten mit Witold wurden 1413 durch den Vertrag von Horodlo am Bug beigelegt. Dieser Vertrag wurde dadurch zur Grundlage der polnisch-litauischen Union; er sah beispielsweise vor, dass der Großfürst von Litauen und der König von Polen nur noch mit der Zustimmung des jeweiligen Unionspartners gewählt werden sollten. In der Politik gegenüber der Rus' im Osten war Jagiello zurückhaltender, unterstützte aber dennoch Witolds weitreichende Expansionspläne. Vor dem Hintergrund von König Sigismunds Misserfolgen im Kampf gegen die böhmischen Hussiten gelang es Jagiello, gute Beziehungen zur Moldau, zu Pommern und zu Brandenburg aufzubauen. Jagiello starb am 1. Juni 1434 in Gródek.

## Verwandtschaft

Jagiello war der Begründer der nach ihm benannten Dynastie der Jagiellonen. Er war viermal verheiratet, und der jüngste seiner Söhne, Kasimir IV. (1427–1492), wurde ebenfalls Großfürst von Litauen und König von Polen. Kasimir hatte mit Elisabeth, der Tochter König Albrechts II., insgesamt 13 Kinder, über die er Heiratsverbindungen mit vielen europäischen

Dynastien einging. Bis zum Ende des 16. Jahrhunderts stellten die Jagiellonen die Herrscher in Litauen, Polen, Ungarn und Böhmen.

## Quellen

Die Hauptquelle für Jagiellos Regierungszeit sind die *Annales Regni Poloniae* des polnischen Chronisten und Universalhistorikers Jan Dlugosz (1415–1480). Aus adliger Familie stammend, schlug Dlugosz nach seinem Studium der sieben freien Künste die priesterliche Laufbahn ein; kurz vor seinem Tod wurde er noch zum Erzbischof von Lemberg ernannt. Sein Geschichtswerk umfasst zwölf Bücher und reicht von den Anfängen der polnischen Geschichte bis zu seinem Todesjahr 1480. Besonderen Wert haben die Annalen dadurch, dass Dlugosz viele ausländische Quellen (sowohl lateinische als auch russische) einbezog.

 EMPFEHLUNGEN

**Lesenswert:**
Manfred Alexander: *Kleine Geschichte Polens*, Stuttgart 2003

**Besuchenswert:**
Das Wawelschloss, die Wawelkathedrale (Grabstätte Jagiellos und Hedwigs) und der königliche Weg in Krakau

 AUF DEN PUNKT GEBRACHT

Der Herrscher des letzten europäischen Heidenvolks wehrte sich erfolgreich gegen seinen hartnäckigsten Gegner, den Deutschen Orden. Er schloss Litauen mit Polen zusammen, wurde Christ und besiegte die Kreuzritter schließlich in einer gewaltigen Schlacht.

## Viele Kronen, viele Herausforderungen
# Sigismund
## 1368–1437

Kaum ein Herrscher des Mittelalters ist so oft gekrönt worden wie Sigismund. Im Laufe seines Lebens wurde er nacheinander König von Ungarn, römisch-deutscher König, König von Böhmen, Langobardenkönig und schließlich Kaiser. Jede dieser ehrwürdigen Kronen hätte für Sigismund genug Verpflichtungen bedeutet, um ihn zeitlebens zu beschäftigen. Alle zusammen waren sie eine zu gewaltige Herausforderung für ihn. So wurde er im 15. Jahrhundert zum mächtigsten Mann Europas, konnte aber den Ansprüchen nicht gerecht werden: den Ansprüchen anderer, vor allem aber den Ansprüchen, die er an sich selbst stellte.

■ Kaiser Sigismund. Ausschnitt aus einem Gemälde, 1513, von Albrecht Dürer (1471–1528). Nürnberg, Germanisches Nationalmuseum

Intellektuell war Sigismund für seine vielfältigen Aufgaben bestens gerüstet. Sein hochgebildeter Vater Karl IV. (s. S. 198) hatte dem jungen Prinzen von humanistischen Erziehern eine überdurchschnittliche Bildung angedeihen lassen. Als Erwachsener sprach Sigismund nicht weniger als sieben Sprachen, die es ihm erlaubten, von Frankreich über Italien und Deutschland bis nach Mittelosteuropa überall in der jeweiligen Landessprache zu kommunizieren. Darüber hinaus – so berichten die Quellen – war er körperlich attraktiv und galt als äußerst lebenslustig. Allerdings wurde diese positive Grundeinstellung schon bald nach seiner ersten Krönung zum König von Ungarn auf eine harte Probe gestellt. Sigismund sah sich einer starken ungarischen Adelsopposition gegenüber, die ihn zweimal gefangen setzte und ihm sogar verbieten wollte, sich deutsche oder italienische Berater an den Hof zu holen, auf die er freilich dringend angewiesen war.

Noch größere Herausforderungen als die innerhalb Ungarns waren jedoch die Gefahren von außen. Im Nordosten hatte sich mit der Einsetzung seines Schwagers Jagiello (s. S. 212) das mächtige Doppelreich Polen-Litauen gebildet, und im Südosten des Kontinents drangen die türkischen Osmanen auf ihren Eroberungszügen immer weiter vor. Das Byzantinische Reich hatten sie bereits fast vollständig überrollt (Konstantinopel bestand nur mehr aus dem Stadtgebiet und einigen verstreuten Besitzungen im Umland) und standen nun auf dem Balkan. Ihren nächsten Erfolg errangen sie 1389 auf dem Amselfeld (Kosovo polje), wo sie das serbische Heer und damit auch das großserbische Reich des Fürsten Lazar vernichteten. Serbien wurde daraufhin nicht nur den Osmanen tributpflichtig, sondern sollte fortan für fast ein halbes Jahrtausend unter türkischer Herrschaft stehen. Auch Bulgarien wurde türkische Provinz, die Walachei und Bosnien fielen ebenfalls unter die Herrschaft der Osmanen; diese waren nun bis an die Grenze zu Sigismunds ungarischem Königreich vorgerückt.

Zweifellos hätte Sigismund also mit der Sicherung der ungarischen Grenzen genug zu tun gehabt, doch obwohl die Polen die ungarischen Gebiete nördlich der Karpaten einnahmen, die Venezianer das von seinem Schwiegervater Ludwig hart erkämpfte Dalmatien wieder besetzten und die Bedrohung durch das türkische Heer unübersehbar war, verfolgte Sigismund ein ganz anderes Vorhaben. Er stellte einen immensen Kreuzzug mit französischen, burgundischen und deutschen Rittern auf die Beine. Sigismund träumte davon, Jerusalem zu erobern und damit das Heilige Grab zu befreien – nebenbei wollte er Konstantinopel befreien und die orthodoxe mit der katholischen Kirche vereinigen. War er tatsächlich davon überzeugt, das alles quasi im Handumdrehen erreichen zu können? Wir wissen es nicht. Fest steht nur, dass der Kreuzzug mit einer Katastrophe endete: Sigismunds Heer wurde von Sultan Bajezid I. in Bulgarien vernichtend geschlagen.

Da Sigismund sich als König von Ungarn offensichtlich nicht ausgelastet fühlte, traf es sich gut, dass er einige Jahre später von einem Teil des Kurfürstenkollegiums zum römisch-deutschen König gewählt wurde. Zugleich amtierte aber noch sein Bruder Wenzel, und die restlichen Kurfürsten wählten Jobst von Mähren zum König, sodass es 1410 plötzlich drei römisch-deutsche Könige

■ Die Schlacht von Nikopolis (oben) und die Hinrichtung der gefangenen Ritter durch Sultan Bajezid I.

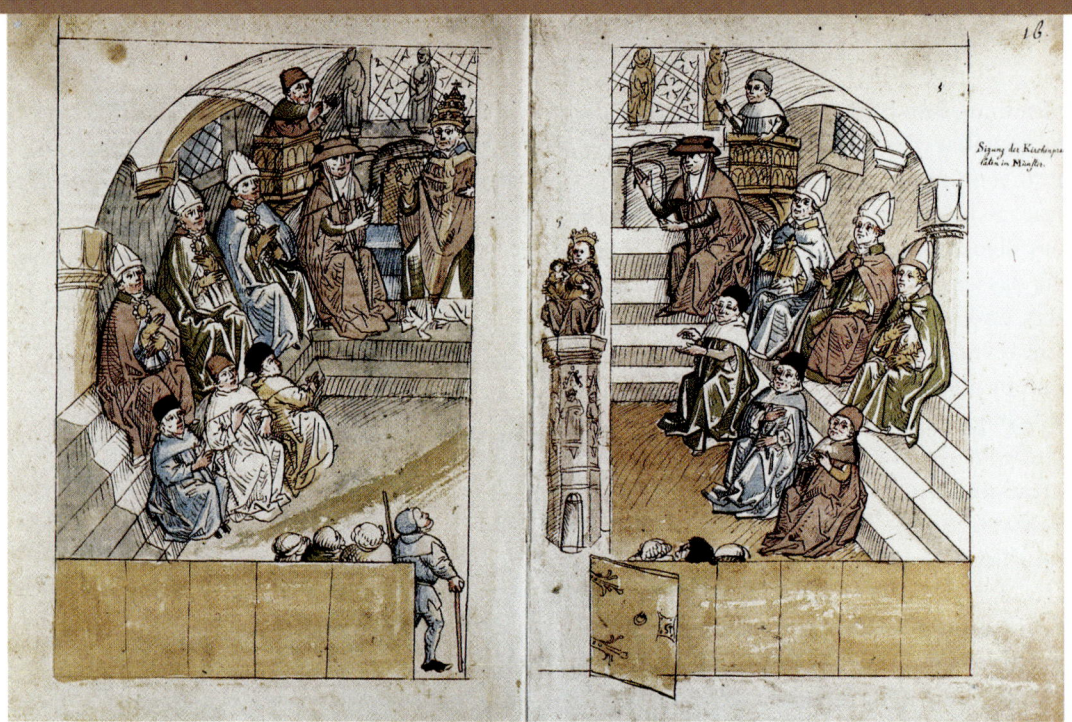

Sitzung der Kirchenprälaten im Münster.

■ Sitzung der Gelehrten, Bischöfe, Kardinäle und des Papstes Johannes XXIII. im Konstanzer Münster. Kolorierte Federzeichnung, um 1420, aus der Chronik des Konzils von Konstanz von Ulrich von Richental (um 1360–1437). Konstanz, Rosgartenmuseum

gab. Pikanterweise waren zur selben Zeit drei Päpste im Amt, die in Avignon, Rom und Pisa residierten. Im Jahr darauf starb Jobst von Mähren, sodass Sigismund sich nur noch mit seinem Bruder auseinandersetzen musste. Er versprach Wenzel die Hälfte der Reichseinnahmen und überließ ihm die Kaiserkrone – Wenzel gab nach. Später wollte Sigismund allerdings von seinen Versprechungen nichts mehr wissen. Die Historiker sind sich nicht einig, ob dieses Verhalten eher von Hinterlist oder von Unzuverlässigkeit zeugt. Zumindest erhielt Sigismund auf diese Weise die Stimmen aller Kurfürsten.

Mit der zugesagten Hälfte der Reichseinnahmen, die er dann doch nicht bekommen sollte, ist Wenzel nicht viel entgangen. Si-

### HOHENZOLLERN

Die nach der Zollernburg auf der Schwäbischen Alb benannte Dynastie ist im 11. Jahrhundert erstmals nachzuweisen. Grundlage ihres Aufstiegs war die Belehnung Friedrichs von Nürnberg mit der Mark Brandenburg (1415) durch König Sigismund. Die politische Umorientierung von Schwaben und Franken nach Brandenburg war der Grundstein für die Erfolgsgeschichte Brandenburg-Preußens in der Neuzeit und des Hauses Hohenzollern, das bis 1918 die letzten deutschen Kaiser stellte und bis heute existiert.

gismund lebte ständig am Rande der Pleite, da er trotz der Fülle an politischer Macht keine verlässlichen Einnahmequellen hatte. Zeitlebens ohne Hausmacht, musste er sich immer wieder Geld leihen. Es störte ihn nicht, dass er es nicht zurückzahlen konnte, er gab es mit vollen Händen aus: Wenn Sigismund einen Ball veranstaltete, schenkte er jeder anwesenden Dame einen goldenen Ring. So wahrte er in der Öffentlichkeit den Schein, musste aber gleichzeitig seine geerbten Territorien verpfänden. Am folgenreichsten war die Übertragung der Mark Brandenburg an Friedrich VI. von Hohenzollern. Mit dieser Markgrafschaft musste Sigismund auch die politisch bedeutende Kurwürde sowie das prestigeträchtige Amt des Reichserzkämmerers abtreten. Dieses gehörte zu den sieben Hofämtern, die mit jeweils einer Kurwürde verbunden waren, dem Inhaber aber nur über ihre symbolische Funktion Ansehen verliehen. Als König von Böhmen war Sigismund beispielsweise zugleich Kurfürst und Reichserzmundschenk, obwohl damit keine Verpflichtung einherging, irgendeinen Fürsten mit Getränken zu versorgen.

Sigismund handelte mitunter zwar allzu sorglos, unterschätzte bisweilen die an ihn gestellten Herausforderungen und war sicher kein begnadeter Feldherr; sein diplomatisches Geschick aber suchte seinesgleichen. Als größter Erfolg des Diplomaten Sigismund kann gelten, dass es ihm gelang, die bis dahin größte Kirchenversammlung aller Zeiten in sein Reich zu holen, und das sogar nördlich der Alpen, wo es nach Meinung nicht weniger Südeuropäer noch barbarisch zuging. Ab 1414 tagte das Konzil von Konstanz, an dem viele hundert Geistliche und ebenso viele weltliche Vertreter aus ganz Europa teilnahmen. Schließlich galt es, große Fragen zu klären, was dem Konzil in einem Fall auch gelang: Endlich konnte man die leidige Zeit des Schismas beenden und sich auf einen Papst einigen.

Als das geschah, war Sigismund längst wieder in Europa unterwegs. Sein ehrgeiziges Ziel war es, das ganze christliche Europa im Kampf gegen die Osmanen zu einen. Außerdem sah er sich berufen, den bald 80 Jahre währenden erbitterten Krieg zwischen Frankreich und England auf diplomatischem Wege zu beenden. Es

■ Friedrich VI. von Hohenzollern wird von Kaiser Sigismund auf dem Konzil von Konstanz mit der Kurmark Brandenburg belehnt. Buchmalerei, 1417, aus der Chronik des Konzils von Konstanz von Ulrich Richental (um 1360–1437). Prag, Universitätsbibliothek

## JAN HUS

Der böhmische Theologe und Reformator Jan Hus (1371–1415) wurde besonders von den Werken John Wyclifs inspiriert. Er prangerte den Verfall der Kirche und den Reichtum von Papst und Klerikern an und wurde daraufhin von der Kirche geächtet und gebannt. Eine gewaltsame Durchsetzung von Reformen lehnte er ab. Vor das Konstanzer Konzil geladen, glaubte er, unter Sigismunds Schutz seine Lehren verteidigen zu können. Stattdessen wurde er schon bald gefangen gesetzt und am 6. Juli 1415 verbrannt.

gelang ihm nicht. Zurück in Konstanz, wurde Sigismund mit einem neuen Problem konfrontiert. Der als Ketzer verfolgte Jan Hus, dem Sigismund persönlich Schutz und Geleit für sein Erscheinen in Konstanz zugesagt hatte, fand sich plötzlich auf dem Scheiterhaufen wieder und wurde verbrannt. Die Anhänger von Jan Hus, die sogenannten Hussiten, formierten sich daraufhin in Böhmen zum bewaffneten Protest.

Sigismund nahm zunächst den Kampf gegen sie auf, doch als er wochenlang zauderte, mehrten sich die Erfolge der Hussiten, und nachdem dem König einmal mehr das Geld ausgegangen war, musste er seine Söldner entlassen. Der Rest des Heeres löste sich auf, und statt weiter zu kämpfen, brach Sigismund lieber nach Italien auf, um sich dort zum Kaiser krönen zu lassen. Mit Krönungen kannte er sich mittlerweile wahrlich aus – und dieser Herausforderung stellte er sich gern.

■ Jan Hus (Zdenek Stepánek) bei der Anhörung vor dem Konzil in Konstanz. Szenenphoto aus dem gleichnamigen Film von 1954

# SIGISMUND

 BIOGRAPHIE

Sigismund (oder Siegmund) wurde am 15. Februar 1368 als zweitältester Sohn Kaiser Karls IV. und seiner Gattin Elisabeth in Nürnberg geboren. Bereits 1372 vereinbarte sein Vater die Verlobung Sigismunds mit Maria, der Haupterbin Ludwigs I. des Großen. Daher wuchs Sigismund anfangs in Prag und der Mark Brandenburg, später in Ofen (dem heutigen Budapest) auf. Die Hochzeit mit Maria fand 1385 statt. Nach der Krönung zum König von Ungarn am 31. März 1387 musste Sigismund seine Macht gegen den ungarischen Adel verteidigen. Zur Festigung seines Königtums gründete Sigismund später mit seiner zweiten Frau Barbara von Cilli und zahlreichen Baronen den Drachenorden (1408). Nachdem er 1396 gegen die Osmanen bei Nikopolis eine Niederlage erlitten hatte, machte er die Idee von einem gemeinsamen Handeln der Christen Europas zur Grundlage seiner Herrschaft als römisch-deutscher König. Am 21. Juli 1411 wurde Sigismund einstimmig von allen Kurfürsten gewählt und 1414 in Aachen gekrönt. Damit war er gleichsam Gastgeber des Konstanzer Konzils (1414–1418), auf dem das Große Abendländische Schisma durch die Wahl Papst Martins V. am 11. November 1417 beendet werden konnte. Als Nachfolger seines Bruders Wenzel übernahm Sigismund 1420 auch in Böhmen die Macht. In den folgenden Jahren versuchte er mehrmals vergeblich, einen Kreuzzug auf die Beine zu stellen. Auch der Kampf gegen die böhmischen Hussi-

ten war anfangs nicht erfolgreich. Nach seinem Italienzug, auf dem Sigismund die eiserne Krone der Langobarden in Mailand (1431) sowie die Kaiserkrone in Rom (1433) erhielt, konnten die hussitischen Heere in der Schlacht bei Lipany (1434) von einer Koalition aus Katholiken und gemäßigten Hussiten besiegt werden. Die Beziehungen der Hussiten zur römischen Kirche wurden noch 1434 auf dem Konzil von Basel festgelegt (»Basler Kompaktaten«). Kaiser Sigismund starb am 9. Dezember 1437 in Znojmo (Mähren) und wurde in Nagyvárad (heute Oradea in Rumänien) bestattet.

## Verwandtschaft

Als Sohn Kaiser Karls IV. war Sigismund in erster Linie ein Vertreter des Hauses Luxemburg; über seine Mutter hatte er zudem eine Verbindung zu den Herzögen von Pommern. Durch die Ehe mit Maria, der Tochter König Ludwigs I. von Ungarn, heiratete er in das Haus Anjou ein und übernahm von seinem Schwiegervater den ungarischen Königsthron. Die Ehe währte zehn Jahre (1385–1395) und blieb kinderlos. Aus seiner zweiten Ehe mit Barbara, der Tochter des Grafen Hermann I. von Cilli, ging mit Elisabeth eine Tochter hervor; sie sollte Albrecht II. heiraten, den Herzog von Österreich, der 1438 auch Nachfolger Sigismunds als König von Ungarn und Böhmen sowie römisch-deutscher König wurde. Er verstarb jedoch schon 1439.

## Quellen

Von den vielen historiographischen Zeugnissen, die Sigismunds Leben angesichts seiner weitreichenden politischen Kontakte illustrieren, ist eines besonders hervorzuheben: die *Denkwürdigkeiten* des Chronisten Eberhard Windecke (1380–1440), von ihm selbst nur »König Sigismunds Buch« genannt. Windecke sammelte als Mitarbeiter an Nürnberger Handelshäusern reichhaltige Reise- und Geschäftserfahrungen, aufgrund derer Sigismund ihn um 1410 zu seinem Berater machte. Windecke begleitete ihn auch auf Reisen nach Frankreich und England. Nach Sigismunds Tod verfasste Windecke umgehend die Lebensbeschreibung und überarbeitete sie später noch einmal.

 EMPFEHLUNGEN

**Lesenswert:**

Wilhelm Baum: *Kaiser Sigismund. Hus, Konstanz und Türkenkriege*, Graz 1993

Jörg K. Hoensch: *Kaiser Sigismund. Herrscher an der Schwelle zur Neuzeit 1368–1437*, München 1996

 AUF DEN PUNKT GEBRACHT

Der vierfache König Sigismund beherrschte weite Teile Europas, war aber seinen Aufgaben nicht immer gewachsen. Er hatte weder Geld noch Kriegsglück, und obwohl er ein erfolgreicher Diplomat war, konnte er sein Ziel, ein einheitlich agierendes christliches Europa zu schaffen, nicht erreichen.

## Ein Häretiker im Oberhaus
# John Oldcastle
## um 1370–1417

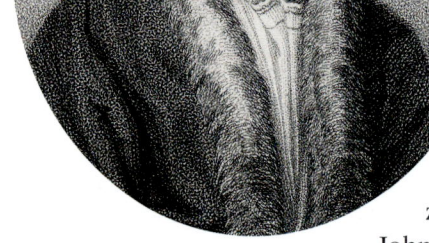

■ Sir John Oldcastle. Stich, 19. Jahrhundert, von Gerimia

»Das Himmelreich gleicht einem Menschen, der guten Samen auf seinen Acker säte. Als nun die Saat wuchs und Frucht brachte, da fand sich auch das Unkraut. Der Hausvater sprach: Lasst beides miteinander wachsen bis zur Ernte; und um die Erntezeit will ich zu den Schnittern sagen: Sammelt zuerst das Unkraut und bindet es in Bündel, damit man es verbrenne.« Das berühmte Gleichnis vom Unkraut unter dem Weizen, das im Matthäusevangelium überliefert ist, wurde lange Zeit mit Häretikern in Verbindung gebracht, die von jeher unter den rechtgläubigen Christen zu finden waren. Die katholischen Oberhäupter nahmen das Gleichnis oft allzu wörtlich und ließen Häretiker wie Unkraut verbrennen. Doch dass Unkraut nicht gleich Unkraut ist, zeigte sich im England des frühen 15. Jahrhunderts. Sir John Oldcastle war zwar durch und durch Häretiker, dabei aber von so hohem gesellschaftlichen Rang, dass man ihn lange gewähren ließ, bevor er schließlich doch wie das übrige »Unkraut« endete.

Passenderweise hatte man der einzigen nennenswerten Häretikergruppe im mittelalterlichen England einen Namen gegeben, der von einem der lateinischen Worte für Unkraut (»lolium«) abgeleitet war: Lollarden. Ihr wichtigster weltlicher Anführer war jener John Oldcastle. Zeichnet man seinen Lebensweg nach, so scheint er auf den ersten Blick ein ganz »normales« Mitglied des englischen Niederadels gewesen zu sein. Er diente König Heinrich IV., pflegte ein freundschaftliches Verhältnis mit dem Kronprinzen, dem späteren Heinrich V., und stieg nach seiner Hochzeit mit Joan, Baroness Cobham, noch weiter auf: Fortan saß er als Baron im Oberhaus des aus zwei Kammern bestehenden englischen Parlaments. Während das Unterhaus (»House of Commons«) gewählte Vertreter des Volkes versammelte, saßen im Oberhaus, ab dem 16. Jahrhundert »House of Lords« genannt, ausschließlich Adelige, die sowohl dem Verdienstadel als auch dem erblichen Adel entstammen konnten.

## HÄRESIE

Der aus dem Altgriechischen stammende Begriff der Häresie bezeichnete schon unter dem Kirchenvater Augustinus (354–430) jegliche Abweichung vom rechten christlichen Glauben. Im Hochmittelalter traten vor allem in Frankreich die Großsekten der Katharer und Waldenser auf, bevor im 15. Jahrhundert die auf Jan Hus zurückgehenden Hussiten in Böhmen und die Lollarden in England für Aufruhr sorgten.

In einer Hinsicht unterschied sich Oldcastle allerdings von allen anderen Mitgliedern des Oberhauses: Er war ein ausgemachter Anhänger der Lollarden, die sich auf die Lehren John Wyclifs beriefen – anders ausgedrückt: John Oldcastle war ein Ketzer. Die Überzeugungen der Lollarden unterschieden sich in wesentlichen Punkten von der damals einzig anerkannten Glaubensrichtung, dem Katholizismus. Auf den heftigsten Widerstand stieß ihre Abendmahlsauffassung, denn anders als die Katholiken, die von der tatsächlichen Verwandlung von Brot und Wein in Leib und Blut Christi ausgehen (sogenannte Transsubstantiationslehre), waren die Lollarden davon überzeugt, dass die Gegenwart Christi beim Abendmahl eine bloß symbolische sei. Für die Kirchenvertreter war diese Auffassung schlichtweg unerhört. Ferner achteten die Lollarden die kirchlichen Sakramente gering und maßen alles an der Heiligen Schrift, die sie auch dem Volk zugänglich machen wollten. Sie verwarfen alles, was den evangelischen und apostolischen Zeugnissen nicht direkt zu entnehmen war – das wiederum hatte zur Folge, dass sie sich gegen den Primat des Papstes, gegen kanonisches Recht, die priesterliche Absolution und den weltlichen Besitz der Kirche aussprachen. Die Lollarden rührten also an den Grundfesten der römisch-katholischen Kirche und waren damit ein wichtiger Vorläufer der Reformation des 16. Jahrhunderts.

Nachdem John Oldcastle diese Lehren jahrelang überzeugt verteidigt und mit Flugschriften verbreitet hatte, wurde er zweimal vor ein Konzil geladen, bevor

■ Thomas Arundel, Erzbischof von Canterbury. Kolorierter Stich, 1806

**ENGRAVED**
for the
**PRIMITIVE MARTYRS.**

*The Cruel* Martyrdom *of* S.ͭ John Oldcastle
**LORD COBHAM.**

*T. Smith delin et sculp.* Published as the Act directs by H. Trapp, Pater noster Row. N.ᵒ 21. Red Lion Street, Clerkenwell.

■ Das Martyrium des Sir John Oldcastle, Lord Cobham. Holzschnitt, 1563, von John Foxe (1516–1587)

man ihm schließlich 1413 den Prozess machte. In der ehrwürdigen St. Paul's Cathedral stand Oldcastle dem bedeutendsten englischen Geistlichen seiner Zeit gegenüber, dem Erzbischof von Canterbury, Thomas Arundel. Dieser gab dem häretischen Baron die Gelegenheit, sich auf eine katholische Position zu besinnen, doch Oldcastle bekannte sich zu seiner Auffassung. Zudem wurde ihm vorgeworfen, nicht nur die Kirche enteignen, sondern auch die königliche Familie und den Adel töten zu wollen. Unabhängig von diesen Vorwürfen sorgte schon die wenige Jahre zuvor verschärfte Gesetzgebung gegen die Häretiker dafür, dass Oldcastle zum Tode verurteilt wurde.

Während jeder andere Ketzer längst Opfer der Flammen geworden wäre, kam John Oldcastle seine gesellschaftliche Stellung zugute. König Heinrich V. erinnerte sich seines früheren Weggefährten und erwies ihm einen letzten Freundschaftsdienst, obwohl er selbst überzeugter Katholik und entschiedener Gegner der Lollarden war. Heinrich ließ die Hinrichtung verschieben, und Oldcastle nutzte die Gelegenheit zur Flucht aus dem Tower, wo er auf sein Ende warten sollte. Gegen die hohen Geistlichen und den König hatte er eigentlich keine Chance, doch Oldcastle wollte eine lollardische Kirchenreform mit Gewalt herbeiführen – aus heutiger Sicht eine aberwitzige Idee. Er zog durch die Lande und versammelte eine bewaffnete Gruppe lollardischer Anhänger um sich. Zu Beginn des 15. Jahrhunderts bestanden diese hauptsächlich aus Handwerkern und einfachen Leuten, sodass schnell der Eindruck einer Revolte sozial Benachteiligter entstand.

Im Januar 1414 wurde der Aufstand von königlichen Truppen ohne größere Probleme niedergeschlagen. John Oldcastle war nun faktisch am Ende, gleichwohl entkam er noch einmal seinen Häschern. Erst 1417 wurde er erneut gefangen genommen und im Dezember desselben Jahres verurteilt. Bereits am Tag darauf wurde das Todesurteil vollstreckt: John Oldcastle wurde gehängt und am Galgen verbrannt. Selbst im Falle dieses so prominenten Häretikers konnten sich König und Geistliche einmal mehr durchsetzen. Doch nur ein Jahrhundert später sollten für die katholische Kirche endgültig schwierigere Zeiten anbrechen.

**JOHN WYCLIF**
Der englische Gelehrte und Theologe John Wyclif (1330–1384) verstand sich als Prophet. Er lehnte die katholische Abendmahlsauffassung ab und trat für eine Bibel in der Volkssprache ein. Da er durch die Universität Oxford und die königliche Familie protegiert wurde, kam es nicht zu einer Verurteilung. Die Lollarden machten sich nach seinem Tod die Lehren zu eigen und beriefen sich stets auf ihn.

# JOHN OLDCASTLE

 BIOGRAPHIE

John Oldcastle wurde wahrscheinlich um das Jahr 1370 als Sohn des Richard Oldcastle geboren. Er stammte aus Almely in der westenglischen Grafschaft Herefordshire. Über die ersten drei Jahrzehnte seines Lebens ist kaum etwas bekannt. Unter König Heinrich IV. (1399–1413) nahm Oldcastle als »knight« an mehreren Feldzügen nach Schottland und Wales teil und war militärischer Berater des Königs. In dieser Zeit baute er eine Freundschaft zum Kronprinzen, dem späteren König Heinrich V. (1413–1422), auf. Im Jahr 1404 wurde er als Vertreter der Grafschaft Herefordshire ins Parlament berufen, und nach seiner Hochzeit saß er ab 1408 als Baron und Lord Cobham im Oberhaus. Im Jahr 1411 leistete Oldcastle seinen Dienst in einem englischen Expeditionsheer, das Herzog Johann von Burgund bei seinen Unternehmungen in Frankreich unterstützte. Nachdem er jahrelang die häretische Bewegung der Lollarden unterstützt hatte, wurde ihm am 25. September 1413 in London der Prozess gemacht. Dort hielt John Oldcastle an seinen Auffassungen fest und wurde daraufhin verurteilt. Nachdem König Heinrich V. eine Verschiebung der Hinrichtung um 40 Tage erlassen hatte, gelang Oldcastle am 19. Oktober 1413 die Flucht. Was in den folgenden Monaten geschah, brachte dem Adligen die größte Bekanntheit ein. Bei dem nach ihm benannten Oldcastle-Aufstand versammelte er bewaffnete Lollarden, um mit ihnen eine Revolte durchzuführen. Diese wurde am 10. Januar 1414 durch Truppen Heinrichs V. niedergeschlagen. Oldcastle galt fortan landesweit als Verräter und wurde verfolgt. Dennoch entkam er fast vier Jahre lang einer Gefangennahme. Was er in dieser Zeit unternahm, entzieht sich unserer Kenntnis. Er trat erst wieder in das Licht der Öffentlichkeit, als er im Herbst 1417 in Wales in die Arme königlicher Bediensteter geriet. Wenige Wochen später wurde er am 14. Dezember 1417 im Londoner Parlament als rückfälliger Häretiker und Verräter zum Tod durch den Strang verurteilt. Am darauffolgenden Tag, dem 15. Dezember 1417 wurde Sir John Oldcastle gehängt und am Galgen verbrannt. Seine Baronie wurde nicht wieder besetzt. John Oldcastle diente William Shakespeare als Vorbild für seine Figur Falstaff in *Heinrich IV.* und *Die lustigen Weiber von Windsor*; anfangs trug er noch den Namen Sir John Oldcastle. Auch im Drama *Heinrich V.* spielt besagter Falstaff eine Rolle. Als in die Ungnade des Königs gefallener Adliger ist er noch als Oldcastle zu erkennen.

## Verwandtschaft

John Oldcastle entstammte keinem nennenswerten Herrschergeschlecht. Durch seine Hochzeit mit Joan, Baroness Cobham, stieg er zwar auf der sozialen Leiter weiter empor und wurde zum Lord Cobham, doch ist auch dadurch keine verwandtschaftliche Verbindung zu bekannten Familien nachweisbar.

## Quellen

Obwohl John Oldcastle der wichtigste weltliche Anführer der lollardischen Bewegung war, wurden keine zeitgenössischen Texte über sein Leben oder wichtige Ereignisse verfasst. Erhalten sind uns immerhin zahlreiche Briefe aus Oldcastles Feder, die einen Einblick in sein Denken und seinen Lebensweg erlauben. Ansonsten haben insbesondere seine letzten Jahre ihren Niederschlag ebenso in Chroniken und Annalen wie in königlichen und erzbischöflichen Dokumenten gefunden.

 EMPFEHLUNGEN

**Lesenswert:**
Malcolm Lambert: *Häresie im Mittelalter. Von den Katharern bis zu den Hussiten*, Darmstadt 2001

**Hörenswert:**
Giuseppe Verdi: *Falstaff*, Oper von 1893

**Besuchenswert:**
St. Paul's Cathedral, Tower und Houses of Parliament in London

 AUF DEN PUNKT GEBRACHT

Der englische Baron Sir John Oldcastle war überzeugter Häretiker. Seine herausragende Position gab ihm die Möglichkeit, lange Zeit für seine Ziele zu kämpfen. Am Ende aber wurde er wie alle Ketzer verbrannt.

*Maria sei Dank!*

# Heinrich von Plauen
um 1370–1429

■ In der Schlacht von Tannenberg wurde der Deutsche Orden von den polnisch-litauischen Truppen Jagiellos besiegt. In der Mitte Witold von Litauen, links der Tod des Hochmeisters Ulrich von Jungingen. Gemälde, 1878, von Jan Matejko (1838–1893). Warschau, Museum Narodowe

»Jetzt kann uns nur noch Maria beistehen!« Das mag Heinrich von Plauen gedacht haben, als er auf seiner Burg die Kunde von der vernichtenden Niederlage des Deutschen Ordens im Kampf gegen die vereinigten polnischen und litauischen Truppen bei Tannenberg erhielt. Der Verwalter der Komturei Schwetz machte sich sofort auf den Weg zum Hauptsitz des Ordens, der prachtvollen Marienburg, die unter dem besonderen Schutz der Gottesmutter stand, um dort die Verteidigung der letzten Bastion zu organisieren. Mit diesem schnellen Entschluss gelang es Heinrich, die völlige Zerschlagung des Deutschen Ordens in Preußen zu verhindern, denn dazu hätten wohl nur wenige Tage gefehlt.

So wäre im Sommer 1410 beinahe die gesamte Aufbauarbeit des Deutschen Ordens in Altpreußen von knapp zwei Jahrhunderten mit einem Schlag zunichte gemacht worden. Der geistliche Ritterorden, der ursprünglich als einer von vielen gegründet worden war, um die Muslime im Heiligen Land zu bekämpfen, hatte es sich im 13. Jahrhundert zur Aufgabe gemacht, das heidnische Ostseevolk der Prußen gewaltsam zu christianisieren. Als die Lage im Heiligen Land und in Ungarn, wo der Deutsche Orden ebenfalls ein Standbein hatte, schwieriger wurde, überließ Kaiser Friedrich II. (s. S. 154) dem Orden Altpreußen und das Kulmer Land östlich der Weichsel. Dass er darauf eigentlich überhaupt keinen Rechtsanspruch hatte, interessierte übrigens niemanden, denn nach damaliger Auffassung gehörte alles heidnische Land automatisch dem Kaiser. Einige Jahre später stellte sogar der Papst das Land des Deutschen Ordens als Patrimonium sancti Petri unter seinen besonderen Schutz, sodass der Auftrag, die Prußen zu bekämpfen und ihr Land zu erobern, nun von höchster Stelle sanktioniert war. Im Laufe der Zeit avancierte der Deutsche Orden in Altpreußen nicht nur zum größten, sondern gewissermaßen zum einzigen Grundherrn. Aus der Bewirtschaftung des Landes kamen beträchtliche Einkünfte, und spätestens mit der Eroberung Danzigs 1308 spielten der Handel und vor allem das Monopol auf dem Bernsteinmarkt eine wichtige Rolle für den Orden und seine Bedeutung im Ostseeraum.

Als Hauptsitz des Deutschen Ordens in Altpreußen war schon seit dem ausgehenden 13. Jahrhundert die Marienburg geplant, die man an der Nogat, einem Seitenarm der Weichsel, errichtete. Nach dem Fall von Akkon 1291 und einer kurzen Episode, in der Venedig das Zentrum des Deutschen Ordens bildete, wurde der Hauptsitz 1309 tatsächlich auf die Marienburg verlegt. Der Hochmeister, wie man den obersten Ordensherrn nannte, war damit einer der mächtigsten Territorialfürsten des Ostseeraums. Nachdem der 1410 amtierende Hochmeister Ulrich von Jungingen in der Schlacht von Tannenberg sein Leben verloren hatte, stellte sich Heinrich von Plauen, der eigentlich nur seine Burg Schwetz bewachen sollte, ohne Zögern in den Dienst der Sache und verteidigte auf der Marienburg gegen die übermächtig erscheinenden Gegner alles, was noch zu verteidigen war. Diese Selbstlosigkeit hatte beim Deutschen Orden bereits Tradition, denn der Reichtum des Ordens rührte nicht zuletzt daher, dass die meisten Kreuzritter die Kosten für ihre Kriegszüge selbst trugen und alles, was sie eroberten, dem Orden zur Verfügung stellten.

■ Heinrich von Plauen. Kupferstich, 17. Jahrhundert, nach einem zeitgenössischen Bildnis

Heinrich setzte in der kritischen Situation alles auf eine Karte: Die angrenzende Stadt, die ebenfalls den Namen Marienburg trug, ließ er in Brand stecken, um den Polen und Litauern keine Gelegenheit zur Deckung zu lassen, und die Einwohner holte er auf die Burg, damit sie seine Verteidigungslinien verstärkten.

SCHLOSS MARIENBURG

Die Marienburg (polnisch: Malbork) wurde ab 1279 errichtet. Von 1309 bis zur Verlegung des Hauptsitzes nach Königsberg 1457 war sie das Zentrum des Deutschen Ordens. Nach einer wechselvollen Geschichte wurde der imposante Backsteinbau im 19. und 20. Jahrhundert umfangreich restauriert. 1945 wurde die Marienburg durch die Rote Armee zerstört. Der Wiederaufbau dauert bis heute an und wird sowohl von Polen als auch von Deutschland organisiert. Seit 1997 zählt die Marienburg zum Weltkulturerbe der UNESCO.

Als die gegnerischen Truppen die Marienburg erreichten, hatte Heinrich von Plauen sich bereits verschanzt. Und sein Plan ging auf, denn obwohl die vereinten Truppen unter dem polnischen König Jagiello (s. S. 212) alles versuchten, was in ihrer Macht stand, vermochten sie nichts auszurichten und zogen nach zwei Monaten wieder ab. Wer heute vor der kolossalen Backsteinburg steht, kann durchaus nachvollziehen, dass eine Eroberung nahezu unmöglich ist. Als eine der größten Burgen ihrer Zeit war die Marienburg eine Festung, die sich allenfalls mit der Alhambra in Granada oder dem Papstpalast in Avignon vergleichen ließ. Noch heute ist sie die größte Backsteinburg Europas. Selbst im Zweiten Weltkrieg hatte es im Kampf um die Marienburg mit schwerem Gerät sechs Wochen gedauert, bis die Rote Armee die Burg erobern konnte. Den Truppen des 15. Jahrhunderts fehlten dazu die Mittel, und so behielt Heinrich von Plauen die Oberhand.

Zum Dank wurde Heinrich kurze Zeit nach dem Abzug der gegnerischen Truppen zum Hochmeister gewählt. Alle, die sich im Glauben an ein Ende des Deutschen Ordens freiwillig dem polnischen König unterworfen hatten, wechselten schnell wieder die Seite und wurden gute Diener der Kreuzritter. Die Bewertungen dieser Ereignisse des Jahres 1410 gehen auseinander. Die einen betrachten es als schlichtweg genialen Einfall Heinrichs von Plauen, alle Kraft auf die Marienburg zu konzentrieren, die anderen sehen es als katastrophale strategische Fehlleistung Jagiellos an, die Marienburg nicht

■ Der Hochmeister des Deutschen Ordens Ulrich von Jungingen starb in der Schlacht von Tannenberg. Kupferstich, 1407, nach einem zeitgenössischen Bildnis

sofort nach der Schlacht besetzt zu haben. So oder so, der Deutsche Orden und Polen-Litauen stritten weiter um die Vormacht in Altpreußen, und so dauerte der politische Schwebezustand weitere vier Jahrzehnte an. Aus der klaren Niederlage bei Tannenberg machte Heinrich von Plauen so quasi ein Unentschieden.

Die polnisch-litauischen Truppen hatten es zwar versäumt, die Marienburg zu besetzen, aber den Rest Altpreußens schonten sie keineswegs. Das ganze Land hatte unter maßlosen Verwüstungen zu leiden, und darin ist ein wichtiger Grund für den nach 1410 rasch einsetzenden wirtschaftlichen Verfall des Ordensstaates zu sehen. Ein weiterer Grund sind die immensen Reparationszahlungen, die Heinrich von Plauen den Siegern von Tannenberg zu zahlen hatte und die den Deutschen Orden an den Rand seiner Handlungsfähigkeit brachten. Mit der Errichtung einer Kapelle auf dem Schlachtfeld bei Tannenberg wollte Heinrich dem Seelenheil der Gefallenen einen letzten Dienst erweisen. Selbstverständlich war diese Kapelle der Gottesmutter geweiht: Maria, die den Deutschen Orden beschützte und Heinrich von Plauen die

■ Die Marienburg, der Hauptsitz des Deutschen Ordens. Gemälde, 1837, von Domenico Quaglio II. (1787–1837). Danzig, Museum Narodowe

Wende nach der Schlacht von Tannenberg ermöglicht hatte, wurde zur Wahrerin der gefallenen Seelen.

Den Niedergang des Deutschen Ordens sah Heinrich von Plauen wohl kommen, aber er konnte ihn nicht mehr aufhalten. Sein Versuch, dem Verfall doch noch zu entgehen, kostete ihn seine politische Karriere. Nach drei Jahren erneuter Aufrüstung bemühte er sich, abermals einen Kriegszug gegen Polen-Litauen zu initiieren. Dabei schätzte er jedoch offensichtlich die Stimmung unter seinen Ordensrittern völlig falsch ein. Die Bevölkerung des Ordensstaates war kriegsmüde, das Land noch immer weithin verwüstet, und so mangelte es Heinrich an Unterstützung für seine angestrebte Vergeltungsaktion. Innerhalb des Deutschen Ordens bildete sich gar eine energische Opposition, angeführt vom Ordensmarschall Michael Küchmeister von Sternberg, die dem Hochmeister Heinrich von Plauen ausdrücklich den Gehorsam verweigerte.

Auf der umgehend einberufenen Generalversammlung der Ordensritter, dem sogenannten Ordenskapitel, wurde Heinrich, der wie alle Hochmeister auf Lebenszeit ernannt worden war, seines Amtes enthoben, und Küchmeister ließ sich zu seinem Nachfolger wählen. Bald darauf wurden Heinrich von Plauen überdies geheime Verbindungen zum polnischen König nachgesagt, sodass er 1414 des Landesverrats angeklagt wurde. Statt weiterhin voller Marienfrömmigkeit und politischem Ehrgeiz die Geschicke des Deutschen Ordens zu leiten, fristete er nahezu sein gesamtes restliches Leben in Kerkerhaft.

■ Das Banner des Hochmeisters des Deutschen Ordens. Zeichnung, 1448, von Stanislaw Durink

# HEINRICH VON PLAUEN

 BIOGRAPHIE

Heinrich von Plauen wurde 1370 als Sohn Heinrichs VII. geboren. Über seine Jugend ist nichts bekannt. Ab 1397 war Heinrich Kompan (Gehilfe) seines Vetters Albrecht Graf von Schwarzburg, der als Komtur (Verwalter) von Danzig tätig war. Von 1398 bis 1402 war Heinrich dann selbst Komtur in Danzig. Ab 1402 wirkte er als Komtur von Nessau, von 1407 bis 1410 als Komtur von Schwetz. Im Jahr 1409 nahm er am Angriff des Ordens auf Kujawien teil; nach einer kurzen polnischen Gefangenschaft wurde er mit dem Kommando über Bromberg betraut. Während der militärischen Auseinandersetzungen mit Polen-Litauen im Sommer 1410 wäre es seine Hauptaufgabe gewesen, die Burg Schwetz und damit ganz Pomerellen vor den gegnerischen Angriffen zu schützen. Doch nach der Schlacht von Tannenberg am 15. Juli 1410 entschloss Heinrich sich, die Verteidigung auf der etwa 100 Kilometer entfernten Marienburg zu organisieren. Nach dem erfolgreichen Widerstand gegen Polen-Litauen konnte fast das ganze Ordensland zurückerobert werden. Am 9. November 1410 wurde Heinrich von Plauen zum Hochmeister gewählt. Er regierte mit harter Hand: Als Bestrafung für den Abfall vom Orden direkt nach der Schlacht von Tannenberg ließ er in Danzig drei Ratsmänner »ohne Recht und Urteil« hinrichten. Viele andere wurden des Landes verwiesen. Ab 1411 ließ Heinrich außerordentliche Steuern von seinen Untertanen aufbringen, um die

großen Reparationszahlungen an Polen-Litauen leisten zu können. Obwohl seiner wiederholten Bitte um militärische Hilfe aus dem Reich nicht entsprochen wurde, begann Heinrich im September 1413 einen neuen Krieg gegen Polen-Litauen. Bereits wenige Wochen später, am 9. Oktober 1413, wurde er von der ordensinternen Opposition abgesetzt. Während des trotz allem weiter wütenden Krieges wurde Heinrich als Verräter angeklagt und verurteilt. Daraufhin wurde er zunächst in Brandenburg und dann in Danzig in strenger Kerkerhaft gehalten. Erst nach dem Tod seines Nachfolgers als Hochmeister, Michael Küchmeister, wurde Heinrich 1423 in eine mildere Gefangenschaft nach Lochstedt überführt. Am 28. Mai 1429 wurde Heinrich von Plauen Pfleger von Lochstedt, starb aber bereits am 28. Dezember 1429. Sein Leichnam wurde in der Gruft der Annenkapelle auf der Marienburg beigesetzt.

### Verwandtschaft
Heinrich stammte aus einer Familie in Plauen, die zur Linie der Vögte von Weida gehörte. Sein Vater Heinrich VII. »der Lange« von Plauen-Mühltroff hatte eine Tochter Heinrichs von Weida geheiratet. Neben der verwandtschaftlichen Verbindung ins Vogtland ist eine ebensolche nach Thüringen nachweisbar: Heinrichs Großmutter war Irmgard, Gräfin von Orlamünde. Von einer Hochzeit oder direkten Nachkommen Heinrichs von Plauen ist nichts bekannt.

### Quellen
Da Heinrich von Plauen als Hochmeister nur drei Jahre im Licht der Öffentlichkeit stand, ist keine explizite Beschreibung seines Lebens entstanden. Deshalb sind wir auf die allgemeinen Quellen des Deutschen Ordens angewiesen, also verschiedene chronikalische Werke sowie die Archive der Deutschordensburgen. Durch den schwelenden Konflikt mit Polen-Litauen ist Heinrich ebenso Teil der dort entstandenen Geschichtsschreibung.

 EMPFEHLUNGEN

**Lesenswert:**
Maria Lubocka-Hoffmann: *Marienburg. Das Schloss des Deutschen Ordens. Geschichte – Architektur – Denkmalschutz*, Warschau 2002

Klaus Militzer: *Die Geschichte des Deutschen Ordens*, Stuttgart 2005

Uwe Ziegler: *Kreuz und Schwert. Die Geschichte des Deutschen Ordens*, Köln 2003

Joseph Freiherr von Eichendorff: *Der letzte Held von Marienburg*, Tübingen 1950

Ernst Wichert: *Heinrich von Plauen*, München 1959

**Besuchenswert:**
Marienburg (Malbork; Grabstätte)

Die Burg Schwetz bei Swiecie (Heinrichs Verwaltungssitz)

 AUF DEN PUNKT GEBRACHT

Der Ordensritter Heinrich von Plauen setzte nach der Niederlage des Deutschen Ordens bei Tannenberg alles auf eine Karte und organisierte auf der Marienburg die Verteidigung. Dadurch gelang es ihm, die völlige Vernichtung des Ordensstaates zu verhindern.

*Ein Leben voller Extreme*

# Isabella von Bayern
1370–1435

■ Einzug der Isabeau de Bavière in Paris. Buchmalerei, um 1400, aus den *Chroniques d'Angleterre* von Jean Froissart (1337–1405). London, British Library

Es fing alles so romantisch an. Der französische König Karl VI. hatte sich Hals über Kopf in die Wittelsbacherin Isabella von Bayern verliebt, und obwohl die Hochzeit der beiden für einen späteren Zeitpunkt vorgesehen war, drängte Karl auf eine sofortige Eheschließung. Vier Jahre nach der Hochzeit bereitete er seiner Gemahlin einen prachtvollen Einzug in Paris. Und da er seine geliebte Frau in Ruhe bewundern wollte, verkleidete sich der Monarch, der eine Schwäche für Kostüme hatte, um den Feierlichkeiten in den Straßen von Paris unerkannt beiwohnen zu können. Karl war stolz auf seine Isabella und hocherfreut über die begeisterten Reaktionen seiner Untertanen. Die neue Königin von Frankreich – wo sie nur Isabeau de Bavière genannt wurde – sah voller Vorfreude ihrem neuen Leben am Königshof entgegen. Sie konnte schließlich nicht ahnen, welches Schicksal ihr bevorstand.

Die ersten Jahre verliefen ganz nach Isabellas Vorstellungen. Sie zog von einer Residenz zur nächsten, feierte ein Fest nach dem anderen und genoss den Luxus des französischen Königshofs. Und mehr wurde auch nicht von ihr verlangt: Sie sollte schön sein, zu offiziellen Anlässen die Pracht der französischen Monarchie zur Schau stellen und natürlich der Königsdynastie Valois Erben und Stammhalter schenken. All das tat Isabella sechs Jahre lang, bis 1392 ihr Leben eine Wende nahm. Während eines Feldzugs tauchte vor ihrem Gatten in den Wäldern bei Le Mans plötzlich eine zerlumpte Gestalt auf, rief ihm zu, er sei verraten – und verschwand wieder. Karl geriet daraufhin außer sich und wütete blind gegen seine gesamte Umgebung. Er erkannte weder Freund noch Feind und ging sogar mit einem Schwert auf den eigenen Bruder los.

Was auf den ersten Blick unerklärlich schien, entpuppte sich bald als verhängnisvolle Krankheit: König Karl VI. war geisteskrank. Was man später als eine von starkem Verfolgungswahn geprägte Schizophrenie diagnostiziert hat, trat von nun an immer wieder in Schüben auf. Zwischendurch erlebte Karl mitunter lange Perioden von klarem Verstand, in denen er sich seiner aggressiven und zunehmend depressiven Schübe vollauf bewusst war. Darunter litt er selbst am meisten, doch verständlicherweise war das auch für Isabella alles andere als leicht. Karls Krankheit zog einen Identitäts- und Realitätsverlust nach sich, sie hinderte ihn oftmals am Sprechen, Haare und Nägel fielen ihm aus, und schließlich verweigerte er sogar die Nahrung und jegliche Form der Körperpflege. Der König vegetierte im Dreck dahin wie ein Tier.

Angesichts von Karls jämmerlichem und abstoßendem Zustand ist es nachvollziehbar, dass Isabella sich ihrem ehedem so leidenschaftlich geliebten Gemahl nicht mehr nähern mochte. An ihrer königlichen Pflicht, für Nachkommen zu sorgen, änderte das freilich nichts. Zu den bereits geborenen fünf Kindern kamen nach 1392 weitere sieben Kinder hinzu, weil man den König in seinen seltenen Perioden der Klarheit zum Zwecke der Fortpflanzung seiner Frau zuführte. Das waren zweifellos die unangenehmsten Momente in Isabellas Leben. Ansonsten aber ließ sie sich durch die »Unabkömmlichkeit« ihres Mannes (wie man seine geistige Umnachtung verharmlosend nannte) nicht von den Freuden des königlichen Lebens abbringen. Sie verbrachte weiterhin viel Zeit auf Festen und lebte sorglos in den Tag hinein; das konnte sie schließlich auch, denn schon wenige Monate nach dem Ausbruch von Karls Krankheit hatte sie sich eine stattliche finanzielle Versorgung durch den Königshof gesichert.

Da Karl infolge seiner Krankheit immer seltener dazu in der Lage war, sich um die französische Politik zu kümmern, musste Isabella zunehmend Verantwortung übernehmen. Ab 1403 nannte sie sich nur noch »von Gottes Gnaden Königin von Frankreich« und

**KARL VI.**

König Karl VI. von Frankreich (1368–1422) empfing bereits 1380 die Königsweihe, übernahm aber erst 1388 vollständig die Regierungsgeschäfte. Nach 1392 versuchte er, die seltenen Momente der Klarheit für eine Friedenspolitik zu nutzen. Bei seinen Untertanen war er sehr beliebt, und so kam es zu großen Wallfahrten und Gebeten für seine Gesundheit. Karl VI. starb 1422 in tiefer geistiger Umnachtung.

■ Karl VI. im Wald von Le Mans. Bronzeskulptur, 1850, von Antoine-Louis Barye (1795–1875). Paris, Louvre

■ Isabella von Bayern

suchte die Unterstützung ihres Schwagers Ludwig von Orléans – sowohl politisch als auch zwischenmenschlich. Isabella und Ludwig verbargen ihre Liaison keineswegs und traten auch öffentlich gemeinsam auf. Nachdem Ludwig jedoch ermordet worden war, geriet Isabella immer mehr in die Wirren des französischen Bürgerkriegs. Um eine komplette Anarchie und den Untergang Frankreichs zu verhindern, setzte sie sich gegen den mächtigen Widerstand ihrer politischen Gegner für einen Zusammenschluss Frankreichs mit England ein. Das ging vor allem auf Kosten ihres Sohnes Karl, den sie von der Erbfolge ausschloss – was diesen jedoch nicht daran hindern konnte, im südfranzösischen Exil seine politische Stellung zu festigen und letztlich doch König zu werden. Die gleichwohl folgenschwere Entscheidung traf Isabella »in Abwesenheit des Königs«, wie es hieß, dennoch war sie auf ihren Mann angewiesen. Sie wusste, dass sie ihre gesellschaftliche und politische Stellung nur würde halten können, solange Karl am Leben war, und dementsprechend viel unternahm sie, um seinen Wahnsinn doch noch zu heilen. Sie machte Schenkungen an Klöster, ordnete Gebete an und legte auch selbst eine außerordentliche Frömmigkeit an den Tag. Gesund wurde Karl VI. dadurch nicht mehr, doch sein Tod trat auch nicht ein; die letzten Jahre seines Lebens dämmerte der König vor sich hin.

Die beste Zeit hatte Isabella hinter sich. Sie hatte sich in den politischen Wirren aufgerieben und wurde selbst krank. Eine Schönheit war sie ohnehin nicht mehr, nachdem sie infolge ihrer Schwangerschaften und ihres ungezügelten Appetits sehr dick geworden war und zudem an Fußgicht litt. Sie konnte sich nur noch schwer bewegen und bot bald einen beinahe ebenso jämmerlichen Anblick wie ihr Mann Karl. Isabella von Bayern, die lange Jahre nicht nur schön und glanzvoll, sondern auch mächtig gewesen war, fand sich schließlich im anderen Extrem wieder: Sie endete fettleibig, hässlich und machtlos.

### LUDWIG VON ORLÉANS

Herzog Ludwig von Orléans (1372–1407) war ein Bruder Karls VI. Durch dessen Krankheit war Ludwig ab 1404 faktisch der mächtigste Mann Frankreichs. Er galt als Freund der Gelehrsamkeit und der schönen Künste. Sein größter Gegner war Herzog Jean von Burgund, dessen Heere 1405 gegen Ludwigs Truppen kämpften. 1407 ließ Jean seinen Gegner in Paris ermorden und dies als Tyrannenmord rechtfertigen.

# ISABELLA VON BAYERN

 BIOGRAPHIE

Isabella von Bayern (französisch: Isabeau de Bavière) wurde im Jahre 1370 als Tochter Herzog Stephans III. von Bayern-Ingolstadt und seiner Frau Thaddäa Visconti in München geboren. Am 14. Juli 1385 heiratete sie in Amiens den französischen König Karl VI. Erst vier Jahre später zog sie feierlich in Paris ein, wo sie auch zur Königin gekrönt und geweiht wurde. Nachdem im Sommer 1392 die ersten Anzeichen der Geisteskrankheit ihres Mannes offenbar geworden waren, wurde ein Regentschaftsrat eingesetzt, da man Karl VI. fortan für regierungsunfähig hielt. Dem Rat gehörten die drei Herzöge von Anjou, Berry und Burgund an, und er stand unter der Führung Isabellas. Im Jahre 1403 wurde Isabella offiziell zur Regentin erklärt. Da sie im politischen Bereich jedoch keine nennenswerten Ambitionen an den Tag legte, schloss sie sich in den folgenden Jahren zunächst Herzog Ludwig von Orléans und später Herzog Jean von Burgund an. Aus den Wirren um die Macht in Paris entstand ab 1410 ein regelrechter Bürgerkrieg zwischen den verfeindeten Gruppen der Bourguignons um Herzog Jean von Burgund und seinen Gegnern, den sogenannten Armagnacs. Isabellas und Karls ältester Sohn Karl VII. wurde 1417 zum Thronfolger (Dauphin) ernannt, doch Isabella tat alles, um Karls Thronansprüche abzuweisen. Nach einer Zeit des Exils in Tours ließ Herzog Jean sie wieder nach Paris bringen und setzte sie als Regentin ein, um seine eigene Politik durchführen zu können. Isabellas letzter politischer Akt von Bedeutung war der Vertrag von Troyes vom 17. Juni 1420, der dem englischen König Heinrich V. einen Anspruch auf den französischen Thron gewährte. Auf heftige Kritik stieß vor allem ihr Einwirken auf den mittlerweile in völliger geistiger Umnachtung dahindämmernden Karl VI., diesen Vertrag ebenfalls zu unterzeichnen. Bis zu ihrem Lebensende sollte sie sich mit ihrem Sohn nicht mehr aussöhnen. Isabella von Bayern starb am 24. September 1435 in Burgund und fand in St. Denis bei Paris ihre letzte Ruhestätte.

## Verwandtschaft

Isabella entstammte dem Haus Wittelsbach, das als Dynastie zu Beginn des 13. Jahrhunderts gegründet worden war. Durch ihre Hochzeit mit Karl VI. von Frankreich wurde sie Mitglied des Hauses Valois. Dieses war nach dem Tod des letzten Kapetingers Karl IV. im Jahre 1328 an die Macht gekommen und stellte seither die französischen Könige. So wurde Isabella die Mutter und Großmutter der nächsten Könige, Karls VII. (1422–1461) und Ludwigs XI. (1461–1483). Ihr Urenkel Karl VIII. (1483–1498) starb jedoch, ohne Nachkommen zu hinterlassen, sodass das Haus Valois mit seinem Tod erlosch. Die Macht in Frankreich ging anschließend an das Haus Orléans über.

### Quellen

Die Hauptquelle für das Leben Isabellas, die schon mit 15 Jahren als Gattin Karls VI. nach Paris kam, ist die französische Chronik von Karls Regierung. Ihr Autor ist Jean II. aus der Familie Jouvenel des Ursins (1388–1473). Er fungierte zunächst als königlicher Amtsträger, der für die Wahrung der Rechte des Königs bei der Ausübung der Justiz sorgte (Avocat du roi). Ab 1432 bekleidete er die Bischofsämter in Beauvais und Laon und war Erzbischof von Reims. Seine Chronik für Karls Regierungszeit beruht auf der Übersetzung einer anderen Chronik, enthält jedoch auch eigene Zusätze.

 EMPFEHLUNGEN

**Lesenswert:**
Marie-Véronique Clin: *Isabeau de Bavière. Die verkannte Königin auf Frankreichs Thron*, München 2001

Jean Markale: *Isabeau de Bavière. Die Wittelsbacherin auf Frankreichs Thron*, München 1994

Martin Saller: *Königin Isabeau. Die Wittelsbacherin auf dem Lilienthron*, München 1979

**Besuchenswert:**
Der Alte Hof in München (ehemalige Residenz der Wittelsbacher)

Die Kathedrale St. Denis bei Paris (Grab)

Die Kathedrale von Amiens (hier heirateten Isabella und Karl VI.)

---

✱ **AUF DEN PUNKT GEBRACHT**

Die schöne Wittelsbacherin Isabella von Bayern wurde in jungen Jahren als hoffnungsfrohe französische Königin gefeiert. Mit der Geisteskrankheit ihres Mannes, Karls VI., nahm ihr Leben eine entscheidende Wende. Schließlich starb die fettleibige Isabella einsam und ohne Macht.

### Der legendäre Bezwinger der Türken
# Johann Hunyadi
#### um 1408–1456

»Wir sehen den christlichen Glauben eingeschränkt und in einem Winkel zusammengedrängt. Denn nachdem er den gesamten Erdkreis gewonnen hatte, ist er jetzt schon aus Asien und Afrika vertrieben und wird in Europa nicht in Ruhe gelassen. Groß ist das Reich, das die Tataren und Türken diesseits von Don und Hellespont, die Sarazenen bei den Spaniern besetzt halten; klein ist das Gebiet, das auf Erden den Namen Christi bewahrt ...«
Das ohnehin schon kleine christliche Gebiet in Europa, von dem der spätere Papst Pius II. hier sprach, drohte 1453 vollkommen zerstört zu werden. Aus dem Südosten nahten mit Riesenschritten die Türken, die unter ihrem Sultan Mehmed II. (s. S. 240) bereits das ehemals so prachtvolle Konstantinopel schlichtweg überrannt hatten. Auf dem Weg zur ungarischen Grenze hatten die Türken ebenfalls alles erobert – genauer gesagt: fast alles, denn die Festung Belgrad konnten die Truppen des Sultans nicht einnehmen. Die wurde von dem ungarischen Feldherrn Johann Hunyadi verteidigt.

Belgrad – oder Nándorfehérvár – gehörte damals zu Ungarn und lag daher in Hunyadis Zuständigkeitsbereich. Hunyadi entstammte zwar einer unbedeutenden Kleinadelsfamilie aus der Walachei, die sich in Siebenbürgen angesiedelt hatte, doch legte er eine beispiellose Karriere als Kriegsherr zurück. Er stand in den Diensten verschiedener ungarischer Könige wie Sigismund (s. S. 216), der zugleich römisch-deutscher König und Kaiser war, Albrecht II. von Habsburg oder auch Wladyslaw III. Die Feldzüge, die er an der Seite seiner Herren durchführte, nutzte Johann Hunyadi zudem gewissermaßen als Fortbildungsmaßnahmen: In Italien beispielsweise, wohin er Sigismund begleitete, lernte Johann das »moderne« Kriegswesen kennen, das die Heere vorwiegend aus Söldnern zusammensetzte. Richtig neu war das Söldnertum zwar nicht, wie man an El Cid (s. S. 78), dem spanischen

Helden des 11. Jahrhunderts, erkennen kann, aber erst im Laufe des späten Mittelalters setzte sich das Prinzip, ganze Heerscharen nicht mehr dem heimischen Adel zu entnehmen, sondern von auswärts »einzukaufen«, endgültig durch. Ebenfalls in Sigismunds Diensten machte er sich mit der Kampftechnik der böhmischen Hussiten vertraut, die eine erfolgreiche Taktik entwickelt hatten: Inmitten der Feldschlacht errichteten sie eine Wagenburg als ruhendes Zentrum, die sowohl für Fußtruppen als auch für berittene Angreifer geradezu ein unüberwindliches Hindernis darstellte.

**JOHANNES VON CAPESTRANO**
Johannes von Capestrano (1386–1456) war zunächst Richter in Neapel und Perugia. Nachdem er in Gefangenschaft geraten war, entschied er sich gegen ein weltliches Leben und wurde Franziskaner. Er war als Prediger tätig und wirkte zudem als gefürchteter Inquisitor. In seinen letzten Lebensjahren kämpfte er als Wanderprediger nördlich der Alpen gegen die Hussiten und mobilisierte Menschenmassen gegen die Türken.

Derartige taktische und kriegstechnische Neuerungen baute Hunyadi in seine eigene Kriegführung ein und erwarb sich dadurch weit über die Grenzen Ungarns hinaus einen hervorragenden Ruf. Seine erfolgreiche Ämterlaufbahn gipfelte schließlich im Amt des Reichsverwesers von Ungarn, was nichts anderes bedeutete, als dass Hunyadi gleichsam als Vizekönig für den noch minderjährigen Ladislaus Postumus regierte. Doch auch nachdem der König mit zwölf Jahren die Volljährigkeit erreicht hatte und Hunyadi seine königsgleiche Stellung an Ladislaus abtreten musste, behielt er eine herausragende Position in der ungarischen Machthierarchie, zumal Ladislaus auf Hunyadis Kriegskünste kaum verzichten konnte: Sultan Mehmed II. hatte zum Großangriff geblasen, und selbst Hunyadi war im ersten Moment ratlos, wie er den Scharen bestens organisierter türkischer Truppen begegnen sollte.

Da kam Hunyadi unverhofft ein franziskanischer Wanderprediger namens Johannes von Capestrano zu Hilfe. Als Legat des Papstes predigte er den Kreuzzug gegen die Türken, und seine Worte müssen von unvorstellbarer Wirkung gewesen sein. Mehrere zigtausend Bauern, Handwer-

■ Johann Hunyadi und Johannes von Capestrano auf gemeinsamem Kreuzzug gegen die Türken. Holzstich, 1877, nach Gustave Doré (1832–1883)

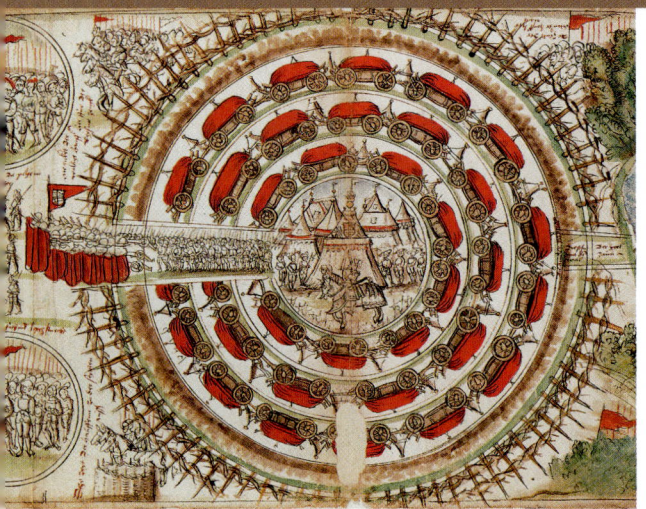

ker, Mönche und Studenten folgten seinem Aufruf und zogen unerfahren und naiv, aber voller Gottvertrauen in den Kampf gegen Mehmed II.; wie im Rausch stürzten sie sich auf die Gegner, und nicht einmal Johann Hunyadi vermochte die glaubenstrunkenen Massen im Zaum zu halten. So wussten die Türken gar nicht, wie ihnen geschah, verloren zahllose Kämpfer und zogen schließlich demoralisiert aus Belgrad ab. Doch trotz des Verdienstes von Capestrano war der Sieg in erster Linie ein Sieg Ungarns und ein Sieg Hunyadis. Dieses Mal jedoch hatte er nicht nur Verstand, sondern auch Glück gehabt.

Das währte allerdings nicht lange: Gleich nach dem Sieg über die Truppen Mehmeds II. setzte im ungarischen Lager das große Sterben ein – die Pest. Diese »Geißel Gottes«, wie man sie im Mittelalter nannte, trat seit der Mitte des 14. Jahrhunderts alle paar Jahre auf, und wenn sie erst einmal ausgebrochen war, kannte sie kein Halten mehr. Einer nach dem anderen fiel der Pest zum Opfer, und auch die beiden großen Sieger des Kampfes um Belgrad blieben nicht verschont: Nach kurzer Zeit starb Johann Hunyadi, und einige Wochen später auch der Franziskanerprediger.

Kurz vor der Schlacht um Belgrad hatte Hunyadi aber noch einen Fürsten als Beschützer Siebenbürgens eingesetzt, den damals noch kaum jemand kannte. Sein Name war Vlad III. Draculya (»Sohn des Dracul«, da sein Vater Vlad Dracul hieß), er regierte fortan als Fürst der Walachei und errang grausigste Berühmtheit durch die Art, seine Gegner zu töten und zu präsentieren: Er spießte sie auf Pfähle, und zwar in derart großer Zahl, dass es das damals übliche Maß bei weitem überstieg. So kam er zu seinem Beinamen Vlad »Tepes« (»der Pfähler«). Darauf bauten die finsteren Legenden um den Vampir Dracula auf, von denen der irische Schriftsteller Bram Stoker am Ende des 19. Jahrhunderts durch einen ungarischen Professor erfuhr und aus denen er 1897 seinen weltberühmten Roman formte. Ob der ungarische Gelehrte ihm auch von Johann Hunyadi, Ungarns größtem Feldherrn des 15. Jahrhunderts, erzählte, wissen wir nicht. Doch auch Hunyadis Kriegserfolge sind zur Legende geworden.

VLAD III. TEPES
Der Fürst Vlad III. Tepes »Draculya« (1428–1476) regierte zunächst kurz im Jahre 1448 und dann, mit Unterstützung Johann Hunyadis, von 1456 an sechs Jahre lang die Walachei. Die große Grausamkeit, mit der Vlad seine Gegner verfolgte und pfählte, ließ ihn schon kurz nach seinem Tod zur finsteren Gestalt werden, aus der sich dann die literarische Figur des Vampirs »Dracula« entwickelte.

# JOHANN HUNYADI

## BIOGRAPHIE

Johann Hunyadi wurde um 1408 als Sohn des walachischen Ritters Vajk und der Elisabeth Morzsinay in Siebenbürgen geboren. Um 1430 trat er in den Dienst König Sigismunds, den er auf seiner Italienreise begleitete; diese Gelegenheit nutzte Hunyadi, um am Hof Filippo Maria Viscontis, des Herzogs von Mailand, italienische Kriegstechnik zu studieren. Sowohl unter Sigismund als auch unter dessen beiden Nachfolgern in Ungarn nahm Hunyadi an den Kriegen gegen die böhmischen Hussiten teil. Danach füllte der Kampf gegen die osmanischen Türken unter Sultan Mehmed II. Hunyadis weitere Karriere aus. Ab 1439 war Hunyadi für die Sicherung der ungarischen Südgrenze verantwortlich. Noch im selben Jahr wurde er vom König zum Banus (Grafen) von Severin, der südöstlichen Grenzmark Ungarns, ernannt; damit war Hunyadi in den ungarischen Hochadel aufgestiegen. Zwei Jahre später wurde er zudem Woiwode (Herzog) von Siebenbürgen sowie Generalkapitän von Belgrad; auch in dieser Funktion war es seine zentrale Aufgabe, die Abwehr der Türken zu organisieren. In den Jahren 1443 und 1444 führte Hunyadi die ungarischen Kreuzzüge gegen die Türken an und konnte mehrere Siege erringen. Obwohl der Feldherr bereit war, auf eigene Kosten Söldner anzuwerben, sah er dann doch von einer Fortführung des Kampfes gegen die Türken ab und entschied sich, den türkischen Friedensvorschlag anzunehmen. Im Jahr 1446 wurde Hunyadi schließlich zum Reichsverweser für den noch unmündigen Ladislaus Postumus ernannt und plante umgehend einen neuen Feldzug gegen die Türken. Nach einer empfindlichen Niederlage (1448) verlor Hunyadi aber einen Großteil seiner adligen Anhänger und 1449 zudem sein Woiwodenamt. 1452 übernahm Ladislaus als König von Ungarn die Herrschaft. Als das Osmanische Reich 1455 einen Großangriff auf Ungarn startete, griff Ladislaus aber erneut auf seinen erfahrenen Feldherrn Hunyadi zurück. Am 4. Juli 1456 war Belgrad vom türkischen Heer eingeschlossen, doch den zahlreichen Truppen gelang es unter Hunyadis Führung, die Türken zurückzudrängen. Am 11. August 1456 starb Johann Hunyadi und fand in der Kathedrale von Weißenburg seine letzte Ruhestätte.

### Verwandtschaft

Das ungarische Adelsgeschlecht der Hunyadi ist nach der Burg und dem Landgut Hunyad (heute: Hunedoara) in Siebenbürgen benannt. Mit Johann gelangte es erstmals ins Rampenlicht der politischen Öffentlichkeit. Seine Söhne konnten diesen Weg fortsetzen. Ladislaus (1431–1457) erbte die Würde eines Generalkapitäns von Ungarn, und der 1443 geborene Matthias Corvinus wurde sogar König von Ungarn (1458–1490). Unter ihm war das Haus Hunyadi auf dem Höhepunkt seiner politischen und wirtschaftlichen Macht. Doch schon mit dem Tod von Matthias' illegitimem Sohn Johannes Corvinus starb die Familie 1504 aus.

### Quellen

Von den Geschichtswerken, die über Johann Hunyadi berichten, sind zwei hervorzuheben. Dies ist zum einen die *Chronica Hungarorum* des Johannes Thuróczy, der ungarischer Kanzlist und Chronist war und sein Werk, das er Johanns Sohn Matthias Corvinus widmete, 1488 herausgab. Zum anderen ist es die *Ungarische Geschichte* des Italieners Antonio Bonfini, der 1487 als Geschichtsschreiber an den ungarischen Königshof kam. Beide Werke legten den Grundstein für die Legenden um Johann Hunyadi, den Besieger der Türken, und beeinflussten so spätere Geschichtswerke.

## EMPFEHLUNGEN

**Lesenswert:**
Janos Hauszmann: *Ungarn. Vom Mittelalter bis zur Gegenwart*, Regensburg 2004

Ralf-Peter Märtin: *Dracula. Das Leben des Fürsten Vlad Tepes*, Frankfurt/M. 1991

Bram Stoker: *Dracula*, Würzburg 2007

**Sehenswert:**
*Bram Stoker's Dracula*. Regie: Francis Ford Coppola; mit Gary Oldman, Keanu Reeves, Winona Ryder. USA 1992

## AUF DEN PUNKT GEBRACHT

Johann Hunyadi hat als Türkenbezwinger legendäre Berühmtheit erlangt. Durch seine taktischen Finessen gelang es ihm, Belgrad gegen Sultan Mehmed II. zu verteidigen. Zudem setzte er jenen Mann als Fürsten der Walachei ein, den wir heute als Dracula kennen.

## Sein Ziel war die Weltherrschaft
# Mehmed II. der Eroberer
### 1432–1481

»*Ein* Gott herrscht im Himmel – es ziemt sich, dass auch auf der Erde *ein* Fürst herrsche!« Mehmed II., Sultan des mächtigen Osmanischen Reiches, machte kein Hehl aus seinen Zukunftsplänen. Sein erklärtes Ziel war es, die ganze Welt zu erobern und das irdische Pendant des Gottes im Himmel zu werden. Und seine unbescheidene Unternehmung hatte schließlich auch vielversprechend begonnen. Konstantinopel, die ehedem prächtige Hauptstadt des Byzantinischen Reiches, inzwischen freilich auf das Stadtgebiet zusammengeschrumpft, galt den Muslimen von jeher als leuchtendes Ziel aller Eroberungspläne – ähnlich wie Jerusalem seit frühester Zeit für die europäischen Christen. Auch Mehmeds Vater Murad II. hatte eine Eroberung der alten Kaiserstadt ernsthaft in Erwägung gezogen, doch schreckte er am Ende doch vor dem Risiko einer Niederlage zurück. Schließlich hatte die oströmische Metropole bisher alle Türkenangriffe erfolgreich abwehren können.

■ Das türkische Heerlager vor Konstantinopel. Buchmalerei, 1455, aus der Werkstatt des Jean Milot. Paris, Bibliothèque Nationale

Der junge Mehmed aber hatte gleich nach seinem Regierungsantritt im Jahr 1451 die Vorbereitungen aufgenommen und begann im Frühjahr 1453 die Belagerung. Das hätte für das gesamte christliche Europa ein Warnsignal sein müssen, doch fand sich kein christlicher Fürst dazu bereit, zur Verteidigung Konstantinopels eine Truppe auf die Beine zu stellen. Entweder war das Misstrauen gegenüber dem Sitz der seit vier Jahrhunderten von Rom abgespaltenen Ostkirche zu groß, oder man schreckte vor allzu hohen Kosten für eine derartige Militäraktion zurück. Nachdem sieben Wochen lang niemand zu Hil-

fe gekommen war, ging Mehmed mit
seinem riesigen Belagerungsheer Ende
Mai zum Großangriff über: Die Stadt
wurde erstürmt, und der letzte byzantinische Kaiser Konstantin XI. Palaiologos fiel unter den Schwerthieben der
Türken. Anschließend ritt Mehmed in
die Stadt ein und übergab sie seinen
siegestrunkenen Soldaten zur Plünderung. Die war eigentlich auf drei Tage
angesetzt, doch nachdem die Truppen
völlig unkontrolliert gewütet, gemordet
und Gebäude in Brand gesteckt hatten,
sah Mehmed sich gezwungen, bereits
nach Ablauf des ersten Tages dem Geschehen ein Ende zu bereiten. Danach
kümmerte er sich darum, dass seine
neue Metropole wieder besiedelt und
von Leben erfüllt wurde.

Die Kunde vom Fall Konstantinopels – oder Istanbuls, wie die Türken
die Stadt fortan inoffiziell nannten, bis
sie 1930 offiziell umbenannt wurde –
machte schnell die Runde. Mehmeds

■ Porträt des Sultans Meh-
med II. Fatih, »Der Eroberer«.
Gemälde, 1480, von Gentile
Bellini (1429–1507). London,
National Portrait Gallery

Untertanen nannten ihn fortan nur noch »den Eroberer« (Fatih),
und im christlichen Teil der Welt versuchte man, das Ausmaß der
Katastrophe zu begreifen: »Was haben wir eigentlich soeben verloren? – Doch eine Königsstadt, den Sitz des östlichen Kaiserreiches, die Stadt des griechischen Volkes, den Thron des zweiten
Patriarchen. Weh, Christenglaube, der du einst ausgedehnt warst,
wie wirst du nun eingezwängt und geschwächt!«, klagte Enea Silvio Piccolomini, der spätere Papst Pius II., wenige Wochen nach
der Eroberung. Und allenthalben griff die Angst um sich, dass
Mehmed seinen Plan der Weltherrschaft in die Tat umsetzen würde. Auch Piccolomini befürchtete nun das endgültige Ende des
christlichen Europa: »Die Lage ist schlimm, die Aussicht noch
viel schlimmer. Wir haben die Niederlage der Griechen erlebt,
nun erwarten wir den Untergang der Lateiner. Das Nachbarhaus
ist abgebrannt, jetzt wartet das unsere auf das Feuer. Wer steht
denn noch zwischen uns und den Türken? Nur ein wenig Land
und ein wenig Wasser trennt uns noch von ihnen. Schon hängt
über unseren Nacken der Türkensäbel …«

Und tatsächlich setzte Mehmed seinen Siegeszug auf dem europäischen Kontinent fort: Er eroberte Serbien und Albanien, griff die Walachei und Moldau an und stand schon an der Grenze zum Königreich Ungarn. Dort allerdings fand er einstweilen seine Meister in dem legendären ungarischen Feldherrn Johann Hunyadi (s. S. 236) und dem walachischen Fürsten Vlad Tepes. Der heute als Dracula bekannte Fürst hatte Mehmed einen makaberen Willkommensgruß bereitet, indem er zahlreiche enge Mitarbeiter des Sultans getötet und aufgespießt zur Schau gestellt hatte. Diese Rückschläge wurden jedoch weithin als unbedeutende Ereignisse auf Mehmeds Weg zur Etablierung seines Weltreiches angesehen. Die überwältigenden bisherigen Erfolge ließen wenigstens im Osmanischen Reich niemanden daran zweifeln, dass er von Gott auserwählt worden sei. Mehmed selbst machte da natürlich keine Ausnahme: Er nahm begierig die ins Kraut schießenden prophetischen Weissagungen über seine kommende Weltherrschaft auf, um sich seinen Untertanen und seinem Heer gegenüber als Gottgesandter darstellen zu können. Selbst sein ärgster Rivale im Orient, Uzun Hasan, nannte ihn bereits voller Respekt den »Weltherrscher«, und auch für christliche Chronisten stand es außer Zweifel, dass die göttliche Fügung Mehmed für diese Aufgabe ausersehen habe.

Die Überzeugung vom unabwendbaren Lauf der Dinge hatte nun also auch die von Angst erfüllten Christen erreicht, und es war niemand anderer als der bereits zitierte Papst Pius II., der dem Sultan in einem persönlichen Brief einen aufsehenerregenden Vorschlag machte. Pius II., der schon immer von einem neuen Weltherrscher wie dem Friedenskaiser Augustus geträumt hatte, war mit seiner Idee einer Weltmonarchie bereits an den römisch-deutschen Kaiser Friedrich III. herangetreten – allerdings ohne große Resonanz.

■ Mehmed II. zieht in Konstantinopel ein. Gemälde, 1876, von Jean Joseph Benjamin Constant (1845–1902)

Nun glaubte Pius II., in Mehmed endlich den Weltherrscher gefunden zu haben, und schlug ihm vor, zum Christentum überzutreten; so würde er zum Herrn und Erlöser der Welt werden. Leider kennen wir Mehmeds Reaktion auf diesen Brief nicht, doch dürfte er kaum ernsthaft über den Vorschlag nachgedacht haben.

Mehmed II. blieb jedenfalls Muslim, setzte seinen Weg fort und kam mit seinen Truppen sogar bis nach Italien, sodass sich in Rom Angst und Schrecken vor ihm verbreiteten. Der Papst dachte bereits daran, aus der Ewigen Stadt zu fliehen, doch letztlich blieb Rom von der Eroberung durch die Türken verschont. Der Ehrentitel eines »Kaisers von Rom«, den Mehmed sich selbst zugelegt hatte, erwies sich damit als voreilig. Dem Sultan machten seine Rivalen im Innern des Osmanischen Reiches nämlich stärker als gedacht zu schaffen, und auch die türkische Flotte leistete letztendlich nicht das, was Mehmed sich von ihr versprochen hatte. Im Jahr 1481 starb Sultan Mehmed II. im Alter von 49 Jahren – ohne die Weltherrschaft erlangt zu haben. Der Verherrlichung seiner Person schon kurze Zeit nach seinem Tod stand das allerdings nicht im Wege. So spricht die Überlieferung etwa davon, dass er sieben Sprachen flüssig gesprochen habe, darunter Latein und Griechisch. Wie wir aus zeitgenössischen Quellen wissen, musste Mehmed sich lateinische und griechische Quellen jedoch stets ins Persische oder Arabische übersetzen lassen.

■ Papst Pius II. Detail aus einem Fresko, 1502–07. Siena, Dombibliothek

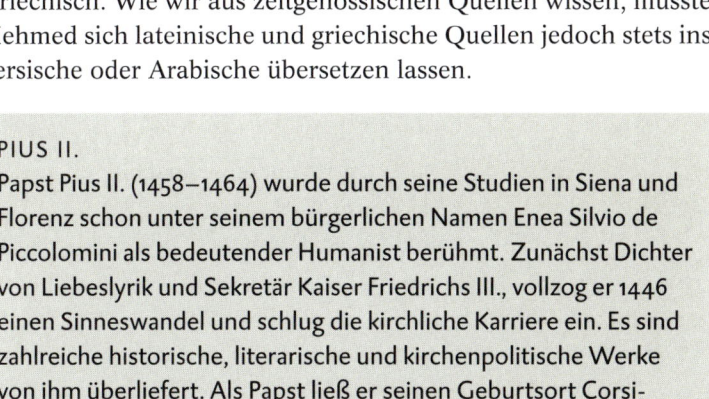

PIUS II.

Papst Pius II. (1458–1464) wurde durch seine Studien in Siena und Florenz schon unter seinem bürgerlichen Namen Enea Silvio de Piccolomini als bedeutender Humanist berühmt. Zunächst Dichter von Liebeslyrik und Sekretär Kaiser Friedrichs III., vollzog er 1446 einen Sinneswandel und schlug die kirchliche Karriere ein. Es sind zahlreiche historische, literarische und kirchenpolitische Werke von ihm überliefert. Als Papst ließ er seinen Geburtsort Corsignano in Pienza umbenennen und umgestalten.

CHRISTOPH CELLARIUS

Der Gelehrte Christoph(orus) Cellarius (1638–1707) hieß ursprünglich Christoph Keller. Er stammte aus Thüringen und arbeitete nach seinem in Jena und Gießen absolvierten Studium an Gymnasien in Weißenfels und Weimar, bevor er Rektor der Domschule Merseburg wurde. Mit der Gründung der Universität Halle wurde Cellarius 1694 zum Professor für Rhetorik und Geschichte berufen. Sein bedeutendstes Werk ist eine dreibändige Universalgeschichte der Antike, des Mittelalters und der Neuzeit.

Auch wenn man der Überlieferung nicht immer trauen kann und Mehmed nachweislich nicht Herrscher der Welt geworden ist, hat er aus heutiger Sicht dennoch Weltgeschichtliches bewirkt. Der Fall Konstantinopels wurde seither als derart einschneidendes Ereignis gewertet, dass es späteren Gelehrten förmlich als Epochenzäsur galt. Der deutsche Geschichtsprofessor Christoph Cellarius teilte erstmals die Weltgeschichte in drei Teile ein und sprach von Antike, Mittelalter und Neuzeit. Die Epoche des Mittelalters ließ er mit dem Fall Konstantinopels durch Mehmed II. im Jahr 1453 enden. Zwar geht man heutzutage nicht mehr von einer derart engen Epochenbegrenzung aus, die sich mit einem einzigen Datum verbinden ließe, doch der Begriff des Mittelalters konnte sich durchsetzen und ist auch international anerkannt. Cellarius zufolge war Mehmed II., der Eroberer von Konstantinopel, somit der erste Herrscher der Neuzeit – mit oder ohne Weltherrschaft.

Wie facht sich an gar ein grausame liche erschröckenliche hystorien von dem wilden wütrich. Dracole wayde. Wie er die leüt gespißt hat. und gepraten. und mit den haußtern yn einem keßel gesoten. vn wie er die leüt geschunden hat vn zerhackt lassen als ein kraut. Item er hat auch den mütern ire kind gepraten vnd sy habe müssen selber essen. Vnd vil andere erschröckenliche ding die in dissem Tractat geschriben stend. Vnd in welchem land er geregiret hat.

■ Der walachische Fürst Vlad Tepes speist neben Gepfählten. Holzschnitt, um 1500

# MEHMED II. DER EROBERER

 BIOGRAPHIE

Mehmed II. wurde am 30. März 1432 als Sohn Sultan Murads II. in Adrianopel (Edirne) geboren. Als Murad sich von 1444 bis 1446 aus den Regierungsgeschäften zurückzog, übernahm Mehmed erstmals die Herrschaft. Murad starb im Jahre 1451, gerade einmal fünf Jahre nachdem er wieder an die Macht gerufen worden war. Mehmed II. wurde umgehend Murads legitimer Nachfolger als Sultan des Osmanischen Reiches. Der erste Feldzug galt 1453 Konstantinopel, das Mehmed nach nur wenigen Wochen einnehmen konnte. Anschließend folgten Kriege gegen Serbien, die Walachei und Moldau. Von 1458 bis 1460 gelang es Mehmed, das noch von einer Seitenlinie der Palaiologen regierte Fürstentum Morea (Peloponnes) einzunehmen, und 1476 besetzte er zudem Negroponte (Euböa), das bis dahin in venezianischem Besitz gewesen war. Um Venedig nachhaltig herauszufordern, investierte Mehmed viel in eine osmanische Flotte, mit der er 1475 die genuesisch beherrschte Halbinsel Krim eroberte, wodurch das Schwarze Meer nunmehr vollständig in osmanischer Hand war. Seine Pläne zur Eroberung Italiens konnte Mehmed indes nicht in die Tat umsetzen. Abgesehen von seinen zahlreichen Eroberungen, durch die er für viele zum zweiten Gründer des Osmanischen Reiches wurde, hinterließ er auch im Innern des Reiches seine Spuren. So reformierte er hier die Verwaltung und das Rechtssystem und führte auch die osmanische Kultur zu einem Höhepunkt. Seine Bautätigkeit schlug sich in über 300 Moscheen, 50 islamischen Hochschulen und 50 Bädern nieder; die Städte der umfänglichsten Investitionen waren Istanbul und Adrianopel. Als bedeutendster Neubau aus der Regierungszeit Mehmeds II. gilt der Topkapi-Palast in Istanbul, der fortan jahrhundertelang als Wohn- und Regierungssitz der Sultane sowie als Verwaltungszentrum des Osmanischen Reiches dienen sollte. Mehmed II., der sich seit der Eroberung Konstantinopels als »der Eroberer« (Fatih) bezeichnen ließ, starb am 3. Mai 1481 auf einem Feldzug gegen Persien. Er wurde in Istanbul beigesetzt.

## Verwandtschaft

Mehmed II. entstammte der Dynastie der Osmanen, die auch dem großen türkischen Reich ihren Namen gaben. Die Dynastie und das Reich der Osmanen wurden von Osman I. (etwa 1258–1326) begründet; die Herrschaft über das Reich wurde ausnahmslos in männlicher Erblinie weitergegeben, sodass Mehmed bereits in sechster Generation die Erfolgsgeschichte der Dynastie weiterführte. Auch Mehmeds Nachfahren herrschten über das Osmanische Reich, sein Enkel Selim I. sogar erstmals als Sultan und Kalif. Die Reihe dieser Kalifen des Osmanischen Reiches endete erst mit der Absetzung Abdülmecits II. im Jahr 1924.

## Quellen

Von den zahlreichen Verfassern, die sowohl im Abendland als auch im Orient Werke über die Mehmed II. niederschrieben, sind vor allem zwei hervorzuheben. Im europäischen Raum war der Humanist Piccolomini einer der aufmerksamsten Beobachter seiner Zeitläufte, was auch zu einer vielfältigen Thematisierung Mehmeds II. und seiner erfolgreichen Feldzüge aus westlicher Sicht führte. Von den im Orient entstandenen Schriften ist diejenige des Tursun Beg von größter Bedeutung. Obwohl dieser dem Sultan also sehr nahestand, sich über lange Jahre hinweg in Mehmeds direkter Umgebung aufhielt und ihn auch verehrte, vergingen dennoch rund 20 Jahre nach Mehmeds Tod, ehe Tursun Beg die Chronik über Sultan Mehmed II. verfasste.

 EMPFEHLUNGEN

**Lesenswert:**
Franz Babinger: *Mehmed der Eroberer. Weltenstürmer einer Zeitenwende*, München 1987

Ernst Werner: *Sultan Mehmed der Eroberer und die Epochenwende im 15. Jahrhundert*, Berlin 1982

**Hörenswert:**
Wolfgang Amadeus Mozart: *Die Entführung aus dem Serail*. Oper 1782

 AUF DEN PUNKT GEBRACHT

Sultan Mehmed II. beendete mit der Eroberung Konstantinopels eine ganze Epoche. Obwohl er für viele – auch für sich selbst – der von Gott gesandte neue Weltherrscher war, konnte er dieses hochgesteckte Ziel nicht erreichen.

*Der cholerische Möchtegernkönig*
# Karl der Kühne
1433–1477

Der Plan des Papstes war wohl durchdacht: Nach den Vorstellungen Pius' II. sollte der politisch mächtigste Mann Europas – der Kaiser des Heiligen Römischen Reiches – mit dem wohl reichsten Fürsten des Abendlandes kooperieren. Als solcher galt Herzog Karl von Burgund, den man »den Kühnen« nannte. Der burgundische Herzog sollte mit der Aussicht auf eine Königskrone für dieses Vorhaben geködert werden – und für eine derartige Rangerhöhung war Karl durchaus empfänglich. Hätte Pius II. Karls – sagen wir: menschlich schwieriges – Wesen besser gekannt, wäre ihm vielleicht klar gewesen, was er mit seinem Vorschlag angerichtet hatte. Fortan hatte der allzu kühne Karl nämlich nur noch eines im Sinn: Er wollte König werden.

Im Jahre 1473 wurde, damit Karl und Kaiser Friedrich III. gemeinsame Verhandlungen führen konnten, ein großer Reichstag in Trier einberufen. Dabei blieb keinem Beobachter verborgen, wo der große Unterschied zwischen beiden Herrschern lag; zwei Tage nachdem der Kaiser in Trier eingetroffen war, erreichte auch Herzog Karl den Tagungsort – und zog überall die Blicke auf sich. Der Burgunder hatte in vierhundert Wagen seine gesamten Schätze mitgebracht: Möbel, Teppiche, Statuen aus Silber und sogar eine mannshohe Lilie, die von oben bis unten mit Gold und Brillanten besetzt war. Und in Trier breitete er sich umgehend aus: Er verteilte seine Schätze in der Kirche und in den Versammlungssälen des Tagungsortes und ließ den Kaiser zudem so platzieren, dass er den prächtigsten Stücken immer gegenübersaß. Friedrich, dessen Kasse so leer war, dass er sich von einem aufstrebenden Augsburger Kaufmann namens Ulrich Fugger Geld leihen musste, um sich für den Trierer Fürstentag überhaupt angemessen einkleiden

■ Friedrich III. und Papst Pius II. Holzschnitt, 1493, aus der *Schedelschen Weltchronik*. Berlin, Deutsches Historisches Museum

zu können, fand den burgundischen Pomp hoffnungslos übertrieben und sprach nur abfällig vom »Welschen Geprotze«.

Wie auch immer die Kooperation hätte aussehen sollen: Der Kaiser war zu Zugeständnissen bereit, und es war sogar schon ein Tag für Karls Königskrönung in Aussicht genommen worden. Karl aber wollte nun immer mehr und stellte fast täglich neue Forderungen an den Kaiser. Dem war es irgendwann zu viel: »An einem Tag verspricht der Herzog etwas, am anderen Tag ist damit wieder nichts«, sagte Friedrich III. und verließ kurzerhand den Tagungsort.

Karls Verhalten hat seither zahlreiche Historiker beschäftigt. Nicht wenige waren der Meinung, dass der Burgunderherzog durch eine Rangerhöhung zum König seine Komplexe zu kompensieren suchte, weshalb er jegliches Maß aus den Augen verlor. Die Liste der psychologisierenden Erklärungen ist lang: Einige sprachen von einem gestörten Verhältnis zu seinem Vater Philipp dem Guten; andere waren der Meinung, dass Karl die »Schmach« nicht verkraftet habe, mit Maria lediglich eine Tochter und keinen männlichen Thronfolger gezeugt zu haben. Vielleicht ahnte er es schon – jedenfalls machte er 1457, als seine Frau in den heftigsten Wehen lag, keine Anstalten, seine Jagd abzubrechen und ihr beizustehen. Nachdem man ihm sein geliebtes Jagdvergnügen durch die Nachricht von der Geburt einer Tochter getrübt hatte, erlitt er einen regelrechten Tobsuchtsanfall. Auch nach der Geburt blieb er seiner Frau zunächst fern. Das Verhältnis zu seinen insgesamt drei Ehefrauen war ohnehin rätselhaft. Während es bei anderen Fürsten seiner Zeit gang und gäbe war, zahlreiche Geliebte zu haben, war Karl stets treu – um es positiv auszudrücken. Anders gesagt: Er duldete keine Frauen an seinem Hof und wollte auch immer weniger Kontakt zu seiner Gattin

■ Karl der Kühne mit dem Orden vom Goldenen Vlies. Gemälde, um 1460, von Rogier van der Weyden (1399/1400–1464). Berlin, Gemäldegalerie

**BURGUND**

Das Herzogtum Burgund umfasste weite Teile der heutigen Niederlande, Belgiens sowie des nordöstlichen Frankreich. Es hatte sich im 12. Jahrhundert konsolidiert und konnte vor allem unter dem Haus Burgund im 14. und 15. Jahrhundert seine territoriale und politische Position stetig ausbauen. Die Lage Burgunds brachte es mit sich, dass es dabei immer wieder Konflikte mit Frankreich und dem Kaiserreich gab.

■ Schlacht bei Murten. Buchmalerei, 1474–1483, aus der *Berner Chronik* von Diebold Schilling. Bern, Bürgerbibliothek

**DIE FUGGER**
Die Augsburger Kaufmannsfamilie gelangte ab dem späten 15. Jahrhundert zu Weltgeltung. Ihr Reichtum ließ sie auch zu einer politischen Größe werden, da sie etwa durch Bestechung der Kurfürsten die Königswahl Karls V. finanzierten. Im 17. Jahrhundert endete die Blütezeit des Fugger-Imperiums.

Margarete von York haben. Dadurch entstanden bald überall im Land Gerüchte über eine angebliche homosexuelle Neigung; Indizien gibt es dafür freilich nicht.

Ohne Zweifel war Karl ein tapferer und mutiger Kämpfer, der seinem Beinamen »der Kühne« alle Ehre machte: Immer kämpfte er an der Spitze seiner Truppen und ging mit Wagemut voran. Doch was ihn auszeichnete, war weniger ein rationales Vorgehen bei der Verfolgung seiner Ziele als vielmehr ein blindes Anrennen auf der Jagd nach immer mehr Ruhm und Geltung. Durch diesen krankhaften Ehrgeiz, zum Erfolg zu kommen, konnte Karl auch keine Niederlagen verkraften. Bis zum Fürstentag von Trier war er von Sieg zu Sieg geeilt, doch nach dem Scheitern der Verhandlungen mit Friedrich III. nahm sein Schicksal eine Wendung: Mit aller Macht wollte Karl die Stadt Neuss erobern, doch es gelang selbst nach zehnmonatiger Belagerung nicht. »Vor Wut schäumend wie ein Eber«, so ein Chronist, habe Karl die Belagerung abbrechen müssen. Zwei Jahre später folgte noch eine schmerzliche Niederlage gegen die Schweizer Eidgenossen in der Schlacht bei Murten: Karl verlor nicht nur einen Großteil seines prächtigen Schatzes, den er stets mit sich führte, sondern auch seine Ehre als siegreicher Feldherr. Und das brachte ihn endgültig aus dem seelischen Gleichgewicht. Augenzeugenberichte lassen uns wissen, dass Karl nach der Niederlage nicht mehr zu halten war: Er raste, tobte und fluchte. Seither – darin waren sich alle Chronisten einig – war Karl der Kühne nicht mehr ganz bei Sinnen.

Wie im Wahn startete der Herzog immer neue Angriffe, weil er von dem Gedanken besessen war, Lothringen zu erobern. Wenig später kam er bei einem dieser kopflosen Angriffe ums Leben. An seinem burgundischen Hof setzte nun zwar ein bis zur Verklärung gehendes Andenken an ihn ein, sodass sein Schwiegersohn, der spätere Kaiser Maximilian I., in schwierigen Situationen zu sagen pflegte: »Wenn Herzog Karl noch lebte, ginge alles besser.« Doch an dem Urteil der Geschichtsschreibung konnte der burgundische Hof nichts mehr ändern. Statt als prächtiger König eines von der Nordsee bis zum Mittelmeer reichenden Burgund ging Karl der Kühne als größenwahnsinniger Herzog in die Geschichte ein.

# KARL DER KÜHNE

 BIOGRAPHIE

Karl der Kühne wurde am 10. November 1433 in Dijon als Sohn Herzog Philipps III. des Guten und seiner Frau Isabella von Portugal geboren. In jungen Jahren kam Karl bald nach Gent und wuchs dann bei seiner Mutter in den Niederlanden auf. Im Jahr 1454 wurde er von seinem Vater zum Generalstatthalter ernannt. Das darauffolgende Jahrzehnt war von einem großen Gegensatz zwischen Philipp und Karl bestimmt. Erst 1464 kam es zu einem Ausgleich, und im folgenden Jahr erhielt Karl die Generalstatthalterschaft mit unbeschränkten Vollmachten. Anders als sein Vater praktizierte Karl eine Politik in harter Konfrontation zum benachbarten französischen Königreich. In der Schlacht bei Montlhéry im Juli 1465 gegen Ludwig XI. von Frankreich wurde Karl verwundet, konnte aber anschließend die Rückgabe der Städte an der Somme aushandeln. In der Folgezeit beanspruchten Revolten in Lüttich und Dinant, die zum Teil durch Ludwig XI. angezettelt worden waren, Karls Aufmerksamkeit; Karl konnte sich gegen die Städte durchsetzen, was Ludwig dazu veranlasste, die Konfrontation gegenüber dem Burgunderherzog aufzugeben. Mit England unterhielt Karl gute Beziehungen, die nicht zuletzt in der Hochzeit mit Margarete, der Schwester König Eduards IV. aus dem Hause York, im Jahr 1468 ihren Niederschlag fanden. In den nächsten Jahren war Karl bestrebt, ein Bündnis mit Kaiser Friedrich III. einzugehen, für seine Reichsle-

hen die Königswürde zu erlangen und ein Hochzeitsbündnis zwischen seiner Tochter Maria und dem habsburgischen Kronprinzen Maximilian anzubahnen. Nach dem ergebnislosen Abbruch der Gespräche durch den Kaiser folgten für Karl einige militärische Niederlagen im Elsass, bei Neuss und in Lothringen. Bei einer der Schlachten gegen die vereinigten lothringischen und eidgenössischen Truppen fiel Karl der Kühne am 5. Januar 1477 vor Nancy. Sein Grab befindet sich in der Liebfrauenkirche zu Brügge.

## Verwandtschaft

Karl der Kühne entstammte dem Haus Burgund, einer Seitenlinie des französischen Königshauses Valois. Seinen Anfang nahm das Haus Burgund mit Philipp dem Kühnen, der 1363 von seinem Vater, dem französischen König Johann dem Guten, mit Burgund belehnt wurde. Unter Philipps Nachfahren konnte das Haus Burgund seine Stellung festigen. Philipps Urenkel Karl der Kühne hatte zwar weitreichende Pläne zur Stärkung des Herzogtums Burgund, doch da er ohne männlichen Nachfolger blieb, starb das Haus Burgund mit seinem Tod 1477 im Mannesstamm aus; seine Tochter wurde die Alleinerbin Burgunds und brachte sämtliche Territorien in ihre Ehe mit dem Habsburger Maximilian ein.

## Quellen

Aus den zeitgenössischen Quellen über Karl den Kühnen und seine Zeit ragen

insbesondere die *Memoiren* des Diplomaten Philippe de Commynes (1447–1511) heraus. Sein Blick auf Karl den Kühnen ist in hohem Maße von persönlichen Erlebnissen geprägt. Anfangs treuer Gefolgsmann der burgundischen Herzöge, diente er auch Karl dem Kühnen als Ratgeber und Kammerherr. In dieser Funktion lernte er Karls Gegenspieler, den französischen König Ludwig XI., kennen; 1472 verließ er Karl und lief zu Ludwig über. Von 1489 bis 1498 verfasste Commynes seine *Memoiren*, in denen Karl der Kühne als politisch und militärisch unfähig dargestellt wird. Damit wollte Commynes nachträglich den Verrat an seinem früheren Dienstherrn rechtfertigen.

 EMPFEHLUNGEN

**Lesenswert:**
Werner Paravicini: *Karl der Kühne. Das Ende des Hauses Burgund*, Göttingen 1976

Klaus Schelle: *Karl der Kühne. Burgund zwischen Lilienbanner und Reichsadler*, Stuttgart 1977

**Sehenswert:**
Ludwig Rellstab: *Karl der Kühne.* Trauerspiel 1824

Arnold Ott: *Karl der Kühne und die Eidgenossen.* Schauspiel 1907

**Besuchenswert:**
Die Liebfrauenkirche in Brügge (Grabstätte)

 AUF DEN PUNKT GEBRACHT

Herzog Karl der Kühne von Burgund war einer der reichsten Fürsten Europas. Sein Ziel, eines Tages König zu werden, verfolgte er so krampfhaft und ehrgeizig, dass er schließlich an seinen Niederlagen zerbrach und den Verstand verlor.

*Ein Christentum ohne Kompromisse*
# Isabella von Kastilien
## 1451–1504

Im mittelalterlichen Europa gab es nur wenige Länder, in denen Angehörige unterschiedlicher Religionen geduldet wurden. Die Königreiche Kastilien und Aragón gehörten nicht nur dazu, sondern waren weit über die Landesgrenzen hinaus sogar als Oasen der Toleranz bekannt. Seit der römischen Besiedlung in der Antike hatten Juden dort gelebt, später wurden die Christen immer zahlreicher, und im Zuge der Eroberung im Jahr 711 kamen die Muslime als Vertreter einer dritten Glaubensrichtung hinzu. Jahrhundertelang lebten Juden, Christen und Muslime friedlich nebeneinander und arbeiteten respektvoll zusammen. Diese lange Ära der Toleranz fand erst im ausgehenden 15. Jahrhundert ein Ende, als Königin Isabella den kastilischen Thron bestieg.

Isabella war eine Königin mit festen Prinzipien und klaren Strukturen, und darüber hinaus war sie eine überzeugte Christin, die bereit war, ihren Glauben mit allen Mitteln zu verteidigen und zu verbreiten. Doch dass die Muslime in Isabellas Blickfeld gerieten, hatte neben religiösen auch ganz handfeste weltliche Gründe: Nachdem die Muslime im frühen Mittelalter weite Teile der Iberischen Halbinsel in Besitz genommen hatten, begannen

■ Boabdil übergibt Granada 1492 an das spanische Königspaar. Gemälde, 1643

die Christen die »Reconquista«, also die Wiedereroberung des Landes, die spätestens seit den Zeiten
von El Cid (s. S. 78) im 11. Jahrhundert nachdrücklich
betrieben wurde. Im Laufe der Jahrhunderte konnten
die muslimisch bewohnten Gebiete immer weiter de-
zimiert werden, sodass im 15. Jahrhundert schließlich
nur noch das von muslimischen Mauren beherrschte
Granada den Christen standhielt. In Isabellas Augen
war Granada sowohl politisch als auch religiös ein
Fremdkörper auf der Halbinsel, und sie war nun nicht
mehr bereit, die Muslime länger zu dulden. Für ihren Feldzug gegen die Mauren holte sie sich gar den
Segen vom Papst, der den Krieg als Kreuzzug dekla-
rierte, sodass Isabella die Kosten dafür aus ihren Kir-
cheneinnahmen decken durfte.

Für die Bewohner Granadas war die isolierte Position keineswegs etwas Neues – waren sie doch schon
seit zwei Jahrhunderten von christlichen Fürstentü-
mern umzingelt. Im Jahre 1482 nun begannen Isabella
und ihr Gatte Ferdinand den Krieg gegen Granada,
das heftigen Widerstand leistete. Zehn Jahre sollte
es dauern, bis im Januar 1492 auf der Alhambra über
Granada das christliche Banner gehisst werden konnte. Dass Isabella und Ferdinand den muslimischen Bewohnern zunächst die
Ausübung ihrer Religion gestatteten und ihnen sogar die Steuern
erließen, hatte den schlichten Grund, dass sie deren Gegenwehr
brechen und so das Leben ihrer eigenen Soldaten schonen wollten – insgeheim hatten sie längst beschlossen, die »Ungläubigen«
aus dem Land zu jagen. Wenig später verließ Boabdil, der letzte
Emir von Granada, endgültig die Stadt. Die Stelle, von der er ein
letztes Mal nach Granada zurückblickte, heißt noch heute »Der
letzte Seufzer des Mauren« (»El ultimo suspiro del moro«).

Das war jedoch erst der Beginn von Isabellas »christlicher« Po-
litik. Die durch ihre Ehe mit Ferdinand vereinten Königreiche von
Kastilien und Aragón sollten auch im reinen Glauben vereint sein.
Die ehedem so toleranten spanischen Reiche erlebten nun uner-
bittliche Verfolgungen religiöser Minderheiten und Häretiker. Die
Inquisition wurde wieder eingesetzt, die im Lande verbliebenen
Muslime wurden zwangsbekehrt, und wenige Monate nach der
Eroberung Granadas nahm Isabella die Juden ins Visier. Sie und
Ferdinand unterzeichneten ein Verbannungsedikt, das den Juden
nur noch drei Monate Zeit ließ, um die Königreiche zu verlassen.

■ Isabella von Kastilien.
Gemälde, um 1500, von Juan
de Flandres. Madrid, Prado

SEPHARDEN
Als Sepharden oder
Sephardim bezeichne-
ten sich die 1492 von
Isabella und Ferdinand
vertriebenen Juden. Sie
fanden in allen Teilen
Europas eine neue
Heimat; viele wurden
in den Hafenstädten
der Niederlande und
Norddeutschlands
angesiedelt. Ihre Kultur
basierte dort weiter auf
iberischen Traditionen.

■ Christoph Kolumbus verabschiedet sich anlässlich seines Aufbruchs in die Neue Welt von der Königin von Spanien. Illustration, 19. Jahrhundert

## CHRISTOPH KOLUMBUS

Der Seefahrer Christoph Kolumbus (1451–1506) gilt als Entdecker Amerikas. In kastilischen Diensten brach er 1492 in die Neue Welt auf und erreichte im Oktober die Insel Guanahani (heute Bahamas), von der er annahm, dass sie Indien vorgelagert sei. In den folgenden Jahren unternahm er weitere Reisen zum amerikanischen Kontinent. Für das künftige Spanien schuf Kolumbus die Grundlage eines Weltreiches.

Sollten sie zurückkommen, würden sie zum Tode verurteilt, und Christen, die ihnen Hilfe gewährten, würden als Ketzer vor Gericht gestellt. Im Sommer 1492 wurden dann hunderttausende Juden von der Iberischen Halbinsel vertrieben – angesichts der damaligen Bevölkerungszahlen eine kaum vorstellbare Dimension, die allein schon die Grausamkeit von Isabellas Politik unterstreicht. Und den vertriebenen Juden war ihr Schicksal anzusehen. Als einige von ihnen in Genua eintrafen, notierte ein Chronist: »Man hätte sie für Gespenster halten können, so abgemagert waren sie, so leichenhaft sahen sie aus, und mit ihren eingefallenen Augen waren sie von Toten nur dadurch zu unterscheiden, dass sie sich bewegten …«

Mit dem Ende des von Isabella und Ferdinand initiierten »Heiligen Krieges« gegen alle Nicht-Christen hatte die Verbreitung des Christentums ihre Grenzen noch nicht erreicht. Der lange Zeit als Phantast verspottete Christoph Kolumbus fand bei Isabella von Kastilien endlich Gehör und wurde von der Königin mit drei Schiffen, dem Titel eines Großadmirals und der Zusage über ein Zehntel des potenziellen Gewinns ausgestattet, um den Seeweg über den Atlantik nach Indien zu erkunden. Auch bei diesem Wagnis ging es nicht allein um den Ruhm Kastiliens oder um das Auffüllen der Staatskasse durch Fernhandelsgewinne: Isabella beauftragte die Seefahrer zudem mit der christlichen Mission in Übersee und war sich darin mit dem Papst einig, der forderte, »dass Kastilien verständige und gelehrte Männer dorthin entsendet, um die Eingeborenen im christlichen Glauben zu unterweisen«.

Isabella von Kastilien steht somit einerseits für den erfolgreichen Abschluss der Reconquista – sie und Ferdinand legten durch die Besitznahme Granadas den Grundstein für den Einheitsstaat Spanien (auch wenn sie es ablehnten, sich »Könige von Spanien« zu nennen). Andererseits ist Isabellas Name durch die Mission des Kolumbus von 1492 untrennbar mit der Entdeckung und Eroberung der Neuen Welt verbunden. Nicht zuletzt repräsentiert sie die weltweite Ausbreitung des Christentums und die kompromisslose Unterdrückung, Verfolgung und Ausweisung Andersgläubiger. Vom Papst hat sie 1494 dafür einen – in diesem Kontext zweifelhaften – Ehrentitel erhalten: Isabella »die Katholische«.

# ISABELLA VON KASTILIEN

 BIOGRAPHIE

Isabella von Kastilien wurde am 22. April 1451 in Madrigal de las Altas Torres als Tochter König Johanns II. von Kastilien und León sowie seiner Gattin Isabella von Portugal geboren. Nachdem sie 1468 als legitime Thronfolgerin ihres Vaters anerkannt worden war, heiratete sie am 19. Oktober 1469 in Valladolid heimlich Ferdinand, den Erben des Hauses Aragón. Als Isabellas Halbbruder und Vorgänger als König von Kastilien, Heinrich IV., 1474 starb, wurde sie zur Königin ausgerufen. In der sogenannten Concordia von Segovia legten Isabella und Ferdinand fest, dass sie zu Lebzeiten Isabellas stets gemeinsam herrschen wollten. Zunächst kämpften sie fünf Jahre lang im Innern um ihre Herrschaft und schufen dann Frieden im Reich. Im Jahre 1479 starb auch Johann II. von Aragón, sodass Isabella und Ferdinand nun beide Reiche unter ihrer Herrschaft vereinigten. Neben Reformen – allen voran die Gründung der Santa Hermandad, der »Heiligen Bruderschaft«, die als Bürgerwehr und Schutzpolizei für die innere Sicherheit sorgte – führten sie die Inquisition wieder ein und gingen mit äußerster Grausamkeit auch gegen die Juden vor, die zum Christentum übergetreten waren. 1478 begann die Phase der Expansion: Die Kanaren wurden erobert, und von 1482 bis 1492 wurde mit dem erfolgreichen Krieg gegen Granada die Jahrhunderte während Reconquista gegen die Mauren zum Abschluss gebracht. Ebenfalls 1492 beauftragte Isa-

bella den Seefahrer Christoph Kolumbus mit der Erkundung des Seewegs nach Indien, die eine Eroberung des amerikanischen Kontinents zur Folge haben sollte. Am 26. November 1504 starb Isabella von Kastilien in Medina del Campo. Ihre sterblichen Überreste befinden sich zusammen mit denen ihres Gatten Ferdinand in der Krypta der Capilla Real, der königlichen Kapelle, in Granada.

## Verwandtschaft

Isabella war als Erbin ihres Vaters Königin von Kastilien und León; durch ihre Ehe mit Ferdinand von Aragón fanden die beiden großen Reiche der Iberischen Halbinsel zusammen – es entstand das zukünftige Spanien. Der Machtzuwachs ihrer Familie spiegelt sich in den Positionen von Isabellas Kindern wider, von denen drei das Erwachsenenalter erreichten: Johanna »die Wahnsinnige« wurde selbst Königin von Spanien (1504–1555), Maria war von 1500 bis 1517 Königin von Portugal, und Katharina wurde als erste Gattin Heinrichs VIII. Königin von England (1509–1533).

## Quellen

Drei wichtige Quellen berichten über die Regierungszeit Isabellas. Ihr Sekretär Hernando del Pulgar (1425–1490) verfasste unter anderem eine Chronik der Regierungszeit Isabellas und Ferdinands bis 1490. Ebenfalls für die erste Phase der Regierung wichtig ist die Crónica de los Reyes Católicos des Diplomaten und

Historikers Mosén Diego de Valera (um 1412–1488), die den Zeitraum von 1474 bis 1488 abdeckt. Der Hofchronist und Beichtvater Isabellas, Andrés Bernaldez (um 1450–1513), schrieb um 1500 die Geschichte der Katholischen Könige (Memorias del reinado de los Reyes Católicos). Darin finden die Ereignisse der 1490er Jahre Erwähnung: Er berichtet über die Judenvertreibung, und besonders für Christoph Kolumbus, den er persönlich kannte, ist Bernaldez' Geschichtswerk von großer Bedeutung.

 EMPFEHLUNGEN

**Lesenswert:**
Hans Leicht: Isabella von Kastilien (1451–1504). Königin am Vorabend der spanischen Weltmacht, Regensburg 1994

Joseph Pérez: Ferdinand und Isabella. Spanien zur Zeit der Katholischen Könige, München 1995

**Hörenswert:**
Gian Carlo Menotti: La Loca. Oper 1979

**Sehenswert:**
1492 – Die Eroberung des Paradieses. Regie: Ridley Scott; mit Gérard Depardieu, Sigourney Weaver. USA 1992

**Besuchenswert:**
Die Capilla Real (Grabstätte) und die Alhambra in Granada

Der Alcazar in Segovia

 AUF DEN PUNKT GEBRACHT

Die Politik der Königin Isabella von Kastilien verfolgte kompromisslos christliche Ziele. Nach dem Sieg über die muslimischen Mauren in Granada wurden alle Juden vertrieben, und auch die Entdeckungsreisen des Kolumbus wurden mit Missionszielen verknüpft.

*Eine gute Partie*

# Maria von Burgund
1457–1482

■ Maria von Burgund lesend am Fenster einer gotischen Kathedrale. Buchmalerei, um 1480, aus dem Gebetbuch der Maria von Burgund. Wien, Österreichische National-bibliothek

Sie hatte die freie Wahl. Maria, die Erbprinzessin von Burgund, war eines der reichsten, wenn nicht sogar schlechthin das reichste Mädchen des Abendlandes – und so war es kein Wunder, dass in den Jahren ihres Heranwachsens ein Fürst nach dem anderen bei Marias Vater Karl dem Kühnen (s. S. 246) vorsprach und um ihre Hand anhielt. Einer von ihnen war im Jahre 1469 Herzog Sigmund von Tirol, dessen Ziel es war, eine Verbindung seines zehnjährigen Neffen Maximilian aus dem finanziell nicht sehr üppig ausgestatteten Haus Habsburg mit der Alleinerbin des reichen Burgund unter Dach und Fach zu bringen. Sigmund hatte sich offensichtlich zuvor gut informiert, denn er brachte einen bunten Papagei mit, der die ausgesprochene Tiernärrin Maria, zu dem Zeitpunkt zwölf Jahre alt, nachhaltig beeindruckte.

Marias Vater beäugte alle möglichen Schwiegersöhne sehr genau, und nachdem er dem Haus Habsburg zunächst eine Absage erteilt hatte, nahm er Maximilian doch näher unter die Lupe, denn schließlich entstammte er der politisch mächtigsten Dynastie, die auch den Kaiser stellte – obwohl sie für fürstliche Verhältnisse bettelarm war. Karl von Burgund schickte also einen Sondergesandten nach Wien, um Informationen über »Wuchs, Gewicht, Charakter und sonstige Eigenschaften« des »Monsieur Maximilien« zu erhalten. Was ihm berichtet wurde, scheint Karl überzeugt zu haben, denn fortan hatte der Herzog nur noch einen Wunsch, den er auch im Januar 1477 vor der Schlacht von Nancy, in der er den Tod finden sollte, noch einmal zum Ausdruck brachte: Maria solle, im Falle seines Todes, so schnell wie möglich den habsburgischen Kronprinzen ehelichen.

Das Geheiß des Vaters traf bei Maria auf keinerlei Widerstand – im Gegenteil. Das Bildnis, das sie von Maximilian erhalten hatte, betrachtete sie »wohl zwanzigmal am Tag«, wie ein Chronist berichtete, und in einem Brief ließ sie den Angebeteten wissen: »Erlauchter Prinz, vielgeliebter Cousin!« – Maria und Maximilian waren entfernt miteinander verwandt – »Ich empfehle mich Ihnen bestens. Durch Ihren Gesandten Heßler habe ich Ihre reizenden Briefe erhalten, zusammen mit den schönen Schmuckstückchen. Mit Gottes Hilfe werde ich frohen Mutes … allen Befehlen folgen, die mein hochgeehrter Herr und Vater für mich gegeben hat.«

Die Hochzeit war längst beschlossene Sache, als Maria nach dem Tod ihres Vaters politisch schwer in Bedrängnis geriet. Von der Versammlung der burgundischen Stände wurde sie zur Ausweitung der ständischen Privilegien, zur Rücknahme von Steuern und weiteren Demütigungen genötigt und fand sich schließlich sogar im Gefängnis wieder. Ihr Verlobter Maximilian war ihre einzige Hoffnung, und es gelang ihr, einen Brief aus dem Gefängnis zu schmuggeln: »Ich bin sicher, dass Sie mir gegenüber dieselben Empfindungen hegen. Der Bote, der Ihnen diesen Brief überbringt, wird Ihnen berichten, wie ich hier behandelt werde. Ich flehe Sie an, säumen Sie nicht, kommen Sie mir und meinen Ländern zu Hilfe. Wenn Sie nicht kommen, könnte ich gezwungen werden, Dinge zu tun, die gegen meinen Willen sind.«

Maximilian machte sich zwar auf den Weg nach Burgund, kam jedoch immer wieder wochenlang nicht voran, weil er kein Geld mehr hatte, um die Reise fortzusetzen. Erst nachdem er sich aus Burgund Geld hatte bringen lassen, konnte er im August 1477 feierlich erst in Brüssel und dann in Gent einziehen. Die Burgunder sahen in dem Habsburger ihren Beschützer gegen den bedrohlichen französischen König und empfingen ihn wie einen Erlöser. Der kaiserliche Kronprinz fühlte sich wie im Traum. Durch die Hochzeit, die unmittelbar nach seiner Ankunft gefeiert wurde, war er plötzlich steinreich. In Briefen berichtete er nach Österreich, dass es in Burgund an die 20 Städte von der Größe Wiens gebe, dazu zahllose prächtige Schlösser; seine Herberge in Lille sei das schönste Haus, das er je gesehen habe, und ein solches Schloss besitze er in jeder Stadt. Spätestens jetzt

■ Familie Kaiser Maximilians I. Gemälde, 1516, von Bernhard Strigel (um 1460–1528). Wien, Kunsthistorisches Museum.
Maximilian I. von Habsburg (1459–1519) wurde 1486 zum römisch-deutschen König gekrönt und trat 1493 die Nachfolge seines Vaters Friedrich III. an. Bereits 1495 machte er durch eine umfassende Reichsreform auf sich aufmerksam. Im Jahr 1508 nahm er die Kaiserwürde an. Weil er die alten burgundischen Ritterideale auch an der Schwelle zur Neuzeit vollendet verkörperte, wird er noch heute der »letzte Ritter« genannt.

wusste er, warum halb
Europa hinter dieser bur-
gundischen Erbprinzessin
her war.

Zweifellos waren Maria
und Maximilian aufein-
ander angewiesen, denn
sie brauchte einen tat-
kräftigen Beschützer zur
Sicherung der politischen
Macht in Burgund, und er brauchte ihr Geld und ihre Besitz-
tümer, um die Geltung zu erreichen, die seiner politischen Macht
entsprach. Doch die Ehe war weit mehr als eine Zweckgemeinschaft. Gemeinsam bestritten die beiden ein beachtliches Freizeit-
programm: Sie jagten zusammen, gingen auf Bälle, Turniere und
Bankette, fuhren Schlittschuh (mit Kufen aus Pferdeknochen),
spielten Schach und lasen Ritterromane. Vor allem aber musizier-
ten sie gemeinsam, denn das war ihre größte Leidenschaft. Maria
spielte Klavichord, und Maximilian begleitete sie auf der Laute.
Auch der Kunst waren sie sehr zugetan und pflegten enge Beziehungen zu den berühmten Meistern der flämischen Malerschule
van Eyck und Hans Memling.

■ Brosche zur Verlobung
von Kaiser Maximilian I. und
Maria von Burgund mit der
Darstellung eines Brautpaares.
Gold, Emaille und Perlen, 1476.
Wien, Schatzkammer des
Kunsthistorischen Museums

Es ist eine besondere Tragik, dass Maria, die Tiere so sehr liebte
und zu deren Leidenschaften auch das Reiten zählte, ausgerechnet durch die Folgen eines Reitunfalls ums Leben kam.
Nach einem schweren Sturz auf einen Baumstrunk erlag
die Herzogin, die vermutlich zum dritten Mal schwanger
war, nach drei qualvollen Wochen ihren schweren inneren Verletzungen. Maximilians Trauer war unsagbar.
Nie in seinem Leben werde er sein trautes Weib
vergessen, soll er später einmal gesagt haben. Und
tatsächlich bewahrte er seiner Maria in unzähligen
Dichtungen und Bildern ein ehrendes Andenken.
In seinem autobiographischen Roman schrieb Maximilian dazu: »Der junge König trug großes Leid
um seine Gemahlin, denn sie hatten einander gar
lieb gehabt.« Für den späteren Kaiser Maximilian
war Maria von Burgund dann doch viel mehr gewesen als nur eine gute Partie.

# MARIA VON BURGUND

 BIOGRAPHIE

Maria, die Erbprinzessin und Herzogin von Burgund, wurde am 13. Februar 1457 in Brüssel als einziges Kind Herzog Karls des Kühnen und Isabellas von Bourbon geboren. Nachdem sie wegen der Entfremdung zwischen ihrem Vater und Großvater, dem regierenden Herzog Philipp dem Guten, die ersten Jahre abgeschieden auf der Festung Quesnoy im südlichen Hennegau verbracht hatte, wurde sie mit sechs Jahren von ihren Eltern getrennt und nach Gent gebracht. Im dortigen »Prinsenhof«, einem düsteren Wasserschloss, wuchs Maria fortan auf. Als 1465 ihre Mutter starb und ihr Vater in die burgundische Regierung eintrat, war sie praktisch eine Waise. In den Jahren bis 1477 erhielt Maria eine umfassende Erziehung und Bildung; sie lernte vor allem die Landessprachen Flämisch und Französisch sowie Latein. Von Jahr zu Jahr zeichnete sich deutlicher ab, dass Maria die Alleinerbin Burgunds werden würde, sodass die Frage nach ihrem zukünftigen Gatten immer bestimmender wurde. Als Karl der Kühne 1477 starb, musste Maria die Regierung übernehmen und war damit völlig überfordert. Lüttich, Geldern und Luxemburg lösten sich von der burgundischen Herrschaft, und der französische König Ludwig XI. – immerhin Marias Taufpate – annektierte Teile Burgunds gewaltsam. Von den mächtigen burgundischen Ständen wurde Maria in die Enge getrieben und gewährte ihnen schließlich am 11. Febru-

ar 1477 das sogenannte Große Privileg, um dadurch Gelder und Truppen für den Kampf gegen Ludwig XI. zu erhalten. In der Auseinandersetzung mit ihren Gegnern suchte sie alsbald Unterstützung bei Maximilian von Habsburg, den sie noch im selben Jahr gegen den Willen der Stände heiratete. In den nächsten drei Jahren wurden Philipp der Schöne (1478) und Margarete von Österreich (1480) geboren. Am 27. März 1482 erlag Maria von Burgund den Folgen eines Jagdunfalls.

## Verwandtschaft

Maria war die letzte Erbin des Hauses Burgund, da es keinen männlichen Stammhalter gab. Die Entscheidung ihres Vaters Karl des Kühnen – und letztlich auch ihre eigene –, den Habsburger Maximilian zu ehelichen, hatte weitreichende Konsequenzen. Mit der Hochzeit ging das Haus Burgund im Haus Habsburg auf, das fortan auch als »Haus Österreich und Burgund« bezeichnet wurde. Damit erbte Habsburg die großen Ländereien und den Reichtum Burgunds, aber auch politische Lasten wie die Feindschaft zu Frankreich. Bis ins 18. Jahrhundert kämpften nun das Königreich Frankreich und das Haus Habsburg um die Vorherrschaft in Europa.

## Quellen

Die bemerkenswerteste der überlieferten Quellen über Maria von Burgund

ist eine unvollendete allegorische Autobiographie ihres Gatten Maximilian, die er am Ende seines Lebens verfasst hat. Sie trägt den Namen *Weißkunig* (»Weißer König«), was auf Maximilians Turnierkleidung zurückzuführen ist. In dieser Mischung aus Chronik und Heldenroman blickt Maximilian auf seine Begegnungen mit Maria und seine Gefühle ihr gegenüber zurück, beschreibt ihr Aussehen und das gemeinsame Leben. Der *Weißkunig* wurde 1517 von Marx Markus Treitzsaurwein von Ehrentreiz, dem Kanzler Maximilians I., redigiert.

 EMPFEHLUNGEN

**Lesenswert:**
Thea Leitner: *Habsburgs Goldene Bräute. Durch Mitgift zur Macht*, Wien 2000

Hermann Wiesflecker: *Maximilian I. Die Fundamente des habsburgischen Weltreiches*, Wien 1991

**Hörenswert:**
Ludwig Thuille: *Theuerdank*. Oper 1897

Pavel Ivanovic Blaramberg: *Maria von Burgund*. Oper 1888

**Sehenswert:**
Albrecht Dürer: *Kaiser Maximilian I.* (1519), Kunsthistorisches Museum, Wien

**Besuchenswert:**
Die Liebfrauenkirche in Brügge (Grabstätte)

---

✳ AUF DEN PUNKT GEBRACHT

Maria von Burgund war als Alleinerbin des reichsten Fürstentums Europas die begehrteste Frau weit und breit. Aus der Zweckgemeinschaft mit dem politisch mächtigen, aber finanziell mittellosen Maximilian von Habsburg wurde dennoch eine Liebesehe, die tragischerweise nach nur fünf Jahren ein jähes Ende fand.

# SACHREGISTER

Auf den Seiten, die **fett** hervorgehoben sind, findet sich eine ausführliche Erklärung des Begriffs.

# PERSONENREGISTER

Personen, denen ein Essay gewidmet ist, sind **fett** gesetzt.

## BILDNACHWEIS

Der Verlag dankt allen, die Bilder zur Verfügung gestellt haben, für die freundliche Genehmigung zum Abdruck. Leider war es uns nicht in allen Fällen möglich, die Rechteinhaber ausfindig zu machen; alle Ansprüche bleiben gewahrt.

akg-images Berlin: S. 11, 13, 17, 20, 24, 26 und 5, 34, 35, 40, 43, 47, 48, 50, 53, 54, 60, 61, 69, 70, 78, 80, 81, 85, 89 und 5, 91, 96, 104, 113, 115, 118, 119, 120, 122, 126, 140, 146 und Umschlag vorn, 158, 163, 167, 177 und Umschlag hinten, 187, 195, 196, 200, 206, 214, 219, 227, 228, 229, 237, 240/Erik Bohr: S. 33/British Library: S. 7, 42, 65, 124, 128, 143, 148, 169, 191, 232/Cameraphoto: S. 151/Jean-Paul Dumontier: S. 44/Werner Forman: S. 147/Markus Hilbich: S. 52/Erich Lessing: S. 73, 99, 109, 132, 137, 164, 174, 208, 226, 233, 238, 256/ Joseph Martin: S. 86/Schadach: S. 12 · Bildarchiv Preußischer Kulturbesitz: S. 103/Alfredo Dagli Orti: S. 55 · Bridgeman Art Library: S. 19, 112 und 5/British Library: S. 16 · Udo Haafke, Ratingen: S. 74 · Markus Hilbich, Berlin: S. 14, 38 und Umschlag vorn · INTERFOTO/AISA: S. 102/Prof. Mag. Michael Floiger: S. 25/Mary Evans Picture Library: S. 222, 223, 224/Sammlung Rauch: S. 188 · Jauch und Scheikowski, Porep: S. 10, 29, 125, 139, 220 · Lencer: S. 161 · Sarah Pasquay: S. 156 · picture-alliance/dpa: S. 8 und Umschlag vorn, 36, 56, 82, 84 und 4, 114, 121, 134, 154, 205/ITAR-TASS/Nikolai Marochkin: S. 178/vintage. de/Burkhard Juettner: S. 72 · Carola Pohle/PIXELIO: S. 150

## IMPRESSUM

*Bibliografische Information der Deutschen Nationalbibliothek*
Die Deutsche Nationalbibliothek verzeichnet diese Publikation in der Deutschen Nationalbibliografie; detaillierte bibliografische Daten sind im Internet über http://dnb.d-nb.de abrufbar.

Copyright © 2008 Gerstenberg Verlag, Hildesheim
Alle Rechte vorbehalten.
Gestaltung und Satz: typocepta, Wilhelm Schäfer, Köln
Satz aus der Berthold Concorde und der DTL Caspari
Druck und Bindung: Westermann Druck, Zwickau
Printed in Germany

www.gerstenberg-verlag.de

ISBN 978-3-8369-2569-3